Carl Baggers Samlede Vaerker. (Med Digterens Portrait Og Biographi.) ...: Bd. Dramatisk Digtning. Mindre Digte

by Carl Christian Bagger

CARL BAGGER

SAMLEDE VÆRKE

MED DIGTERENS PORTRÆT OG BIOGRAFI

ANDET BIND
DRAMATISK DIGTNING · MINDRE DIGT

GYLDENDALSKE BOGHANDEL
NORDISK FORLAG · KØBENHAVN

CARL BAGGER

SAMLEDE VÆRKE

MED DIGTERENS PORTRÆT OG BIOGRAFI

ANDET BIND
DRAMATISK DIGTNING · MINDRE DIGTE

GYLDENDALSKE BOGHANDEL
NORDISK FORLAG · KØBENHAVN

Christian

Carl Baggers

samlede Værker.

(Med Digterens Portrait og Biographi.)

~~~~~~~~~

Andet Bind.

Dramatisk Digtning. Mindre Digte (Portrait, Biographi og Anmærkninger.)

Kjøbenhavn.

Forlagt af J. H. Schubothes Boghandel.

G. S. Wibes Bogtrykkeri.

1867.

Indhold.

———

Anm: De med * betegnede Digte have ikke tidligere været trykte i nogen af Forfatterens Samlinger.

1*

Forord

til Udgaven af Carl Christian Baggers samlede Værker.

———

Af Carl Baggers endnu levende Enke, som den dertil nærmest Berettigede, har det forlængst været overdraget til Undertegnede at foranledige en Udgave af hans samlede Værker. Det kunde synes paafaldende, at dette først er bleven iværksat omtrent en Snees Aar efter denne begavede Digters Død, der indtraf i Efteraaret 1846, og det saa meget mere, som det i Mellemtiden ikke har manglet paa opmuntrende Anmodninger fra flere Sider om at tage fat paa Arbeidet. For de Mange, der have viist Interesse for dette Foretagende, skal jeg i saa Henseende bemærke, at der flere Aar efter hiin Tid endnu forefandtes ikke ubetydelige Oplag af de af Digteren selv udgivne Skrifter — maaskee et Exempel paa, at han endnu ikke var bleven paaskjønnet efter Fortjeneste —, og at man ikke ved en ny Udgave vilde fortrædige de vedkommende Forlæggere, hvilket navnlig gjaldt om den forrige Eier af Schubothes Boghandel,

B. S. Langhoff, hvis Velvillie det var mig bekjendt, at Bagger i sin Tid havde paaskjønnet. Den senere Opsættelse maa jeg derimod erkjende, at jeg alene bærer Skylden for.

Det var mig nemlig længe en kjær og ofte tilbagevendende Tanke, at jeg selv vilde samle Digterens paa mangfoldige Steder adspredte Arbeider og selv paatage mig Udgivelsen heraf; men i flere Aar ventede jeg forgjæves paa, at mine Embedsforretninger skulde levne mig den hertil fornødne Tid. Jeg holdt længe — maaskee forlænge — fast ved denne Plan, deels fordi den foresvævede mig som Noget, jeg skyldte min hedengangne Ven og min Søster, hans efterladte Enke, og deels — dette ikke mindst — paa Grund af det høie Værd, jeg altid havde tillagt største Delen af hans Muses Frembringelser, hvorfor jeg ogsaa maatte betragte det som noget Fortjenstligt at bidrage til deres Udbredelse og Bevaring for Efterslægten. Omsider maatte jeg imidlertid opgive denne kjære Idee og søge Andres Hjælp.

Blandt dem, der — som foranført — havde opfordret til Foretagendet, maa jeg særligen nævne Digterne H. C. Andersen og Chr. Winther, der begge med det Samme havde tilsagt mig deres Bistand, og med den Sidstnævnte havde jeg endelig i 1863, — efterat Andersen havde erklæret mig, at han ansaae Winther bedre skikket dertil end sig selv — truffet Aftale om at besørge Udgivelsen. Men imedens de i Slutningen af samme Aar indtraadte, for Danmark ulykkelige politiske Begivenheder, atter for= aarsagede en Standsning i Foretagendet, tiltog Chr. Winthers beklagelige Øiensvaghed i den Grad, at han maatte frasige sig Arbeidet.

Fra Sorø Skole, hvor Carl Bagger selv havde modtaget sin Uddannelse, var der imidlertid udgaaet en ung Mand, hvis omfattende Kjendskab til Digterens Værker forbausede mig, og i hvis Begeistring for Digteren jeg saae en Borgen for, at han med Omhu og Kjærlighed vilde tage sig af Arbeidet. Jeg tog da ikke i Betænkning at modtage den unge cand. phil. Vilhelm Møllers Tilbud om, under mine Auspicier, at være Udgiver af Carl Baggers samlede Værker, og at jeg ikke har for= trudt dette Valg, er det mig en sand Glæde at udtale. Har jeg end kunnet forsyne ham med adskilligt Materiale, saa har min Tid dog ikke tilladt mig at tage nogen væsentlig Deel i Arbeidet, og maatte den danske Læseverden — hvad jeg ønsker og haaber — føle sig tilfredsstillet ved Udgivelsen, da er Fortjenesten heraf ikke min, men Ud= giverens og Forlæggerens. For Udarbeidelsen af de biographiske Notitser — et Arbeide, der maa have frembudt ikke faae Vanskeligheder, navnlig paa Grund af de i Tiden nærliggende Forhold og endnu levende Per= sonligheder, der kun med Varsomhed maatte berøres —

maa jeg, saavel paa Digterens Enkes som egne Vegne,
udtale en særlig Tak til Udgiveren, idet jeg — der
maaskee fremfor nogen Anden har havt rig Leilighed til
at iagttage Baggers Færd, — troer at turde sige, at
Digterens Billede deri er rigtigt opfattet, og at der her
er givet en saa fyldig Skildring af hans Liv, som Om-
stændigheberne nogenlunde have tilladt.

Hermed være da Gjengivelsen af en skjøn og
mægtig, men i sin Flugt tidlig standset, Digteraands
Frembringelser og Skjæbne anbefalet til det læsende
Publicum.

Gamle Kongevei i August 1867.

Fr. Fiedler.

Carl Bagger.
(Nogle biografiffe Notitfer.)

———

„1807 ben 11te Maii er nærværende Drengebarn født
paa ben Kongelige Fødselsstiftelse i Kiøben=
havn og givet No: 488.

Den 16be næftefter er bette Barn, uben at bet8 For=
ælbre ere angivne, paa Stiftelsen døbt og talbet
Carl Christian.

1807 ben 24be Mai er bet af Moberen, ba hun forlob
Stiftelsen, mebtagen til egen Forsørgelse.

Benbz.

(Moberen No: 488 lagt til 6 Rbl.)"

———

Naar et Aftryk af ovenftaaenbe Attest ftilles i Spibsen
for nærværenbe Linier, ffeer bet ei alene, forbi ben thbe=
ligere enb noget Anbet peger tilbage paa en Stæbne,
hvis mørke Stygge ofte lagbe fig over Carl Baggers
Sinb, saavist som man heller ifte har Banffelig=
heb veb tibt og mangegange at spore ben i hans
Digtning; men bet ffeer ogsaa af ben Grunb, at
ben, trobs al fin Libetsigenheb, er ben enefte fiffre
Efterretning, ber haves om ben af Forælbrene, som unber
alminbelige Omstænbigheber pleier at have en stor, eller
ben største, Indflybelse paa Barnets Ubvikling. Er bet

nu end utvivlsomt, at der i Baggers Livshistorie kun
kan blive Tale om en Moder af Navn, men ikke af
Gavn, saa vilde det dog ikkedestomindre have sin Inter=
esse, dersom der forefandtes Oplysninger om hendes
Stilling i Samfundet eller om hendes senere Skæbne.
De forskjellige, hverandre indbyrdes modsigende Sagn, af
hvilke man skal søge at uddrage Sandheden, tjene imidlertid
snarere til at forflygtige end til at fastholde denne. Det,
der alene synes at have Krav paa Opmærksomhed, og
som da ogsaa skriver sig fra C. B. selv (der i sin Tid
— rigtignok uden synderlig Udbytte — foretog og
lod foretage mange Undersøgelser angaaende disse For=
hold)*), — fortæller, at Moderen har været Tobakshandler=
jomfru paa Vesterbro, hvor dengang en Tobaksplantage
strakte sig omtrent ligefra Jernporten til langt op imod
Kongeveien. Plantagen eiedes efter Kjøbmand Borres'
Død af dennes Datter, Anne Elisabeth, der i sit Gifter=
maal med Etatsraad Johan Paul Bagger havde faaet to
Sønner, af hvilke den ældste, Peter Christian (født
1776), netop blev Carls Fader. At her ialfald de sted=
lige Forhold mere bestyrke end undergrave Rygtets Paalide=
lighed, vil Enhver let kunne see.

Familien Bagger talte blandt sine Forfædre flere af
Landets baade bekjendte og berømte Slægter (saaledes
Biskop Svane under Frederik den 3die etc.), og paa de
Tider, da Friheden langt mindre end nutildags havde

---

*) Som et af de tvivlsomme Resultater af sin Søgen,
skal han have fundet, at Moderen (der nok var død og be=
gravet i Roeskilde) endnu havde bragt en Pige — altsaa
ham en Søster — til Verden.

faaet skudt Breche i Fordomme og taabelige Stolthedssnykker, var det jo nok tænkeligt, at disse kunde danne en Muur, der var for høi og steil, til at en stakkels Tobakshandlerjomfru — ovenikjøbet maaske af simpel Herkomst — skulde kunne formaae at stige over den. „Etatsraadinden," Anne Elisabeth, der formodenlig havde bødet paa sit Slægtregisters Magerhed ved sine Jorders Fyldighed, stod som Cherub for Navnets Ukrænkelighed, og da hendes ældste Søn vilde ægte den Pige, han — havde forført, blev det ham betydet, at isaafald vilde Familieparadiset blive lukket; — kort, den sønlige Bøn besvaredes med en moderlig Protest. Nu klinger det ganske vist lidt underligt, at en Mand, der er kommet til Skjelsaar og Alder (han var dengang omtrent 37 Aar gl.) og stod i en selvstændig Stilling (død 1810 som Justitiarius i Politiretten og R. af D.) lod sig sætte Stolen for Døren i en Sag, der var af slig Betydning. Af det Billede, man ellers faaer af den myndige og heftige Anne Elisabeth, kan man imidlertid let slutte, at Børnene er blevet opdragne i en ubegrændset Frygt for hende. Og betragter man saa paa den anden Side det Oliemaleri, der forestiller Sønnen i sin røde, guldbroderede Embedsdragt, faaer man vel af det intelligente Ansigt og det hele vindende Ydre Indtrykket af en dygtig og begavet Natur, men der ligger dog tillige i de store, dybe, tankefulde Øine et umiskjendeligt Præg af Tungsind og af en Eftergivenhed, der villigere lader sig bøie, end den vover sig til at sætte Magt imod Magt. Her lod han sig idetmindste bøie: han fortaug, at Pigen imidlertid havde født ham en Søn, nøiedes med i Stilhed at sørge for deres Underhold, og da han — knap 3 Aar efter — faldt i en Sygdom, fra hvilken han ikke mere reiste sig, bestemte han, at Barnet skulde bære hans Navn og indtræde i en ægte Søns fulde Ret, overgav ham til sin yngste Broder (Charles Fr. Borre Bagger født 1780, Kaptain i Søetaten) og tog det Løfte af denne, at han skulde antage sig Drengen og paa bedste Maade drage Omsorg for hans Skæbne.

Og det er da ved dette Tidspunkt, at den lille Carl — paa samme Tid som han præsenteres for sin forbausede Bedstemoder — fra et fuldstændigt Tus=mørke træder ud imellem de Grændser, hvor man ikke længer er nødt til at bruge Gjætningens som oftest vildledende Mærketegn, men kan støtte sig til faste og uimodsigelige Fakta. De forløbne 3 Aar af hans Liv ere formodenlig henrundne hos Moderen under trange Kaar og den dermed saa ofte følgende Urenlighed. Nu flytter han fra en fattig og uordenlig Bolig i Landemærket ind i et hyggeligt Hjem paa Amalien=borg Slot, hvor Farbroderen dengang boede, og medens 1.*) han her af den øvrige Familie modtoges og behandledes med al Venlighed og Omhu, fandt han ogsaa snart i en jævnaldrende Søn af Huset en flink og brav Kammerat, med hvem han senere bevarede et trofast Venskab.**) At Kaptain Bagger 3 Aar efter (altsaa 1814) døde forandrede vel forsaavidt hans Stilling, som han herefter kom under Bedstemoderens Baretægt; men ligesom

---

*) De i Marginen tilføiede Taltegn henvise til Anmærkningerne bag i Bogen.

**) Nuv. Etatsraad Bagger, forh. Appellationsretsraad i Slesvig.

han selvfølgelig heller ikke her led under nogetsomhelst materiellt Tryk, saaledes blev dette Ophold — hvor tvende og maaske deprimerende det end i enkelte Ret= ninger var — i meer end een Henseende hans Fremtid til Nytte.

Carl var — sagde man — en underlig Dreng. Haardhed og Blødhed, Vildhed og Indesluttethed, Let= sindighed og Tungsindighed, Stolthed og Ydmyghed, laae paa en mærkelig Maade — om end endnu kun for en stor Deel embryonisk — sammenvævet i hans Karakteer. Der var Ingen, som var ivrigere eller dri= stigere i Slagsmaal — ofte endog med langt ældre og stærkere Drenge — end den fine, spinkle, lille Christian (som han almindelig kaldtes i Familien); men kom En Noget til, slog sig eller blev slaaet, strømmede Taarerne ham af Øiet, han anklagede sig selv (hyppigst uden Grund) som den, der var Aarsag i det Skete, ja besvimede ikke sjælden under Vægten af denne øieblikkelige Sorg. Hans Leg var støiende og høirøstet, saa det var en fuldstændig Rædsel for de forskjellige Dameselskaber med The og Kaffe, hvor Etatsraadinde Bagger og hendes Pleie= søn vare indbudne, og hvor disse To, Hver paa sin Viis, bragte Uro i Leiren. Men saa kunde Drengen igjen til andre Tider være saa sky og saa stille, at Ingen kunde faae et Ord af ham. Denne sidste Side udvikledes maaske en Deel ved Samlivet med Bedstemoderen. Hun var en noget original Person, — og det just ikke en behagelig Originalitet —, lunefuld i allerhøieste Grad, stridslysten (— det maatte, fortælles der, navnlig Tyendet

bekjende)*) og meget tyrannisk; skjøndt hun vel paa en
Maade holdt af eller vænnede sig til sit Sønnebarn, var
den Behandling, hvormed hun trakterede denne, sjælden
synderlig kjærlig. Carl følte endog en uimodstaaelig
Frygt for hendes blideste Kalden, eftersom han vidste, at
naar han kom hen til hende, vankede der altid et Smæk,
eller han blev trukket mindre venskabeligt i Ørene, selv
om han intet Strafskyldigt havde foretaget sig, og selv
om hun havde lokket ham med de mildeste Kjæleord.
Dertil besad hun Datidens forskruede Dannelse**), havde
læst, men kun halvt fordøiet en heel Hoben Sager, og
repræsenterede i det Hele den overkalkede Simpelhed, der er
det daarligste Attribut for den, som skal opdrage Børn.
I mangt et Øieblik undslap der hende Ord, som
„Hittebarn", „Horeunge", „Bastard" og Sligt, hvilke —
i Forbindelse med hendes øvrige Opførsel mod ham —
ikke kunde Andet end vække bittre Forestillinger i Dren=
gens Sjæl og føre hans Eftertanke ind paa et Gebeet,
der — saaledes som Samfundsforholdene nu eengang
ere — kan være tungt nok for den Voxne at gjennem=
vandre.

I sit 11te eller 12te Aar sendtes Carl Bagger til Roes=
kilde Skole for der at fortsætte den i Hjemmet begyndte
Underviisning. Han kom i Huset hos Præsten ved Bi=
strup, Struck, der tillige var Timelærer ved Skolen,

---

*) Hun blev endog Gjenstand for et Mordattentat fra en
Tjenestepiges Side, cfr. den ret interessante Dom i Jur:
Tidsskrift 8de Bind 2det Hefte Pag. 182.
**) Rousseaus Opdragelsesprinciper havde en ivrig Beundrer
i hende.

men for hvem han nærede en ligesaa betinget Respekt som for sin Bedstemoder. Medens de ældre Disciple ikke toge synderlig Notits af den lange, opløbne og ledeløse Dreng, — der i sine sorte Bombasins Klæder uden Underklæder stadigvæk frøs og stadigvæk var forsulten, (thi det Sted, hvor han var anbragt i Pension, stod just ikke i godt Ry for den der præsterede Føde, hverken i Henseende til dennes Quali= eller Quanti=tet,) — uden forsaavidt han vakte deres Opmærksomhed ved en heel Deel Spektakler, saae de Yngre derimod „det gode Hoved" i ham og fulgte ham villigere. Flittig var han neppe, og det var kun Ovids Metamorphoser, der interesserede ham; kunde han ikke finde anden Adspredelse i Skoletimerne, rev han Blade ud af sin Stilebog og skrev til Bedstemoderen, eller han tegnede, eller corresponderede med Kammeraterne (og dette var især hans Kjæphest) i selvlavede Alfabeter, som han ansaae for aldeles uudtydelige for Andre. Lærerne roste hans Begavelse og Opvakthed, men anden Roes høstede han vist ikke.

Da den nye Skole i Sorø traadte i Virksomhed, Efteraaret 1822, forflyttedes Carl Bagger derhen, hvor han opnaaede den i hans Digt „Sorø" (Side 453) omhandlede Gratistplads. „Her, hvor Disciple fra saagodtsom alle Landets Skoler vare komne sammen, tildeels fremmede for hverandre, og hvor der altsaa ikke fandtes traditionelle Stikke, men Alt blev skabt fra Nyt af, indtog B. snart en fremragende Plads ved at give Tonen an, navnlig til Løier, baade i og udenfor Skoletimerne." I denne Retning var hans Opfindsomhed utrættelig, og naar han, som hyppig hændtes, ligefrem indgik Væddemaal om at faae selv de meest Alvorlige og Adstadige til at lee, var Seiren stedse paa hans Side. I Timerne var det især ved sine Tegninger og versificerede Forsøg han søgte at sætte Liv i Klassen. Emnerne til disse, som derefter paa smaa Papirslapper cirkulerede blandt Kammeraterne, vare deels hentede fra Drengenes indbyrdes Leg og Kiv, deels fra det i Timen Forebragne, som han stedse vidste at afvinde en komisk Side*). At han herved maatte paadrage sig Lærernes Opmærksomhed følger af sig selv; men baade naar Dadlen ramte ham direkte for hans egen Opførsel, og naar den traf ham indirekte som det Hjul, der bevirkede Bevægelsen, vidste han at snoe sig fra Ansvaret paa en eller anden Maade.**)

---

*) Blandt Tegningerne mærkes: »Horatius sororem occidit«, „Achilles, der slæber Hektor bag ved sin Vogn rundt om Troiæ Mure", „Voxkabinet paa Vesterbro" (Portraiter af Napoleon, alle latinske og græske Forfattere, Goliath 2c.) »Dido qualis Diana in Eurotæ ripis aut per juga Cynthi exercet choros,« hvor Dido optræder med „en Kammer=junker" bag efter sig, — Æneas indhyllet i »nebula« be=tragter Malerierne i Templet, Skizzer fra „Helvede", samt en Mængde Genrebilleder, tildeels med tilføiede Epigrammer („En Botaniker", „en Mineralsamler", „Fastelavnsløier frem=stillet i forskjellige Episoder", „Drik og Dobbel" etc.) og Op=trin fra Kammaternes Liv. — Blandt de versificerede Stykker mærkes „Kong Knud", der behandler samme Situ=ation som Øhlenschlægers bekjendte Digt, samt et udførligt „Maleri af mine Klassekammerater".

**) Den alvorlige Lærer Fogtmann kaldte ham engang hjem til sig og formanede ham til at aflægge sin Lattermildhed; Bagger forsikrede imidlertid indstændig, at han maatte ansee denne Svaghed for en Naturfeil, hvilken han forgjæves havde søgt at aflægge, og siden den Tid havde han stedse et Slags Privilegium paa at lee i F's Timer, saa at denne

Blandt sine Meddisciple var han i det Hele afholdt, thi om han ogsaa ved sine Satirer saarede En og Anden, var han dog paa samme Tid alle de Øvrige til Morskab, og hans Spøg havde desuden altid et saa godmodigt Anstrøg, at Ingen for Alvor kunde blive vred paa ham. Man bøiede sig for den aandelige Overlegenhed, han saa utvivlsom var i Besiddelse af, og vurderede rigtig det Fond af Liv og Lune, han indebar, og som gjorde ham til en uundværlig Deeltager i ethvert lystigt Lag.

Blandt sine Omgivelser var det dog forholdsviis kun Faa, han med Inderlighed og Varighed sluttede sig til. Mellem disse hans nærmere Venner maa først og fremmest nævnes de to Brødre Frederik og Valdemar Fiedler, Sønner af Justitsraad Fiedler til Basnæs, der Begge, som Bagger selv, indtil 1822 havde fre= kventeret Roeskilde Skole. Medens den ældste af disse, der var et Trin videre fremme i Skolen, foreløbig paa Grund af denne Omstændighed ikke traadte i saa nær Forbindelse med ham, blev derimod den yngre, Valdemar

---

som oftest selv loe med, naar Bagger, blodrød i Ansigtet, proppede Lommetørklædet ind i Munden for ikke at briste ud i Skoggerlatter.

En ret komisk Scene forefaldt engang, da Bagger havde „hjulpet" en Kammerat med fransk Stiil. Saavel Gloserne som Vendingerne havde antaget en saa mærkværdig Skikkelse, at Læreren, Christian Wilster, blev aldeles forbauset og ubbad sig Oplysning om, hvilket Lexikon der var be= nyttet. Disciplen saae hen til Bagger, der hurtig souffflerede: •Poche's•, hvilket Svar ogsaa blev givet; Wilster opdagede Kilden og sagde med et Smiil: „Tak, Bagger." — Lexi= konet var •dictionnaire de poche,• Lommelexikon.

Fiedler*), der havde været hans Klassekammerat i Roes=
kilde og vedblev at være det i Sorø, en af hans bedste
Venner. Som en Følge af dette Venskab var han alt
tidlig i Fantasien blevet indført paa Basnæs gjennem
de Breve, Vennen lod ham læse, eller de Anekdoter og
Hændelser hjemmefra, denne meddelte ham; man veed af
B's Digte, at Fantasi=Besøgene snart forvandledes til
Virkeligheds=dito, — men hertil, som til de deraf resul=
terende Virkninger, skulle vi senere komme tilbage. Det
er endnu nødvendigt at nævne den som Forfatter ikke
ubekjendte F. Petit**), samt den senere saa berømte H.
C. Andersen***), foruden den tidlig afdøde Chr. Wendel=
boe****) blandt Baggers Omgangskreds. Sammen med

---

*) Nu Birkedommer i Sterrede ved Holsteinborg, — bekjendt
ved sin Iver for Fiskeriet og dettes Fremme.

**) Udgav et Bind Digte 1828; drog senere til Tydskland, hvor
han skal have udgivet en Novelle, betitlet „Tre Venner," i
hvilken H. C. Andersen, Bagger og Forf. selv danne de stærkt
idealiserede eller outrerede Hovedpersoner. (Cfr. H. C. An=
dersen: Mit Livs Eventyr (1855) S. 67.)

***) Andersen var dengang Elev i Slagelse Skole, men kom
jævnlig derfra til Sorø; da han engang spadserede i Akade=
miets Have, mødte han et ungt, høit Menneske, der be=
tragtede ham nøie, idet de passerede hinanden; det var Carl
Bagger. Lidt efter mødtes de atter, Bagger hilste, blev
staaende og spurgte, om det ikke var Hr. Andersen. — Jo.
— „De er Digter?" — Ja. — „Det er jeg ogsaa,"
svarede Bagger, — og dermed var Bekjendtskabet sluttet.
(Denne, som flere andre Meddelelser, skyldes Hr. Etatsraad
H. C. Andersen.)

****) Cfr. Digtet S 406. De syv Andre, der omtales i første
Vers, og som samtidig med Bagger underkastede sig artium,
vare foruden A. Wendelboe (senere Præst), Petit og B. Fiedler,
Buntzen (nu Høiesteretsadvokat) Thygeson (nu Hofjægermester)
H. Malling (forh. Amtsforvalter i Husum) Povlsen (nu Rektor.)

denne og syv Andre underkastede han sig 1826 artium
(laudabilis), hvorefter han fra Skolen flyttede over til
den saakaldte Regents*) og det mere frie og lystige Liv,
Opholdet der førte med sig.

Men medens han saaledes i Skolelivet meest saaes
som den kaade, overstadige og letsindige Krabat, — hvor
var saa den Indesluttethed, Blødhed og Tungsindighed,
der alt sporedes i hans Barndomstid, blevet af? Var
det reent dampet bort, eller saaledes tilbagetrængt af
Ungdommens Kjækhed og Friskhed, at det slet ikke mere
gav sig Luft? Jo, — Bagger var begyndt at skrive III.
Digte. Nu maa selvfølgelig Ingen troe, at saaledes den
ene Side af hans Karakteer beherskede hans ydre, den
anden hans indre Liv som afgjorte Absolutister; disses
Territorier vare naturligviis ikke anderledes afgrændsede,
end at tidt Humoren leer i hans Digtning, medens Sorgen
ligesom græder i hans ydre Liv. Men det vil vistnok er=
kjendes — og det endog, om end svagt, i hans Musas
tidligste Frembringelser, — at selv om Haabet og Livsmodet
tegner sine lyseste Billeder i hans Sange, skeer det dog
altid paa en meer eller mindre mørk Baggrund, saa at
man midt i Skjemten og Jublen synes at høre som et
ufrivilligt Suk. Karakteristiske i denne Henseende ere
f. Eks. de Sange**), hvormed han mødte ved de hyppige

---

*) En Bygning paa Sorø Torv, nu Bolig for Skolens Lærere.
**) Selv havde han ikke Tone i Livet, og naar han — som
    stundom hændtes — gav sig til at synge med, bevirkede han
    den fuldstændigste Disharmoni. — Ligesaa ringe Evne
    havde han til at danse; de lange Been slingrede omkring, og
    Dansen endte i Reglen med, at Bagger — halvkvalt af Latter
    over sig selv — rev sig løs og styrtede bort fra Dansesalen.

Gilder paa den soranske Regents (cfr. Digtet Side 262) og ikke mindre karakteristisk hans bekjendte Digt „Ønskerne" eller det Digt, han skrev „til mine Venner"*) efter en afdød Skolekammerats Begravelse, og hvoraf de første, smukke Vers lyder saaledes:

> „Skal jeg ned til Orkus stige
> I min Ungdoms bedste Vaar,
> Til hiint ubekjendte Rige,
> Som for Sjælen taaget staaer:
> Sørg da ei, fordi jeg segned,
> Gravens Dyb ei Taaren faaer,
> Blegne skal hvad ei er blegnet,
> Støvet Evighed ei naaer.
>
> Bølge trænger sig paa Bølge
> I det vide Verdenshav;
> Den, som ei kan Strømmen følge,
> Synker i den store Grav.
> Dog hver Bølge gaaer i Havet,
> Ingen Draabe gaaer fortabt,
> Og naar Bølgen bli'er begravet,
> Større bli'er paa ny den skabt.
>
> Hvad til Sjælen end sig hefter,
> Beires hen af Tidens Storm;
> Men med skjønt forsøgte Kræfter
> Sjælen seer paa brustne Form.
> Har du elsket, har du haabet,
> Da er Døden dig vist kjær;
> Gjennem Livet lyder Raabet:
> „Døden kun er Lykken nær."

***

*) Skrevet den 12 Juli 1825. I sin Heelhed kunde Digtet ikke optages i Samlingen af hans Poesier.

Sørger derfor, Brødre mine,
Ikke, hvis I selv engang
Bag min Kiste stille trine
Under dæmpet Klokkeklang;
Men naar Gravens Skjul I lukke,
Gaaer da ud i grønne Vang,
Og den sidste Sorg I slukke
Med en munter Bægersang." — — —

Man læse i det Hele taget blot de Digte, som ere optagne i Begyndelsen af nærværende Samling, og som (cfr. Anm. til denne) ere blevne til i Midten eller Slutningen af 1825 og i 1826, for at overtyde sig om den fremsatte Paastands Rigtighed. Men foruden dette Særkjende for Baggers Digtning, — et Særkjende, der i Tidens Løb udvikles og antager bestemtere Former, indtil det atter væsenlig forandres i hans sidste Produktioner — vil Læseren sikkert standse ved noget Andet, der er en Resultant af hiin nysnævnte Omstændighed og af hans sjeldne Begavelse: han vil føle sig slaaet af den Friskhed og Originalitet, der aabenbarer sig allerede i hans tidligste Forsøg og saaledes gjennemfører alle hans senere Digte, at man føler ligesom en ny Skikkelse gaae over Scenen, mærker, at det er en ægte, af Naturen, ikke af Forbilleder, begeistret Sanger. Ganske vist havde han, ledet af et lykkeligt Sprogtalent, i en tidlig Alder gjort Bekjendtskab med Poesiens ædleste Skatte — jvfr. det i Anm. meddelte Brev til H. C. IV. Andersen —, han havde svælget mellem Danmarks, Frankrigs, Englands, Italiens og Tydsklands Digtere, men selv af den, der var ham nærmest beslægtet, nemlig

Byron, vil man forgjæves søge Spor af Paavirkning. I hvilken Grad han forstod — ogsaa som ganske ung — at paatrykke enhver det Udbrud, der var fremkaldt ved Læsning af en fremmed Digtning, sin Individualitets Selvstændighedsstempel, viser sig tydeligt i hans „Mignon i Graven" (S. 268): Goethe er her sikkert primus motor, og dog er den lille Sang i Et og Alt — Carl Bagger.

Paa samme Tid, som han ved Læsning i Originalsproget af den europæiske Skjønlitteraturs ypperste Frembringelser uddannede sin Aand, modtog denne ikke mindre væsenlige Paavirkninger af de udvortes Forhold, hvorunder han levede, og af de Mennesker, han kom i Berøring med. Og her maa først og sidst hans Besøg paa Basnæs nævnes, saavist som Omgangen med dettes Beboere havde en stor, vækkende og frugtbringende Indflydelse paa hans Sind. Kunde han end ikke i de første Aar (han begyndte at komme i Ferierne paa Basnæs siden Aaret 1824) fuldstændig gjøre de Ord til sine, som han — rigtignok i en anden Forstand — udtalte i sin Ven Valdemar Fiedlers Navn, — at

> „I Borgen hist ved Strandens Siv
> Min Morgenrøde smiled,
> Der boer min Fred, der boer mit Liv,"

saa havde han dog alt som Dreng faaet en Fornemmelse af, at

> „Der ligger vist en Trolddom skjult
> Dybt i de dunkle Skove,"

selv om han iøvrig ikke havde stillet sig denne „Trolddoms" Natur klart for Øie. Han havde allerede sluttet sig med en saadan Kjærlighed til de Mennesker, der færdedes paa dette gamle Herresæde, at han kunde love dem, at

> „Mens en Draabe Ungdomsblod
> I Brystet end mon rinde,
> Vil Borgen hist ved Strandens Flod
> Ei gange mig (ham) af Minde,"

— en Kjærlighed og Hengivenhed, som maaske træder endnu stærkere frem i den „Efterskrift til Basnæs," hvormed han ledsagede en Afskrift af en Sang til Ge-heimeraad Stemann*), da denne forlod Sorø:

> Saa taled til ham jeg, der mildelig gav
> Os Glæder i Byen, saa lille og lav,
> Taknemlighed toned min Stemme.
> Men hvad skal den Unge vel give til Den,
> Som faderlig aabned for Sønnernes Ven
> Et Huus, som han aldrig kan glemme?
> Og hvad skal han sige til Hende, der mild
> Med Moderens Aande oppusted den Ild,
> Han dæmpet fornam for det Skjønne?
> De Brødre, de Søstre, som venlig tillod
> At stundom iblandt dem han broderlig stod,
> Hvormed skal han dem vel belønne?
> Jeg ikke det veed, og jeg finder det ei,
> Hvordan vel min Tanke skal finde sin Vei,
> Kun dette jeg føler med Klage:
> Hvad inderst og herligst i Sjælen mon staae,
> Det dvæler tilsløret i lønlige Braae,
> Laer aldrig for Lyset sig drage.

---

*) I hvis Huus Bagger havde nydt megen Velvillie. (Den omtalte Sang meddeles i Anm.)

Snart skulde han imidlertid bindes end fastere til Stedet og dets Beboere, og det ved den Magt, som kraftigere end nogen anden lader Aandens Vinger voxe. I Aaret 1827 trolovede han sig med en smuk og ædel Datter af Huset, Thora Fiedler, — hende, der meer eller mindre direkte har begeistret ham til nogle af de deiligste Digte, vi besidde fra hans Haand.

— Efter 1828 at have underkastet sig 2den Examen (med 1ste Karakteer) forlod Bagger Sorø og gik til Kjøbenhavn, hvor hans Bedstemoder endnu levede, og hos hvem han — som tidligere i Ferierne — foreløbig indlogeredes. Hans Formynder, Høiesteretsassessor Adam Müller (cfr. Baggers Mindedigt over ham S. 334) indsaae imidlertid snart, at dette Ophold hos en Dame, der med hvert Aar blev meer og meer urimelig, og hvor den vigtigste Beskæftigelse for den, der ønskede at bevare hendes Venskab, bestod i at spille Rambus fra Morgen til Aften, med diverse Afbrydelser af Skænden og Kiven med Tyendet, — neppe var det heldigste for et ungt Menneske. Han fik ham derfor kort efter ind= kvarteret hos en Skipperenke Koefod, hvis Navn ikke bør glemmes, naar Talen er om Carl Bagger. Det var en brav, fortræffelig Kone, der med en næsten moderlig Omsorg pleiede sin unge Logerende, bar over med hans Svagheder og senere lystige Liv, hvor stærkt end dette kolliderede med hendes Ro, og fulgte ham trofast næsten lige saa længe, som han opholdt sig i Kjøbenhavn. Her var hans Liv forresten ikke særdeles forskjelligt fra det, han i de sidste Aar havde ført i Sorø, — væsenlig hengivet til Sprog, Historie og æsthetiske Studier*) eller — til Kammeratskabets Glæder. Vel skulde han, efter sin Formynders Raad, studere Jura (en Tidlang tænkte han paa Theologi og beklagede sig ofte senere over ikke at have fulgt denne Idee, — — Bagger som Præst!! —), men skjøndt han i den bekjendte (daværende Overretsassessor) P. G. Bang fik en dygtig Manudukteur, kom han ikke synderlig vidt, idet der regelmæssig efter 8 Dages Arbeide fulgte en selvtaget Ferie paa 14. I denne Henseende, som ogsaa i flere andre, giver det bagi meddeelte Brev (fra 15 Mai 1828) et ret godt Billede. Blandt Andet konsta-VI. terer det, at han allerede dengang var traadt i Berøring med J. L. Heiberg, gjennem hvis „Flyvende Post" adskillige af hans Smaadigte (cfr. Amn. til disse) publiceredes, ligesom han ogsaa, navnlig dog senere, kom i Forbindelse med det dengang meget udbredte Blad „Kjøbenhavnsposten," for hvilket den som Litterat i sin Tid bekjendte A. P. Liunge var Redakteur. Undertiden fungerede han endog som dettes Redakteur, men paadrog sig, mærkelig nok, dog ingen retslig Forfølgelse**), skjøndt hans republikanske Tænkemaade skulde synes meget let at kunne være kommet i Conflikt med den strenge Censur, Datidens Presse var undergivet.

1830 døde hans føromtalte Bedstemoder, hvorved han i pekuniair Henseende fik en Deel friere Hænder end

---

*) En Tidlang tænkte han paa at gaae til Theatret (cfr. „Promenaden om Natten," Digtet Side 82 i „Min Broders Levnet" etc.), men opgav det snart igjen.

**) En enkelt Gang blev han vel underkastet Forhør, men dette førte ikke til nogen Dom over ham.

tidligere. Samtidig blev hans juridiske Manudukteur kaldet til Professor, hvilket for Bagger havde den umiddelbare Følge, at Studeringerne for et længere Tidsrum fuldstændig lagdes paa Hylden. De hyppige Besøg paa „en vis herlig Viinkjælder," han i det forhen citerede Brev omtaler, var det Eneste, i Henseende til hvilket han viste en desværre ikke lykkelig Stabilitet, ja, medens hans øvrige Beskæftigelser aftog, var denne Maade at fordrive Tiden paa endog i stadig Tiltagende. Naar man nu har villet gjøre gjældende, at disse og de deraf følgende Udskeielser fremgik som en nødvendig Consekvens af hele Baggers Karakteer, da er man utvivlsom kommet ligesaa langt bort fra det Rette, som naar man har villet fremstille ham som en Martyr, hvem navnlig den tvetydige Herkomst havde drevet hen til „Lethefloden". Sandheden er sikkert at søge lige midt imellem, idet det navnlig er klart, at Bagger i sin Letsindighed, sin paa den Tid stærkt fremtrædende Stolthed og Higen efter Anerkjendelse, samt endelig i sin Foragt for det saakaldte finere Selskabsvæsen*), — let maatte lokkes ind paa det ubundne Liv, hvor han ved sin Vittighed og Munterhed var sikker paa at indtage en fremragende Plads. Men paa den anden Side maa det ikke lades ude af Syne, at der i hans Bryst fandtes en dybere, alvorligere og blødere Streng, hvis Klang vilde have været stærk nok til at kalde ham fra Drikke-bordets Tummel til ædlere Sysler, dersom den ikke

---

*) Den — vistnok feilagtige — Tro, at man enkelte Steder lagde Vægt paa hans Herkomst, har vel bidraget Noget til at stemme ham fjendtlig mod „de fine Folk".

netop havde havt Noget i sin Tone, som han ønskede at overdøve ved Punscheglassenes Klang. I denne Henseende tør det neppe forbigaaes, at han omtrent paa det Tidspunkt, vi for Øieblikket dvæle ved, kom til at staae i et noget skævt og koldt Forhold til sin Tro= lovedes Familie, saa at han fra nu af i en Række af Aar slet ikke besøgte sit Yndlingssted eller ialfald kun ved Breve stod i Forbindelse med Basnæs og med sin Elskede, der iøvrig med en sjælden og beundringsværdig Trofasthed holdt fast ved det Løfte, hun havde givet sin Beiler.

Man glemme imidlertid ikke, at disse Abnormiteter selvfølgelig først efterhaanden nærmede sig til og antog de ganske vist storslaaede Dimensioner, hvorunder de i de sidste Aar af hans Ophold i Kjøbenhavn fremstiller sig. I Begyndelsen bevægede Udsvævelserne sig — trods deres Regelmæssighed — dog indenfor noget snevrere Grændser, saa at det ikke var saa meget vanskeligt for Bagger at forsøge et Tilbagetog. Et saadant, til hvilket han i sin Forlovelse havde tilstrækkelig Anledning, forsøgtes virkelig ogsaa henimod Aaret 1832; men som Alt, hvad der gjøres halvt, sjælden faaer et ordentligt Resultat, saa= ledes ogsaa her. Han tog vel Juraen frem igjen, flyt= tede sammen med sin Forlovedes Broder, Frederik Fiedler*), og besluttede under dennes Veiledning at arbeide paa „at blive til Noget;" men samtidig

---

*) Nu Etatsraad, Justitiarius i Overretten etc. — Det er efter dennes værdifulde Optegnelser, i Forbindelse med Andres Meddelelser, nærværende Udkast nærmest er ud= arbeidet.

søgte han dog endnu bestandig ved Aftenstid hen paa de vante Forlystelsessteder, til „die Fastnachtsbrüder," som han kaldte dem, hvoriblandt den for sin Begavelse bekjendte Lærer Svenningsen og flere andre „gode Hoveder" fandtes, og hvor Bagger altid fandt lystige Kammerater. Iøvrig læste han af og til ret flittig, især de enkelte Fag, der interesserede ham f. Eks. Kriminalret og Retshistorie, og beskrev de forskjellige Haandbøger med udførlige Anmærkninger*); men udkom der noget betydeligt Nyt i den skjønne Litteratur, fik det Juridiske øieblikkelig Løbepas igjen for en Stund, idet han enten selv fik Lyst til at producere Noget, eller dog ledtes ind paa ham mere behagelige Arbeider. En saadan længere Afbrydelse foraarsagedes til Eks. ved Meislings Oversættelse af Gozzis Maskekomedier, for hvilken han i en rum Tid nærede en overordenlig Begeistring. De italienske Kundskaber blev atter taget frem, Gozzi, Boccacio og mange Flere repeteredes eller læstes for første Gang, og da han saaledes var kommet ret ind i det Italienske, meente han, det var ligesaagodt at give sig ilag med Spansk med det Samme. Dertil havde

---

*) Undertiden ogsaa med Vers; saaledes skrev han i Ussings Kriminalret under Dedikationen til Stemann:

„Birak offred Hedningmanden
Til de gode Guder blot.
For Gud Fader og for Fanden
Ryge vi fast lige godt."

Og i Rosenvinges Retshistorie:

„Maaskee Du for Clio kan staae
Med Palmer i Hænde;
Men Læseren helst Dig dog saae
Med Riis i din Ende."

han endnu den Grund, at Cid altid havde foresvævet
ham som den første Helt for en Tragedie, og at han
troede, af dette Sujet at kunne skabe et mere modent
og mere fyldigt Arbeide end hans i 1833 (paa eget
Forlag) udgivne „Dronning Christine af Sverrig og
Monaldeschi." Dette i Henseende til dramatisk Anlæg
temmelig svage Produkt, der vistnok ogsaa er blevet til
mindst en tre Aar, før det udkom, havde hverken kunnet
vinde Indpas paa Theatret*) eller — trods sine ikke
saa lyriske Skjønheder — nogen synderlig Indgang
blandt Publikum. Sophus Zahle anmeldte det —
temmelig tarveligt og temmelig koldt — i Maanedsskrift
for Litteratur (15. S. 402 — 9,) men nogen anden
Udtalelse sees ei at være fremkommet, hvilket ikke kunde
Andet end saare Forfatteren, der dengang neppe var
kommet ud over den Periode, hvori han — som han
selv senere siger**) — „bildte sig ind, at han var en
grumme stor Digter."

Nu skulde han, som sagt, forsøge sine Kræfter paa
en Behandling af Cid, og virkelig forelæste han ogsaa
kort efter sin Svoger, da denne trængte paa ham med
Hensyn til Juraen, Begyndelsen (omtrent 2 Akter) af en
saadan Tragedie. „Dersom Du synes, det ikke duer,"
tilføiede han, „skal jeg øieblikkelig tage fat paa Jus igjen."
Digtet var imidlertid saaledes, at hans Tilhører ikke
kunde Andet end glemme sit Ansvar som juridisk Mentor

---

*) Winsløv jun: havde lovet at skaffe ham det opført og
skulde selv have spillet Sentinelli; men Stykket blev, til
Baggers store Ærgrelse, forkastet af Theaterdirektionen.
**) J en Polemik i „Fyens Stiftstidende."

og opforbre ham til at fulbføre bet snareſt muligt; men — nogle faa Dage efter møbte Bagger paany hos ham for at læſe Civilret, — Tragebien var gaaet i Kakkelovnen ſom „albeles forfeilet.“ At han paa benne Maabe har øbelagt ikke faa bigteriſke Probukter er utvivlſomt, og bet maa viſtnok for en ſtor Deel til= ſkrives hans Venner, naar vi bog beſibbe Noget af ham. Thi hans i og for ſig ſtrenge Selvkritik blev i ben Grab hibſet ved Publikums og Kritikens betingebe Anerkjenbelſe af hans Geni, at ben viſtnok meget ofte overſkreb alle rimelige Grændſer.

Man kan her ikke nokſom beklage og unbre ſig over ben Maabe, hvorpaa Datibens kritiſke Aanber negligerebe Carl Bagger. Lab En længe nok ſøge efter Grunbe til, at en ſaa friſk og begavet Natur, ſom han, ikke bar ſtørre eller flere Frugter: bet ſtaaer faſt, at en væſenlig, ja maaſke ben væſenligſte, Skylb ligger hos bem, ber havbe paataget ſig at veilebe Publikum i æſthetiſk Hen= ſeende. Gjælber bet i Alminbelighed, at al vebvarenbe kunſtneriſk Probuktivitet nøbvenbig er betinget af, at ber er Nogen, ſom bryber ſig om at høre eller at ſee, og 'at be allerfleſte Naturer trænge til libt Solſkin for at ubvikle ſig: ſaa gjælber bet fremfor veb nogen Anben om Bagger, ſaalebes ſom bet baabe fremgaaer af hans egne, mi8mobige Yttringer og hans Efter= levenbes eenſtemmige Vibnesbyrb. Han kunbe ikke unbvære ben berettigebe Anerkjenbelſe, berfor ſøgte han ben paa Kipper og Kneiper, hvor ben kun altfor let bøbes ham. Men hvab ſkal man ogſaa bømme, naar man betragter be varme Anbefalinger, hvormeb ofte po=

etiske Ubetydeligheder i de Dage gik ud blandt Publikum, medens en saadan Bog som Baggers „Smaadigte" (Juli 1834 *)) kun fremkaldte en enkelt, spæd, om end meget velvillig, Anmeldelse? Hvad skal man dømme, naar man seer en Mand som f. Eks. Sophus Zahle gaae omkring som „Digter," medens Bagger vegeterer i lykkelig Ubekjendthed, og det uagtet den Førstnævntes poetiske Forsøg væsenlig ere rimet Prosa, den Sidstes ægte, gediegen Poesi? Hvormange var der vel, som havde Øiet aabent for, at der i den nævnte lille Samling bødes en Række Digte, som vilde høre blandt Perlerne i enhver, selv den rigeste, Litteratur, og at dette Fænomen fik forøget Betydning derved, at der saagodtsom ikke fandtes et eneste iblandt, som man kunde ønske at undvære? Man læse blot disse beilige Fragmenter af „Cib" — de eneste opbevarede Resultater af hans Syslen med dette Emne —, man læse Romancerne, kort Alt, hvad der henhører til denne Samling; man erindre sig desuden, at det paa en Maade var en Begynder, der fremtraadte med et poetisk Udbytte, hvoraf en ikke ringe Deel tilhørte en endog meget tidlig Ungdom; og saa svare man paa det Spørgsmaal: var her ikke en Personlighed, en Originalitet, en glimrende Genialitet i gribende, kjække Tanker og Billeder og i en

---

*) Paa Titelbladet fandtes følgende Citat af »Orlando furioso« 4de Sang, 56de Stanze:

»Cerca, diceano, andar, dove conoschi,
Che l'opre tue non restino sepolte!
Perchè dietro al periglio e alla fatica
Segua la fama, e il debito ne dica.«

— Bogen udkom paa hans eget Forlag.

eiendommelig, vidunderlig klangfuld Form, som Kritiken vel burde have taget Hatten af for og værdiget et Blik?*).

Jo ganske vist, vil Nutiden svare, men Sagen var, at Datiden svarede saagodtsom slet ikke. Saa gik det da igjen med ustandselig Fart løs paa Sviir og Commers, Juraen lagdes definitivt paa Hylden, allerede forinden Svogeren samme Aar (1834) tog til Udlandet, og ethvert Minde om den feiedes ud af Værelset. Desværre var det ikke det Eneste, der „feiedes ud," men Alt, hvad der overhovedet var mobilt, fulgte lidt efter lidt efter. Han, som før havde været en saa stor Ynder af Hygge, hvis Værelser havde været opfyldt af Blomster, Fuglebure etc. etc., — tog nu tiltakke med den usleste Bolig og det tarveligste Møblement. Videre at dvæle ved denne Periode af hans ydre Liv, — der nok omtrent strækker sig til Foraaret 1836 — er for uhyggeligt til at være interessant. Det maa være nok at sige, at han (efter at være flyttet fra Md. Koefod) ofte ikke havde Tag over sit Hoved eller ialfald kun havde det ved Andres Godhed, og at han fristede Tilværelsen paa de simpleste og elendigste Kjældere her i Byen, hvor den laveste Klasse udgjorde hans væsenligste Omgang. Iøvrig bør det tilføies, at han omfattede demi-monde med en særdeles Interesse, hvilket for en stor Deel var

*) En Meddeler vil vide, at Øhlenschlæger lod Bagger kalde til sig og takkede ham for Bogen, hvoraf navnlig Indledningsdigtet havde tiltalt ham. — Selv skal B. have sat meest Priis paa „Zigeunersken," hvilket er ret karakteristisk. — Bogen var iøvrig nær bleven beslaglagt formedelst det deri indeholdte Digt: »Finis Poloniæ.«

begrundet i hans vidtgaaende frisindede Anskuelser og i hans Foragt for den falske, overfladiske Dannelse.

Naar man nu vilde spørge, hvor det dog var muligt, at et Menneske med den Begavelse og den Karakteer, som Bagger, kunde udholde og finde sig i et saadant Liv, da maa man naturligviis først huske paa, at han vel neppe nogensinde havde tænkt eller forestilt sig de Konsekvenser, hvortil det i sidste Instans førte med uimodstaaelig Magt. Man maa endvidere mindes de forhen gjorte Antydninger om, at det for en stor Deel var Trang til Anerkjendelse og Vurdering, som bragte ham ind paa den Glatiis, hvor saa hans medfødte Stolthed forhindrede ham i at modtage en ydmygende, med moraliserende Tilsætninger velspækket Hjælp. Men endelig og fornemmelig bør det erindres, at den Udenforstaaende, selv om han er nok saa fordomsfri, aldrig betragter et saadant Liv med de samme Øine, som den, der dreier sig rundt deri: for hiin synes det eensformigt, raat og jammerligt, for denne er det, midt i sin Eensformighed, i Besiddelse af en uendelig Forskjellighed, bag Raaheden, som han ignorerer, jubler Viddet og Kaadheden ham imøde, kort det er lyst, livligt og, fremfor Alt, det har Fart: man staaer aldrig stille, man kjeder sig aldrig. — At nu her Differensen i Opfattelsen væsenlig har sin Grund i de differerende Individualiteter, er sikkert nok; Begge lægge de ind i eller tage de Noget fra af Virkeligheden, saaledes at de paa en Maade ikke nyde Virkeligheden i dens Nøgenhed, men med et poetisk Slør over den. Men dersom dette i Almindelighed maatte have Gyldighed, tør man paastaae, at det i

Særdeleshed gjælder om Carl Bagger; senere hen slog vistnok Virkeligheden de nøgne, magre, uhyggeligt klamme Arme omkring hans Hals og næsten kvalte hans Aandedræt i enkelte Timer, men i Begyndelsen følte han det ganske vist heelt anderledes, og de samme Arme var ham bengang bløde som en deilig Kvindes, netop forbi han nu eengang saae det saaledes og troede det saaledes. Det bedste Beviis herfor er den Omstændighed, at han selv har givet os et saadant poetisk Billede af hiint vilde Liv, — saagodtsom det eneste heldige Forsøg i vor Litteratur paa at afstøbe disse uformelige, raabe Situationer, paa at lade den høieste Smerte vaande sig deri midt under den meest tøiesløse Glædestummel. Det var i „Min Broders Levnet," Fortælling af Johannes Harring, Kbhvn. 1835.

At tale om Carl Baggers Liv uden at fæste Opmærksomheden af al Magt paa denne mærkelige Bog, vilde være komplet meningsløst, eftersom den i en vis Forstand indeholder den meest geniale og træffende Autobiografi. Men Sagen er, at Digt og Virkelighed saaledes er vævet sammen med og ind i hinanden, at der skal et meget indviet Blik til, for at skjælne, hvilket der er hvilket. Det er dog Noget, som snart vil springe Læseren i Øinene, at ligesom de forskjellige optrædende Bipersoner for Størstedelen ere virkelige Personer af Baggers Omgangskreds, og ligesom de forskjellige som oftest satiriske Hentydninger træffe Folk, der paa en eller anden Maade var kommet i Berøring med Digteren, saaledes er Arthur væsenlig et Billede af ham selv, og de Forhold og Situationer, hvori denne optræder, kun meer eller mindre digterisk udsmykkede Gjenfremstillinger af Forfatterens eget Liv. Det er netop ved Erindringen herom, Digtningen faaer et forunderligt tragisk Sving over sig, netop derved, at det paa en Maade er den geniale, ulykkelige Arthur, der skriver over sig selv. I Produceringen ligger da hele den ene Side af Baggers Karakteer, den dybe, sorgfulde, melancholske, medens Helten i Bogen som oftest kun giver et Billede af den anden Side, forsaavidt ikke et pludseligt Udbrud af Smerte slaaer igjennem Svirelivets Spektakel. Man gjør i det Hele taget vel ved at sammenholde „Min Broders Levnet" med de „Erindringer fra et Ungkarlsliv," som findes blandt de mindre Fortællinger; thi i disse faaer man egenlig den rette Baggrund til hiint farverige Maleri, som fremstiller Arthur, og den Sorgløshed, ja næsten Tilfredshed med den gradvise Synken-Sammen, som gaaer igjennem dennes Tale, faaer — for Digterens eget Liv — sit rette Pendant i de Ord, hvormed hine Skitzer begynder: „Kjære Søren! Det er et kummerligt Liv at være Musikus! for Guds Skyld, lad aldrig din Dreng blive det o. s. v."

Det kunde ikke være Andet, end at dette Arbeide, baade paa Grund af den geniale Fremstilling og ved de talrige Allusioner til forhaandenværende Personer og Forhold, maatte vække en meer end almindelig Opsigt. Denne kom da ogsaa til Orde paa forskjellig Maade og med forskjelligt Indhold. Først var der nu de Enkelte, der baade havde Competence og Indsigt til at dømme, men de nøiedes Alle med personlige Henvendelser til Digteren. Det Samme gjorde da forresten ogsaa den

ikke ringe Mængde Personer, der enten direkte havde
følt sig saarede ved at see sig selv fremstillede i Bogen,
eller dog havde Anledning til at være misfornøiede med
Forfatterens Indiskretion; fra disse havde Udtalelserne
naturligviis en anden Klang*). Endelig mødte de
Hrr'r Kritici, for Størstedelen med subjektive, lidetsigende
Domme, der selvfølgelig ikke havde Stort at betyde.
Den mærkeligste af de fremkomne Udtalelser var den i
„Maanedsskrift for Litteratur" (XIII, 437—50) indførte
Bedømmelse, der baade blandt Digtningens Venner
vakte megen Opsigt og Uvillie og desuden gjorde et
tungt og piinligt Indtryk paa selve Forfatteren.**)

Redaktionen af det omhandlede Maanedsskrift, der
for Datiden havde en ikke ringe Betydning, var som
bekjendt sammensat af meget begavede Folk, men dog for
Størstedelen***) af saadanne, hvis Begavelse just ikke
laae i Retning af æsthetisk Kritik. Er det sandt, hvad
en tydsk Forfatter har sagt, at Kritikeren ligesom maa

---

*) Som et kuriøst Exempel anføres, at den føromtalte Lærer
Svenningsen, der havde seet sin egen Person fremført i Jyden
Hr. Svendsen, en Morgen, medens Bagger endnu sov, kom
op til ham, vækkede ham, og med urokkelig Koldblodighed
erklærede, at han vilde „slaae ham ihjel". Først efter lang
Parlamenteren blev den vrede Achilles formildet, saa at
Bagger endog slap for Prygl, dog kun paa den Betingelse,
at hvis han nogensinde udgav „den rraadne Bog" igjen, skulde
han sætte S v e n n i n g s e n reentud, istedetfor S v e n d s e n.
**) Cfr. H. C. Andersen: Mit Livs Eventyr S. 67.
***) En Undtagelse var f. Ex. Poul Møller. Blandt Redaktio=
nens 14 Medlemmer fandtes H. C. Ørsted, H. N. Clausen,
Kolderup Rosenvinge, Velschov, Ch. Molbech etc.

kunne høre Poesiens Græs groe, saa er det utvivlsomt, at specielt Baggers Recensent, den iøvrigt i andre Retninger saa høit fortjente og begavede J. N. Madvig, ikke havde de nødvendige Egenskaber til at sætte sig paa Dommersædet. Stedet er ikke her til, videre at gjennemgaae bemeldte Anmeldelse, der jo ved sin Ubillighed og Skævhed har bevaret sig et vist Navn i Litteraturhistorien. Den postulerer strax i Begyndelsen, at Digtningen bærer Vidnesbyrd om „Savnet af en grundig Uddannelse, Hengivelse til en overfladisk Maneer og den ivrige Bestræbelse efter en Originalitet, der dog kun er Efterligning og uægte Glimmer;" iøvrig bevæger den sig saagodtsom hele Tiden i Forsøg paa at redecere den i Forbigaaende henkastede Roes, at Fortællingen indeholder „Glimt, og det ikke svage Glimt af Digteraand," saavidt muligt a d n i h i l u m. M a t h i l d e er „forskruet"*), Halvor Thyesen „et Dyr" o. s. v. o. s. v. er de vigtigste Resultater af Undersøgelsen; denne er desuden fra Ende til anden gjennemsyret af en spottende Overlegenhed, som om Kritikeren stod overfor en ussel Stymper og ikke for en virkelig Digter. Den hele Anmeldelse mangler Syn for, at det var en eiendommelig Aand, der her brød ud i en eiendommelig Form, og den har ikke Øre for Poesien, saaledes, at den har kunnet gribe Digtningen, ikke blot i dens Væren i Forhold til Publikum, men ogsaa i dens Vorden i Forhold til Digteren. VII.

---

*) Som et af sine Beviser for denne Paastands Rigtighed anfører Anmelderen, at hun „ikke ret husker, om det var for tre eller fire Aar siden, at Høiene grønnedes!" — sic! — Cfr. „Min Broders Levnet" Side 75 15de L. fr. ov.

En saadan offenlig Kritik i Forbindelse med de ikke mere behagelige Privat=Kritiker, kunde ikke have nogen gavnlig Indflydelse paa E. B., der hele denne Tid førte det fra „min Broders" bekjendte, ustyrlige Liv. Hans Lyst til fortsat poetisk Produktion maatte svækkes, og det kan neppe have været Andet end materielle Grunde, der allerede en Maaned efter bragte ham til at lade høre fra sig gjennem det særskilt udkomne lille Eventyr „Havets Konge".*) Forresten subsisterede han i dette og Størstedelen af det paafølgende Aar (1835 og 36) nær= mest som Medarbeider af Kjøbenhavnsposten**), ligesom han ogsaa, da H. P. Holst ved April 1835 fratraadte Redaktionen af det i Forbindelse med nævnte Tidsskrift staaende „Søndagsblad," anonymt overtog dettes Redak= tion (Bladet gik ind i samme Aar). Heri leverede han da — foruden kritiske Notitser (mrkt. R. og X.***), Over= sættelser og Bearbeidelser (saaledes om Byron efter Washington Irwing) — de fleste af de Smaadigte og

---

*) Ogsaa ved denne (cfr. Anm.) var Kritiken paa Spil; privat beskyldtes han af en af sin Omgangskreds (Emanuel Nyboe 1780 — 1840) for at have „stjaalet" Sujettet fra ham til det noget ubetydelige Arbeide. (Cfr. bemeldte Forf: „Løvfaldsblade" Kbhvn. 1839 S. 107).

**) En i Kjøbenhavnsposten 1835 Nr. 205 indført Artikel af ham om det helsingørske Færgelaug, skaffede ham en Proces med 15 helsingørske Handlende paa Halsen; han blev dog frikjendt. Iøvrig var han en meget upaalidelig Med= arbeider ved et Dagblad, idet han ofte udeblev flere Dage; men „naar han da kom tilbage, var han saa angerfuld og godmodig, at man ikke kunde blive vred paa ham."

***) Cfr. til Ek. H. C. Andersen: „Mit Livs Eventyr" S. 186.

novellistiske Skitzer, der det følgende Aar (Foraaret*
1836) udkom, temmelig upaaagtede, under Titlen „Digt=
ninger, gamle og nye, af Forfatteren til „Min Broders IX.
Levnet.“

Trods denne ikke ubetydelige litteraire Virksomhed
var hans materielle Stilling ikkedestomindre henpaa Efter=
sommeren blevet i den Grad fortvivlet, at der sikkert
ikke var mange Skridt tilbage til en fuldstændig Under=
gang. Hans Venner, deriblandt hans Svoger, der paa
denne Tid vendte tilbage fra sin Udenlandsreise, fik ham
med Nød og Neppe opsøgt og trængte atter ind paa
ham, at han skulde lade sin Stolthed fare og modtage
deres Hjælp for dog at komme nogenlunde paa Fode
igjen. At Bagger endelig gav efter i dette Punkt og
modtog den tilbudte Understøttelse, havde deels sin Grund
i den nu indtraadte Erkjendelse af, at han vilde være
fortabt, dersom han længere lod staae til og isolerede sig
fra dem, der meente ham det vel; men deels var det
ogsaa en Følge af en Begivenhed, der noget iforveien
var indtruffet og ligesom havde vækket ham af den Døs,
hvori han en Tidlang havde levet.

Det vil erindres, at Basnæs i denne lange Række
af Aar havde været et lukket Eden for ham, og at han
kun meget undtagelsesviis havde staaet i personlig eller
skriftlig Rapport til sin Trolovede. Hvis man imidler=
tid heraf vilde slutte, at hendes Billede i hans Sjæl

---

*) Til Grund for denne og flere andre Tidsangivelser ligger
en Fortegnelse, der i sin Tid fulgte med „Dansk Litteratur=
tidende.“ Af denne sees ogsaa, at B. og Fr. Barfod tænkte
paa at udgive et „Æsthetisk Maanedsskrift“ 1836.

fuldstændig havde været overskygget og ialfald kun i enkelte Øieblik var traadt frem for hans Erindring, er det utvivlsomt, at man vilde gjøre stor Uret mod den Følelse, der havde været mægtig til, meer eller mindre direkte, at skabe Størstedelen af hans deiligste Digte. Tvertimod, som Arthur i „Min Broders Levnet" ved Synet af sin Moders Portrait pludselig forstummer midt i sin vilde Lystighed, saaledes traadte ikke blot i de alvorlige, men ogsaa i hans meest kaade Øieblikke, ikke blot en enkelt Stund, men tidt og mangegange, hans Elskedes Billede frem for ham og viste ham et roligt Hjem ved hendes Side som den lykkeligste Tilværelse. Men han var ligesom en Fugl, der havde faaet Vingerne stækket, — han kunde ikke flyve bort fra de vante Forhold, tilmed, da Omverdenen ved sin Miskjendelse idelig og idelig stødte ham dybere ind i dem. Malstrømmen hvirvlede rundt, og han lod sig hvirvle, formodenlig i det Haab, at der — ved et eller andet Træf — vilde komme bedre Dage, hvor hans Ungdoms Drømme skulde naae frem til at blive iklædt Kjød og Blod.

Hans Forlovedes Fader, der strax fra Begyndelsen maaske havde været noget koldt stemt mod ham, var for flere Aar siden død; hendes Moder, der havde kjendt og skattet Baggers Fader, havde derimod stedse bevaret en vis Godhed for ham, uagtet hun naturligviis kun med stærk Misbilligelse og Sorg kunde høre om den Retning, hvori han var slaaet ind. Længe haabede hun, at hele dette Levnet skulde være som en trykkende Tordensky, der dog omsider vilde drive over; men da den tvertimod stedse samlede sig tættere og tættere, blev sortere og sortere, begyndte hun at tabe Haabet og tænkte paa Udveie til at redde sin Datter ud af den Skæbne, der truede hende. Hun befalede hende derfor at foretage en Reise til en Slægtning i Hamburg, — rimeligviis i den Tro, at en saadan længere Adskillelse fuldstændig skulde løse det Baand, der nu i flere Aar havde havt en tilsyne= ladende saa svag og ubestemt Karakteer. Saaledes op= fattede idetmindste Bagger det gjorte Skridt. Man pleier at sige, at man ofte først ret fatter Betydningen af Noget i det Øieblik, man er nærved at miste det, og det er nok muligt, at det er gaaet tilnærmelsesviis saa= ledes med vor Digter ved denne Leilighed. Ialfald rev han sig med en pludselig Kraftanstrengelse løs fra sine dag= ligdags Baner, og paa Afreisens Dag var han, der engang troede, ikke at kunne aande udenfor Kjøbenhavn og uden= for sine „Fastnachtsbrüder's" Selskab, og som skyede enhver Uleilighed, — for Størstedelen tilfods naaet til Korsør, hvorfra Dampskibet „Løven" skulde overføre hans Elskede til hendes Bestemmelsessted. Efter lang Tids Forløb talte han nu atter med hende og satte denne Afsked, der sikkert i en betydelig Grad indvirkede paa hans Fremtid, det storslagne Minde i Digtet, som bærer hint Dampskibs Navn; maaske var det første Gang i mange Tider, han ret havde tænkt over sig selv og sin egen Stilling, — hvorledes han da tænkte nu, og at denne Reflexion maatte mindst bære nogen Frugt for de kommende Dage, vil Enhver kunne skjønne, der har Blik for den Fortvivlelsens Lidenskab, der flammer gjennem disse gribende Strofer.

Ud af Afskedens Stemning fremtraadte navnlig to

Ønsker, der dog i sidste Instans faldt sammen til et eneste: eet ligeoverfor hans eget Jeg, om ud af hans hidtidige Livs Skibbrud at kunne redde, hvad der endnu stod til at redde af Aandens Evner og Styrke; et andet ligeoverfor hans Elskede, om snart at kunne føre hende til det Hjem, han saa ofte havde længtes efter. Og som om han nu kun behøvede at kalde paa Lykken, for at den skulde komme, indtraf der allerede i Efteraaret 1836 en Hændelse, der aabnede ham idetmindste nogen Udsigt — om end efter en trang Maalestok — til at faae sin Higen realiseret. F. C. Hillerup, der i længere Tid havde redigeret (den i Odense udkomne) Fyens Stiftstidende brouillerede nemlig med sin Principal, Bogtrykker Søren Hempel, og forlod denne. Det blev foreslaaet Bagger at søge den ledigblevne Plads, og han greb efter den med en Iver og en Spænding, som tydelig viser, hvor magtpaaliggende det var ham at erholde den. Og dog følte han sig aldeles ikke kaldet til en saadan Virksomhed; han var ved mange Venskabsbaand knyttet til Kjøbenhavn, medens han i Odense „ikke havde en eneste Ven, men derimod een erklæret Fjende*)"; dertil kom, at Hillerup med de mørkeste Farver skildrede sin forhenværende Principal som „en Vampyr, der havde udsuget hans Blod og Mod, en Aandstyran, et Monstrum af Eensidighed og Stivhed," ja at endog udenforstaaende, upartiske Folk halvt om halvt fraraadede det

---

*) Formodentlig Ove Thomsen, Redakteur af „Fyens Avis", om hvis Overdragelse Bagger tidligere havde staaet i Underhandling med Eieren.

paatænkte Skridt: han søgte alligevel, modtog et venligt og imødekommende Svar, og Løverdagen den 12te November 1836 drog han ind i Odense, hvor Søren Hempel modtog ham med aabne Arme.

„Det var aabenbart," skriver han i et Brev kort efter, „at der nu, her ved denne Leilighed skete et Omsving, at dette var et Vendepunkt i mit Liv." Han havde selv en sikker Fornemmelse af, at han nu ligesom var blevet tøiret fast for hele sin Levetid til dette Sted, og at han derfor maatte lade fare alle sine poetiske Drømme og al sin Længsel efter dog engang at komme ud i Verden, bort til fremmede Lande, for at see, nyde og lære*). Thi nu stod han jo ikke længer ene, saa at han frit kunde give hver Dag kun dens Plage og blæse ad den følgende, — tvertimod han var — eller blev det da meget snart — Familiefader, i hvilket lille Ord usinde Forpligtelser og Baand skjule sig. Heller ikke kunde han nu mere saaledes, som før, hellige sig til Tilfældighedens Tjeneste, arbeide lidt, naar det faldt ham ind, og forresten give hele Verden en god Dag, — nei, han var Redakteur, havde bestemt, tvunget Arbeide, og maatte paa mangfoldige Punkter correspondere med Publicum og underkaste sig eller ialfald taale dets Dom. Lutter Forandringer! Og at disse tillige havde Indflydelse paa hans digteriske Virksomhed, vil let for-

---

*) Saaledes siger han ved at omtale H. C. Andersen (see Anm. 3 S. XL.): „Lykkelige Andersen! Du betænker ikke, at Du dog eengang har været paa de Steder, i de Lunde, ved hiint Hav, hvilke mangen Dansk, mangen dansk Digter endogsaa, aldrig vil komme til at see."

staaes. Det var ikke Aarenes Gang, der paatrykte hans senere Poesier et væsenlig forandret Præg — thi, som sagt, „Dampskibet Løven", der er en ægte Repræsentant for hans hidtidige Retning, er jo fra disse sidste Aar; men det var det rolige Liv, den Omstændighed, at Kampen idetmindste for en stor Deel havde lagt sig, der gav denne sidste Periode af hans Digtning en fra den foregaaende noget forskjellig. Karakteer.

Man skulde troet, at Bagger nu, da han havde faaet et af sine stadigste og meest brændende Ønsker op= fyldt — det at faae et Hjem for sin Thora og sig — fuldstændig, eller dog i Regelen, vilde have fundet sig tilfreds ved Nydelsen af denne Behagelighed, saa at han ikke behøvede at søge Glæden extra muros. Dette var dog ikke Tilfældet. Vel følte han sig glad og lykkelig over sit Hjem, sin Kone og sin Søn, sin Carl, vel hyggede og fredede hans Hustru om ham med al Kjærlighed og Troskab, — Banen var dog for stærk, og han selv alt= for svag. Saa traf man ham da snart hist, og snart her*), ofte paa de simpleste Steder, hvor en Snaps og et Glas Øl var hele Tractementet, hvor den simpleste Stand, Arbeidsfolk og Bønder etc., søgte. Det var netop dem, Bagger vilde ikast med, — hele det fine Selskab er Raadenskab, pleiede han at sige, medens han hos de jævne, laverestillede Folk, fandt eller troede at finde mere Naturlighed og Dybde i Følelsen og — hvad han satte høi Priis paa — mere Gemytlighed og Lune. Her sad

---

*) Overalt ledsaget af sin „eneste og bedste Ven", en Hund ved Navn Murat.

han da, beundret og næsten tilbedt af hele Kredsen, og morede sig over de Pudseerligheder og Kraftudtryk, der blev givet tilbedste snart af En, snart af en Anden; men selv var han dog Sjælen deri, og man vilde sikkert i sin Tid have kunnet hente mangfoldige geniale Træk til hans Biografi fra slige Steder, hvor hans glim= rende Vittighed maaske har udskudt sine bedste Pile. — Iøvrig følger det af sig selv, at dette Liv ikke var hel= digt for hans økonomiske Stilling, tilmed da hans Ind= tægter ikke var synderlig store; han blev vel Eier af det lille Huus, han beboede indtil sin Død, men de, som han havde overdraget at vaage over hans pekuniære Forhold*), havde da ogsaa stor Møie med at bevare det for ham, eftersom han ofte i en snever Vending vilde sælge det.**) Penge var for ham et fuldstændigt Legetøi; han gav bort, saalænge han havde, og denne hans store Godmodighed hævnede sig ikke sjælden paa ham selv.

Med hans Virksomhed som Redakteur var hans Principal (for hvem Bagger efterhaanden fattede en heel Deel Godhed) i Begyndelsen særdeles fornøiet; senere

---

*) Søren Hempels Svigersøn, Helm Petersen, var ham i denne Henseende en utrættelig og trofast Ven.

**) Et saadant Salg — efter B's Paastand, dog kun under Forbehold — paadrog ham en Proces, der ved Odense By= ting faldt ud til, at han skulde frie sig ved Eed. „Jeg kan med rolig Samvittighed," skrev han til sin juridiske Konsu= lent, „afgive den i Dommen forlangte edelige Forsikring, men udtale dette i Retten uden at vække Skandale eller uden at grine, er umuligt, og kan en saaban Quasihøitide= lighed ikke undgaaes, er Sagen tabt." Dommen blev imid= lertid appelleret, og B. fritoges for Eden.

hen klagede han vel af og til over Baggers „Stædighed" *),
men i det Hele taget maa man vistnok indrømme denne,
at han røgtede sit Hverv med Duelighed og Flid og
med en betydelig Samvittighedsfuldhed. I den Tid,
hvor Provindsaviserne for Størstedelen vrimlede af
private Kivsmaal, var det slet ingen let Sag, at være
saaledes Mellemmand mellem de stridende Parter; det
manglede da heller ikke paa Ubehageligheder, men ano=
nyme Smudsbreve, Skjældsord eller Trudsler om „at
blive sat i „Corsaren" eller „Fædrelandet," hvis han
ikke optog det og det Inserat o. s. v. hørte omtrent til
Dagens Orden. I længere Polemiker indlod han sig
kun yderst sjælden og forstod da altid at feie sine Mod=
standere af (f. Eks. Fyens Stiftstidende ^{11}/6 44) paa
en udmærket morsom Maade; men Angrebene vare
ogsaa i Regelen saa hidsige og frembøde saa mange
Blottelser, at det ikke var ham vanskeligt at faae Latteren
paa sin Side (cfr f. Eks. et Angreb af Pastor Mau i
Avisen ^{18}/2 45 formedelst Uddrag om kirkelige Forhold af
andre Blade, eller Polemiken mod Ove Thomsen ^{18}/12
og ^{22}/12 1840 sammesteds). Een Gang var han under
Censur (Fyens Stiftstidende 1844 Nr. 170—72) og
maatte nominelt fratræde som Redakteur i et Aarstid; men
ved Overretten frikjendtes han, særdeles da Forfatteren til
de omhandlede Artikler i Mellemtiden havde navngivet sig.

---

*) Søren Hempel pleiede, naar han var gnaven, at beklage sig
over det Uheld, han havde havt med sine Redakteurer: „Hil=
lerup," sagde han paa sin Fyensk, „ha ville, mæ ha kutte,
Bagger ha ka, mæ ha vitte." (Hillerup han vilde, men
kunde ikke, Bagger kan, men vil ikke).

Egenlige levende Artikler indeholdt Bladet ikke, og Redakteurens individuelle Mening kommer kun sjælden direkte tilorde, — han var i den Henseende, som han selv siger, „den republikanske, men med Moriansmaske gaaende Carl Bagger.“ Undertiden stikker dog hans rette Ansigt frem bag Masken*), og navnlig naar han blev hidset ved polemiske Artikler, talte han ofte ret fra Leveren. At Datidens stærke politiske Rørelser greb ham med fuld Magt og i Meget forandrede hans tidligere Anskuelser, forstaaes af sig selv og sees ogsaa glimtviis i hans Digte fra denne Tid; saaledes var han en varm Tilhænger af den vaagnende skandinaviske Idee (cfr. Digtet S. 506) og saaledes var han med Liv og Sjæl med i den Reaktion mod det indtrængende Tydske**), og den Begeistring for Danskhedens Forkæmpere i Sønderjylland, der paatrykte hine Dage sit Stempel. Ved Peter Hjort Lorenzens Død siger han til Eks. i et Brev: „Jeg har i de sidste to Dage ikke tænkt paa Andet, end paa Peter Hjort Lorenzen, skjøndt jeg aldeles ikke stod paa den fortrolige og broderlige Fod med ham som med min Yndling og Dusbroder Laurids Skau; det er ikke Lorenzens Død, jeg begræder, endskjøndt

---

*) Etsteds (Bidrag til Tidshistorien 1839 Nr. 2) siger han: „Jeg har fra min tidligste Barndom hyldet de republikanske Grundsætninger, hvortil jeg endnu bekjender mig, og som jeg, næst Guds Bistand, først skal forlade, naar mit Hoved lægges under Mulde.“

**) „Tydsk, der altid udøver en sær Virkning paa min Sjæl, enten saa dette brave Tungemaal tales af en Bedemand eller Jacob v. Thyboe.“ (²/₁ 41 i Fyens Stiftstidende).

det maa jo smerte Enhver at høre Rygter som det, at han skulde have — taget Arsenik (det er ikke umuligt), men jeg er ved hans Død kommen rigtigt til at over= veie mit Fædrelands Fremtid og — jeg er nærved at fortvivle. Gid Satan vilde hælde sydende Olie i de augustenborgske Halse!"

Interessant er hans Redakteurvirksomhed ikke mindst derved, at den af og til giver ham Leilighed til Ud= talelser, der angive hans egen Mening om sine digteriske Evner og belyse hans Stilling i saa Henseende. Det hændte nemlig ikke sjælden, at deels Misundelse, deels ringeagtende Uforstand drog denne Side ind i de pole= miske Udfald mod ham, — Insinuationer, som Bagger altid imødegik med Frimodighed og en ofte vel vidt dreven Beskedenhed. Saaledes siger han etsteds, at han „med Haand paa Hjerte roligt kan erklære, at han al= drig har eftertragtet dette saa ofte uhjemlet ihændegrebne Tillægsnavn „Digter"*), forbi han ved en eller anden Leilighed har skrevet en Strophe, der er bleven ligesaa hurtigt veloptagen, som hurtigt forglemt, ligesom en Qvid= dren af en Bogfinke, der slog i April, men blev ihjel=

---

*) „Der var en Tid," hedder det en anden Gang, „da jeg som ungt Menneske bildte mig ind, at jeg var en grumme stor Digter, men med Aarene lærte jeg, at jeg ikke var det: jeg lærte det tildeels ved upartisk at bedømme mine egne Evner, deels ved at læse virkelig store Digteres Værker. Under dette Studium havde jeg imidlertid den Glæde at erfare, at jeg kunde forstaae de ophøiede Mestre." — Han siger ogsaa om sig selv, at han ikke „kan skrive i lidenskabelig eller exal= teret Stemning."

ffudt i Mai. Redakteuren kjender meget vel sin Plads
i Danmarks poetiske Litteratur: den er blandt Myrerne
(eller rettere sagt Pygmæerne, thi Myrerne ere flittige)."
Om han nu herved nærmest har tænkt paa sine Leilig=
hedssange i snevrere Forstand*) eller sin Digtning over=
hovedet, — deri har han ialfald Ret, at han ikke
var flittig. Thi vistnok begyndte han paa Et og
Andet, men længer end til Begyndelsen kom han sjælden.
Der forefandtes saaledes blandt hans efterladte Papirer
2 Varianter til en 1ste Scene af en Tragedie „Peter
den Store"; efter dette ubetydelige Brudstykke (hvor
det af Hauch i „de to Øxer" behandlede Sagn var
det omtrentlige Indhold) lader sig Intetsomhelst dømme
— noget Betydeligt i qualitativ Henseende er det
langtfra ikke, om det end lader ane et eiendommeligt og
storslaaet Anlæg. Endvidere begyndte han og publi=
cerede**) „nogle nye kortvillige Historier om Tiile Ugel=
spegel (Prøver af et libet Skrift der vil udkomme i Løbet
af Sommeren)," samt tog ligeledes fat paa at skrive en
Slags Autobiografi, foruden flere andre Arbeider***). I X.

---

*) Af den Slags skrev han i dette Tidsrum en stor Mængde
men forholdsviis kun faa, der have æsthetisk Betydning.
**) I det med Fyens Stiftstidende forbundne Ugeblad „Bidrag
til Tidshistorien" 1837 Nr. 13 og 15. — Bogen udkom
aldrig. — — I bemeldte Ugeskrift findes af ham Opsatser
om Byron o. fl. A., — men det er stedse kun Bearbeidelser
og Compilationer af fremmede Forfattere. Navnlig har
hans gamle Forkjærlighed for Historien bevæget ham til ad=
skillige Oversættelser og Uddrag i den Retning.
***) Saaledes nedskrev han en Plan til en 5te Sang af Byrons
„Childe Harolds Pilgrimsvandring, oversat fra Engelsk."

det Hele maa det antages, at han en Tidlang syslede med Tanken om at præstere nogle selvstændige Arbeider; thi i en Concept til en Ansøgning (November 1844) om en Gratification af 400 Rbl., udbeder han sig disse „navnligen for at han hjemme i sit Huus kan for Cre= ditorer have det tilbørlige Otium til at tilendebringe og udgive tvende paabegyndte litteraire Arbeider, nemlig et Bind Digte og et Bind Noveller." Ogsaa tidligere havde han (offentlig) ladet sig forlyde med, at der vilde udkomme et Arbeide fra hans Haand*), men Realisa= tionen af dette Løfte lod endnu vente en Stund paa sig.

XI. Endelig i September 1845 udkom i Odense „Die= blikkets Børn," Prosa og Poesie af Forfatteren til „Min Broders Levnet." „Bogens Indhold," skriver han kort før dens Udgivelse, „vil maaskee vække nogen Op= mærksomhed, da jeg selv troer, at det i det Mindste er originalt, ikke stjaalet." Opmærksomhed i videre Forstand, hos det store Publikum, vakte den nu ganske vist neppe, og forsaavidt slog Forfs. Haab altsaa feil; derimod fik den en eenstemmig velvillig Modtagelse hos

---

Fiktionen skulde gaae ud paa, at en saadan 5te Sang var udkommet i England, idet Lord Byron ikke var død i Mis= solunghi, men havde gjort en Reise til Norden, navnlig til Danmark. — Endvidere begyndte han et Digt „Satan" saaledes:
— „Og Satan var den Skjønneste blandt Engle!
Veemodig svømmed Tanken i hans Øie,
Hans Aande var som en Aurikkels Duft,
Hans Gang var let som Atlas=Sommerfuglens,
Hans Holdning Cederens paa Libanon.
Hans tankefulde Pande indeholdt
Den hele Viisdom, der paa Jorden findes,
Men heller ikke Mere.
Fra sølverhvide Vinger flød et Skjær
Saa smukt, saa reent og klart, som om Du saae
Ind i Uskyldigpigens Øine blaae. —"

*) 1842 averterede han: „Gamle Venner meddeles herved, at der endnu i Foraaret vil i Kjøbenhavn udkomme en Digt= samling, betitlet: „Mosaikstykker af Forfatteren til „Min Broders Levnet."

Kritiken, saa at medens en Rescencent tidligere, som et afgnavet Been, havde tilkastet hans Begavelse „Glimt, og det ikke svage Glimt af Digteraand," var der nu endelig den, der paa Prent turde sige om Carl Bagger, at han var „en ægte og national lyrisk Digter."

En af de smukkeste og værdigste Anmeldelser*), hvis Resultater, om end vistnok af og til bygget paa urigtige Forudsætninger, i det Væsenlige maa kaldes berettigede, giver i nogle Linier en Karakteristik af Baggers Digt= ning og derved af denne hans Livs sidste Periodes Forhold til den tidligere: „Carl Bagger," hedder det, „har vistnok af Naturen havt et lystigt og let Sind, mere oplagt til Spøg og Glæde, end til grublende Melancholi, mere bevægeligt end dybt; men han har levet og lidt, Sorgen har furet hans Sjæls blanke Overflade, han har som Tidens Søn ogsaa maattet bære dens Smerte og gjennemgaae dens Gjæringer. Netop derved er hans Individualitet som Digter bleven saa interessant. Ind i hans Phantasies lyseste Billeder falder der dunkle Slagskygger; med burlesk Humor parrer sig hos ham en frygtelig Pathos; man kunde sige, hans Muse har et Janushoved, der paa den ene Side ligner Niobe, paa den anden en Mænade; eller at hendes Physiognomi vexler mellem Smiil under Taarer og graadkvalt Latter. — — — — — Nu er han bleven ældre, mindre vild baade i sin Lystighed og i sin Smerte, mere gemytlig i sin Spøg, mere jevn alvorlig." Om end nærværende Undersøgelse antager hans naturlige Anlæg netop for en mærkværdig, ligesom chemisk, Blan= ding af de to Elementer, der ere hans Digtnings Grund= piller, bliver dog Resultatet som her ovenfor, og det Samme gjælder, skjøndt den ikke kan søge Aarsagen til de sidste Produktioners forskjellige Præg i en Alders= bestemmelse, men derimod i de forandrede ydre Forhold og Omgivelser. Det vil i denne Sammenhæng ikke

*) Nordisk Litteraturtidende 1846 Nr. 3

være uben Interesse at anføre nogle Linier af den før=
omtalte Plan*) til Fortsættelsen af „Childe Harold:"
„Hans Aand havde forandret sig," staaer der; „hvor
der før var Had, er Medynk nu; hvor der før var
Forbittrelse, staaer Beemod i Stedet; hans Bitterhed
mod Menneſſet er gaaet over til en Beklagelſe af Menneſkets
ſtrøbelige Natur. Han ſeer i Menneſſet ikke ſaameget ſom
før det Onde, det Bedrageriſke, men ſeer det Svage og
Afmægtige. Han foragter og beklager dem, meer end
han haaner og hader dem. Hans Lidenſkabelighed har
ſaa temmeligt lagt ſig." — Disſe Ord ere ganſke viſt
ſkrevne med Henſyn til Byron, men der var ikke en ſaa
ſtor Ulighed mellem dennes og Baggers Aandsretning,
ikkeheller var denne Lighed Bagger ſaaledes ubekjendt, at
man ei — mutatis mutandis — ſkulde turde anvende
dem her. Men i bemeldte Yttring er der ikke Tale om
at være bleven ældre (Bagger var da ogſaa i ſin bedſte
Alder), — det hedder kun, at „hans Aand havde for=
andret ſig," — en naturlig Følge af, at Kampen var
ſagtnet, og at roligere og mildere Forhold havde fanget
efter ham med bløbere Arme.

Foruden de poetiſke Arbeider og den Scribeſke
Bearbeidelſe indeholdt Samlingen endnu et meget inter=
essant Aktſtykke, en Anſøgning til Kongen nemlig om Poſt=
meſterembedet i Middelfart. Allerede tidligere havde han,
ſom ovenfor berørt, ſøgt nogen offenlig Underſtøttelſe, —
men uden Held**). Med hver Dag blev imidlertid en
ſaadan mere paatrængende nødvendig, ſaameget mere, ſom

XII.

---

*) Reſten, der er meget lille og meeſt indeholder rent ſubjektive
Bemærkninger, egner ſig ikke til Offenliggjørelſe.

**) „Jeg har virkelig Glæde," hedder det i et Brev (beſørget „deels
ved Godhed og deels ved Prygl"), „naar jeg engang imellem
vil levere Folket nogle af mine Produkter: ikke at tale om,
at Kongen tører ſin R.. paa min Anſøgning, hvilken han
ſelv har anmodet mig om at indgive, ſaa er det dog
ikke mærkværdigt, at „Cromvells Søn," trods det til Dig
ſendte Brev fra Johan Ludvig Heiberg, ikke blev opført
o. ſ. v."

Digterens Helbred — tildeels som en Følge af hans uordenlige Levemaade — tydelig aftog Dag for Dag. Sammen med Sygdommen kom Næringssorg og Utilfredshed med den eensformige, sløvende Redakteurvirksomhed, der nødte ham til at betragte sig selv som „en Bog, der ikke er kommet paa den rette Hylde." Det var klart, at skulde han reddes, og skulde hans Aand bære flere Frugter, m a a t t e der skee en Forandring, der kunde hjælpe ham ud af alle disse forskjellige Tryk; men, — der kom ingen Hjælp. — — —

Vel kunde han endnu i sin vante Omgangskreds være livlig og lystig; vel kunde han i sine (yderst faa) Breve endnu slaae Gjækken løs*), tale om sin gode Sundhed o. s. v., vel kunde hans Aand endnu frembringe et eller andet skjønt Digt**), — men det var Altsammen kun som Lampens sidste Opblussen. Den 30te Juli 1846 skriver han til sin Principal: „min diaboliske tørre Hoste indfinder sig forbetmeste præcis Kl. 8 om Morgenen og Kl. 8 om Aftenen, hvisfølge jeg i længere Tid sædvanligviis har været tilsengs Kl. 8. Jeg maa forresten tilstaae, at jeg i den senere Tid har besørget hele Avisen i Sengen, da jeg ikke kan taale at sidde krumbøiet." Saaledes sneg Sommeren sig hen, da der indtraf en Hændelse, som angreb ham mere end noget Andet: Hans eneste Søn, hvem han omfattede med en næsten lidenskabelig Stolthed og Kjærlighed, blev pludselig syg og maatte hentes hjem fra den Gaard paa Landet, hvor han opholdt sig. Disse Dage, da hans Hustru var reist bort for at ledsage det syge Barn, var upaatvivlelig nogle af de tungeste Øieblikke i Baggers Liv, hvisaarsag han og-

---

*) Sine Breve fyldte han altid med Røverhistorier, og naar han vilde sige Noget for Alvor, lod han sin Kone bekræfte det med sin Underskrift.

**) „Et Svar til min Svoger" er sikkert et af de sidste Digte fra Baggers Haand. Det er skrevet til F r e d e r i k F i e d l e r, der havde opfordret ham til at oversætte Byron. — Han tænkte ogsaa i denne Tid paa at besørge en ny, noget omarbeidet Udgave af „Min Broders Levnet".

faa stærkere end ellers søgte at dulme Smerten. Følgen var, at han maatte holde Sengen i længere Tid; han kom dog endnu engang op og ud i Luften, men Anstrengelsen havde overvældet ham og han maatte kjøres tilbage til sit Hjem. Dagen efter (d. 21de Oktober) døde hans Søn; bevidstløs, under stærk Fantaseren, overlevede Faderen ham endnu en kort Tid, men om Aftenen den 25de Oktober var Kræfterne udtømt, og en let Krampetrækning gjorde Ende paa hans Liv. Den 2den November 1846 jordfæstedes Begge paa St. Knuds Kirkegaard i Odense.

Han blev baaret til Graven af deeltagende Venner med stort Følge, og baade i og udenfor Kirken blev der sunget varmt til den afdøde Digters Ære*). Ja nu var jo Alle enige om at prise ham, om at „række ham Laurbærkrandsen i Døden,“ — men i Livet?!

Nu, lad saa være! Den, der, som Bagger, har faaet alle sin Ungdoms bedste Ønsker opfyldt, — ligeoverfor ham har en Samtids Miskjendelse liden Betydning, særdeles naar et af de opfyldte Ønsker er et saadant, som:

> „Men Æren i skinnende Sølvermoer,
> Hun svæve ned paa min Grav i Nord,
> Hun kjæmpe kjælt imod Glemsels Vold,
> Og sjunge mit Navn for en yngre Old!“

Vilhelm Møller.

---

*) I levende Live var en af de største Æresbevisninger, han nød, den, at blive valgt til — Revisor ved Odense almindelige Liigkasse! —

I.

Dramatiske Digte.

ronning Christine

af Sverrig

og

Monaldeschi.

(Tragoedie i fem Akter.)

(1833.)

Min Lod er bleven tynd, min Kind er smal,
Mit Livs Sol er i sin Nedgang alt, —
Jeg er ei Dronningen paa sexten Aar.
(5 Akt, 2 Scene.)

Personerne.

Christine Alexandra, Dronning af Sverrig.

Gustav Gustavson, Greve af Vasaborg, uægte Søn af Gustav Adolph.

Ludvig den Fjortende, Konge af Frankrig (atten Aar gammel).

Cardinal Mazarin.

Scipio Monaldeschi, Staldmester og Marchese.

Prisca Barocchi, Monaldeschis Moder.

Marco Sentinelli, Høvidsmand for Christines Livvagt.

Steinberg, Christines Vaabensmed.

Ebba Steinberg, hans Datter.

Oscar Steinberg, hans Søn.

Magnus, Claes Christerson og flere af Dronningens Livvagt.

Kong Ludvigs Følge og Pager.

Handlingen foregaaer paa Slottet Fontainebleau
Aar 1657.

Første Akt.

(Skuepladsen forestiller en stor Sal i Dronningens Fløi i Fontainebleau. Christine er ene; efterat være gaaet nogle Gange heftigt op og ned i Salen, standser hun pludselig.)

Christine.

Det var paa Gripsholm Slot, en Sommeraften,
At Erik Oxenstjerne trængte listigt
Ind paa mit unge Sind. Han talte Silke:
„Giv mig din Haand! Hvi vil Du søge blandt
Udlændinger en Konge for vort Land?
Er Erik ikke smuk, er han ei tro?
Og han er svensk og kjender Sverrigs Tarv.
Jeg vil Dig følge som en vagtsom Hund,
Ved Nat, ved Dag kun tænke paa Christine.
Jeg vil Dig elske nu, for Du er smuk
Og god; men kommer Sygdom, kommer Aldren,
Da vil jeg elske Dig, fordi Du fordum
Som ung var smuk. Ved Stranden skal jeg plante
Fregatter, for at skræmme dine Fjender;
Jeg lægger danske Byer til dit Land.“ —
Jeg svared enkelt Nei og dobbelt Nei:
Vel var han vakker og naturbegavet,

1*

Men haardt og stolt og vildt var Sindet dog;
Jeg leed hans Stjerne vel, men Oxen ikke.
Da blev han vred og glipped med sit Øie;
„Christine", sagde han, „jeg meente Dig
Det godt, men Du vil ikke Ven besidde.
Læg Mærke til mit Ord: der komme vil
Fra Verdens fire Hjørner Mennesker
Og samles i dit Slot, og de vil tale
Ret meget om den store Kjærlighed,
De for Dig nære; stærke Eder sværges,
Men ingen holdes; Alle logre de,
Men Ingen mener det; om Troskab tales,
Af Munden springer der et Blomsterflor,
Men deres Hjerter er som lutter Aabsler.
Mig troer Du ei, men Hine vil Du troe,
Og dog vil Hver af dem bedrage Dig;
Dit Guld de elske vil, men ei Dig selv.
Naar af de Fremmede den Sidste svigter,
Da vil Du sande først mit Ord og længes
Med Kummer efter Eriks Vennehaand!" —
Da blev jeg ængstelig tilmode; bort
Han gik, lod Døren staae paaklem, og sjelden
Fra den Stund saae jeg Erik ved mit Hof.

I Meget, Erik, spaaede rigtigt Du,
Men Nogle fulgte dog saa trofast mig;
Mon der i disses Handlemaade ligger,
Tilhyllet, koldt Bedrag? o gode Gud,
Jeg har saa saare Faa at miste nu,
Hver Dag formyndet har de magre Rækker.

En Drabant.

Grev Gustav Gustavson af Vasaborg
Formelder Hilsen, beder om at see
Sin Søster, før til Wien han atter reiser.

Christine.

Vist ikke — siig, jeg redet er paa Jagt.

Gustavson (som imidlertid er traadt ind).

Men heldigviis alt kommet hjem igjen.

Christine (hestig til Drabanten).

Hvo holder Vagt derude?

Gustavson.

Oscar, heed han;
Han nægted Indgang mig, jeg tvang mig frem.

Christine.

Den hele Vagt skal løses af; sæt større,
Sæt bedre Mænd istedet, Mænd fuldvoxne,
Der hævde kan min Borgfred, ikke Drenge,
Spæblemmede, som Poiken Oscar, og
Hvis andengang en Bjørn sig vælter ind,
Fæld Bjørnen rask og giv mig Skindet ind.
                              (Drabanten gaaer).

Gustavson.

Tregange har Du nægtet Indgang mig;
Jeg skal, jeg vil før Reisen med Dig tale.

Christine.

Du skal? Du vil? Siig, kjender Du de Ord?
Du vil? det Ord tilhører mig, udaf
Mit Lexicon har Du det snappet, bruger
Det klodset, Du, giv mig mit Ord igjen.

Gustavson.

Spot ikke Broderen med Søstrens Mund.

Christine.

Du er min Broder ei! jeg vælger til
Min Slægt kun den, der elsker mig som Broder;
Et Brodernavn er kun en Klang, men Sagen
Er Broderhjertet: dette fattes Dig.
Ei Gustav Adolph var min Fader, blot
Fordi han avled mig; jeg siger Dig,
Hvis ei han havde elsket mig tillige,
Forkastet havde jeg hans Fadernavn
Og søgt et Hjerte mig blandt Betlerne.

Gustavson.

Lad et besindigt Ord mig med Dig tale.

Christine.

Hvad vil Carl Gustavs sindige Spion?
Hvad vil Du her hos mig? her er jo Fred,
Og Freden hader Du som Synden jo.
Siig, er der ingen Aarelader for
Det folkevrimlende Europa meer?
Behøver man Soldater ikke længer?

Er stakkels Gustavson tilovers alt?
O, Du maa være fattig, siden Du
Tyer til Christine! Stakkels Broder, hun
Er fattig selv i dette Øieblik.
Hvi kom Du ikke dog itide, da
Jeg endnu havde Guld at give bort?
Nu har jeg Intet, — Guldets runde Mønt
Er løbet væk, og Menneskenes Sværm
Har taget samme Vei. Selv Du, min Broder,
Staaer, med en malet Maske for dit Sind,
Som Speider hos den værgeløse Qvinde.

Gustavson (harmfuld).

Ja, kald mig Speider, Fritter og Spion,
Ei uden Grund er jeg som saadan kommen:
Der mumles sære Rygter om din Færd.
Vil ikke selv Du om din Ære værne,
Ved Himlen over os, da maa vel jeg.
Din Broder er jeg og erklærer Dig
Umyndig. Hid for din Skyld er jeg reden
I Mulm, i Sorg, de mange, mange Miil;
Her staaer jeg, i vor fælles Faders Navn,
Jeg kræver Dig til Regnskab, svare skal Du.

Christine.

Du nævner mig et stort og helligt Navn:
Hvis som Herold Du kommer fra vor Fader,
Da skal med Andagt jeg dit Budskab høre.
Hvad har jeg gjort da, siden Du Dig troer
Bemyndiget, i Dødningkongens Sted,
Anklagende hans Datter at bebreide?

Gustavson.

Jeg lægger trende Spørgsmaal for din Fod,
Bee Dig, Du kan ei eet af dem besvare!
Kong Gustav var en Mand med kostbart Hoved,
Europa længes, jamrer efter ham.
Han efterlod et prægtigt Rige Dig
Med Jernmænd og med Mænd med kløgtig Hjerne;
Han efterlod Dig det til varsom Pleie,
Til Moderomhu, — Du har det foragtet,
Forkastet, haanet, splintret, ladet det,
Du burde været stolt af, gaae fra Linien
Og givet koldt det i en Fremmeds Haand.
Du siger selv, god Fader var Dig Gustav;
Slet har Du lønnet Helten i hans Grav.
Hvortil, troer Du, at Kongen avled Dig?
Mon for at Du i Stokholm skulde holde
Den gyldne Tømme med et sikkert Greb,
Opfyldende din Pligt mod Nationen,
Hvad heller for at Du omflakke skulde,
Zigeuneragtig, fremmed Jordbunds Byer?
Hvi gav Du Sceptret og Rigsæblet bort?

Christine (kold).

Saalænge Verden staaer, vil i den findes
Een Hob, som eftertragter, og en anden,
Som afskyer Kongelivets gule Pragt.
Jeg kan ei gjøre for, at af Naturen
Jeg fik den Drift at have netop, hvad
Ved modsat Kraft Du drives til at elske.

Vi Begge kom paa en urigtig Plads: —
Hvorfor blev ægte jeg, og Du Bastard!

Gustavson.

Ja vel, Bastard! saa kalder Verden mig.
Kun Lidet efterlod min Fader mig:
Et Ansigt langt fra smukt og nær ved stygt,
Men Gustavs Ansigt, Gustav Adolphs Træk, —
Jeg bytted det ei bort for Solen selv! —
Et Navn med sorten Plet — en Hesteryg
Til Throne — denne Jernstang til at hugge
Mig blodig Vei igjennem Livets Bjergkrat —
Og nogle kummerlige faa Ducater —
Det var min stærke Arv fra Heltekongen.
Dog dette ringe Arvegods har jeg
Taknemlig gjemt, endog maaskee forøget,
Mens Du, min rige Søster, har forødt
Dit store Arvefald, der oversteeg
Mangt Bismerpund Bastardens lille Lod.

Christine.

Jeg kasted fra mig Rigets tunge Byrde
Som et forslidt, ubrugbart Klædningsstykke,
Det, jeg var voxet fra.

Gustavson.

          Siig hellere,
Dit Rige voxet var fra Dig.   Balstyrig
Paa Sletten tumled sig, som fuldgroet Hingst,
Det Dyr, Du meente var kun nyfødt Føl;
Det lystred ei, det beed i Stængerne:

Du havde dets Optugtelse forsømt.
Du skulde rakt dit fulde Moderbryst
Til dine tappre svenske Gosser! vee,
Vrangvillig foretrak Du Fremmede!
Dig maatte svenske Barnet ikke bie,
Dit Bryst var goldt for dem, men qvægende
Det gav Udlændingerne Landets Melk.
See! derfor elsked ikke Folket Dig.
Til Ekolsund forviste Du Gardie,
Ham, Ridderen fra Fod til Issehaaret;
Carl Gustav skikked Du „paa Jagt" til Øland,
Selv Axel Oxenstjerne døied Mangt.
Du flytted Sverrig udaf Sverrig selv,
Italien, Frankrig, Spanien flytted ind.
Stokholmeren var Fremmed midt i Stokholm,
Men Pimentelli, Bourdelot regiered;
Tro ikke, det var Dig, nei, det var dem,
De Fremmede, der hersked.   Derfor græmmed
Sig Svensken, derfor veeg Du bort fra Thronen,
Da klart Du saae, at Lidet kun var vel,
Det Meste slet bestyret, og at Noget
Der kunde forestaae, som ei var godt.
Stifmoder Du for Gustavs vakkre Børn,
Du frygted for dit utilfredse Folk.

Christine.

Hvad var din næste Ankepost, min Broder?

Gustavson.

Ei nok, Du taabelig bortskjænkte Jorden,
Nei, fræk Du sparked Himmelen bagefter!

Det, som din Faber offred Livet for,
Det, som de mange Slægter blødte for,
Det, som endog den uoplyste Bonde
Vil holde fast paa, som i Kamp paa Sværdet,
Det vraged Du: Du skifted om din Tro.
Ha, Gustav Adolph vrider sig i Kisten,
Og Du maa rødme for en raa Soldat.
Var ikke godt nok det, som Gustav troede,
Vil Du vel være mere klog, end han?

Christine.

Saaledes dømmer han, saaledes Mange,
Blandt Tusinder har ingen Talsmand jeg!
Kun Du, som ordned Organismen i
Det mennesklige Legem, og som ene
Kan derfor det bedømme, Du, som skabte
Christine, Du, som kjender hendes Sjæl,
Og som med dine Øine — Sol og Maane —
Ved Dag, ved Nat har kunnet gjennemskue
Mit tidt miskjendte Hoveds Tanker alle
Bevæge sig som Bier tydeligt
I Kuben gjort af Glas, — Du, Faber, veed,
At jeg mig valgte denne nye Tro,
Fordi jeg skued prægtigst Dig i den,
Fordi mig tyktes, denne Lære var
Et skyhøit Bjerg med himmeldeilig Udsigt,
Med blanke Søer, Kløfter uden Rædsel,
Hvor Echo svarte hvert mit Længselsraab,
Og hvor mit Omblik skued klarest Dig.

Gustavson.
Man kan ei skifte Tro som et Par Støvler.

Christine.
Hvad har Du meer at forebrage mig?

Gustavson.
Det Vigtigste. Hvad hidtil jeg berørte,
Kan ikke gjøres om; men hvad der staaer
Tilbage, kan dog forebygges.

Christine.
Tal,
Jeg længes ret.

Gustavson.
Man yttrer ikke blot
Her i Paris, men selv i Wien, ja, Søster,
Carl Gustav har mig ivrigt skrevet til,
Om at Du vilde, hvad jeg dog ei troer,
Din Haand bortgive til en — Monaldeschi.

Christine.
Han har fortjent den.

Gustavson.
Sandhed er det da!
Ha, Gustav Adolph, glæd Dig ved din Grav!
Du faaer ei see dit kongelige Leie
Besudlet af en sydlandsk Betlers Trin.

Christine.

Naar jeg og Fader hist i Himlen mødes,
Skal ved mit Værnething jeg mig forsvare.
Lad Sverrig aldrig sørge over mig,
Thi jeg vil aldrig over Sverrig sørge;
Og lad Paris og Wien kun ivrigt snakke,
Lad kun Carl Gustav ærgre sig: jo meer
De Alle sætte sig mod min Beslutning,
Des fastere jeg ved den holde skal.

Gustavson.

Afsindige, Du myrde vil Dig selv!
Trods alt dit Vanvid elsker jeg Dig dog;
Forglem din Yndling, lyd din Broders Raab.
Jeg vil ei troe, hvad her man mumler om,
Jeg skal forsvare Dig med Haand og Mund.
Reentud jeg siger Dig, hvorfor jeg kom:
Paa Sottesengen ligger Ferdinand;
Fra Hæren under Montecuculli
Han kaldte mig og bød mig, hid at reise
For selv at see, hvordan det her stod til.
Saa vil jeg med Dig om din Yndling tale:
Hvis Du ham elsker, giv ham ei din Haand;
Du sparer ham hans Liv, Dig megen Kummer.
Husk, Du har Frænder blandt de Mægtige,
Biid, de vil ikke see fornedret Dig.
Jeg siger Dig, at i det Øieblik
Du ægter ham, da træffer Stimands Dolk
Din Yndlings Hjerte, eller og vil Gift,
En langsom Gift, hans Legem undergrave.

Christine (stærkt bevæget).

Jeg solgte Riget for at kjøbe Fred,
Og jeg forfølges, som en ængstet Hind!
O, Broder Gustav, hvorfor bortgav jeg
Min Magtfuldkommenhed, mit høie Stade;
Jeg kunde trodset, handlet, som mig lysted,
Nu maa jeg lystre Keiseren i Wien.
Reis, Gustav, reis, lov, at jeg aldrig skal
Min Haand ham række, reis blot, lov blot, lov.
Jeg har ei tænkt paa Sligt, — Du troer mig dog?
See, Broder, Du var fjern, — hvem skulde jeg
Vel holde mig til uden ham? Han fulgte
Paa Skibet mig, afslog Belønning, bad
Blot om at maatte sig taknemlig vise.
Nei, ingen langsom Gift berøre ham;
Ulykkelig har end jeg Ingen gjort,
Jeg er i Grunden stedse venligsindet.
Lad ei mig see forvandlet til en Skygge
Med sortblaa Krands omkring det matte Blik
Den, hvem endnu idag jeg sorgløs saae.
Med tætte Lokker om de sunde Kinder.

Gustavson.

Staldmesteren har Intet at befrygte,
Det er kun din Gemal, hvem Faren truer.

Christine.

O Gustav, dengang tidligt Kronen blev
Nedsænket over Pigens unge Tinding,
Udkaared ham jeg til fremfor de Andre

Dybt i mit Inderste at maatte stirre,
Ham skjelnede jeg særligt som den Troe,
I hans Bryst flyttet jeg mit Hjerte ind,
Han skulde dele med sin Dronning Alt,
Undtagen Kronen; da jeg Kronen lagde,
Beholdt jeg ham kun af de mange Sjæle, —
Nu ville, seer jeg, ham de fra mig tage,
Siig, er det billigt, er det handlet ret?
Jeg gav min Hauge bort med alle Frugttræer,
Med Aaen, der fløb smukt og rigt igjennem,
Med Drivhuus og de hvælvede Alleer,
Beholdt en enkelt Blomst kun i mit Vindue, —
Og see! de strække Haanden efter denne.

Gustavson.

Stærk er din Tro paa dette Menneske, —
Christine, Du er stundom altfor god
Og bøies ofte til en sværmersk Drømmen;
Naar Du faaer Noget kjært, da seer Du kun
Den smukke Side; dog har Alt sin Vrange.
Heel ædelmodig lægger Du i Tingen
Hver skjøn Idee, Du i dit Indre fostrer,
Tillyver Tingen Fortrin, den ei har,
Tillægger Farver den, som ere dine.
Hvad om nu denne Italiener var
Et ganske simpelt Hverdagsmenneske,
Der snildt sig rettet efter dine Luner,
— Thi Luner har Du, Søster, mangefold —
Og som benyttet din Bevaagenhed
Som Middel til sin Stigen og sin Opkomst?

Er Du saa vis paa, at uegennyttig
Han følger Dig for din Skyld, ei for sin?

Christine.

Oplevet har jeg mange brudte Eder,
Dog troer jeg end paa Mandens Ja og Nei;
Mangt Smiil var falskt, jeg saae paa svenske Pander,
Dog troer jeg fast paa Gustavsons endnu;
Storhavet ofte knuste mine Skibe,
Dog tør jeg end betroe mig til dets Bølger;
Tibt kyssed de min Haand, som haded mig,
Dog har jeg Mod at troe, hvad hans Mund sagde.

Gustavson.

Jeg vil ei bryde ned din Tro paa Manden,
Jeg kan det ei, jeg kjender ham jo ikke.
Ifald hans Hjerte slaaer saa sikkerttro,
Som Du det mener, agter jeg ham høit
Og er Tak skyldig ham; din Ven er min!
Behold ham i din Tjeneste bestandig;
Dog saae jeg helst, han tog en Hustru sig,
Saa var hver Ængstelse jo dermed hævet.

Christine.

Nei aldrig! kan jeg selv ei ham besidde,
Skal ingen Anden eie ham. Jeg gad
Den Qvinde see, der torde sig forbriste
Sit Øielaag at løfte op mod ham,
Hvem ikke jeg engang tør eftertragte.

Gustavson.

Nu vel, nu vel, jeg overlader Alt
I dette Forhold til din egen Takt. —
Hvorlænge bliver Du i Frankrig vel?

Christine.

Mig fængsler Intet i Fontainebleau.
Jeg var alt reist for flere Uger siden,
Hvis ei der var en Gjerning skeet paa Slottet,
Hvis Ophavsmand jeg haaber end at finde.

Gustavson.

Er noget Uheld tilstødt Dig?

Christine.

Just ikke
Saa lige mig, dog magtpaaliggende
Mig er at hitte Gjerningsmanden. Steinberg,
Min fordums Vaabensmed, min Faders Ven,
Paa selsom Maade mistet har sin Datter.
Det smukke Barn var hid fra Sverrig kommen,
Fontainebleau beundred Pigens Skjønhed.
En Nat der Indbrud skete her i Fløien,
Og røvet var den gamle Faders Lyst.
Den unge Piges egen Broder havde
Sin Post nær Vinduet, hvor man brød ind;
Spor fandtes der af Modstand — væltet Bord,
Trin udenfor af ikke saa Personer,
Og dog var Skrig og Larm der ei fornummet.
En Sløife fandtes, som den bruges ved

Kong Ludvigs Hof af Adelsmændene
Til Prydelse ved Knæets Led. Man troede
Desaarsag, at en Hofmand var i Spillet.
Kong Ludvig loved Summer til Enhver,
Som mægted en Oplysning her at give, —
Forgjæves, — Ingen løfted Taagesløret.

Gustavson.
Naar Manden altsaa findes, reiser Du?

Christine.
Til Rom, hvor Luften funkler blank og blaa.

Gustavson.
Og ei skal høiere din Yndling stige?

Christine.
Jeg lover det.

Gustavson.
Saa reiser glad jeg bort;
Min Hest, der bar sin Rytters tunge Vægt,
— Den bar ei mig blot, men min Sorg tillige!
Vil feie hen med Halen rag i Veiret,
Den værste Deel af Byrden nu er borte.
Engang naar hist min Fader jeg skal see,
Da vil han takke mig for dette Ridt,
Der forebygged et Forliis af Dattrens Ære.
Tak, Søster, for den Ro, Du gav mit Sind;
Hvis nogen Sorg Dig nogensinde rammer,

Da skriv mig til, jeg staaer Dig stedse bi.
Tro mig, en Broder dømmer mildest dog
Og raader bedst, naar det en Søster gjælder.
Vi skilles jo som Venner, ikke sandt?

Christine.

Tilgiv mig, dersom før imod min Villie
Der stod en Klinge tvehvas af min Mund.
Hvis jeg har bittert talt, saa har jeg det
Vist ikke meent, og har jeg bittert meent,
Saa har jeg Sligt dog vel ei sagt, min Gustav?
Behandl mig som en Syg, jeg er det virklig;
Vær overbærende, lad mig blot gaae
Alene, uforstyrret, til jeg endlig
Engang blier frisk, da kommer af mig selv
Jeg til dit Broderfavntag.   Ihvor ung
Jeg er, saa har jeg alt lidt megen Sorg.

Gustavson.

Alt er forglemt.   Et Ord ikkun endnu.
Jeg har med Kummer hørt, at ei Carl Gustav
Saa punktlig sender Dig dit Underhold;
Jeg har alt skrevet til ham om den Sag, —
Fri Tale bruger jeg, den frie Mand.
Tilvisse, lide Mangel bør ei Du.
                    (lægger en vægtig Pung paa Bordet).
Her er min Skjærv, erhvervet ved mit Sværd,
Jeg bruger Sligt ei; der er gyldne Kjæder,
Som Keiseren har om mig hængt, Diamanter
Fra Keiserinden, Dingeldangel, Mønt
Og Gud veed hvad.   Farvel, tænk paa din Broder.

Christine.

Nei, Gustav, nei, saavidt er det dog end
Med Kongens Datter ikke kommet. Tag
Tilbage, hvad Du ved at vove Livet
Har tvunget af en karrig Skjæbnes Haand.
Dog ligger for Christine bitter Lærdom
I dit saa fromme, broderlige Tilbud.
Det var en herlig Ting, om Intet man
Fra Fortid at fortryde havde! gaa
Med Gud!   (gaaer).

Gustavson (seer efter hende).

        Mit ene Been jeg vilde miste,
Blot hun, den Stakkel, saa var lykkelig!
Ja, kunde med en enkelt Fane Ryttre
Det svenske Land jeg hende gjenerobre,
— Selv skulde Vovehalsens Liv det koste! —
Jeg gjorde det paastand for hendes Skyld.
                    (kaster Pungen paa Bordet).
Lig der! jeg bruger ikke Guld, men Jern.
                          (gaaer).

Sentinellis Værelse. Sentinelli træder ind med Magnus
            og en anden Drabant.

Sentinelli.

Og Greven, siger Du, gik ind, skjøndt Oscar
Forbød det, og hvad gjorde saa vel Oscar?

Drabanten.

Han sagde: „Faaer saa mangen Fremmed Lov

Til ind og ud hos Dronningen at gaae,
Saa faaer vel hendes svenske Broder med."

Sentinelli.

Ret herligt og beleiligt; kast ham ned
I ott' og fyrretyve Timer i
Det sorte Hul, at tygge paa sin Negl.
Gaa Du, jeg tale vil med Magnus ene.

(Drabanten gaaer).

Magnus, min gamle Dreng, jeg trænger til
Din Hjælp, — see til, om Ingen ude lurer.

Magnus.

Der ligger kun Staldmestrens Hund og sover;
Ha, hører I, den bjæffer svagt i Drømme.

Sentinelli.

Jag Hunden ud, en Hund kan være klog! —
Og kom, Du er dog tro?

Magnus.

Til Døden, Herre.

Sentinelli.

Det er saa langt, som jeg forlange kan.
Kom, her er Viin, drik, drik, men hør blot efter.

Magnus.

Mit hele Legem danner sig til Øre.

Sentinelli (sætter sig ved Siden af Magnus).
Saa vid, jeg megen Aarsag har at være
Med Monaldeschis Forhold utilfreds.
Jeg maa begynde med at sige Dig,
At han og jeg i sin Tid vare Venner,
Og tredie Mand af Kredsen var hans Broder,
Han, som, Du veed, i Ærind for Christine
Til Polen gik, og døde der for nyligt.
Et Æventyr, uheldigt i dets Følger,
Fordrev os Trende fra Italien, —
Du har vist om Verona hørt fortælle?
Derfra vi flygted, flakked rundt omkring,
Tidt længtes Munden efter dagligt Brød.

Magnus.
Og i det golde Sverrig fandt I det?

Sentinelli.
Ja, i det golde Sverrig fandt vi det.
Dengang var Monaldeschi sexten Aar;
I hvilken Stilling end han dengang stod,
Var Skjønhed plastisk præget i hver Form,
Og laae han slumrende paa Bolstre strakt,
Du kunde troet, det var en af de hvide,
Reenthugne Marmorengle paa en Grav.
Frit, klart og venligt var hans Ansigt da,
Det tyded paa en høi Sjæl indeni;
Nu ligner det kun Havets Flade ved
Siciliens Kyst, hvor Du ved styrfrit Veir,
Naar Solens Ild forklarer Bølgerne,

Kan dybt igjennem Vandets Masse see
Paa Sandbund ligge store, sjunkne Byer,
Med ranke Taarn, mangt rødligt takt Pallads,
En uddød Fortids gaadefulde Storhed,
En Verdens Herlighed tilintetgjort,
Hvor nu kun slimet Vanddyr har sin Kjelder. —
Og denne smukke Dreng tilhørte mig;
Jeg sendte ham til Slottet op; han maatte
Til Cithren synge hine fulde Toner,
Som Dronningen har siden havt saa kjære;·
Som kun Italien frembringe kan,
Som høres bedst i gyngende Gondoler.
Sligt havde man ei hørt i Sverrigs Ørk:
Han sang med Veemod, og han sang med Lyst,
Han kasted Blomster i Sibirien,
Og sang sig Guld og Pagetitel til.

Magnus (drikker).

Og hjulpne var I Alle brat af Nøden.

Sentinelli.

Ja, Monaldeschi var vor Frelsensengel.
Han havde slaaet Rødder nu i Lykken:
Alt hvad han saaede, voxte gyldent frem
Med Ax i begge Ender. Dagen lang
Sad han hos Dronningen og klimpred Viser;
Mod Qvæld han kom til os; vi leved flot
Og mored os ved ham at see saa snildt
At efterabe Dronningens forelskte

Manerer; bittert spottende han talde;
Vi havde mangen, mangen lystig Nat.

Magnus.

Og denne Falskhed mærked ikke hun?

Sentinelli.

Og denne Falskhed mærked aldrig hun.
Jeg instruerte ham, han løb mit Vink;
Jeg pæled af den Vei, han skulde gaae
For hendes Gunst at drive mulighøiest:
Jeg var den Ældre, han den Yngre jo.
Da skifted pludselig han al sin Vandel:
Det var engang i Paaskens stille Høitid,
Han havde Dronningen til Kirke fulgt;
Da han af Kirken treen, var han forandret,
Han fældte barnligt Taarer, yttred, han
Var syg, — ha, hvad kan dog en Præst ei virke
Paa et spæblemmet Menneske! — Jeg saae
Ham sjeldnere, han løb ei meer mit Bud,
Han spotted aldrig mere Dronningen,
Men trak fra mig og Brodren sig tilbage.
Løs Gaaden, hvo der kan: jeg siger, Biblen
Har mangen høi, fribaaren Sjæl forvirret.

Magnus.

Saa han blev melancholsk og religiøs?

Sentinelli.

Fra Lokken lang til ned, hvor Sporen klirrer.
Før var hans Hoved Samlingsplads for de

Forskjelligste, vidunderligste Planer,
Og alle vilde Lidenskaber havde
Sig Stævne sat i hans beruste Legem:
Der var, som i et Vertshuus, Gjæster af
Hver Stand, Soldater, Rigmænd, Kjøbmænd, Bønder,
Og Hver sit Navn i Ruden ridsed ind
Og reiste, hurtigt afløst af en Frisk,
Og der var Liv og Larm og megen Trængsel.
Men nu er Kroen til en Kirke formet,
Hvor hver en Tanke gaaer i geistlig Dragt
Med lille Kors i Haand og synger Psalmer. —
Imidlertid han steeg i Yndest hos
Den unge Dronning; Pagen Marskalk blev!
Du smiler, — tænke kan Enhver jo Sit.
De Smaae skjar Ansigt, og de Store brummed,
Men han forblev den Yndling, som han var.
Drik Biin, vi komme til det Bedste nu.

Magnus.

Af Talen vel, af Vinen er det drukket.

Sentinelli.

Christine lagde Kronen ned; han fulgte,
Sin fordums Dronning hid. Forstaaelser
Er der imellem dem bestemt, men hvilke,
Kan ·ei bestemmes. Han er kold mod mig,
Har, naar jeg nærmed mig ham, stødt mig barsk
Tilbage. Dronningen ham elsker sært.
Nu husker Du, for otte Uger siden
Kom til Paris fra Helsingland den blonde,
For Skjønhed saa berømte, Steinbergs Datter?

Magnus.

Ha, liden Ebba! hun, som bortført blev.
I holdt nok meget selv af denne Glut?

Sentinelli.

Smuk var hun, elsket af mig var hun, lovet
Mig var hun af Christine; den, der tog
Fra Steinberg Dattren, tog min Brud fra mig.
Dog, Broder Magnus, Fanden hænge sig
For Venus. Hvo var Røveren? en Hofmand
Med Fløielshandske, gyldne Spænder paa
En indpiint Fod? var det Kong Ludvig vel,
Der vilde stjæle, hvor han kunde byde?
Nei, Magnus, nei: Medvider Oscar var,
Fem Værelser herfra kan Ebba findes,
Hun blev ei røvet, hun gik villig med,
Hun gav til Utugt glad sig hen, og, Magnus,
Forføreren er Monalbeschi selv.

(de reise sig begge).

Magnus.

Hei, Herre, det var moersomt Nyt, det Samme.

Sentinelli.

Vee den, der voldte mig saa megen Kummer!
Jeg skal mig lægge som en Steenkulsdamp
Omkring hans Aandebræt og qvæle Livet.

Magnus.

Og hvad er eders Hensigt da?

Sentinelli.

Hans Falb!

Seer Du, han har generet længe mig,
Han tillod aldrig, at jeg nærmed mig
Christine; heel uvirksom maatte jeg
I Forgemakket vente udenfor,
Til det behaged ham at have været
Tilstrækkeligt og længe nok derinde
Hos Dronningen, og til han havde virket,
Hvad han udrette vilde hos den Svage;
Tidt til Forliis for mig, — først da kom jeg.
En Brudgom, der med Pragt sit Bryllup holder
Og sanker Gjæsters Mængde ved sit Bord,
Han er, hvor mild og høflig end han synes,
Nødvendigviis dog grov mod Gjæsterne,
En Egoist, og ikke lider jeg
At nyde Noget af, hvad han uddeler;
Han gjemmer dog den bedste Ret tilsidst,
Fortærer ene den bag Gjæstens Ryg
Og deler langtfra ærligt med sit Selskab;
Brudgom var Monaldeschi, jeg kun Gjæst.
Forlængst jeg indsaae, skulde trives jeg,
Da maatte først af Veien ryddes han.

Magnus.

Saa I vil melde Sagen til Christine?

Sentinelli.

Utvivlsomt. Alt i nogle Dage har
Jeg kastet Ord saa løseligen hen

Om, at det Rygte gik, Staldmesteren
Et lønligt Ægteskab fuldbyrdet havde.
Derved hun kom nu til at tænke paa
Et gammelt Udsagn, harmfuldt kastet frem
I Spaadoms Form, af Erik Oxenstjerne;
Derover grubler hun ved Nat og Dag,
Og skarpe Sværde bider i den Stolte.

Magnus.

Men hvor fik I at vide dog, at Pigen
Er just i Monaldeschis Værge nu?

Sentinelli.

Seer Du, den Slotsforvalter, som for nylig
Forlod Fontainebleau, for at beklæde
Hist i Artois det meget store Embed,
— — Hans Datter var opdraget hos Ministren —
Betroede mig en Aften Følgende,
Da Vinens Regn var faldet mild paa Sjælen
Og havde lokket af den tørre Jordbund
En vældig Blomsterflok af Ord og Phraser.
„I Salen", — sagde han — „hvor Monaldeschi
Opslaaer sit Bo, staae store Billedstøtter.
En af dem forestiller Hercules,
Den stærke Halvgud med sin Løvehud;
Tryk paa en Fjer, snildt skjult i Fodstykket, —
En Lønbør springer op, en dunkel Gang
Dig fører til afsides Værelser,
Fordum af Frankrigs Konger brugte til
At holde skjult i, hvad ei maatte vides,

Snart Fængsel og snart Harem. Egenskaben
Jeg sagt har Monaldeschi, men hvad jeg
Fortaug, var, at der langs den anden Side
Af Salen løb en anden lønlig Gang,
Hvor man belure kan Beboeren,
Hvert Ord fornemme, han i Salen mæler,
Og mærke, naar han gaaer den skjulte Vei." —
„Jeg havde forbeholdt mig" — endte han —
„At stille min Nysgjerrighed imellem,
Men nu jeg reiser bort, brug, Signor, I
Den lille Gang til Moerskab eller Gavn."

Magnus.

Og derfra Du belured Monaldeschi?

Sentinelli.

Tidt hørte jeg fra mit forborgne Smuthul,
Ved Midnatstid sig Pjedestalen aabned;
Samtaler hørte jeg imellem Oscar
Og Monaldeschi, senest een, der vared
En rum Tid, og som angik nogle Breve.
De havde sammen talt en Stund, før jeg
Kom over dem, og hvad jeg hørte, var,
At det var Monaldeschi saare vigtigt
At faae en Pakke Breve sikkert hentet,
Som var til Pithiviers, hiin Bondeby
Fem Miil herfra, bragt af en Kjøbmand fjernt
Fra Warschau, hvor Staldmesterens Broder døde;
Den Pakke kommer fra den Døbes Bo.
Aftalen blev, at Oscar skulde ride

Tidligt imorgen for at hente Tingen;
Nu heldigviis han gjorde skyldig sig
Idag og tugtes i den mørke Hule.
Riid Du til Pithiviers, hent hele Bylten;
Den ligger i det første Bondehuus
Paa venstre Haand. Meld Dig som Oscar Steinberg,
Da gier den gamle Kone Alting Dig. —
Er disse Breve h a m saa vigtige,
Saa maa der vistnok ligge Noget under.

Magnus.

Men om nu Konen mærked Uraab, om
Hun nægted at —

Sentinelli.

Vildraadige, hvi har
Du Dolk i Bæltet vel?

Magnus.

Men naar nu siden
Den virkelige Oscar kommer efter —

Sentinelli.

Du Omrids af en Mand, ei Manden selv!
Kast Arsenik i Kaffekoppens Grums,
En Kjærling er ei meer værd, end en Rotte.

Magnus.

I er en Herre, som belønner rigt —

Sentinelli.

Riid rask inat, imorgen faaer Du Penge.

Magnus.

Der kommer Nogen.

Sentinelli.

Stil ved Døren Dig. —

(Monaldeschi træder ind).

Sentinelli.

Og overhovedet er jeg med Fleer
End Oscar misfornøiet. Vogte sig
Skal hele Vagten for at overtræde
Sin Pligt; jeg straffer haardt, hvorhelst jeg straffer,
Forstaaer Du mig? — ah, Signor Monaldeschi!
Forlad os, gjør hvad jeg befoel.

(Magnus gaaer).

Sentinelli.

Hvad lokker
Til de forhadte Enemærker Dig?

Monaldeschi.

Haab om en Gunstbeviisning: Du har kastet
Ung Oscar ned i Fangetaarnet, giv
Ham fri; Du viser mig en Billighed.

Sentinelli.

Jeg kan det ei, han har fortjent sin Straf.

Monaldeschi.

Jeg vilde gjerne sendt et Ærind ham.

Sentinelli.

En Anden vælg iblandt Drabanterne.

Monaldeschi.

Før taled andre Toner denne Røst.

Sentinelli.

Før elsked Du mig, talde blidt til mig.

Monaldeschi.

Desværre, dengang kjendte jeg Dig ei.

Sentinelli.

Tøv med om visse Ting at fælde Dom,
Til et Par Aar Du har tilbagelagt:
Hvad nu Du Trædskhed kalder, kalder Du
Med Tiden Klogskab og Besindighed;
Hver Vaar forandrer Tankens Form og Farve.

Monaldeschi.

Bevar mig, Gud, for hvide Lokker da!

Sentinelli.

Du vil mig tirre; der blier Intet af,
Jeg skal Dig vise, jeg kan være kold.

Monaldeschi.

Det har Du været tidt mod Gud og Dyden,
Saa kan Du sagtens være det mod mig.

Sentinelli.

Hør, er det ikke selsomt dog, at To,
Der eengang vare saa trofaste Venner,
Hinanden nu betragte koldt og fremmed?
Husk da vi Tre, din Broder, Du og jeg,
Forjagne, tæt forfulgte, leired os,
— Da man Belønning loved til vor Morder —
I Hulen paa de apenninske Bjerge?
Hvad svoer vi da hverandre? dele skulde
Vi krummeviis, hvad Skjæbnen skjænked os
Fra Nul til Million, fra Galgen, Scipio,
Til Thronen, dele Mai og Gravdecember.
Og herligt gik det i Begyndelsen,
Indtil Du fik de sygelige Skrupler.
Hvo trak tilbage fra vort Forbund sig?
Hvor er din Livlighed nu henne, hvor
Din Fnysen, dine hengstevilde Tanker?

Monaldeschi.

O mangengang jeg ønsker kun, jeg var
En Hingst, en kulsort Hingst, da skulde jeg
Med vilde Hovslag trampe Marken ned,
Og sad som Rytter Du paa Ryggen, skulde
Jeg Stranden søge, kaste Dig mod Klippen,
Og selv mig styrte i det store Hav
Og røre Bølgerne fra dybe Bund
Og kæmpe mig med Hvalerne tildøde.

Sentinelli.

Nu egger Du jo selv dit Sind til Vrede.

Monaldeschi.

Der gives Mennesker med en utrolig Styrke,
Med en Samvittighed, som bære kan
En Centnermasse af Forbrydelser:
Kamelen bærer ei med Legmet Meer,
End de med Sjælens Kraft. Saaledes er
Det ei med mig. Mit Ungdomslevnet tynger
Min Manddom ned, mit vaade Blik sig hefter
Til Taagen af en længstforsvunden Tid.
Hvor gjerne vilde det jeg gjøre godt
Igjen, hvormed jeg har fornærmet Gud.

Sentinelli.

Først opret, hvad Du ellers har forsømt.
Du kunde siddet paa den svenske Throne;
Mig kunde Du gjort til den første Mand
Næstefter Dig; din Broder havde levet
Endnu i Dag kanskee; et Dynastie
Du kunde stiftet, første Mand i Stammen;
Din Arm Du over Riger kunde strakt!
Og see! mistænkelig Du sendte mig
Til Upland, Broderen til Helsingland,
Bortfjerned os fra Glands og Herrevælde,
Og, selv kun daarligt brugende din Magt,
Du listig os holdt borte fra hvert Gode.
Du taalte, Dronningen gav bort sit Land,
Marchese nøiedes Du med at være,
Du Daare, til hvem Kroner raktes hen.
Det har Du ved dit skrantne Sind udrettet:
En Kirkegaard Du anlagt har paa Tomter,

Hvor prægtigt Slot Du kunde bygget Dig, —
Jeg hader, nei dog, jeg foragter Dig.

Monaldeschi.

Har udtalt Du?

Sentinelli.

Nei, Scipio, langtfra; nei!
Carl Gustav tilbød Dronningen sin Haand,
Halvt kunde hun sit Rige faat igjen,
Vi vare atter komne høit paa Straa, —
Hvad gjorde Du vel? Du, som ene har
Betydning hos Christine, raabte fra!
I Polen ønsked Johan Casimir
At træde fra sin Magt, hans Hu staaer jo
Til Munkelivet. Dronningen var stemt
Til at modtage, hvad han villig veeg,
Det gjaldt at stemme Folket for Christine,
Hvad gjorde Du? Din Broder sendte Du,
En Mand, skabt til at flække Hoveder
I Tvekamp, ei til Statsintriguer. Hvi
Kom ikke jeg til Polen? Snedighed —

Monaldeschi.

Nu har Du vel talt ud?

Sentinelli.
Nei, Monal —

Monaldeschi.

Jo! —

Hvad er det, Du bebreider mig? at ikke

3*

Jeg længer ledes vil i dine Baand,
Men at jeg, myndig, vælger selv min Gang?
See, Barn var i Verona jeg, da Du
Kom til min Moders Huus; Du vidste snu
At lokke Drengen ved at more ham; —
Snart enemægtig Du behersked mig,
Du gav mig smukke Dragter, førte mig
Ind til den skjønne, leflende Grevinde:
Jeg var kun stakkels femten Aar. Hvad fik
Af hende Du for mig, den smukke Dreng?
O, jeg har gjennemskuet Dig forlængst!
Et aftalt Spil det var imellem Dig
Og hende, da mig Greven traf i Haven,
Hvor bag Orangerne jeg hende vented.
Snildt havde Du det maget, at jeg, nødt
Til Selvforsvar, Gemalen maatte dræbe:
Hvad gav Dig Enken vel til Løn, forbi
Ved mig Du hende frdde fra den Gamle?

Sentinelli.

Hvor kan Du falde dog paa slige Griller?

Monaldeschi.

Fra Grunden havde Du fordærvet Sjælen,
Indkastet Funker i hver Lidenskab;
Du havde podet ungen Abildtræ
Med vilde Hvidtjørn, om min Stamme viklet
De geile Snylteplanter. Nedrigt Middel
Jeg skulde været til din Opkomst Dig. —
Jeg maatte flygte fra min gamle Moder,

Min Broder fulgte med, Du leded os
Til Apenninerne, — til Røverliv!
To Smaabørns bitte, hvide Hænder blev
Besudlede med Vandringsmandens Blod:
Du dræbte, vi begrov dit Værk.

Sentinelli.

Fortæl
Din Skriftefader, mig ei det Forgangne.

Monaldeschi.

Vi boltred os til Sverrig hen; der lærte
Du mig at svigte Qvindens fromme Tillid:
Den Arme vilde kjøbe sig en Sjæl,
Og jeg bedrog den, hvem jeg elske burde.
Hun gav mig Klæder, Guld og Riigmandstaffel,
Og jeg gav hende Hunger kun og Had.
Jeg foresang de dybe Toner, som
Fra Hjertet ikke kom. Vi spotted over
Det Helligste af Menneskets Natur,
I Aaremaal hun var os Viddets Skive.
Og derfor har de vaagne Nætter jeg,
De stygge Drømme, de fortvivlte Tanker.

Sentinelli.

Hvor fik Du disse fine Følelser?

Monaldeschi.

Spot ikke, Sentinelli! naar engang
Fra Legmet Sjælen skal adskille sig

Og møde for den Ubekjendtes Dom,
— Den Time for os Begge ringe skal! —
Tung vil den Afsked blive vist for mig,
End tungere for Dig.   Spot ei, men hør,
Og Held mig, kunde jeg omvende Dig!
I rum Tid havde vi hos Svensken boet,
Tre Aar var rullet hen, som Keglekugler;
Da kom engang i Paaskens stille Tid
I Kirken jeg, sad jævne Dronningen.

Sentinelli.

Fortæl, fortæl, jeg længes inderligt.

Monaldeschi.

Dengang nu Orglets Piber alle taug,
Jeg løfted Øiet op mod ham, der talte;
Det var en ung og fager Mand, og snart
Jeg saae, han havde Herredømmet over
Det hele menneskelige Hjertesprog.
Og da jeg saae nu, Alle rørte sad,
Og mærked, Alt saa tyst derinde var,
At under Pauserne jeg høre kunde
Derude liden enkelt Sangfugl qviddre
Paa Kobbertaget over Kirkens Kuppel, —
Da kom jeg til at tænke paa, at jeg
Sad ene uden Følelse for Gud,
Jeg var vel Christen i en christen Tid,
Men aldrig saae jeg Christus i hans Kraft;
Jeg eied ingen Tro og intet Haab,
Ei hvad de Fattige besad, — da kom

Min stakkels Moder mig ihu, min Stad,
Mit Fædreland, mit blaae Italien,
Som aldrig meer jeg skulde see, det Land,
Der havde udspyet mig høit op til Norden,
Ret som naar Havet i en stormfuld Nat
I Harme slænger paa den øde Kyst
Foragtende, med Spot, en muggen Vare.

Sentinelli (afsides).

Saaledes faldt mit Værk paa een Dag ned:
Min Bygning var af store Stykker af
Forstandens døbningkolde Is; een Vaarsol,
Et Glimt af Føleri optøede den, —
Jeg mistet har et brugbart Individ.

Monaldeschi.

Og mit forgangne Livs Forbrydelser
Jog vildt forbi mig i min Fantasie:
Den dræbte Greve laae med rynket Bryn,
Med Haanden paa sin Vunde, krampetrukken,
Og Orglet bruste: „hvo som Næstens Blod
Med Sværd udøser, see, med Sværd skal hans
Igjen udøses.‟ Altertavlen da
Forandred sit Udseende; mig tyktes,
Den forestilled Edens favre Lande;
Tre Væsener paa Tavlen svæved frem:
Gud i sin store Straalemajestæt; —
I Paradisets Midte Grevens Aand:
Den Døde til en Sværdcherub var vorden; —
Mit andet Jeg i sorte Baggrund stod, —

Og Paradiis laae mellem mig og Gud.
Og der just Dronningen sit milde Blik,
Indsmigrende, fast bønligt elskende,
Paa dette tunge Hoved fæsted, da
Brast jeg i Graad og følte tungt min Brøde:
Ei dette Blik engang fortjente jeg,
Jeg havde hende længst jo dog forraadt,
Og gjengjældt hendes Smiil med haanlig Latter.

Sentinelli.

Nei, hør nu mig; dit hele Liv tilhøre
Dig og din Veemod, skjænk blot et Moment
Til mig, min Livskraft og min Manddoms Planer!
Lyt ikke til de dunkle Følelser,
Dem, for hvis Udspring Du ei selv kan gjøre
Dig rigtig Rede; hør ei sorten Præst,
Som ændser kun Cypres og Timeglas.
Dit Valgsprog, som Du af en Liigsteen tog:
      „Lær vel at døe, før Du døer,
        Da døer Du ikke, naar Du døer."
Forkast det, splintre Stenen, sæt istedet:
      „Lær vel at leve, mens Du lever,
        Da lever Du, selv naar Du meer ei lever.
Det første tyder hen paa Munkens Dvale,
Det sidste paa et kraftigt Ridderliv.
Sørg ei for hvad Du tidligen forbrød;
Hvad ei med Glæde Du kan tænke paa,
Det skal Du ingensinde tænke paa.

Monaldeschi.

Hvad er din Mening vel?

Sentinelli.

I Korthed den:
Jeg byder et fornyet Forbund Dig!
Slut Dig til mig, — slukt være Broderhadet.
I en bevæget Tid vi leve; som
Fjorgamle Fuglereder seer Du hænge
Rundt i Europas svale Kongeborge
Forladte Throner, — travl med mig i Træet.
Cypressen vifter paa din Broders Grav:
Send mig til Polen, giv mig Penge med.
Der er saa smal en Haand i Verden ei,
At den jo i sin Huulhed rumme kan
Et hundred Stykker stablede Ducater.
Nu, lykkes det i Polen ei, saa husk,
Christine har et stort Partie i Sverrig;
En Reaction var ei utænkelig.
Arbeide vil jeg for Christines Tarv —

Monaldeschi.

O, spar dit Ord, Du lokker mig dog ei.

Sentinelli.

Hør mig blot ud, — arbeide godt skal jeg,
Arbeid da selv og Du, deel hendes Magt,
Tag Hælvten Du af Herskersædet, giv
Blot mig den første Plads bagefter Dig.
Bi, Fjender nu, vi have været Venner,
Lyd blot mit Raad, da vil jeg elske Dig.
Jeg vil ei fritte, — Oscar være fri,
Brug, som Du vil, send ham, hvorhen Du ønsker.

Har noget Boveligt Du for, betro
Det til din Ven, og vi skal hjælpes ad.
Men da, til Gjengjæld, skal Du villig, naar
Jeg viser en indgrøftet, banet Vei
Til jordisk Storhed Dig, en Vei for Begge, —
Ved Himmel og ved Helved, da skal Veien
Du gaae, forfølge Linien, lyde mig.

Monaldeschi.

Og steeg paa Bjerget op Du, visende
Mig hele Jordens blanke Herlighed,
Forjættende mig Alt, hvad Øiet saae,
Hver Plet, saa langt som Himmelen er blaa,
Naar blot jeg vilde lyde dine Bud: —
For Herrens Ansigt være svoret det,
Nei, — aldrig gav jeg hen mig i din Sold!
Lad Oscar under Overfladen raadne, —
Jeg søndersliver mellem Dig og mig
Hvert Baand; bedrages skal ei længer hun,
Og dynge Synd paa Synd vil ikke jeg.
Fostbroderskabet være løst og døbt.

Sentinelli.

Betænk Dig, — intet overilet Svar!

Monaldeschi.

Jeg veed, Du pønse vil ved Nat og Dag
Paa dette stakkels Legems Undergang:
Fuldbyrd hver Plan, min Sjæl jeg frelser dog.
Omklamret er jeg som Laokoon

Med Alt, hvad jeg har kjært, af Slangens Led;
Dog til Elysium sig strækker ei
Din Magt. Jeg har aflastet Lastens Rustning,
Der klemte mine Ledemod og passed
Ei til min Bygning; frit bevæger jeg
Min Krop og aander af et lettet Bryst.
Hvad mod min Dronning jeg forbrød, skal ved
Tilstaaelser og Troskab jeg erstatte, —
Snart maa Forklaring skee om Alt for hende, —
Dig trodser jeg og skylder intet Regnskab.

(gaaer).

Sentinelli.

Forsmaaer Du Vennehaandens milde Tryk,
Velan, saa føl din Fjendes haarde Kno.
Du sagde selv: „Forklaring maatte skee!"
Umag Dig ei, jeg forekommer Dig.
Ei gjennem din Røst skal hun Alt erfare,
Men gjennem mit meer skurrende Organ.
Du Daare, Du foragter mig? hvorfor?
For Dig Du dydig troer, mig lastefuld?
Veed Du da ei, at Dyd, som Last, er Begge
Børn af den samme, store Moder: Livet?
At Begge vandre her med Skaberens
Tilladelse, med Pas og Privileg
Udstedt af ham? og varmer uden Forskjel
Ei Solen begge Tvillinger, og falder
Ei Himlens Regn til Gavn for Begges Høst?
Og naar den vrede Dommer straffe vil
Og løsner sine glubske Bindehunde,

Pest, Jordskjælv og Orkanen, hugger da
Pesthunden ei sit sortblaae Tandbid ind
I Brødens som i Uskylds Kjød? og findes
Ei Barnets fromme Krop i Herculanum
Til Beenstøv malet tæt ved frække Skjøgers,
Da Møllehjulet gik i Jordens Indre?
Og knuser ei Orkanen Orlogsskibet
— Den mennesklige Virkens Mesterværk —
Og dykker Hoveberne dybt i Bølgen,
De Uretfærdiges ved Siden af
De faa Retfærdiges, den burde sparet?
Du Daare, lær Begrebet om Contraster,
Hvor Dyden findes, findes evigt Laster.
Saa vandre særskilt Hver sin Vei;
Til Ebba Du, til Dronningen gaaer jeg.

Anden Akt.

Christine siddende; for hende staaer **Sentinelli**.

Sentinelli.

Kun Lidet af det store Meget er
Nødvendigt til en Ynglings Lykke, Dronning!
Een Ting af mange Ting blot: heldig Elskov.
Men har han ikke netop dette Lidet,
Just dette enkelte Moment af tusind,
Da er han grændseløst ulykkelig.
Saa ringe Ting kan volde slig Forandring,
Saa nær hinanden ligger Ynglings Sorg
Og Ynglings Glæde, at man sige maa:
Han skræve kan fra Paradiis til Helved'.

Christine.

Det skulde været altsaa Sligt, der havde
Saa tankefuld ham gjort, — det troer Du jo?

Sentinelli.

Tilgiv, det er saa vanskeligt at vælge
Den rette Tro sig, at jeg foretrækker

Sletingenting at troe.   Jeg taler kun
Om hvad Drabanterne formene, hvad
Hofpersonalet troer, men langtfra jeg.

Christine.

Du og Staldmesteren har stedse staaet
Med stridigt Sind imod hinanden: godt!
Jeg har det med Fornøielse bemærket:
Er Fjendskab der imellem Tjenerne,
Saa lægge de ei Raad op imod Herren.
Dog driv ei Hadet altfor vidt; Du har
Jaften slaaet om Dig med forsiinte
Hentydninger, som ikke mig har huet:
Træd frem, hvad sigter Du min Yndling for?

Sentinelli.

For Meget eller og aldeles Intet,
Alt som det Forhold er, det mig ukjendte,
Hvori han, hædret fremfor alle Andre,
Udseet, som særligen begavet Mand,
Staaer til sin moderlige Herskerinde.
God Dronning var Du mig, end bedre ham;
Hvis Du — jeg siger: „hvis“, — jeg bruge maa
Jo Forudsætninger, hvor positivt
Jeg Intet veed — hvis Du, skjønt Du ham hædred
Med aabenbare Gunst, dog havde kun
Saa kjær ham som de fleste Andre af
Den store Hob, der kan erstattes, naar
De falde fra; hvis Du ham ynded, blot
Forbi han var et nyttigt, brugbart, dog

Undværligt Værktøi, — var der intet Meer
Imellem Dig og ham, — saa træder jeg
Undseelig med Beskyldningen tilbage.

Christine.

Saaledes var vort Forhold ei, — kun rask!

Sentinelli.

Men var et helligt Forbund mellem Eder;
— Tilgiv, jeg taler dristigen maaskee! —
Og havde Du ham kaaret til at fylde
Den tomme Plads ud i din Sjæl; og havde
Du sænket al dit Hjertes Kjærlighed,
Der burde været deelt paa hele Verden,
Ned paa hans enkelte, udvalgte Hoved;
Og er det sandt, at han i Kongesalen
Vel ei hos Diplomater torde sidde
Jevnsides Dig og stjernede Gesandter,
Men vel, at han hos Qvinden Meer formaaede,
End Oxenstjerne selv hos Dronningen;
Er sandt det, at en stakkels Sangfugl fra
Det fjerne Syd kom til dit Kammervindue
Med plukket Vingepar og fældte Fjer,
Og at Du satte den paa Haanden, gav
Din Finger hen til kjælent Bid, beordred
Et gyldent Buur og fik saa denne Fugl
Meer kjær, end Falkene selv fra din Hjemstavn —

Christine.

Meer kjær, end Falkene selv fra min Hjemstavn,
Der stammed fra de kolde, hvide Gother.

Sentinelli.

Har Du betroet ham hver en liden Sorg,
Betroet ham Grunden til hvert Glædesmiil;
Har Du paa Slottet, naar han Dig forlod,
Med Længsel ventet hans Tilbagekomst
Og stirret tidt med Veemod hen til Døren;
Var Du, naar han var syg, i Hjertet meer
Bekymret, end om hele Rigets Raad
For Døden laae; har Du den Syge pleiet,
Har Dronningen ved Underfaatten vaaget,
Er hun med blege Kinder, Graad i Øiet,
I Ridderfalen traadt; og trøsted hun,
Dengang hun gav et Rige bort, sig ved,
At Een beholdt hun af de mange Mænd,
Een, paa hvis Hoved helst hun havde seet
Halvcirklen af den hele, stolte Krone;
Har hun — med eet Ord være det da sagt —
Har hun ham elsket, da har han bedraget
Sin Dronning og forbrudt den store Gunst:
Han skulde ført til Foraarslande Dig,
Hvor Sjælen skulde hviilt i salig Fred;
Men han har ført Dig til en Taaresø
Med sorten Vand, hvor ingen Fiske svømme,
Hvorover ingen Fugl der flyve kan.

Christine (reiser sig heftig).

Hvo gav Dig Frihed til at sige Sligt,
Hvo gav Dig Lov at see ned i det Skjulte,
Hvo har Dig sagt det, som Du sagde nu?
Bring Monaldeschi — nei dog, ikke Du,

Han selv skal aabenbare mig sin Gjerning.
Hvad har han gjort? Har han, — tie stille Du!

(hun ringer, en Drabant træder ind).

Jeg tale vil med Monaldeschi strax.

(til Sentinelli).

Gaa ind i dette Værelse tilvenstre,
Tøv til jeg kalder. Ræk mig een af de
Pistoler, Du i Beltet har. Gaa ind,
Men luur Du ei derinde; mærker jeg,
Der rører sig et enkelt Fjed, jeg skyder
Hen efter Lyden denne Kugle flux.

(venligere).

Gaa, Sentinelli, jeg er ikke vred. —
Ha, Erik, spaaede Sandhed Du? —

(seer ud af Vinduet).

Det hele Landskab ligger som i Søvne,
Kun Træet nimrer svagt med enkelt Blad;
Fra Syden trække tunge Skyer op,
Ifyldte mange Tusind Tønder Vand,
Snart styrte de nedover Mark og Skov.
Novemberblæsten fjernt i Rusland hyler,
Den hvæser ogsaa her; Naturen seer
Saa skummel ud og ondskabsfuld, som om
Den havde Sentinellis Ansigt laant,
Og Sentinellis Ansigt ligner grandt
Et Uhr, som gaaet er istaa, hvis Viser
Bestandig peger paa den sorte Midnat.
Paa Himlens Sydkant nær, det Øvrige
Umaaleligt strakt i et hvibligt Graat,
Eensformigt, gisper goldt, Sandørknen liigt,

Hvor trevent Maanen slæber fremad sig,
Himlens Kameel med brandguult Skaberak;
En Haandfuld Stjerner ligger slængt paa Flaben,
Det Stænk af Skummet er, som Byrdedyret
Har oversprøitet Veien med.   Natur!
Laan mig din ørkesløse Kulde, naar
Jeg gaaer i Rette med Forræderen.

Monaldeschi (træder ind).

Her er jeg, til min Dronnings Tjeneste.

Christine.

Slet vælger Du dit Udtryk, Scipio:
Som Tjener aldrig jeg behandled Dig.

Monaldeschi.

Endskjøndt Du havde Ret og Magt dertil.

Christine.

Der er en Ting, hvorom jeg vilde tale
Foruden Omsvøb, svar Du ligedan.

Monaldeschi.

Derom behøver ikke Du at bede.

Christine.

Nu, ligefrem da: see, det synes mig,
— Jeg siger: „synes", kan jo tage feil, —
Det synes mig imidlertid dog saa,
At i den sidste Tid Du ei har været

Saaledes stemt imod mig som tilforn:
Du har mig skyet, — har jeg fornærmet Dig?
En Taage har der staaet om din Pande;
Ved Gud, i dette Dieblik, jeg seer,
Tilbagetrænger Du en Taare jo.

Monaldeschi.

Den Taare kalder Du, Christine, frem:
Din Mistillid kan ene smerte saa.

Christine.

Bedrøve Dig, min Ven, vil ikke jeg.
Dog mærket har jeg ligeledes, at
Du i den sidste Tid var saare blød;
Den Vittighed, som i saa høi en Grad
Du før besad, har viist kun sparsomt sig,
Langt oftre Følelsen sig hos Dig yttred,
Ei glad dog, men med selsom Veemod blandet.

Monaldeschi.

Du selv er ikke glad og lykkelig:
Din Sorg, ei min, har gjort mig tankefuld.

Christine.

Kan være, ja, o ja, kan gjerne være,
Dog tænkte jeg mig fast en anden Grund.
Jeg sagde til mig selv: Exdronning Du,
Du Fattige, har ingen Krone meer,
Du kan ei hos ham meer opvække mindste

Begeistret Haab om Herskermagt at faae,
— Afbryd mig ei — see derfor slappes Kraften.
Han ønsker muligt andetsteds at søge
Sin Lykke, andetsteds at blive, hvad
Hans Hoved og hans Anlæg vistnok kunne
Berettige ham til at eftertragte.
Siig, ønsker Du, — naturligt var sligt Ønske —
Vil Du den unge franske Konge tjene?
Ludvig den Fjortende kan bedre lønne,
End jeg, der har kun Titlen uden Magt.
Meen ei, jeg vil forhindre Dig deri:
Tjen Ludvig tro, som Du har tjent Christine,
Saa vil han kjendes ved at skylde mig
Sin bedste Mand.

Monaldeschi.

Hun vil forlokke mig! —
Der taler Du oprigtigt ei, min Dronning:
Saameget elsker Du mig dog, at ei
Du nogensinde villig tillod mig
At gaae i anden, fremmed Fyrstes Sold,
Ei heller eftertragter jeg sligt Bytte.
En pletfri Mand er ikke Monaldeschi,
Men utaknemlig, hjerteløs ei heller;
Ved Himlen over os, jeg elsker Dig,
Meer end Du troer, meer end jeg sige kan.
Hvis alle Svenske havde tænkt, som jeg,
Hvis Alle havde elsket Dig, som jeg,
Du havde aldrig faaet Aarsag til
At gaae fra Gustav Adolphs Kongestol.

Christine.

Polakken selv forsmaaer som Dronning mig,
Forlad mig kun, jeg kan ei lønne Dig.

Monaldeschi.

Ærgjerrigheden piner ikke mig. —
To Kroner havde Du, to Rigers Dronning!
Een Cirkel for dit svenske Arveland
Med nogle hundredtusind Undergivne;
Den anden Krone var for Aandens Rige,
Der hersked Du, saa langt Fornuften rækker,
Saa langt Kulturen i Europa gaaer,
Og Millioner skued op til Dig;
Den Krone har Du end idag, min Dronning.
To Kroner bærer Een ei sikkert, derfor
Opgav Du klogt dit første, mindre Land
Men forbeholdt Dig hiint, det meget større.
Held mig, at ei til Sverrig jeg var bundet,
At jeg blev ei med Svenskerne bortgivet,
Held mig, jeg hørte til dit andet Land,
Jeg var din Undersaat i Aandens Rige.

Christine.

Snildt blander Sandhed Du i Smigeren;
Bestandig maa jeg troe, naar jeg Dig hører,
At hvor Du smigrer, er Du selv bedraget
Og mener selv, hvert Smigerord er sandt.
Af Tankerne, som Du i Ord udsender,
Er for hver Judas altid elleve
Sanddrue, trohjertige Apostle.

Monaldeschi.

Dronning,

Da Tvivlen om min Trofasthed er hævet,
Hvad er der end, som kunde ængste Dig?

Christine.

Hvad Du mig siger, troer jeg paa, min Ven.
Kan Du de andre Tvivl saa let bortrydde,
Da vil Du glæde særligen min Sjæl.

Monaldeschi.

Tal frit, min Dronning!

Christine.

Videre jeg tænkte

Og sagde ved mig selv: „Christine, Du
Blier ældre nu; Du har ei Ynde til
At nære Scipios Elskov og Beundring, —
Hvad om Du løste hans Forpligtelser,
Hvad om Du hæved hine gamle Baand?
Du piner ham; han vover ei, hvad helst
Han gjorde dog, at vælge sig en Viv.
Sligt tør han ei, forbi han troer — med Uret —
At Du fornærmes vilde, hvis han tog
En Hustru sig.“ — Jeg var fast overtydet,
Om at Du havde hemmelige Gange,
— Nei, lad mig tale ud! — derhos jeg saae,
At Du var taus mod mig, men aabenhjertig
Hver Ugedag Du skrifted for Lebel.
Maa ei Christine vide, hvad Du siger

Rebel? Betro Dig til mig: føler Du
En heftig Kjærlighed for nogen Qvinde?
Kan jeg udrette Noget til dit Gavn?
Hvor gjerne, Scipio, lindred jeg din Kval!

Monaldeschi.

Jeg veed, hvis jeg saa daarlig havde været,
At elske nogen Qvinde meer end Dig,
Du vilde vist hiin Gjenstand for min Ømhed
Til Døden hadet og forfulgt til Døden.
Jeg veed, at hvis jeg Nogen fandt meer skjøn end Dig,
— Hvad ei jeg gjør, ihvo der end det sagde, —
Du tilgav aldrig mig i denne Verden.

Christine.

Du har, Du har en anden Kjærlighed!

Monaldeschi.

Hvi taler Du saa heftigt? jeg har elsket
Fra første Møde, som min Søster, Dig.

Christine (kold og streng).

Ei meer? Da har Du jo bedraget mig:
Hvor ofte svoer i Stokholm Du, Forræder,
Med Midnatseders mørke Formular,
At Følelsen, Du for mig nærte, var
Langt Andet end en Broders Følelse?
Jeg var din rene, sande Kjærlighed;
Dit Eet og Alt paa Jorden og i Himlen;
Du elsked ikke Dronningen, ei Kronen,

Det var kun Qvinden, var Christine kun.
Som Søster! dette kolde Udtryk nu,
O, hvor forskjelligt fra din fordums Varme!

Monaldeschi (fattet).

Forstaa mig ret, — jeg elsker Dig, Christine,
Med meget meer end Broderkjærlighed,
Men stundom vredes Du, naar jeg det siger,
Du skammer Dig ved hine fordums Forhold;
Selv naar vi stedes ene sammen, kan
Du ikke altid lide det at mindes
Om Vaarens Tid i Stokholm —

Christine.
Stille Du!

Monaldeschi.

Der seer Du selv, Du bliver ofte vred,
Naar om den svundne Tid jeg tale vil;
Derfor jeg fører Ordet „Søster" i
Min Mund, hvergang jeg nævner det Forgangne.

Christine.

Klogt gjort af Dig: jeg elsked aldrig Dig,
Fordi Du var en Mand, men blot fordi
Du ingen Qvinde var.

Monaldeschi.
Det troer jeg gjerne.

Din Mund har ofte sagt, jeg var Dig kjær,
Tidt aned jeg, Du aldrig meente det.

Thi kold Du er og evig egenkjærlig,
Og Verdens Centrum hviler i Dig selv.

Christine (efter en lang Pause).
Forsoning, Scipio!

Monaldeschi (knæler).
Tilgivelse,
For barsk jeg talde til min hulde Dronning.

Christine.
Forlegne staae vi Begge for hinanden,
Jeg har min Mistillid og Du din Trods
For vidt vist drevet, — lad os glemme det.
Og kan det undre Dig, jeg nødig vilde
Undvære Dig, hvem jeg har hentet ud
Af Armods sorte Ørken, fostret op
Med Moderkjærlighed, holdt ved min Barm
I Sale, hvor din Plads var ved min Fod?
Du, hvem jeg haaber ene paa, o hør:
Carl Gustav seer alt suurt, og glemt har Sverrig
Sin før forgudede Christine; Ludvig
Den Fjortende oplukker gjerne for
Min Reise Frankrigs Porte; Sentinelli
Kun tjener for sin egen lumpne Fordeel;
Min Livvagt ændser ikke min Person,
Men kun den døde Heltekonges Datter.
Dig havde jeg da udseet til min Trøst,
Dig opbevaret fra min skjønne Tid
Og gjemt til disse onde Trængselsdage;

Min Bibel og mit Paradiis paa Jord
Du skulde været, — er Du vred, fordi
Jeg havde Dig saa saare kjær, fordi
Jeg troede meer paa Dig, end paa de Andre?

Monaldeschi (rørt).

Mit Liv, min Død tilhører stedse Dig.

Christine.

Ei heller skal Du blive ubelønnet;
Du var min gode Engel, Scipio!
See denne Haand, kun Du har elsket den.
Forgjæves tigged Erik Oxenstjerne,
Forgjæves bønfaldt Fætteren, Carl Gustav,
Forgjæves spurgte Danmarks Kongesøn,
Philip af Spanien, Juan af Østrig,
Og Brandenborgeren og Portugisen.
Hvad om — Du ryster Scipio! — hvad om
Jeg nu — ha, kan Du ikke taale Alvor? —
Hvad om jeg tilbød nu den tidtomspurgte,
Tidteftertragtede, berømte Haand? —
O ret, Christine, Veien har Du fundet!
Tie stille Du, dit Ansigt har Dig røbet,
I Skyen skjælver for dit Vel din Engel.
Saaledes kom jeg til den kolde Sandhed;
Læs Bønnebøger, Noget forestaaer
Kanskee, hvortil Du ei er forberedt.
En Dronnings Fred har Du forstyrret, — snart
Du vandrer til den vinterlange Hvile.

Monaldeschi.

Min Dronning, hør!

Christine.

                    Min Tjener, gaa! imorgen
Vi tales ved, og Flugt skal jeg forhindre.
Nei, intet Ord, gaa flux, imorgen Meer.

                              (Monaldeschi gaaer).

Christine.

Jeg seer det grandt, mit sidste Haab skal døe.
              (sagtere, idet hun seer hen til Sidedøren).
Ha, Sentinelli, har Du ikke holdt
Dig min Befaling efterrettelig;
Staaer Du med Fryd belurende min Sorg
Og smiler til mit Suk og mine Taarer,
Da skal Du ogsaa visseligen døe.

(hun affyrer Pistolen paa skraa gjennem Sidedøren; en Drabant=
officeer og nogle Drabanter styrte ind af Hoveddøren).

Officeeren.

Der faldt et Skud —

Christine

(aabner Sidedøren, og Sentinelli træder rolig frem).
          Men intet Menneske!

              (med Vægt til Sentinelli).
Hvor heldigt, at I ei ved Døren stod!
Hr. Høvidsmand, I blev dog ei forskrækket?
Et Bæger Viin? I trænger vist til Styrkning.

Sentinelli (med et fiint Smiil).

Langt søbere vist, end den søde Viin,
Langt sikkrere helbredende for Strækken,
Min Dronning! og langt kjærere min Sjæl,
Er den Opmærksomhed, den Ængstelse,
Den moderlige Forsorg, den Bekymring,
I viser her ved denne Hændelse!
Berolige Dig selv! Din Sentinelli
Staaer uskadt, munter og lyslevende,
Han haaber end i mangt et Aar at kunne
Sin gode Dronning tjene, hende, som
Saa fyrsteligt hver Tjeners Troskab lønner.

Christine (rækker ham Haanden).

Det liver jeg, — urokket midt i Faren,
Djærv mod de Levende, som djærv mod Døden.

(til Officeeren)

Gaa; som Du seer, ei noget Uheld mødte.
Pistolen her gik af, jeg legte med den, —
Hvad skal en Qvinde med sligt Vaaben og?
Forklar paa Slottet Sagens Sammenhæng!
En Doctor ei, en Snedker kun behøves.

(til Sentinelli).

Jeg troede Dig ei rigtig før; fra nu
Jeg til dit Udsagn større Tillid fæster;
Vi vil hinanden træde nærmere.
Du paastod, Monaldeschi utro var,
Saa vidt jeg skjønner, har Du Ret besværre.
Kan Du Forklaring punktlig give?

Sentinelli.

Ja.

Christine.

Saa mød imorgen aarle med Beviis.
Jeg vil ei overilet handle her;
Jnat mit Sind skal faae sin Ligevægt.
(Christine gaaer ind i et Sideværelse, Sentinelli ud ad Hoved-
indgangen).

(Monaldeschis Sal. Langs Siderne staae paa Piedestaler
Billedstøtter, hvoriblandt, nærmest Tilskuerne, tilvenstre, Hercules.
Monaldeschi træder urolig ind, fulgt af Steinberg).

Monaldeschi (afsides).

Hvad vil han mig? har han erfaret alt,
At det er mig, som røved ham hans Datter?

Steinberg.

Hr. Staldmester, jeg har et Alvorsord —

Monaldeschi.

O alle gode Engle! tal, saa tal!

Steinberg.

Og maa jeg tale frit, som om der ei
Var nogen Afstand mellem os?

Monaldeschi.

Just det.

Steinberg.

Jeg troer, en Fare lurer paa dit Hoved.

Monaldeschi.

Vist fleer, end een; men hvilken mener Du?

Steinberg.

Man vil Dig styrte fra Christines Gunst.

Monaldeschi.

Det har jeg mærket, hvo er Fjenden mon?

Steinberg.

Jeg aner: Sentinelli.

Monaldeschi.

Det kan være.
Barnsfød er denne Mand i alle Laster,
Han holder Dug og Disk i Syndens Land,
Og føler Hjemvee, naar ei Ondt han skuer.
Har Du Taalmodighedens længste Toug,
Du naaer dog aldrig Bunden i hans Ondskab
Og træffer ingen jordblød Plet i Hvirvlen,
Hvor Haabets Anker kan sig bide fast.

Steinberg.

Imorgen meget aarle skal jeg møde
Hos Sentinelli; han vil sige mig
En Nyhed, hvisked han mig nys i Øret, —
Mon jeg skal gaae?

Monaldeschi.

Gaa kun, forsøm det ei;
Kanskee det angaaer mig.

Steinberg (bevæget).

Kanskee! — O Herre,
Du gaaer for ubekymret om din Fjende,
O lad mig vare Dig. Christine stirrer
Med Mistro paa din Vandel; det benytte
De Fjender alle, som Du har, og Rygter
Ved Hoffet gaae, der meget skade Dig.
Vær paa din Post og forebyg dit Fald;
Jeg paa det Hele mærke kan, at Du
Er ei mod Dronningen, som før Du var,
Ei heller hun mod Dig. Tal aabenhjertigt
Jo før, des heller, med Christine Du.
Der var en Tid, da gamle Steinberg tænkte
I Dig at see min Dronnings skjulte Brudgom;
Du var bestemt — saa var min Tanke — til
At gjøre denne sjeldent glade Qvinde
Bestandig glad og lykkelig. Jeg elsked,
Jeg agted din Person, dit hele Forhold:
En Dronnings kaarne Yndling var Du jo,
Men ingen Misbrug hefted ved din Magt
Og ingen Blodplet ved dit Hermelin.
Fra den Tid stod høihellig Du for mig,
Fra den Tid, tyktes mig, Du var min Drot.
Fra den Tid nævnte jeg i Aftenbønnen
Dit elskte Navn ved Siden af Christines. —
See, Livets Aften var ei god for mig:

Et Nu berøved mig en elsket Datter, —
Min Søn, min Søn, lad mig beholde Dig.

Monaldeschi.

Ja, Steinberg, ja der var engang en Tid,
Da Herskertanker fyldte dette Hoved,
En Tid, da denne Haand greb efter Kronen,
Da dette Legem nødigen gad nøies
Med Undersaattens tarvelige Kittel
Men vilde dristigen brappere sig
Med Kongekaabens tykke Purpurfolder.
Men nu — et saadant Omsving er der skeet
I min Natur — o, nu er det forandret!
Var alle Jordens Konger døde nu,
Og var Christine flyttet ind som Arving
I det forgyldte, store Verdenshuus,
Jeg ikke dele vilde hendes Magt,
Ei hendes Brudgom vilde jeg nu være;
Thi, Steinberg, jeg besidder — o erfar
Da nu, at jeg besidder — tause Steinberg! —
En meget større Lykke, — viid, jeg har
En renere, langt bedre Kjærlighed! —
Jeg er den frie Mand igjen, — o Fader,
Jeg elsker den, — der elsker mig igjen.

Steinberg.

Hvad, raser Du?

Monaldeschi.

Vist ikke! kun jeg elsker.

Steinberg.

Saa er Du og fortabt, Du unge Banvid;
Vee Dig, der mod Christines Villie tør
Udvælge Dig en Brud: Christine selv
Er jo din kaarne Hustru, Monaldeschi, —
Har Du ei Løfter taget, Løfter svoret?
Og vee din unge Brud! snart vil hun sidde
Med sænket Hoved ved sin Beilers Liig
Og kysse Dig, og Du, den Døde, svarer ei!
Og vee den unge Piges Faer og Moder,
De skal ei glædes over deres Barn,
— De miste hende, som jeg misted mit, —
Og de vil lægge Jomfrukrandsen aarle
Paa hendes lille Grav, — vee dem og Dig!

Monaldeschi.

Du maner slemme Syner for mit Blik.

Steinberg.

I Fængsel blier Du kastet, Dronningen
I Døren staaer og spørger truende:
„Hvorledes kunde Du bortgive Dig
Til nogen Anden, end til mig? Du hører
Med til Regalierne, jeg end besidder,
Til Kronen og til Sceptret og de andre
Udvortes Tegn paa, hvad jeg er og var,
Du kan ei sige: did vil jeg nu gaae!
Ei heller: her vil jeg forblive nu!
Din Dronnings uindskrænkte Eiendom
Du er og uden Selvbestemmelse.“

Monaldeschi.

Saa dybt er Du nu sjunken, Monaldeschi,
At Du blier usselt sammenstillet med
En kort og livløs Stok, de kalde Scepter,
Og med hiin Hat foruden Puld, som de
Benævne Kronen! — Du, viig fra mit Ansigt
Og gaa til Dronningen; jeg trodser hende!
Siig hende kun, jeg elsker og gjenelskes,
Siig, at min Pige, langtfra lunefuld,
Er ikke nogen boglærd Halvkunqvinde,
Siig, hun er skjønnere, end Dronningen.
Henrette kan Christine lade mig,
Men aldrig tvinge mig til Kjærlighed.
O, skal et Ord fra et usaligt Tidspunkt,
Et Løfte fra min vilde Ungdomsmorgen,
Bestandigt kunne binde hver min Daad?
Kan Mennesket i eet Minut frasværge
Sig Frihedsretten for sit hele Liv?

Steinberg.

O, Scipio, kan Du ikke gaae tilbage
Til dine fordums Forhold med Christine?
Forlad, forsag din nye Kjærlighed,
Er ikke Dronningen Du Alting skyldig?
Og dog vil Du bedrøve hende nu.
Forlad den unge Pige, der har lokket
Ved listig Leflen fra din Troskab Dig;
Stirr ikke paa de fine Ansigtstræk:
Een Sygdomsnat kan danne dem til Grimhed,
Og hvad Du elsked er ei mere til.

Paa Flyvesand har Skjønhed lagt sin Have,
Din Dronnings Godhed staaer paa Marmorfod.

Monaldeschi.

Hvad jeg har handlet, kan ei ændres meer, —
Lad Skjæbnehjulet rulle, som det vil.

Steinberg.

Jeg kan ei sige Meer, betænk Du selv
Det Hele; jeg har venligt varet Dig,
Hvad jeg kan for Dig virke, det er bedre!
(han klapper i Hænderne; hans to yngste Sønner træde ind
med et Ringpandser).
Den lumske Sentinelli pønser paa
Din Død, han dølger ei sin Plan, sin Galde,
Og denne Nidding er til Alt istand;
For Stimands Dolk skal ikke Scipio falde!
Modtag da fra min Haand, hvad Haanden har
Ved Nattetid paa sorten Ambolt smedet.
                    (knæler med sine Sønner).
See, ved hver anden Ring i dette Pandser
Bad jeg en Bøn for Dig, og ved hver anden
Een for Christines Vel, min Herskerindes.
Hun er ei Dronning for Europa meer,
Men hun er altid Dronning dog for os,
Og Dig som hendes Ægteherre jeg
Betragter og som Drot for hele Skaren.
De Svenskes Konge Du! tag denne Gave,
Den skal Dig sikre for hvert Overfald.
Agt paa, hvad Undersaatten siger Dig:
                                        5*

Bær paa din Post mod alle dine Fjender,
Af den Grund føied Ringene jeg sammen.
Forlad ei Dronningen paa denne Tid,
Hvor alt de Fleste hende Ryggen vendte.
Opirr ei Dronningen; der syder stundom
I hendes Aarer Gustavs stærke Blod.
Opgiv hver Følelse for fremmed Qvinde, —

(reiser sig og griber Monaldeschis Haand).

Ved Gud! selv var din Elskede min Datter,
Mit tabte Barn, — jeg gav det samme Raad!

(gaaer hurtigt med Sønnerne).

Monaldeschi.

Du varsler Død, og jeg er dog saa ung,
Du bringer Harnisk, skjøndt her gives Fred!
„Selv var din Elskede min egen Datter,
Mit tabte Barn, — jeg gav Dig samme Raad.“
O Gubbe, lidet tænkte Du vist paa,
Hvor nært dog disse Ord ved Sandhed laae! —
Imorgen kastes Sløret af min Daad,
Imorgen briste skal det eller bære! —
Tidt saae jeg, hvor Gjengjældelsen i Livet,
Uregelmæssig, gik Kometens Gang:
Een Slægt maa bøde for, hvad fjernt en anden
Forbrød, — en Søn for Stammefadrens Daad —
Et Folk for Herskerens Forbrydelse. —
Og Vintren seer først Somrens Ubaad rant;
Imorgen muligt Straffen stiger frem,
For hvad jeg øvede for syv Aar siden,
Og Dronningen vil hævne Grevens Fald! — —

Dybt brænder Lyset alt i Stagerne,
Forlængst vor Sol i Oceanet sank, —
Med Længsel venter ogsaa mig min Thetis.

(han laaser Hoveddøren i og stiger ned gjennem Pjedestalen).

(En lille Stue; Ebba sidder ene).

Ebba (lyttende).

Der kommer — nei, der kommer Ingen end,
Forgjæves sukker jeg, han kommer ikke. —
Og skulde jeg end sidde her i Nætter,
I lange Dage, ventende forgjæves,
Naar blot engang han kom, engang tilsidst,
Ei Klage skulde fra min Læbe høres. —
Jeg elsker ham, — henover Bjerge vilde
Jeg gjerne følge ham, om end min Fod
Af alle skarpe Tidsler sønderslededes;
Med Bind for Øiet vilde jeg i Seinen
For hans Skyld styrte mig og dukke dybt
I Tanget for at hente ham hans Sporer. —
End om jeg ofte sidder her i Taarer
Og savne maa min Ven, mit Haab, min Lyst,
Eet Gjensyn bringer mig til Alt at glemme. —
Jeg er for lykkelig, for lykkelig,
Blot ei det skal mig varsle større Sorg:
Sorg, sige de, boer ganske nær ved Glæden! —
Oldtidens Konge kasted, saa fortælles,
Hvad meest han elsked ned i Havets Hvirvel,
At han itide kunde forebygge

Den bratte Vexel og beholde Lykken;
Det mægted ikke jeg, thi hvad var Livet,
Hvis jeg i Havet kasted, hvad jeg elsked?

Monaldeschi (træder ind).

Min Ebba, lang var denne Dag!

Ebba.

Og mørk!

Du slemme Scipio, Du har tøvet længe.
Mærk, Scipio, Du har før mig kaldet smuk;
Vil Du, at denne stakkels Skjønhed skal
Saa tidligt veires hen? styg vorder jeg
Af Ængstelser, af Kummer over Dig,
Naar Du den ganske Dag forsager mig,
Naar Du sletikke seer ind i mit Kammer,
Det lille, med sex Ruder kun, sex grønne!
Hurtig jeg falme vil, og naar man spørger:
„Hvor gammel er vel Monaldeschis Ebba?"
Og Du da svarer: sytten Aar! da vil
Man slaae det hen i Spøg og ikke troe det. —
O, mangengang jeg bliver angst; det tykkes
Mig da, som om Du aldrig mere kom,
Men som Du laased Døren i og lod
Mig ene her, til Hungerdøden ene.
O siig mig dog, hvor staaer det til derude?

Monaldeschi.

Min stakkels Hustru! Oscar ligger i
Et Fangehul, nedslængt af Sentinelli, —
For nogle Dage kun, vær ikke bange!

Ebba.

Dernæst, min Fader? sørger meget han?

Monaldeschi.

Mit gode Barn, han skæmmer sig; derfor
Jeg paatænkt har imorgen tidligt alt
At aabenbare Dronningen det Hele.

Ebba.

O Monaldeschi, ja! hav Tillid blot
Til hendes Godhed og Barmhjertighed.
Har I saa længe kjendt hinanden, har
I smilet, har I sukket med hinanden,
Og kan Du dog paa den Tilgivelse
Mistvivle? — Scipio, eller er der Noget
I eders Forhold, som ei Ebba veed?

Monaldeschi.

Jeg talte nys med Dronningen og fik
Om heldigt Udfald just ei stor Forhaabning.

Ebba.

Saa har Du ei talt, som Du kunde tale!
Kast Dig for hendes Fod og skam Dig ei,
Eet Knæfald skaffer Dig en jordisk Lykke.
Kys hendes Klædebon, siig gjennem Taarer:
„Jeg reiser mig ei, før din Mund har sagt
Det, som jeg beder Dig saa bønligt om.
I Ubetydligheder har jeg hidtil
End aldrig savnet din Medlidenhed, .

Dit Modertilsagn og et venligt Svar,
Saa lad mig heller ikke savne sligt
I dette større Sjælsanliggende!
Vil nu Du være streng, hvi har Du ei
Det været før og vant til Strenghed mig?" —
Siig det, og siig, troer ei Du, det gaaer an?

Monaldeschi.

Imorgen, Ebba, vil vi det erfare.

Ebba.

Fold dine Hænder, sænk din høie Pande,
Tal saa det stærke Sprog, hvormed Du tidligt
Erobred Ebbas Hjerte. Siig: „Christine!
Dødssynd det var mod Gud og Mennesker,
At skille tvende unge Hjerter ad,
Naar ei Guds egen Lov Skilsmissen bød:
Da dræbte Du ei Tvendes Liv alene
Men Alt, hvad af de Tvende kunde fødes,
Du qvalte Liv i fleer end hundred Led,
En stigende, ny Verden qvalte Du!
Husk, at den hele Jord nedstammer fra
Et lille Total ved Chibbekels Bredder!
Aarhundreder gaae frem af Øieblikket:
Christine Alexandra, nænner Du
At knuse Slægter og Aarhundreder
Og dreie Viseren paa Klodens Uhr
I Mulmet ind, et Verdensdøgn tilbage?" —
Siig det og svar mig: troer Du, det gaaer an?

Monaldeschi.
O, talde Du, hun tilgav visselig.

Ebba.

Svar hende, naar hun Dig bebreider, at
Du, skjøndt Marchese, vilde vælge Dig
Til Brud en simpel Borgerdatter, svar,
At dobbelt elsker derfor Dig din Hustru,
Trofast, ei blot af Kjærlighed, men lænket
Af inderlig Taknemlighed tillige;
Du har jo ei blot gjort mig lykkelig,
Du har Velgjerning mod den Ringe viist.
Og spørger hun, hvorfor Du taug saalænge,
Svar modig: „vi har hidtil det fordulgt,
Ei for vi frygted for at sige det,
Men kun forbi det moreb barnligt os
At have Hemlighed for hele Verden;
Mistillid til din Godhed bandt ei Tungen,
Nei, det var Tillid til din Godhed just." —
Siig det og svar mig, troer Du vel, hun røres?

Monaldeschi.

Vee den, der gav et ubesindigt Løfte,
See det er hele Sagen! Vist Du veed,
At Dronningen mig — elsker; tidligt svoer
Jeg aldrig at forlade hendes Nærhed
Men stedse følge hende, hvor hun vandred;
Jeg svoer det af Taknemlighed og lovte
Det hende, da hun end var stor og mægtig,
Da Mange stod omkring Beherskerinden,

Og da hun bedre kunde savnet mig.
Men nu, da Hoben har forladt den Arme,
Da Kronen spaltet er fra Hovedet,
Da hun har Faa at miste, saare Faa, —
Paa denne Tid skal jeg forlade hende!
Tungt vil hun mærke, jeg formeget tænker
Nu paa min Ebba, til at hun kan faae
Den vante Plads i Monaldeschis Hjerte.
Mit Ord jeg ikke holdt, og hun staaer ene!

Ebba.

Du skjælver, o tal tydeligt!

Monaldeschi.
Frit ikke.

Hvor ikke selv godvillig jeg fortæller,
Spørg aldrig der: med Tiden kommer vel
Beleiligt Øieblik til Aabenbaring.
Visk Taaren blot af dine smukke Øine:
Imorgen, Ebba, bliver Du erklært,
I Guds og Hvermands Paahør, Scipios Hustru.

Ebba.

Og da skal ikke her jeg sidde meer,
Fjern fra det mennesklige Samfund, nær
Kun Uglen, langt fra Luft og Luftens Sanger,
Men jeg skal i de høie Sale gaae,
Beskuet, misundt for min sjeldne Lykke,
Og atter skal jeg være Faders Glæde.

Monalbeschi.

Og for min Moders Knæ Du skal Dig kaste,
Imorgen muligt kommer alt hun hid.
I syv Aar har jeg ikke feet min Moder,
Hvormeget end jeg længtes. Da tilsidst
Jeg skrev, hun skulde komme til sin Søn;
Fem Miil herfra hun er, i Pithiviers.
Det gjælder kun en Dag, saa er hun her,
Siig, vil Du vorde hendes gode Datter?

Ebba.

Din Moder er jo ogsaa min.

Monalbeschi.

     Og hurtigt,
Med Dronningens Tilladelse, vi reise
Da til mit Fædreland, Italien,
Og i Verona vil vi knæle ned
For Romeos og Julies Katafalker
Og midt i Glæden mindes deres Sorg.

Ebba.

Og takke Gud, at ikke vi, som de,
Skal tidligt skilles fra den smukke Verden.

Monalbeschi (omfavner hende).

Og vi vil elske, som vi elske nu.

      (Tæppet falder hurtigt).

Tredie Akt.

(Aarle Morgen; Monaldeschis Sal. Hoveddøren opdirkes
udenfra, og Sentinelli træder ind efterfulgt af Steinberg).

Steinberg.

Hvi dirker Laasene Du op?

Sentinelli.

Saa tie dog!
Husk, Du har lovet Stilhed. Hvad vi skulle?
En Hemlighed skal jeg betroe dit Øre.
Hvorhen jeg fører Dig? Vi er paa Stedet.

Steinberg.

Forunderligt! har Du kanskee tillige
Hidstævnet Monaldeschi til at møde?

Sentinelli.

Nei.

Steinberg.

Selsomt! Hvis han overrasked os
Og kom i dette Nu?

Sentinelli.

Det gjør han ei:
Han har paa Slutningen den Vane faaet,
At sove grumme langt paa Formiddagen.

Steinberg.

Tilvisse, dette burde langtfra han:
Hans Fjende sover ei.

Sentinelli.

Fat Mod og hør.

Steinberg.

Siig mig i Korthed, hvad Du har isinde.

Sentinelli.

Betragt dog denne skikkelige Støtte!
Hvor jevnt og ærligt den er stillet op
Blot som et Oldtids Monument: den aabne,
Den bjærve, redelige Hercules!
Udført med Smag; man aner aldrig, nei,
Saadan som Støtten staaer, man aner vist
Ei mindste List og Kneb, ei mindste Paafund, —
Og see! tiltrods for Ærlighedens Skin
Er Støtten huul og falsk og underfundig,
Omdreies kan den, seer Du? Støtten er
Et godt Symbol paa Verden rundt omkring:
Hvor mindst Du venter menneskelig List,
Der træffer Philosophen allermeest.

Steinberg.

Hvor fører denne Lønbør hen?

Sentinelli.

Til Synden.

Steinberg.

Hvad siger Du?

Sentinelli.

Den Lønbør fører til
Stalbmestrens Sovekammer, hvor din Datter,
Den smukke Ebba med det gule Haar,
Forført, vanæret, listigen besnært,
Har valgt sin Bolig, ak, som Scipios Frille.
Han, ingen Anden, ranede din Datter,
Mistanken ledtes paa — den franske Konge,
Ei ved at nævne, nei, men ved at pege.

Steinberg.

Og steeg af Marmorgraven Gustav selv
Og sagde det, jeg svarte, det var Løgn.

Sentinelli.

Om eet Minut Du faaer det dog at troe, —
Nei, nei, gaa ei berind, hvad raser Du?

Steinberg.

Mit Barn, mit gode Barn, det er umuligt.

Sentinelli.

Vær Mand, staa rolig her, lad Ingen ud,
Og tag mit Sværd og staa som Skildvagt taus,
Til jeg faaer hentet Dronningen.   Du vil?

Steinberg.

Du lokter Taaren paa min hvide Kind, —
Er Du forvisset om, at ei Du lyver?

Sentinelli.

Saa slet jeg er ei, som Du troer; jeg hader
Min Fjende Monaldeschi, Du har aldrig
Fornærmet mig, hvi skulde Dig jeg pine?

Steinberg.

Hvi aabenbared Du ei dette før?

Sentinelli.

Ja hvorfor fik jeg ikke Vished før?

Steinberg.

Kan hun, den Fromme, hun — — —? velan, saa gaa,
Hent Dronningen.

Sentinelli.

Lad ham ei flygte blot.
(Sentinelli gaaer, Steinberg laaser Hoveddøren
efter ham).

Steinberg.

O var af Pappenheimerne jeg fældet
Ved Lützen, da min Mester bukked under! —

Tro aldrig meer paa Mennesket, tro ei
Paa Troskab! tro paa Løvens Kløer, tro
Paa Ulvens Rænker og paa Mørkets Fyrste!
Tro ei paa noget Fast i denne Verden, —
Der findes ingen Steen og ingen Bjerge, —
Men tro paa Bølgen og Ustadighed
Og tro paa Kastevindens lumske Vaklen.
Udslet det Halve af den store Kugle,
Tro paa en Midnatstund, men vogt Dig for
At elske Solens Lys og alt det Hvide.

(Lønderen paa Pjedestalen aabnes indenfra, og Monaldeschi
træder ud deraf).

Monaldeschi.

Sødt svulmer Livets Kraft i hver en Aare,
Og Purpurkilderne i dette Bryst
Bevæge sig med dobbelt Bølgeslag.
Nei, skjønne Eros, ikke døde Du,
Dengang det græske Tempel styrted sammen;
Ei blot for Slægterne i Verdens Barndom,
Ogsaa for os, bød Zeus, Du skulde leve.

(bemærker Steinberg).

Du her!? har jeg forglemt at laase Døren?
God Morgen, venlig Morgen, kjære Faber.

Steinberg.

Nei, aldrig fører Brøden dette Sprog!
O Monaldeschi, altid aabenhjertigt
Jeg fordum talde med Dig, svar mig blot, —
Giv mig mit Liv, mit sjunkne Haab igjen.

En leiet Rygtemorder har mig sagt,
At inde der bag Støtten var mit Barn,
At hun var ussel nu, berøvet hvad
Naturen i sin moderligste Time
Gav Qvinden som det bedste Skjønhedssmykke,
At hun din Frille var, — giv mig min Tro,
Min gamle Tro paa mine gamle Guder, —
Siig blot, at det er Usandfærdighed!

Monaldeschi.

Min Frille? aldrig.   Dog er Ebba hist.

Steinberg.

O Scipio, Scipio, siig, hvad havde jeg
Forbrudt, mens Du har røvet mig mit Barn?
Maa Barnet ikke see sin egen Fader?
Klart straale dine smukke Øine, — nei,
Du har vist Grunde havt for hvad Du gjorde,
Du er vist brødefri, jeg troer Dig blindt;
Men hvorfor voldte Du mig hine lange,
Søvnløse Nætter, — bring mig dog mit Barn,
Bring hende, jeg maa see mit Barn igjen.

Monaldeschi.

Reen var din Datter, da jeg hende røved,
Reen skal hun synke i din Faderfavn;
Dog faaer din Eiendom Du halvt tilbage,
Jeg har en Halvpart i dit elskte Barn,
Thi Ebba er min ægteviede Hustru.

Steinberg.

Ha, nu forstaaer jeg det; først nu, først nu,
Da Intet meer forandres kan, faaer jeg,
Den Arme, det at vide. O, hvad vil
Christine sige til din Handlemaade!
Kun stakket Stund, min unge Monaldeschi,
Din Haand vil glædes, frygter jeg, ved Grebet!

Monaldeschi.

Ræk mig din Haand og tilgiv mig af Hjertet.

Steinberg.

Den Gud, som jeg har dyrket, see med Mildhed
Ned til min Søn og til min Datter, vende
Fra deres Lokker til mit gamle Hoved
Den Sorg, jeg aner, forestaaer fra Dybet.

Sentinelli (udenfor).

Steinberg, luk op!

Steinberg.

Hvad gjør vi nu?

Monaldeschi.

Luk op.

Steinberg.

O flygt, igjennem denne Lønndør flygt!

Sentinelli (som før).

Luk op, jeg sparker ellers Døren ind.

Monaldeschi.

Vil ikke Du, saa lukker selv jeg op.

Steinberg.

Min Søn, min Søn, hvad gjør mod Ebba Du!

(Monaldeschi aabner Hoveddøren, trækker sit Sværd og stiller sig foran Herculesstøtten. Der indtræder Dronningen, Sentinelli og Drabanter).

Christine.

Saaledes vover Du med blanke Vaaben
At stille for Christine Dig?

Monaldeschi.

              Jeg staaer,
Som Løven for sin Hule, vil forsvare
Indgangen her til mine kjære Unger.
Kom, lumske Sentinelli, nærmere,
At med min Pote jeg kan flaae din falske,
Din spættede Hyænehud af Kroppen.

Christine (til Sentinelli).

Træd lidt tilbage. — Steinberg, Du, som jeg,
Er her bedraget vorden; Du, som jeg,
Skal hevnet blive. Seer Du denne Mand?
Han, Rømningsmanden fra Verona, kom
Til Gustavs Datter, betled Naade, fik
Sin Dronnings hele, store Kjærlighed;
Min fyrstelige Godhed skjænked jeg
En Tigger; see, hvad Løn jeg fik; jeg blev

Kun Titelbladet i hans Elskovs Bog,
En Andens Navn opfyldte selve Bogen;
Høit kaldte han mig Arken med Guds Tavler,
Men Guldkalv dyrked lønlig Israliten.

Steinberg.

O hør hans Forsvar, han har ei bedraget!

Christine.

Hvad græder Du, Du taabelige Qvinde?
Lad ikke Sorgen den Seirvinding faae.
Jeg vil ei græde, jeg vil trodse Sorgen,
Forskudt, forviist, forbandet være Taaren,
Jeg vil en Gnier være med hvert Suk,
Jeg vil udtørre Kilden i mit Øie.
Stort var mit Hjerte, men herefter
Skal ingen Følelse bevæge det,
Men det skal ligne Sahras vilde Ørk,
Ufrugtbart og modbydeligt at skue.
Jeg vil en mennesklig Forstening vorde
Og staae urokket i Antikens Stilling,
En Marmormasse med de samme Træk,
Og Foraar, Vinter, Høst og Sommertid
Skal i mit Ansigt ei Forandring volde,
Nei ingen Taarer, ei en eneste!

(hun brister i Graad).

Steinberg.

O spot ei Taaren, der er helliggjort;
Thi hvem der ei kan græde, har Naturen

Fra hendes Aasyn, hendes Omsorg revet
Og givet i de onde Magters Vold.

Christine.

Der staaer han med det stive, vandfrie Blik!
Tungt maa jeg føle nu, der er en Kunst,
Som hedder huul Forstillelse, en anden
Mimik, en tredie koldt Bedrageri,
Og der er gode Skuespillere
I Livet, som paa Brædderne, jeg mærker.
Du Sentinelli!

Sentinelli.

Staaer beredt.

Christine.

Læs høit

For den forbryderske Staldmester her
Den Eed, som Du, som han, som Steinberg, som
I Alle svoer, I, der indskibed Eder
Med mig og seiled fra den svenske Kyst.

Sentinelli (opruller et Pergamentsblad).

„Vi svenske Mænd og Mænd fra andre Lande,
Vi, som forlade Sverrig for at følge
Dronning Christine Alexandra til
De fjerne Egne, som hun selv kan vælge,
Vi sværge her ved Himlens stærke Gud,
Ved Manddomskraft og nordisk Troskabsflamme,
At lyde blindt ethvert af hendes Bud,

Og ingen anden Høihed vil erkjende
Paa breden Jord vi, uden ene hendes;
Og skal hun have Magten til at dømme
Til Graven os, hvis ei hun vil benaade,
Og siger hun, som viis og venlig er,
At En af os har sig forsyndet mod
Den klare Majestæt, da gjælde Paaskud
Og Klager ei, da læses denne Eed
For Mennesket, og lydig vandre han,
Foruden Lov og Dom, kun ramt af hendes Ord,
Og sone med sit Liv, hvad han forbrød;
Men hun" —

Monaldeschi.

Hold inde Du, jeg husker vel
Saa grandt, som Du, den Eed, vi svoer, behøver
Ei af Papiret den at læse, — hør!
„Men hun vil elske som en Moder dem,
Der dele hendes Lod i fremmed Land,
Og hun vil herske, som hun hersked før,
Med Mildhed og med Overbærelse,
Og fjern fra hendes Tanker være Tvang
Og Magten, som Despoten eftertragter." —
Det var vor Eed, og det var din, Christine;
Jeg beder Dig, lad Alle gaae tilbage,
Tal ene med den Mand, Du elsked før.

Christine.

Hvad vil Du? kan Du sige nei, naar jeg
Dig spørger, om Du ikke syndet har?

Du Ordbelægger! har Du ikke myrdet
En Faders unge Haab midt i April,
Siig, har Du ei forført det Barn derinde?

Monaldeschi.

Nei, Dronning, ikke har jeg grusomt myrdet
En Faders unge Haab midt i April,
Og ei forført det stakkels Barn derinde,
Skjøndt vel jeg veed, jeg syndet har mod Dig.
Jeg tog en stakket Tid fra Faderen
Hans Barn, men bringer Barnet atter hjem,
Betynget ei af Brøden, ikke sorgfuldt,
Men reent, som før, meer lykkeligt, end før.
Til Vederlag for nogle mørke Uger,
Hvor han sin Datter savned, giver jeg
Fra nu en Række ham af muntre Aar
Og stiller mig ind i hans Sønners Kreds.

Christine.

Har Du — nei, det har Du dog ikke, — svar.

Monaldeschi.

For otte Uger siden vied os
Rebel, — vort Liv er nu kun eet, tilfælles
Vi have Jorden her og Himlen hist.

Christine.

Ha, Erik, Erik, aned dette Du?

Monaldeschi.

Christine, hør: i Navnet af din fordums
Saa rigelige Følelse for mig,

I Kraft af hine lykkelige Timer,
Du tilstod tidt, vi fordum sammen leved,
Meest for din egen, for din Æres Skyld,
Besværger jeg Dig, viis de Andre bort;
Kun Dig og mig vedkommer denne Sag.

Christine.

Steinberg, Du blier, de Andre gaae af Stuen. —

(til Steinberg).

Min Faders troe, min egen bedste Tjener,
Glem, at der fordum laae imellem os
En Afstand af et jordisk Riges Ørk.
Her ved dit Bryst, hvor før din Ebba laae,
Her er en Plads, giv mig det lille Rum;
Det være skal min Grav, hvori jeg sænker
Mit Haab, min Sorg, mit hele stakkels Jeg;
Her, her jeg bygge vil, fra Verden fjern.
Glem Ebba, tag Christine til din Datter:
Jeg sætter Dig paa Gustavs tomme Plads,
O, vær fra nu min faderlige Ven,
Giv Du mig Raad, led Du min Tankes Gang,
Begynd idag, ræk mig en hjælpsom Haand;
Thi sandelig, saalænge dette Hoved end
Blier oven Mulde, glemmer aldrig det
Den sidste Nat og denne sorte Morgen,
De have lært mig: nu staaer jeg alene!

Steinberg.

Endnu kan Alt jo endes til det Bedre.

Christine.

O ja, thi Jorden er vel smuk og god,
Men smukkere dog Himlen hist og hedre.

Monaldeschi (tager hendes Haand).

Har Du en Moder seet, naar hun vil tugte
Sit Barn, at kalde til sin Hjælp en Fremmed,
Der kjender lidt kun til, der elsker ei
Det Barn, som har fornærmet Moderhjertet?
Vil Du mig høre, vil Du end mig see?

Christine.

Jeg dømmer Ingen uhørt, mindst da Dig.

Monaldeschi.

Kald i Erindringen tilbage da
Den Tid, da jeg til Stokholm kom; hvor ung
Jeg var, derom behøver ikke jeg
At minde Dig; ei heller om, at Ungdom
Har Uerfarenheden i sit Følge.
Snart mærked jeg, at jeg behaged Dig, —
Gjenkjærligheden vaagned; hvor jeg gik,
Blev hilset jeg af Folkets Fryderaab:
Din Krone kasted Gjenskin paa min Lod.
Lydt raabte Sentinelli: „der er kun
Et Steenkasts Længde mellem Venustemplet
Og Kongeborgen i det svenske Land.‟ —
Siig, kan det undre Dig, om i saa ung
En Alder jeg forglemte reent, der var
Imellem Undersaat og Regentinden

En Fordomskløft, der evigt vil bestaae?
Jeg drømte Drot mig, Drømmen bifaldt Du;
Men da Forstanden modnedes, da klart
Jeg saae, at aldrig vi forenes kunde, —
Med Taarer over Dig og over mig
Jeg trak tilbage mig, for Begges Skyld.

Christine.

Og sveeg dit Ord og krænked haardt min Sjæl.

Monaldeschi.

Mit Hjerte siden faldt i Ebbas Haand;
Hvad jeg var vis paa, at Du vilde hindre,
Hvis Du det forudsaae: vort Ægteskab,
Det, troede jeg, Du vilde roligt see,
Naar det, fuldbyrdet, ei stod til at ændre.
Saavidt, men ikke meer, jeg skyldig er.

Christine.

Ulykkelige! Du har aabenbaret
For Ebba Noget, som Du ikke maatte.

Monaldeschi.

Vær uden Frygt. Min Hustru troer, at Alt
Er skeet saa hemmeligt, fordi hun er
Af Adel ei, og vilde derfor muligen
Dit Mishag føle her ved Hoffet.

Christine.
                                    Du
Bedrager mig.

Monaldeschi.

(træder nærmere hen til hende og siger veemodig).

Hvad vi To veed, faaer ei
En tredie Dødelig at vide. Naar
Historien skal føre Dig ind i
Sin Bog, er mit Navn længst forglemt, og at
Du eengang ædelmodig tænkte paa
At binde vore Skjæbner sammen, er
En Hemlighed, der uddøer med os Tvende.
Den Fugl er død, der sang i Slottets Have,
Naar vi To gik, hvor Sølverpoplen rasled;
Den Maanens Form er ikke mere til,
Der saae min Bristen ud i Graad, dengang
Du tilstod bly, jeg var Dig saare kjær;
Og det Gemak staaer tomt, med synkende
Tapet, hvor Alexandra mødte paa
Den lette Fodspids mig, naar Alle sov.
Du og dit Navn er Fremtids Eiendom;
Jeg lever eengang kun, i denne Nutid.
Ved din Død sørger hele Sverrigs Land;
Kun tolv Qvadratfod Jord erfarer min.
Det borgerlige Samfunds Lov afskilte
I Livet os, i Døden ligedan:
Din Hund blier huggen ud paa Mausoleet,
Men mit Navn kommer ei til Marmoret,
Og ingen noksaa dristig Digter vil
Besynge Scipio sammen med Christine.

Christine.

Siig mig, — dengang vi kom fra Kirke sammen,

— Du husker, det var just en Paaskedag, —
Du græd, græd længe, Du græd bitterlig;
Om Aftnen kasted Du Dig til min Barm
Og kaldte mig med alle søde Navne,
Du ændsed Intet, uden ene mig,
Og Sydens Blomsterflor var i din Mund;
Du svoer — det, som Du siden ei har holdt!
Du svoer, at leve stedse kun for mig, —
Siig mig og siig mig sanddru: havde Du
Alt dengang indseet, at det Daarskab var
Af Dig at elske mig? var dengang alt
Du kjendt med Ebba? talde Du til mig
Blot for at smigre mig, blot for at drage
Fordele for Dig selv, — hvad heller talde
Du, delende min Fryd, min Følelse;
Var den uløiet, denne fordums Paastand:
Kun jeg Dig gjorde lykkelig; og troede
Du dengang virkelig, at Du mig elsked
Ei blot momentviis, men for hele Livet?
Var dine Taarer Sandheds og Naturens,
Og agted virklig Du at holde Løftet?
Henreves Du af sydlig Lidenskab,
Hvad heller var din Handling indenfor
Den mathematiske Beregnings Grændser?

Monaldeschi.

Nei, nei, det var den første Gang jeg ret
Fornam, hvormeget jeg Dig skyldig var;
Jeg selv bebreided mig, at stundom kold
Jeg havde mødt din elskovsfulde Barme.

Hvert Ord, jeg talde, sprang af Sjælens Rødder,
Og ingen Udvært fandtes af Bedrag.

Christine (med Taarer).

Saa har jeg eengang været elsket dog,
Har eengang baaret Brudens grønne Krands;
Een Stjerne saae jeg i den bælne Nat,
Og ikke reent forgjæves var mit Haab.

(kaster sig paa Knæ).

Du stille Kæmpevæsen i din Sky,
Som svinger de massive Verdenskugler
Blot ved din Tankes Kraft, Du overseer,
Trods al den Mængde, som Du stirrer paa,
Dog aldrig nogen Enkelt, heller ikke
Forkasted mine stumme Bønner Du!
Du, som fordeler Lyst og Smerte, Du
Forglemte mig ei blandt de mange Børn.
I vandkold Armod tæres Nogle hen, —
De føle Livets Nat kun, ei dets Dag.
Hvormange døe ei midt i Ungdomsmorgnen
Foruden Kjendskab til den største Lykke!
Og gives der ei hele Folkeslag,
Trælbundne nu, som kun i fjerne Fortid
Et Trøstens Punkt historisk kan udfinde? —
Skal jeg forlange Meer, end Nationer!
Mig gav Du jo midt i min Ungdomstid
En Maaned dog, som aldrig jeg forglemmer,
Og var den kort end, denne skjønne Tid,
Jeg fik, hvad Tusind ingensinde fik,
Een Lysplet, som vil, stjernelignende,

Bestraale min Erindring til min Død, —
Tak, Fader, Tak, jeg er taknemmelig.

(hun reiser sig; efter en Pause vender hun sig til Monaldeschi).

Ja — ret — saaledes vil jeg, maa jeg handle! —
Du gav mig mangt et herligt Øieblik,
Erkjendtlig takker Alexandra Dig.
Den, der gav mig i timeviis min Glæde,
Ham ønsker jeg i Aaremaal igjen, —
Til Nøisomhed er dette Hjerte vant.
Ja, Du har Ret: vort Forhold endes maatte,
Den slemme Drømmegud forvildede os.
Seer Du, jeg er ei egenkjærlig; din,
  i min, din Lykke var mit Ønske kun.
Nei, græd ei, — Taarepilen, det er min,
Solsik og røde Roser, det er dine;
Qvinden maa røre, Manden skal begeistre!
Græd ei, og dog, Tak for din Taare, den
Forraader mig, at Noget dog endnu
Du deler af min Byrde, naar jeg sørger.

Monaldeschi.

Tal haardt, tal Staal og Jern, din Veemod kan
Jeg ikke bære.

Christine.

Du er mild og god;

Fat Dig, min Ven, see, jeg er fattet alt. —
Steinberg, træd nærmere! see denne Mand,
Jeg ordner sidste Gang hans sorte Lokker,
Jeg læner sidste Gang mig til hans Skulder,

Jeg kysser sidste Gang hans høie Pande,
Jeg overgiver ham til Dig. Du maa,
Ja Du maa vide, hvad han var for mig. —

(hurtig til Monaldeschi).

Gaa, hent din Hustru! — Steinberg, kald de Andre.

(Monaldeschi gaaer gjennem Piedestalen, Steinberg ud ad
Hoveddøren, Christine kaster sig i en Stol og stamper i
Gulvet).

Ha, hører Du, Kong Gustav, dybt i Jorden?
Jeg huusvild er og banker paa din Dør.
Vaagn op dernede! mærker ikke Du,
Din Datter hulker? laan mig Noget af
Din Kraft; ei Du, men jeg har Brug derfor.
Tys, svarte han? det pusler underneden! —
Ha, det er Scipio med sin Viv i Hulen.
Der komme de, — nu er jeg rolig atter;
Mit Blik, min Holdning munter være maa,
Mit Ansigt maa de see, men ei mit Sind.
Saaledes! smile, — staae, som Sverrigs Grantræ
Derhjemme, — grøn og frisk i Vintersneen, —
Men tro Du aldrig derfor, det er Sommer! —

(De Forrige; Steinberg med Sentinelli og Draban-
terne, ud ad Løndøren Monaldeschi og Ebba.

Ebba.

Min Fader! tør jeg løfte meer mit Blik
Til dette kjære, fromme Ansigt? Er
Du ei til Døden fjendtligstemt mod Ebba.

Steinberg.

Jeg seer Dig atter, og jeg seer Dig karsk,

Fryd lokker Taarer af mit matte Blik,
Og Breden spreder sig for alle Vinde.

Monaldeschi.

Du seer min Hustru; Taaren seer Du ei,
Den, som i eensomt Kammer hun har fældt
Af Længsel efter denne glade Time.

Christine.

Reis dig, min Datter! straffes skulde han,
Der ikke stoled paa min Godhed meer,
End at i Jordens Indvold han Dig skjulte.

Sentinelli.

Har jeg forløbet mig i denne Sag,
Døm efter Sagens Udfald ei, men døm
Kun efter, hvordan Sagen dengang syntes.

Christine.

Staldmester, uden Grund I frygted for,
At Borgerbarnet mig et Anstød var;
Ved Lützen hendes Fader reed ved Siden
Af min; Diplomet har han i den Agt,
Min Fader for ham bar, og Adelsbarn
Er derfor Ebba. — Skjøndt jeg siger Lidet,
Veed Du dog vist, jeg mener Dig det godt,
Jeg ønsker Dig tillykke med din Brud.
Var dette skeet blot i vor unge Tid,
Da kunde meer jeg virket til dit Held;
Statholderskab og Greveslotte kan

Jeg ikke give Dig, — mit Haandtryk tag,
Jeg kan ei skjænke Meer, end hvad jeg har.

(til Sentinelli).

Løslad af Fængsel Oscar, dobbelt Sold
I denne Maaned giv Drabanterne,
De kjende skal Christines Glædesdag;
Lad Viin i Overflod der bringes ind
Til Vagten, — jeg har stedse nødigt villet
Alene være glad; jeg deler gjerne
Med Andre mine muntre Perioder.

(heftig).

Og hør, — stir ikke med det stive Blik
Hen paa din Landsmand — ræk hinanden Haanden!
Hvad nu? Du nøler?

Sentinelli.

Jeg staaer længst beredt.

Monaldeschi (alvorlig).

Min Dronning veed ei, hvad hun beder om,
Hun kjender ikke dette Menneske,
Hun vil, at jeg omfavne skal — min Død.

Christine.

Afslaaer Du mig en simpel lille Bøn,
Der særligt sigter til din egen Tarv? —
Kun Bønner faa har jeg dog nægtet Dig.

Monaldeschi (omfavner Sentinelli heftigt).

Saa tag Du dette Broderfavnetag,
Jeg døber Dig paany, aflæg det Gamle,

Carl Baggers Skrifter II.   7

Vær som et gjenfødt, omskabt Menneske!
Fra nu af skal Du for min Tanke staae
Saa reen, saa pletfri, som Christine selv,
Nyforme Dig skal min Indbildningskraft.
Jeg vil Dig agte, jeg vil elske Dig;
I bundløs Glemsel raadne det Forgangne,
Og Du kan stole paa min Vennehaand.
Ja, listed Du Dig ind ved Nattetid
Med Dolken til et Mordforsøg paa mig, —
Lad Lynildsstraalen brænde denne Lok
Og svide Hjernen piinligen til Vanvid,
Hvis nogensinde jeg en Draabe Blod
Skal Dig berøve, selv i Selvforsvar, —
Dit Liv er kostbart for en Engels Skyld.
Christine, har Du ei en Bøn endnu?
O siig, o svar, hvad skal jeg gjøre for
At lønne meer end menneskelig Godhed?

Christine.

Berolige dit Sind. —

(til en Drabant).
Gaa, hent Lebel,
Siig, at jeg skrifte vil i denne Time.

(Alle gaae).

———

(Sentinellis Værelse).

Sentinelli (træder ind).

Hvor det gik usselt — ret i Daarligdom!
Han vandt, der aldrig burde vundet, jeg

Har tabt og trues med at tabe Mere.
Hvo kunde troet, at hun — — hvo siger god
For, at ei Scipio i et overspændt
Og ubevogtet Øieblik forraader
Min fordums Virksomhed til Dronningen?
Fortæller reentud, hvordan jeg og han
Har narret hende? ham tilgives nok,
Han dreier Brøden snedigt hen paa mig,
Jeg sænkes i en klam og fugtig Kjelder. —
Hvor tøver Magnus med de gamle Breve? —
Hør Tummelen i Vagten, — klink — de drikke —
Gid det var Vand fra de pontinske Sumpe!
Nu synge de, hør, Oscar rømmer sig.
(han bøier Hovedet mod Væggen; man hører Soldaternes Sang
i Vagtstuen ved Siden).

Oscars Stemme.

Kong Gustav Adolph paa Rigsdagen stod
Og klemte sit Sværd i Kloen:
„I Tydskland rinder Uskyldiges Blod,
Der knuges og pines Troen.
De Vantroe leve, de Trofaste døe, —
Hvad om vi gik over salten Søe?
Den smukke Christus i Himlen græder,
Og Erkeenglene sorgfulde staae;
Vil I ride med mig paa Planker og Bræbber
Til Kamp for ham i det Blaae?“ —

Chor af Soldaterne.

De svenske Hopper gjør langstrakt Spring,
Og Veien til Lützen er Ingenting.

7*

Oscars Stemme.

Da Kongen faldt for den christne Tro,
Blev Wallenstein veltilmode:
„Af samme Mødding ei Haner to
Kan leve paa denne Klode." —
Hvo dræbte vor Drot? det veed ikke vi,
Men Gud havde vist ikke Part deri.
Rask døde Kongen, ja næsten gjerne,
Thi Sverrig ei kosted ham Hovedbrud:
Han vidste, der leved en Oxenstjerne
Og desuden Gamle Gud.

Chor.

Du Svenskens Gud, send Konger, som ham,
Af dem har ei Du eller Landet Skam.

Sentinelli.

Nu tier Sangen, — Døren knirker for
En Gjæst endnu, — hvad siger han? de raabe
Paa Magnus, — „Magnus har ei Tid." — Saa er
Han kommen, Dvæleren med døsig Platfod.

Magnus (træder ind).

Jeg kommer seent men bringer meget Bytte.

Sentinelli.

Fik Du?

Magnus.

Papirer og en gammel Kjærling.

Sentinelli.

Hvad? Tosse, tog Du Bondekonen med?

Magnus.

Nei, Bondekonen, tænker jeg, er død;
Da sidst jeg hende saae, stod hendes Haar,
Som Pilegjærde, stridt paa Hovedet.
„Kast Arsenik i Kaffekoppens Grums:
En Kjærling er ei meer værd, end en Rotte."

Sentinelli.

Saa røber hun os ei.

Magnus.

Dengang jeg kom
Til Huset, fandt jeg tvende Qvindfolk der.
Jeg meldte mig som Oscar, hilste fra
„Italieneren, den Landsforviste;"
Da vilde reise sig den ene Gamle,
Hun vilde kastet sig i mine Arme
Men faldt omkuld: da saae jeg, hun var blind.
Hun raabte paa sin Søn, ham, der var borte,
Den Søn, der nyligt havde skrevet Breve;
Sin Moders Øiesteen var denne Søn,
Og ventet ham hun havde flere Døgn,
Og denne Søn var Scipio Barocchi:
Uventet for mig sad — Staldmestrens Moder! —
Jeg huffed grandt, I havde sagt, at hun
I eders Tid alt ikke kunde see
I Frastand godt, — nu er hun ganske blind.

Sentinelli.

Prisca Barocchi her paa Frankrigs Grund!
Hun er vel meget aflægs nu?

Magnus.

Særdeles.

Sentinelli (forbittret).

Og dette Pulterkammerstykke tog
Du med?

Magnus.

Hvad skulde jeg vel gribe til?
Den Søn, den Søn, ham vilde flux hun see;
Saa satte jeg den Gamle bag paa Krybset,
Reed ad den Vei, hvor ingen Færdsel var,
Og naaede lykkeligt Fontainebleau.

Sentinelli.

Men Brevene?

Magnus.

Her er den hele Bunke.
See! det oprindeligen sorte Blæk
Har tabt sig i et rødligt Farveskjær.
Gud veed, om Brevene kan gavne Jer,
De er vist fra en længstforsvunden Tid.

Sentinelli.

Giv hid! Blot ikke Prisca mærked Uraad!

Magnus.

Da jeg var reden lidt paa Marken ud,
Lod jeg, som om jeg havde glemt en Hilsen,
Jeg Bondekonen skulde tilmeldt fra
Staldmesteren: jeg bandt ved Gjærdet Hesten
Og gik tilbage did, hvor Hytten laae.
Igjennem Ruden keeg jeg, saae hvordan
Beboersken i Krampetrækning laae.
Jeg kasted blot en Gnist i Rørene
Paa Taget, — skyndte mig til Hesten atter.
Henover Grøfter satte Traveren;
Bagved min Ryg sad hun, og bagved hende
Løb Brandraab, Hundeglam og Klokkeklemten.
Den samme Purpurhimmel, som i Tydskland
I Tredv'aarskrigen hvælved sig, hvorhelst
Den vilde Tilly drog, saaes nu i Frankrig.

Sentinelli.

Hvad gjør vi nu med dette gamle Væsen?
Hvad skulde dog slig Fremfærd ogsaa til?
Du kunde Pakken faaet uden Mord. —
Var ingen Mose der paa hele Veien,
Hvor Du den visne Kjærling kunde kastet?

Magnus.

Jeg havde Moser nok men ingen Ordre.

Sentinelli.

Saasnart Du handler til min Forbeel, Ven,
Vær vis paa, at Du har mit tause Bifald.

Magnus.

Men min Samvittighed —

Sentinelli.

Du Menneske!
Hvad er det for en Ting, Du taler om?
Jeg har den aldrig seet, — siig, er den rød,
Hvad heller blaa?

Magnus.

Sort, Herre, eller hvid.

Sentinelli.

Pah! — Har Du ellers hørt, hvad der er skeet
Paa Slottet, mens Du sad paa Hesteryggen?

Magnus.

Jeg hørte det af Gunnar, da jeg kom
Fra Værelset, hvor Prisca jeg indsluttet.
Forresten maa jeg dog fortælle Jer,
At, som jeg hvilte mig samt denne Qvinde
Midtveis imellem Landsbyen og Slottet
Bag nogle Brombærbuske, tæt ved Veien,
I strakt Trav foer Claes Christerson forbi
Henad til Landsbyen, den grimt forbrændte;
Han skulde hente Modren vist og Pakken.

Sentinelli.

Ha, Magnus, inde der for nyligt sang
De vilde Mennesker en herlig Vise:

„Af samme Mødding ei Haner to
Kan leve paa denne Klode!"
Her er min Pung; nu fat paa Brevene.

(han gjennemlæser Brevene hurtigt og lægger nogle af dem til=
side; imedens hører man Soldaterne synge).

Oscars Stemme.

Kong Gustavs Krop vi skued med Suk
Blev skriinlagt, som et Cadaver,
Men Sjælen blev til en Rose smuk,
Der skyder i Himmelens Haver.
Hvo arver Kongens berømte Land,
Og hvo skal føre vor Hær, som han?
Et Skjørt blier omsyet til Sverrigs Fane,
Og uden Buxer og Støvler paa
Vil en lille Pige, mod Verdens Vane,
Spille Mand mellem Gutterne blaae.

Chor.

Men Dronningens Hær sover døsig ind,
Og Fanen har et fredsommeligt Sind.

Magnus.

Den Sang i Stokholm digtet er og stammer
Fra ældre Tid. Der er et Vers endnu —

Sentinelli.

Her er et Brev, dateret — — Stokholms Slot:
„Min kjære Broder — længes efter Dig —
„En munter Aften, som den sidste, — da

„Den stærke, spanste Viin — fem Flasker tomme —

„Paa Bordet Voxlys — husker Du, dengang

„Jeg klædte mig som Dronning ud og da

„Til megen Moro for os efterabed

„Den kjælne Hyrdepiges søde Lader" —

Det Brev er meget brugeligt; lad see,

Nei det er noget yngre: — „vogt Dig for

„Den lumske Sentin — falsk og underfundig —"

Tak Monaldeschi! — Her: „i min Person

„Hun er forgabet til Naragtighed;

„Snart vover jeg det Sidste! ved Madonna,

„Det koste vil et Knæfald og en Bøn,

„En Smægten og et affecteret Suk,

„Den første Gang Fuldmaanen staaer paa Himlen." —

Fortræffeligt! men ypperligst er dette.

(han kysser et af de Breve, hvoraf han Intet har oplæst høit).

Er det for Meget vovet for for Lidet?

Jeg troer det ei; thi Magt er dog det Bedste. —

Naar han er borte, glemt, hvad heller død,

Da er der Ingen, som fordunkler mig,

Da er den Første jeg, som jeg fortjener. —

Men hurtigt maa det skee, forinden Polen

Af Haanden glider os, og det maa skee

Betimeligt, — sæt, at Uroligheder

I Sverrig udbrød! — O mit Corsica,

Du er en unavnkundig liden Øe:

Een Mand skal muligt skaffe Dig et Navn,

Saa aldrig Du paa Jord skal glemmes meer!

(han kaster sig paa Knæ og udbryder næsten grædende).

Svar mig, ukjendte Magt, hvis Du er til!

Giv mig et Vink: skal Værket lykkes mig,
Og skal jeg opnaae, hvad jeg higed efter,
Hvad jeg har stridt for, lidt for og forgudet, —
Skal Sentinelli vorde lykkelig?
Giv mig et Tegn: skal jeg tilbage gaae,
Opgive mine stærke Planer alle
Og nøies med at sove Søvn, døe Døden,
Og dristigt tænke kun, men handle feigt?
Natur, send mig en venlig Aabenbaring!

Oscars Stemme (fra Vagtstuen).

Der findes til Smaapigen Beilere nok,
Til Hvem vel rækker hun Haanden?
Til den Tappreste udaf den hele Flok,
Til den, der er snildest i Aanden.
Hun selv har en Throne, vil ei have fleer,
Hun selv har Magt og behøver ei meer.
Træd frem, er Du end kun af ringere Adel,
Som Konge Dig hylder den svenske Hær:
Er Hjertet paa Pletten, dit Mod uden Dadel,
Saa er Du en Krone vel værd.

Chor.

Den Dristige frygter ikke for Fald,
Og Ørnen bygger paa høien Hald.

Sentinelli (reiser sig op).

Jeg tager Varselet, — fra nu af hverken
Til Høire seer jeg eller Venstre meer:
Klods paa, den lige Vei, blier nu mit Løsen.
Magnus, hvor har Du skjult den gamle Prisca?

Magnus.

I Kamret, hvor Christines Bøsser hænge.

Sentinelli.

Før hende hid til mig paastand, luk Døren,
Siig, at Du hende lede vil til Sønnen.

Magnus.

Jeg kan ei tænke mig —

Sentinelli.

Du skal ei tænke,
Du skal kun gaae; jeg sørge vil for Resten.

(Magnus gaaer).

En god Idee det var, at jeg begav
Mig flux i Løngangen, da Dronningen
Os Alle fjerned ud af Værelset.
Hvert Ord fornam jeg mellem ham og hende,
Hvert Ord skal ogsaa vældigt gavne mig.
Harmonisk løb hans kjælne Tonefald:
„Den Fugl er død, som sang i Slottets Have,
Naar vi To gik, hvor Sølverpoplen rasled,
Og det Gemak staaer tomt, med synkende
Paneel, hvor Sverrigs Dronning mødte mig
Paa lette Fodspids, naar de Andre sov.“ — —
Snart kommer hun, hvem jeg bedrøve vil. —
O hør, hvor Regnen skyller! — Gamle Qvinde!
Du reiste mange Miil blot for at kunne
Den længst som død begrædte Søn omfavne;
Du troer at finde ham i jordisk Glands,

En Dronnings Yndling, klædt i Hermelin,
Og knap dog kommer saa betids Du hid,
At Du ham finder end ilive! Prisca,
Din Drøm var Fløil, din Sandhed gaaer i Vadmel!
(Magnus træder ind, ledende ved Haanden den blinde Prisca
Barocchi).

Magnus.

Hid, bød din Søn, jeg skulde bringe Dig.

Prisca.

Jomfru Maria lønne ham og Dig.

Sentinelli (gaaer hende hurtigt imøde).

Din Søn staaer for dit Aasyn, Moder min! —
Han ligger for din Fod, han seer igjen
Den, hvem han savnet har saa bitterlig,
Han kysser dine kolde Hænder varme, —
Siig, har Du ikke glemt ham i den lange,
Bedrøvelige Tid, han ei Dig saae?
Jeg hviler under Hulken nær dit Hjerte,
O, hør min skjælvende, beklemte Røst; —
De Gisp, der gjennembæve Nervenettet,
Den Glæde ved at see Dig, der kan tolkes
Ved Ord ei, men ved store, tunge Taarer,
Min Fryd, o stakkels Moder, seer Du ei!

Prisca.

Min Søn, o kunde blot mit Øie see!

Sentinelli.

Siig, synger Fuglen i mit Fødeland
Saa smukt, som før? Har Alperne bestandig
De samme Urter, samme svimle Høide?
Og tumler sig Polichinell og Pierrot
I Folkelivet og i Carnevalet?
Verona? staaer dit lille Huus endnu?
Og, fremfor Alt, her i dit venstre Bryst
Er der endnu, — skjøndt mordbeplettet jeg,
Med Summer satte paa mit vilde Hoved,
Til Sorg for Dig i dine gamle Dage,
Fra Hjemmet maatte flye, saa langt min Fod
Mig bære kunde, — er der dog endnu
En Plads for Scipio i hans Moders Bryst?

Prisca.

Saa har jeg levet længe nok i Verden,
Og mæt af Dage vil jeg gjerne gaae
Til mine Fædre, naar mig Herren kalder,
Nu jeg har ligget atter ved dit Bryst.
Dog, Scipio, dog — hvormange Taarer kunde
Du ikke have spart mig? to, to Breve,
To korte Breve kun i syv, syv lange,
Syv golde, magre Aar i mit Ægypten!
Siig, var Du Søn, som jeg har været Moder?
O Scipio, hvergang ligeoverfor
Mit Huus jeg saae vor Gjenboe, Kjøbmanden,
Faae Breve sendt fra fjerne Handelsstæder, —
Da brast mig Graad af Øiet, og jeg vælted
Paa Jorden trøstesløs de gamle Lemmer

Og raabte paa Forløseren, paa Døben!
To Sønner, fredløs hver paa flygtig Fodsaal,
Alene jeg midt i den store By, —
Da kom der Tanker, at jeg virklig var
Forladt af ham, den gode Gud deroppe;
Tilgiv mig, Herre, det for Christi Skyld.

Sentinelli.

Min Moder, Du bevæger smerteligt
Et arret, notsom gjennempløiet Bryst.

Prisca.

Jeg vidste, Livet var et herligt Gode,
Dog tyktes mig, det var et Onde nu;
Jeg vidste, hvert Døgn har sin Middagssol,
Dog tyktes mig, det stedse Mørke var;
Jeg vidste, Planterne kan ikke græde,
Kan ikke græmme sig, som Mennesker,
Dog bares det mig for, som i den liden,
Indskrænkte Haveplads hver Skabning græb,
Græd over Dig og hældte med sit Hoved. —
Sorg lukked disse stakkels Øine til, —
Da kom dit første Brev i Tidens Fylde.
Min Scipio, Du har vist seet Manges Glæde
Men nogen større neppe dog, end min:
Glemt var den gjennemslidte, trange Tid,
En Rigdomskilde sprudled for mit Sind.
Abbaten Arcos læste for mig Brevet,
Jeg gjentog Linierne den ganske Nat.

Sentinelli.

Veltalende Natur, jeg elsker Dig!

Prisca.

Dit andet Brev kom, skrevet i Paris;
Da solgte jeg mit Huus, mit lille Vænge,
Jeg leied mig et Muulbyr og dets Fører
Og naaede lykkeligt til Pithiviers. —
Vi haabe Alle, der er Meget, som
Ei døer, naar vi døe, der er Meget, som
Selv under kolde Gravsteen leve kan
Og trives grønt og følge Sjælen paa
Dens andagtsfulde Reise: Jordens Minder
Vi nødigt savne vil i Paradiset.
Gid denne Times Glæder følge mig
Til Himlen, lad mig hisset mindes dem.
O, hvad var Himmelsaligheden, hvis
Jeg ikke kunde huske Gjensynstimen?

Sentinelli.

Og er Du møbig ei?

Prisca.

Det er det Samme!
Kom nærmere, lad mig dit Ansigt føle, —
Du har forandret meget, meget Dig,
Særdeles dog din Stemme —

Sentinelli.

Kjære Moder,
Da jeg forlod Italien og Dig,

Min Stemme havde just sin Overgang;
Den Soven ofte paa den vilde Mark,
Hvor Duggen væbed mig saavelsom Kornet,
Har gjort min Røst saa raa.   Den slemme Tid,
Der sine Fingre have skal i Alt,
Har under Paaskud af, „at man bør modnes",
Og under Form af, „at der voxes ud",
Indfuret med sin grove Plov de Striber,
Hvor Viisdom, efter Sigende, kan trives,
Men Skjønhedsblomsten evigt visner hen.
Og troer ei Prisca, haardt det torde holde,
Hvis jeg nu atter til min Hjemstavn drog,
Om jeg gjenkjende kunde smalle Busk,
Der nu har spredt sig til et tyknet Krat?

Prisca.

Du var den Kjæreste mig, — svar mig, Scipio,
Hvi savner jeg din Broder Innocents?

Sentinelli.

Der er et Taareland, som hedder Polen, —
Du har kun een Søn nu; Gud har den anden.

Prisca.

Giv mig en Stol, — høilovet være Han,
Der gav saa rigeligt Velsignelser,
At Han det Halve troer kan være nok.
Sov sødt, min Innocents! Den første Gang
Jeg atter skue skal det kjære Lys,
Da seer jeg Dig hos Gud og alle Gode.

Sentinelli.

Kort, elskte Moder, er vort første Møde;
Mit Embed kræver, at jeg nu — imod
Mit Ønske — vandre maa til Dronningen.

Prisca.

Imod dit Ønske? er hun Dig ei kjær?

Sentinelli.

Kjær, Moder? kjære Moder, langtfra kjær!
O, ikke veed Du, hvor utaaleligt
Det ofte falder mig saaledes evigt
Omkring den stakkels Skabning her at nøsle.
Bestandigt, Moder, væmmedes jeg ved
Hengivenhed at hykle, hvor i Grunden
Jeg hverken følte den, ei heller havde
Den mindste Grund til Kjærlighed at nære.

Prisca.

Dog, Scipio, i dit Brev Du talde til
Berømmelse saa Meget om din Dronning.

Sentinelli.

Dertil jeg nødtes: noget Kjærligt maatte
Der staae, beregnet paa det Tilfæld', at
Christine snapped Brevet op. Min Fætter
— Du mindes Marco Tarantella, ham,
Der flygted med os, Corsicaneren! —
Han tjener og hos Dronningen, er Yndling,
Har og et Ord at sige, som en gammel

Betjent i Huset; han er mig ei god.
Jeg skrev Dig til, jeg kaldtes ikke her
Barocchi: Monaldeschi kaldes jeg,
Og Fætter Marco hedder Sentinelli,
Og for min Fætters Skyld var netop Brevet
Paa Skruer sat, om han det skulde fanget.

Prisca.

Er Marco her? mig hued Drengen ei,
Dog kan han jo forandret være nu;
Klogt var hans Hoved: er hans Hjerte reent?

Sentinelli.

O, hvad er reent vel i en plettet Verden,
Og, Prisca, hvad vel hvidt paa sorten Jord?
Hvor finder Uskyld Du? hos Barnet, Prisca?
Nei, der selv ligge onde Muligheder,
Der findes onde Spirer. Barnet har
Ei, hvad Du spørger efter, selv ei Barnet,
Der ligger nærmest dog Naturens Bryst, —
Hvorfra mon skulde Manden det da faae,
Han, som har kastet bort Instincterne
Og tumlet sig i Borgersamfunds Virvar,
Han, Boldt for onde Lidenskaber alle? —
Reen er ei Marco! reen ei heller Scipio,
Vi elske Begge Livet end for høit;
Kun Du, min Moder, som er hævet over
Hvert jordisk Ønske, hver forfænglig Higen,
— Som altid leder vore Skridt mod Synden! —
Kun Du er reen, og dog — fordøm ei ham;

8*

At vi er Fjender, muligt. min Skyld er.
Han har desuden sig forandret saa,
At knap Du vilde kjende ham igjen,
Hvis Du fik Noget med ham at bestille.

Prisca.

Tilgiv mig, Marco, dømte jeg for strengt.

Sentinelli.

Og nu, min Moder, lyt opmærksomt efter:
Forfærdes ei, naar jeg Dig sige vil,
Idag har Døden sigtet efter mig;
Jeg var en Alen fra en tidlig Grav,
Og Følgen blier: imorgen maa jeg flye.

Prisca.

Men jeg maa følge med dog, — ikke sandt?
O svar.

Sentinelli.

Tilblivelsen jeg skylder Amor!
Jeg skylder ham hver Sorg, hver Fryd i Livet,
Hver ædel Daad, hver skumlere Bedrift;
Han gjorde mig til Flygtning fra mit Hjem
Men huset venligt mig i fremmed Land,
Og jeg har syndet hist i Norden, Moder,
Som før i Syden, o, men jeg har vist
Tilangret mig Tilgivelse fra Himlen. —
Jeg blev forlokket, var jo kun et Barn,
Man tigged om min Kjærlighed, — jeg gav.

I dette Forhold vil Christine blive,
Hun vil forlænge det indtil sin Død.
Jeg, midt udi min Manddoms Flammetanker,
Jeg skulde lænkes til en vranten Qvinde!
Jeg rev mig løs, og derfor hades jeg,
Og derfor var idag jeg Døben nær.

Prisca.

Min Søn, forklar Dig mere tydeligt.

Sentinelli.

Viid, Moder, at Du kaldtes hid af mig
For at beriges i din Aftenstund.
Jeg skjænker Dig en Datter, vil Du vorde
God Moder for din Søns udkaarne Viv.

Prisca.

O, er Du gift? bring mig mit nye Barn.

Sentinelli.

Gift, Moder, gift, see det er hele Sagen.
Om Timer saa jeg viser Dig min Hustru:
Hun hedder Ebba, Datter af Christines
Berømte Vaabensmed. Elsk hende, Prisca,
Thi hun fortjener det.

Prisca.
     Og kan Du tvivle?

Sentinelli.

Men i en Ubetydlighed maa Du
Mig føie, første Gang Du Ebba møder.

Jeg havde nær det glemt.   Der findes Ingen
Saa skikket til at mægle mellem Søn
Og Sønnens Hustru vist, end Sønnens Moder:
Dig vil hun troe, dit Udsagn vil hun ære.

Prisca.

O tal blot, siig, hvad jeg udrette skal.

Sentinelli.

Der skjænktes mig en dydig, deilig Viv,
Med alle Fortrin, som en Viv kan eie;
Kun eet Punkt foruroliger mit Sind:
Min Hustru skinsyg er, — da blusser op
Den fine Kind med Æbleblomstens Farve,
Hun græmmer sig, hun knytter hviden Haand,
Hun stamper med den lille, pæne Fod.
Forfærdet, uden Lægedom, jeg seer,
At Ormen lokker heftisk Rødme paa
Min unge Frugt; da sørger ogsaa jeg,
Hvergang jeg seer de klare Blik i Taarer,
De lysblaae Blomster glimrende af Duggen.
O, bring den gamle Fred imellem os.

Prisca.

Hvordan vil Du, jeg skal mig tee?

Sentinelli.

                              Hun veed,
At før jeg stod mig godt hos Dronningen,
— Læg i det Udtryk, Moder, hvad Du vil, —

Hun frygter, dette Forhold end er til.
Betag den Arme disse Tvivl: siig, Scipio
Foragter denne lærde Personnage;
En vis Taknemlighed kun binder ham
Til den, der, saa at sige, har ham holdt
Med Kjød og Viin i en langsomlig Tid,
Til den, der har ham givet syete Klæder,
Et Huus mod Kulden, mangen god Ducat
Og mangen, sagtens velmeent, men bestandig
Kjedsommelig og tværet Forelæsning.

Prisca.

Saaledes havde jeg dit Forhold ei
Mig forestillet.

Sentinelli.

Breve kan forraade,
Et Ord slaaer aldrig nogen Mand ihjel:
Brænd mine Breve, tro min Stemme blot.
Forsikkre Du min Hustru om, at jeg
Har aldrig, aldrig elsket Dronningen.
Tidt har jeg smigret, sagt tidt, at jeg elsked,
Berømmet Skjønhed, hvor der ingen fandtes,
Brugt hende som et Redskab for mit Lune,
Et Værktøi, jeg nu slænger bort med Haan.
Gjør Ebba det begribeligt, og giv din Søn
Den elskte Hustrus Kjærlighed igjen.

Prisca.

Det skal jeg, stol derpaa.

Sentinelli.

Imorgen bærer
Kostbare Byrder jeg paa Muuldyr bort:
Jeg bringer Dig og Ebba til Verona.
Den Levetid, Du end tilbage har,
Skal rinde glædeligt for Dig og mig;
Du har alt lidt og grædt formeget, Moder,
Kan Du din Søn tilgive ganske blot?

Prisca.

Følg mig til Ebba.

Sentinelli.

Ikke nu, min Moder;
Hun er hos Dronningen. Ei maa Christine
At vide faae, at Du er her paa Slottet;
Lad mig kun raade. Oscar fører Dig
Tilbage til dit Værelse. Giv Tid
Blot nogle Timer, da jeg henter Dig.

Prisca.

Jeg bede vil til Gud for Dig og mig.

Sentinelli.

For Ebba med, glem heller ikke Marco.
Gaa til dit Kammer, snart skal Du mig see.
(Magnus leder Prisca bort; Sentinelli gaaer til den
modsatte Side).

Fjerde Akt.

(Christine sidder ved et Skriverbord og slutter netop et Brev;
hun reiser sig og gjennemlæser det).

Christine.

„Vi leved, og vi skilles ad som Venner:
Nu, Tiden er forhaanden, at jeg ikke
Skal see Dig meer, tro dog, at tidt jeg vil
Erindre mig dit Billed, tænke meer
Paa den, jeg ikke seer, end dem, jeg seer. —
Til Ebba maa Du ikke give mit
Portrait, men Du skal bære selv det paa
Dit Bryst: er ei Christines Billed smukt,
Gjem det alligevel, thi hun har viist
Paa mange Maader, at hun ynded Dig. —
Af de Besiddelser, jeg forbeholdt
Mig selv, da jeg gav Carl mit svenske Land,
Er Usedom det bedste Strøg: reis did,
Jeg skjænker for din Livstid Dig min Øe,
Jeg giver Hertugtitlen Dig; Carl Gustav
Vil visselig bekræfte Dig min Gave. —
Kjær var i Stokholms Slot mig Grønnegangen,

I vestre Fiirkanten, der boede Du;
Saa kjær vil Usedom fra nu mig vorde. —
Jeg vil ei Afsked tage med Dig nu;
Engang, naar Rygtet gaaer, at jeg er syg,
Til Døden syg, kom til mit Leie da,
Tryk da min Haand og ordne mine Lokker;
Beed for min' Sjæl, naar ikke jeg meer kan,
Forsvar min Færd, naar ikke jeg meer mægter,
Sørg for mit Navn, naar ikke jeg kan sørge,
Elsk mine Troe, naar ikke jeg kan elske. —
Der var en Tid, da jeg i stille Sind
Mangt Forsæt fatted til dit Gavn, dit Held, —
Den Tid er ei forbi; der var en anden,
Da jeg mig tænkte, nær Forening burde
Bestandigt os To holde fast tilsammen, —
Men den Tid er forbi. Lev altid vel,
En Himmelfred jeg ønsker over Dig,
Men Jordens, Muldets Fred, den vorde min." —

Nei, nei, de sidste Linier indeholde
Fast en Bebreidelse, — de slettes ud.

(Sentinelli træder ind).

Christine.

Hvad! har jeg ikke sagt, jeg vilde nu
Alene være? Gaa, forstyr mig ikke.

Sentinelli.

Forstyrrelsen gaaer ikke ud fra mig;
Jeg er en Digter liig, der sanddru kun

Beretter Andres lastefulde Daad.
Min Røst har Samqvem ei med deres Haand;
Bedrøvet jeg besynger deres Idræt.

Christine.

Hvad vil Du da?

Sentinelli.

Forinden atter jeg
Fra denne Sal mig vender og fra Dig,
Bevise: Monaldeschi har Dig sveget.

Christine (vranten).

Du tager feil, forstyr mig ei, men gaa.

Sentinelli.

Jeg har mit Vidnesbyrd i Bogstavskrift,
Jeg har det af en menneskelig Røst,
Siig, hvad behøves meer? skal Stenen tale,
Skal muligt Dyrene til Vidne kræves?
Vel vil jeg hevne mig paa denne Mand,
Dog, ved Guds Herlighed, ei Hevn alene
Mig driver til min Daad. — Dit Rygte har
Han sat i tvivlsomt Lys, og snart vil Verden
At vide faae, hvad Du ei ønsker vist,
At Muur og Væg engang fornemme skulde.

Christine.

Laan atter mig en af Pistolerne!
Du kjender mig, Du veed, jeg spøger ei.

Tal, har Du Lyst og Mod, hvad heller tie,
Jeg tvinger ikke Ordet af din Mund.
Vælg selv, — endnu Du tie kan, — men bringer
Du Ordet over Læben, og jeg finder
Det falskt at være, — mærk og husk mit Ord! —
Jeg trykker af og skyder Kuglen Dig
I dit Forræderbryst igjennem Lungen.
Endnu kan Du, slukøret, gaae herfra,
Behøver ei at mæle, ei at spille
Med Tærninger saa vildt om Liv og Død.
Gaa, jeg foragter Dig, men straffer ei.

Sentinelli.

Med Døden kan Du aldrig skræmme mig:
Fra Barnsbeen har jeg seet og følt, at den
Ufødte kun er fjern fra Døden; i
Det Nu, man fødes, brat begynder man
At døe. Jeg kan udholde Døden, jeg,
Kan Du blot, Herskerinde, taale Sandhed.

Christine.

Du bliver ved dit Forsæt?

Sentinelli.

      Her er Vaabnet. —
Dog hændes kunde det jo, at Du ei
Paa nogen Maade vilde troe, hvad jeg
Beviser Dig; Du kunde falde paa
At kalde Sort for Hvidt og Blaat for Guult;
Bevaagenheden for din Yndling kunde

Besnære din Forstand, — i saa Fald, Dronning,
— Du er ei vant at skyde, — pines vilde
Jeg nødig; døe, det er en hurtig Sag.
Kald heller en Drabant, giv Værget ham,
— Blod seer saa stygt ud paa en Dronnings Haand! —
Drabanten træffer, ryster ei paa Haanden,
Han har godt Øie dog til Italieneren.
Mit Liv jeg vove vil, men, Dronning, ei
Mit Legem og mit Velbefindende:
Jeg vover Alt, men ingen enkelt Deel.

Christine.

I vilden Slag min Fader fældte Mange;
Saameget af hans Væsen har jeg arvet,
At idetmindste Een jeg fælde kan.
Saa tal; dog, er det Hele kun en Hevn,
Erindre Dig, at tidt det Hug, man havde
Sin Fjende tiltænkt, rammer eget Bryst;
Husk, da Kong Valdemar, kaldt Atterdag,
Forgive vilde svenske Dronningen,
Fru Blanka, ved Margrethes Bryllupsfest,
Drak Blanka vel det skumle Bægers Indhold,
Men Kongens egen Søn, Thronfølgeren
Christopher, smagte Drikken med og sank!
Vanvittig, sort i Ansigtet, ved Festen
Fra Bolstret ned, og Krampen vælted Sønnen
I Gisp for den forbauste Faders Fod! —

Sentinelli.

Og sønløs maatte hevnsyg Konge leve. — —
Langt over Tvivl det staaer naturligviis,

At Du har elsket Monaldeschi høit.
Hvert Ord, han svarte paa din fromme Tillid,
Var falskt: han meente Dig det aldrig godt.
Du kjender vel hans Haand, læs disse Breve
Og styr Pistolen saa, hvorhen Du maa.

Christine

(læser, deels sagte, dels høit i de forskjellige Breve).

De velbekjendte Træk fra Bladet glimte! — —
Ha, hvad er det? til Brod'ren skriver han:
„Inat jeg saae til hendes Vindue op,
Jeg loe i Hjertet ad den Taabelige;
Det kom mig for, hun græd i Maaneskinnet.
Snart, Innocents, gaaer ikke Scipio meer
Ved det udvendige Partie af Slottet,
Snart stiger jeg i hendes Kammer ind,
Jeg veed" — hvad veed Du?

(hun læser sagte og rødmer stærkt)

Ved Guds Almagt, ja,
Endnu i denne Dag skal han aflives.

(hun læser videre)

„Paa Bordet Voxlys — klædte mig som Dronning
Magnus de la Gardie har Afsked faaet,
Dertil fik snildt jeg hende lokket dog — —
Hofdamer er her, elskovslystne, smukke,
(Italisk Skjønhed findes tidt i Sverrig)
Men jeg tør ikke see dem under Øine!
Jeg bindes til den Rigeste, jeg træller
For Livets Ophold, og min Læbe smigrer,
Hvor Hjertet krymper sig heelt utilfreds, —

Ha, sidder jeg paa Thronen først: Christine,
Hvad tykkes Dig vel om Vadstena Kloster? —
Som Slegfredviv — — —" Din Dødsdom har Du
skrevet! —
Aar ud, Aar ind har dette Menneske
Ved Siden gaaet, logrende saa venligt! —
Hvorfra fik disse Breve Du?

Sentinelli.

Du bød
Eengang for alle mig at passe paa;
Oprigtigt talt, jeg gik paa Luur, fornam,
At ængstlig han fra Polen hver Dag vented
En vigtig Pakke Breve, skrevne til
Hans Broder: Pakken faldt i mine Hænder,
Dog var ei den tilstrækkeligt Beviis.
Igjen jeg gik paa Jagt da efter Ræven
Og traf den talende med Moderdyret;
Der hørte jeg, hvad ikke nævnes kan.

Christine.

Hvad Moderdyr?

Sentinelli.

Du veed jo vel hans Navn?
Barocchi hedder han, jeg Tarantella.

Christine.

Det har han sagt i første Møde mig.

Sentinelli.

Hans Moder, Prisca, findes her paa Slottet,
Hun kom i Nat først til Fontainebleau;
Hvorfor saa skjult, veed Monaldeschi kun.
Han talde hemmeligt idag med hende,
Og der bestemtes, at de flygte skulde,
Thi Pakken, vidste han, var snappet op.
Jeg selv, min Dronning, vil ei have meer
Med denne Undersøgen at bestille;
Jeg vil ei gjerne vide Meer deraf,
Og derfor har jeg udtænkt, at Du selv
Med Prisca tale skal, — fat Dig, min Dronning!
Lad mig forsikkre mig blot hans Person,
Da leder jeg til Dig den blinde Kone.

Christine (uden at lægge Mærke til hans Ord).

Ja vel, ja ganske rigtigt, jeg forstaaer!

Sentinelli.

Endnu har Prisca ei med Ebba talt,
Thi Sønnen vilde lægge nogle Ord
I Modrens Mund — et Ærinde til Ebba —,
Jeg hørte det, hør selv Du det af Prisca.
Hvad jeg af Sagen har erfaret, Dronning,
Jeg sværger Dig, skal aldrig aabenbares;
Hvormeget der er sandt, kan Du kun vide.

Christine.

Skaf Modren for mit Aasyn hid paastand;
Hent mig Lebel; Forræderen Du binde;

Vælg fire Mænd af Vagten, før dem taus
I Hjortegalleriet ind: min Villie
Skal nærmere Du snart erfare, — gaa.

Sentinelli (noget bestyrtet).

Du vil dog ei —

Christine.

Endnu i denne Dag
Gaaer han sin velforskyldte Dom imøde.
O, hvorfor skabtes ikke Mennesket
Af Glas, Du ellers evigt vise Gud?
Da saae man dog den lumske Tankeverden,
Naar den udvikled sig, — hvo kan vel nu
Sig vogte for en uudforskelig,
Ugjennemtrængelig Forræbermasse?

Sentinelli.

Min høie Dronning, overiil Dig ei! —
Hvorledes vil Du Sandhed faae af Prisca,
Hvad vil Du sige, naar hun kommer hid?
Har Du forstaaet, har Du hørt mit Raad?

Christine.

Nei, siig, hvad meente Du?

Sentinelli.

Hør nøie til.
Staldmestrens Agt det er, at Moderen
Skal gaae til Ebba, sige hende Noget.

Carl Baggers Skrifter. II.

Den Gamle, hun er blind og kjender end
Ei Ebba, — see, jeg fører Prisca hid:
Udgiv for Ebba Dig, hør, hvad hun siger,
— En Moder lyver ikke paa sin Søn —
Imidlertid jeg griber Monaldeschi.
Naar Du har lokket Sandhed først af Modren,
Kald Sønnen da, spørg, om han kjender sig
Ved Brevene, spørg, om han kjender sig
Ved Moderen, — da vil han overraskes.

Christine (tager ham i Armen).

Hvad er det, han har sagt til Moderen? —
Du vil ei? — hør, der staaer i disse Breve
Mangt hæsligt Vink om mig, mangt halvqvalt Ord,
See her, han skriver, „at han haaber snart,“ —
Min Sentinelli, har han nuligt sagt,
At han har opnaaet, hvad han dengang haabed?
Bryd ikke Dig om denne stærke Farve,
Vel maa jeg harmfuld rødme, Staklen jeg.
Svar, er det det, han vovet har at sige?

Sentinelli (undvigende).

Hør Sønnens Dom af Modrens egen Mund.

Christine (stamper i Gulvet).

Og Du? og Du? hvad dømmer Du og Verden?
Troer I paa mig? ak, I troer heller ham.
Foragtet staaer Christine, skjændselsplettet,
Mit Navn er sort, mit Minde staaer i Dynd:
Med grimme Træk vil Krøniken mig tegne.

Og hvad vil han i Kæmpehøien sige?
Det blier et Jordskjælv for den Dødes Øren.
Og jeg, som elsked Æren fremfor Alt,
Som skjød til Skiven efter Æren ene,
Som troede mig saa sikker for hvert Angreb! —
Ha, derfor reiste til de Kilder blaae
Han, Wasaburg, i Sorg de mange Miil;
Og derfor paa mig stirre Pigerne
Med uvist Blik, tvetydigt, spottende;
Og derfor skal jeg i Formynderskab,
Og derfor ringeagter mig Carl Gustav;
Stakaandet løber derfor Rygtet om,
Og derfor misted jeg Nationens Agt,
Og derfor er ulykkelig jeg nu!

Sentinelli.

Og raabtes din Forbrydelse paa Torvet,
Og troede hele Mængden paa din Brøde, —
Jeg troer den ei, nu troer jeg den ei meer.

Christine.

Tak, Sentinelli! see, blot en Qvinde
Velvillie, Naade viser mod en Mand,
Da bliver udlagt det til Kjærlighed.
Mit Øies misforstaaede Tankesprog
Blier oversat med Kjøbets plumpe Ord;
Den smukke Tro paa Sjælens Adel, paa
En reenlig Vandel er fra Jorden flygtet.
O, Sentinelli, hæslig er den Verden,
Hvori vi leve; kjær skal Timen være,

9*

Som kalder mig fra dette Opholdssted.
Mit Ædelmod blier formet om til Vellyst,
Mit Gavebrev blier fordeelagtig Vexel,
De male sort mig, hvor min Sjæl er hvid, —
Er det dog ikke overdrevent haardt?

Sentinelli.

Min Dronning, Du har troe Tilhængere;
Een Monaldeschi er der kun paa Jord.

Christine.

Og Du, hvem jeg har miskjendt, Du er dog
En af de Faa, der ei har miskjendt mig:
Fra nu af skal vi være Venner, vi.
Tilgiv min skjæve Dom; var Du, som jeg,
Mishandlet vorden, dømte Du, som jeg.

Sentinelli.

Min Dronning, Tiden iler, giv mig dine
Befalinger —

Christine.
Bring Qvinden for mit Øie. —

(Sentinelli gaaer).

God Dronning var jeg stedse mod de Gode,
Ulykke har jeg aldrig Nogen voldt:
Selv her min Hevn skal ikke mig forvilde.
Midt mellem Grusomhed og Svaghed ligger
Retfærdighed, som Fyrsten skal udøve.
(hun sønderriver det Brev, hun har skrevet til Monaldeschi).

Far hen, forſkudte Brev, for alle Vinde,
Far hen, min Kjærlighed til denne Mand!
En qvindelig Pygmalion, jeg vilde
Omfavne Marmor, give Stenen Liv.
Midt i mit folkerige Sekel ſtaaer
Alene jeg, uændſet, uforſtaaet;
Erſtatning faaer jeg førſt i Paradiſet.

Prisca (ledet ind af Magnus).
Foragt ei dette ſtakkels blinde Væſen!
Hvor uſfelt end det er, ſaa er det Moder
Til al din Glæde dog: Din Elſkers Moder.

Chriſtine.
Langt, Prisca, er Du reiſt for Sønnens Skyld;
O, gid Du kom ſom Mæglerinde mellem
Din Søn og mig.

Prisca.
Slemt, at der haves Mægler
Behov, — er det min Søns Skyld eller din?

Chriſtine.
Jeg frygter meget, Skylden er hos ham.

Prisca.
Kold er din Velkomſt, Sønnekone min;
Med varme Haandtryk modtog mig min Søn.

Chriſtine.
Ei heller ſkal Du ſavne dem hos mig:
Jeg vil Dig elſke ſom min Stammemoder,

Og Du skal sidde ved min høire Haand,
Og Du skal faae den bedste Plads i Hjertet,
Kan Du et enkelt, sanddru Ord blot sige,
Det Ord, hvorefter Sjælens Øre længes.
Men, sandelig, der aabner ellers sig
En Afgrunds Gab imellem ham og mig,
Og aldrig blive Venner vi paa Jord.

Prisca.

Min Datter Ebba, tal saa heftigt ei. ––
Ja, stakkels Scipio havde Ret, da han
Beklaged over Mistro sig.   Du sigter
Vist til hans fordums Forhold til Christine?

Christine.

Ja, dette Forhold er det fæle Punkt,
For hvis Beskuen jeg bestandigt gyser,
Og dog maa dette Punkt betragtes nøie;
Jeg har besluttet: jeg vil vide Alt.

Prisca.

Saa bliver det min lykkelige Lod
At mægle Fred imellem mine Børn. ––
Frygt aldrig Du for denne fordums Dronning:
Med Glæde flygter Scipio bort imorgen.
Du eier heelt hans Kjærlighed, –– Christine
Besidder, om just ei hans Had, saa dog
Hans Ringeagt.   Jeg selv forbaustes over
At høre ham saa haardt bedømme hende:
Hun har dog viist ham stadig, synlig Gunst.

Christine.

Ja hun har viist ham stadig, synlig Gunst,
Hun har ham givet tydligt at forstaae,
At hendes Kjærlighed han heelt besad,
Og han har hende lovet Ærlighed.
Tidt har han hende sagt, — jeg veed det vist —
At al hans Færd oprigtig, ærlig var,
At han Gjenkjærlighed for hende følte;
De samme Ord, de samme Løfter gav
Han Ebba: En af disse han bedrog,
Siig mig nu hvem, Christine eller Ebba?

Prisca.

Beklag den stakkels Falskner Monaldeschi:
Han elsked altid Aabenhjertighed
Men nødtes til at hykle for Christine.
Du var hans rette, rene Kjærlighed;
Vildfarende, kun sandselig var den,
Han nødtes til at bære for sin Dronning.
Hun listigen besnærte ham; det moreb
Den smukke Dreng —

Christine.

            Ja, hele Sverrig veed,
At han den unge Dronnings Boler var,
Ilkun for mig han nægte vil sin Brøde.

Prisca.

Fordi han frygter for, at ikke Du
Tilgive vil et gammelt, halvglemt Forhold.

Forladt staaer længst hans fordums Slegfredviv,
— Foruden Pigens Krands som uden Krone, —
Du er hans tugtige, hans rene Hustru;
Glem, hvad han var, see blot paa, hvad han er.

Christine.

Tak, Prisca, tak, — nu kan Du gaae herfra.

Prisca.

Hvi lyder nu din Røst saa brudt, saa klangløs?
Har jeg, uvidende, fornærmet Dig?

Christine.

Nei, Du har viist mig Venskab ubevidst;
Drabant, før hende hist ind i Gemakket.

Prisca.

Grib ei saa fast i Armen mig.

Magnus.

Tie stille.

(Magnus fører Prisca ind i Sideværelset; en Drabant
træder ind ad Hoveddøren).

Drabant.

Derinde venter Dig Abbé Lebel.

Christine.

I Døbens Navn velkommen være han.
Det Trækors, han i Haanden bærer, er

Mercurs Caduceus, hvormed han fører
Til Underverdnen Monaldeschis Sjæl.

(hun gaaer ind i det modsatte Sideværelse. Sentinelli
træder ind).

Sentinelli.

Hun er ei her? — Abbé Lebel er kaldet?
Hun skulde dog vel aldrig gribe til
En — voldsom Daad? det var dog altfor galt,
Det har jeg ikke villet, aldrig villet;
Det maa man snakke hende fra. Forvises,
Det var en bedre Vending, — dog hvo sikkred
I saa Fald mig for Bovehalsens Hevn?
Lad Baaden drive da, som Strømmen gaaer.
Hvor tøver hun? — ha, der er han! nu rolig.

Monaldeschi (bleg og forvildet).

Min Hustru, hvor er hun? søg hende op!
Min Ebba, hørte Du? gaa, som jeg bad,
Søg Hjælpen hos de Franske, hos Louis;
De myrde mig paa Stedet ellers, gaa!
Ha, Sentinelli, er det Dig? træk blank!

Sentinelli.

Hvad, raser Du, hold Klingen fra mit Legem!

Monaldeschi.

Fægt eller fald!
        (De fægte; Sentinelli saares og afvæbnes).

Sentinelli (falder).

Saa dø da, Sentinelli,
For gal Mands Haand.

Monaldeschi.

Giv mig min Eiendom,
Giv mine Breve mig igjen.

Sentinelli.

Hvad Breve?
Har jeg vel Breve, jeg, Soldatermanden?
Søg i et Cancellie, der findes Breve.

Monaldeschi.

O, lad os leve fredeligt tilsammen,
Reis Dig igjen, jeg binder for dit Saar.
O, hvorfor vilde Du dog tvinge mig
Til denne Gjerning? Marco, Marco, har
Du ei endnu mig nok af Sorger voldt?
Hvi vil Du styrte mig? o Marco, tænk
Paa stakkels Ebba. Har Du Noget end
Imod mig, hevn dig da paa mig alene,
Men skaan min stakkels Hustru, — skaan mit Afkom:
Min Ebba er velsignet vorden, Marco,
Gjør ikke den Ufødte faderløs!
Giv mig Papirerne: hør, Scipio trygler!
Er den Triumph ei stor nok for din Stolthed,
Vil Du ei blot ydmyge, vil Du dræbe mig?

Sentinelli
(springer til Siden og griber sin Kaarde).

Gaa bort herfra, jeg har ei, hvad Du søger.

Monaldeschi.

Jeg har ei tigget Dig for min Skyld, Skurk,
Jeg har kun bedet for min arme Viv.
Kun Du kan have røvet disse Breve,
Giv Livet eller dem!

(De fægte, og Sentinelli styrter, anden Gang saaret, til Jorden).

Sentinelli.

Afsindige!

Smukt klang dit Ord, da Dronningen forente
To Fjenders vrede Sind, to Fjenders Hænder:
Du svoer, Du aldrig vilde røre mig,
End ei i Selvforsvar, hvis jeg Dig anfaldt,
„Mit Liv var kostbart for en Engels Skyld!"
Og nu vil den Du dræbe, som ei har
Den mindste Skyld, — Meeneder, stød kun til!

Monaldeschi
(lader sin Kaarde falde, Sentinelli reiser sig).

Nei, den Eed skal jeg idetmindste holde!
Jeg bruger Vaaben ei, skee, hvad der vil.
Hvad først jeg loved Dig, Christine, hvad
Jeg svoer Dig i vort Kjendskabs Morgenrøde,
Det holdt jeg ikke: jeg bedrog min Dronning.
Men hvad jeg i det sidste Møde lovte,
Det skal jeg holde, koste det end Livet.

Og skeer det nu, at Straffen rammer mig
Seent i min modne Alder, i min Uskyld,
For hvad jeg i min spirende April,
I Brødens Tid, forbrød mig mod min Gud, —
Eet Lysglimt, et usveget Løfte kan
Jeg nævne dog for Dommeren! — Gaa fri,
Gaa frelst af Dødens Strube, Du min Fjende:
Christines Godhed, min Ordholdenhed,
— Mit Sværmeri kanskee — dit Liv Du skylder.
(Christine træder ind fra Sideværelset; Sentinelli aab-
ner Hoveddøren og vinker ad fire Drabanter, hvoriblandt
Magnus).

Christine.

Marchese, vi har kort Tid kun at tale
Tilsammen, — Monaldeschi, kjender Du
De Breve, som jeg holder for dit Øie?
Min Yndling! har Du skrevet dette, Du?
Forræder, tør Du gaae fra Haand og Segl?

Monaldeschi.

Min Anelse, Du svigtede mig ei!

Christine.

Staldmester, har I skrevet disse Breve?

Monaldeschi.

Hvad jeg har øvet, skal jeg aldrig nægte.

Christine.

Du skal ei meer forlokke Dronninger:
Din Dag har skinnet, og din Nat er nær!

Og dog, det kunde muligt være List! —
See her igjennem dette runde Hul,
Som af en Kugle boret er i Døren:
Hvo sidder der?

Monaldeschi (seer ind i Sideværelset).

Min Moder, o min Moder!

Og lad end eengang mig med hende tale!

Christine.

Din Moder? — ja! — end meer med hende tale?
Du har talt, hvad Du tale skal; Du har
Bedraget, hvad Du her bedrage skal,
Og Du har levet, hvad Du leve skal.
For sidste Gang paa Jord Du skuer mig,
Og naar i Underverdenen vi mødes,
To hvide Skygger, under Taarepilen, —
Bøi af fra Stien, hvor Du træffer mig,
Løft ei dit skumle Blik til mine Gange.
Din Trædskhed har for evigt skilt os;
Mit Hæb skal blomstre med mig selv i Urnen.
Hvergang jeg tænker paa Dig, jeg forbander
Dig og dit Minde, — fælt advarende
For Fremtids Fyrster nævnes skal dit Navn,
Som dens, der spottet har en Dronnings Godhed,
Forlokket Majestæten, misbrugt Magten,
Du over dette svage Hoved eied.
Mit svenske Folks Forbandelser Dig naae:
Du plettet har mit klare Navnetræk
Og brændemærket Gustav Adolphs Barn;

Nu træffer Døden Dig med sikker Haand, —
Saa gaa det hver en Majestætsforbryder!

Monaldeschi.

O for min Hustrus Skyld —

Christine.

Nu før ham bort! —
Og sluk hans Livets Lampe, som I see,
Jeg slukker Lyset ud i denne Stage, —
Jeg taler Smertens, Harmens Hieroglypher. —
Og kjender Du den Stok af Elfenbeen?
Du gav mig den i Sverrig, Italiener,
Som venligt Tegn paa undersaatlig Troskab:
Kjær var den Stav mig, kjær mig ogsaa Du.
Jeg gjemte Stav og Stavens Giver i
Mit Arveslot, i Vasaslægtens Bolig;
Du og din Stav, I skulde været Støtter
For Alexandra, naar hun vorded svag,
Men Du, Du brast, og Staven blomstred ei
Som Arons grønne Mandelkjep i Arken. —
Saa knuser da hans gjennemfalske Legem,
Som I see, jeg mod Gulvet knuser Staven.

(Hun kaster Stokken mod Gulvet; de fire Drabanter kaste sig
over Monaldeschi og føre ham ud af Salen).

Sentinelli.

I Vagten Alting roligt er endnu;
Først om en Time løses Oscar af

Fra Posten ved den nordre Deel af Fløien.
Men Ebba ilet er til Kong Louis,
Formodentlig for Forbøn at udvirke.

Christine.

Hans Bøn er, som hans Magt, uvirksom her;
Følg Du med mig, Rebel os venter inde.

Femte Akt.

(Pragtfuld Sal i Kongens Fløi. Ludvig den Fjortende
sidder paa en Art Throne; Cardinal Mazarin staaer foran
ham med nogle Papirer i Haanden. I Baggrunden en Række
Pager, dog i saadan Frastand, at de Intet kunne høre af
Samtalen).

Mazarin.

Strax færdig, Sire! — hvad angaaer Østerrigs
Anliggender —

Ludvig (afbryder ham).

Saa tie med dem og tie
Bestandig, — Alt, hvad man fra Østrig faaer,
Er kjedsomt, dødt og trevent, indbefattet
Min høie Moder selv.

Mazarin.

Aha! — fra London
Beretter vor Ambassadeur, at Brevet,
Som nyligt, Sire, De skrev til Cromwell, blev
Ham overrakt, men Lord Protectoren

Kun læste Brevets Udskrift, stak det vredt
I Lommen, uden Meer at læse; satte
Dertil et Ansigt op, som den, der gaaer
Imod en barsk og nordlig Blæst, — og vendte
Ambassadeuren Ryggen.

Ludvig.

Hvad er det?

Mazarin.

Udskriften maa forandres, Sire! der staaer:
„Til Lord Protectoren, den saare noble
Oliver Cromwell;" — han vil have: „til
Min kjære Broder, Lord Protectoren!"
Med Rette vil han hedde saa: han er
I Virkligheden Majestæt og maa
Som saadan honoreres.

Ludvig.

Kalde ham

Min Broder! Cardinal, jeg er ei Broder
Med røde Stimænd; jeg behøver ei
At logre for Protectoren.   Hvad vil
Han mig? lad alle andre Potentater
Forglemme Stuarts Synken paa Skaffottet, —
De tør ei Andet — Frankrig skal ei hylle:
Stærkt, skjønt og uafhængigt skal mit Land
Kun tale franskt, hvad saa de Andre tale.
Hvo skulde vove vel at tale frit,

Om ikke Frankrig? — Dogen muligen
Fra Genua?! — nei, aldrig Broder han!

Mazarin.

Sire, — om han ønsker det — kald Fader ham,
Hvis blot vi af hans Venskab Fordeel drage.

Ludvig.

Jeg gjør det ei.

Mazarin.

       Frit ei saa ængstligt, Sire,
Om en Monark har Land erhvervet sig
Ved Arv og Slægtskab, eller mere frit
Ved dristigt Greb og første Eiers Drab;
Spørg ei om Uret eller Ret hos Konger,
Naar Landene, der røves, Sire, blot ei
Er Frankrig. Næstens Tab forblive hans!
Poeter og Historikere ville
Med Tiden bearbeide Cromwells Ryg,
Saa det var overflødigt, Sire, om De
Paatog det Arbeid Dem.

Ludvig.

       Jeg siger Dig,
— Og hør, som Vidne, stærke Gud, mit Ord!
At hvis min Ryg sig nogen Time krummer
For Hvemsomhelst af Jordens Mægtige,
Lad Bugten, som mit Legem flaaer, forblive der,
Og puklet gaae Louis Quatorze paa Jorden!

Mazarin.

Jeg beder Dem betænke Sagen vel.

Ludvig (stiger ned fra Thronen).

O, Du har selv ei ret betænkt det Hele.
Hvad om i Fremtid selv det franske Folk
— Du seer, hvad Fronden vover nu, selv nu!
Lod Oprørsfanen vaie mod mit Afkom;
Sæt, ogsaa her man myrded Herskeren,
Siig, havde jeg da ikke, ved min Pagt
Med Fortids Kongemorder, sanctioneret
Og paa en Maade bifaldt Handlingen?

Mazarin.

Skal vi med England bryde for en Titel?

Ludvig.

Har ikke selv Du tidligt mig indprentet:
Der gives tvende Arter Mennesker,
Magthaverne og de foruden Magt,
To Elementer, evigt stridende?
Det herskende Parti maa holde sammen,
Hvis Magtens Fylde det beholde vil;
Det Stød, som rammer haardt den ene Throne,
Gaaer lynildshurtigt ind i Nabolandet
Og lammer der electrisk Kongens Sværdarm;
Usynligt Fælleskab omfatter os,
Og alle Konger have Liv tilsammen. —

(Mazarin bukker).

Hvad meer?

Mazarin.

Jeg Underhandling knyttet har
Med Spanien om Infantindens Haand.

Ludvig.

Hun er et Barn, og jeg er ung endnu;
En Stund jeg være vil min frie Mand.

Mazarin.

Nu, Sire, et Ægteskab er kun en Skole,
Og denne Skoles Tvang er ei den værste:
Fritimer gives overalt de Unge.

Ludvig.

Nu, Cardinal, opmærksom hør mit Ord:
I skal ei foreskrive mig min Vandel!
Min Fuldmagt har jeg givet Jer i visse,
Bestemte Forhold, Resten har mig selv
Jeg forbeholdt, — hold Eder inden Grændsen.
Jeg hidtil var tilfreds med, hvad I virked,
Lad til det Modsatte mig ei Anledning faae.
Tro mig, jeg holder vaagent Øie med
Jert Regimente, skjøndt det kunde synes,
At jeg kun lidt bekymred mig om Riget.

Mazarin.

Tungt vilde den Bebreidelse mig falde,
Hvis jeg i mindste Maade den fortjente.

Ludvig.

Meen ei, fordi jeg elsker Qvinden høit,
At jeg, som Amor, er berøvet Synet:

Jeg veed ret vel, hvorlangt jeg vover mig.
See! mine Lidenskaber boltre sig,
Et vildt Spand Hingste, paa den grønne Mark,
Tilsyneladende foruden Tøiler;
Dog tro mig: Kudsken her, Besindigheden,
>> (han peger paa sin Pande).
Har et usynligt Reeb om Gangerne
Og styrter ei ned under Vognens Hjul.
For Livstid er jeg Konge, Cardinal,
Men Ynglingsaldren har jeg eengang kun:
Derfor benytter jeg min Glædestid
Og lader Dig imens bestyre Riget;
Om føie Tid jeg kræver Dig til Ansvar.

Mazarin.

Klart skal mit Regnskab lægges for dit Øie;
Tro aldrig, jeg har til mig villet rive
Den Magtens Fylde, som tilkommer Dig;
Ikkun saalænge Du den selv ei brugte,
Har jeg paa dine Vegne den udøvet.
Den kongelige Magt bør aldrig sættes
I Krogen hen; bestandig bruges bør,
Bestandigt vises frem den maa for Hoben;
Forglemme bør ei Folket sin Monark,
Ei heller troe, at Herskeren er død:
Derfor jeg viste Frankrigs Folk dit Billed.

Ludvig.

Og derfor takker jeg min Fosterfader! —
Alverdens Skaber har velsignet mig,

Han gav mig Kjortlen med de stærke Farver.
See, Mazarin, i St. Denis Du finder
Din Ludvigs store Fædre, de Monarker,
Som tidt paa Bægten lagde Brennus's Sværd
I europæiske Anliggender;
De ligge frygtede, beundrede.
Og naar Europas Throner Du betragter,
Da seer Du mine kongelige Brødre
Med mægtig Herskerstav, Hver i sit Land;
De sidde frygtede, beundrede.
Og see! jeg er den yngste Qvist i Stammen,
Det sidste Led af mine Fædres Slægt,
Som ogsaa jeg er yngst blandt Jordens Konger;
Og sandelig, dog skal jeg blive større
End alle mine Fædre, mere mægtig
End alle mine ældre Herrer Brødre;
For mit Neeg deres Neeg sig neie skal,
Og Sol og Maane skal og elleve
Planeter bøie sig for Josephs Stjerne!

Mazarin.

Jeg ønsker mig forlænget Liv, min Konge,
Kun for at see Dig stor og stærk paa Thronen. —
Forinden jeg mig anbefaler, Sire,
Maa jeg et Brev Dem overrække fra
Min Søsterdatter.

(Kongen bliver forlegen, Mazarin lader, som om han Intet
mærker).

Ludvig (afsides).

             Skulde hun i Harme
Til Cardinalen henvendt sig?

Mazarin.

             Jeg troer,
At Brevet indeholder Forbøn for
En, hvem hun elsker høit, en gammel Lærer,
Der ønsked sig en Post som Directeur
— Saavidt jeg husker — for Douanerne, —
Ved sidste Hofbal talde Sire nok om —

Ludvig.

Jo vel — hun talde til mig just igaar
Om denne Sag, — en tro, en fordums Lærer!
Hans Lykke, Cardinal, er gjort —

                      (med fransk Høflighed).
             Jeg kjender
Det bedst jo selv, hvormeget man en Lærer
Bestandig skyldig er, naar han var god.

Mazarin (med Eftertryk).

Mit hele Liv har været Kongen viet,
Og der er Intet, som jeg ei kan offre.

Ludvig (læser i Brevet, afsides).

   „Iaftes, iaftes, Du mig bad saa blidt
     Om et Tegn paa, jeg havde Dig kjær:
Franske Konge! naar Maanlyset hvidt
Iaften udfolder et svindende Skjær, —

Hvor Mennesker ikke det vide,
Der venter Dig Adelaide." —
Saa er hun min! — den deilige Mancini,
Den Favreste blandt alle Hoffets Damer
Skal slumre ved den glade Ludvigs Bryst!

(fatter sig).

Ha, Cardinal! — hils Frøkenen fra mig, —
Det angik, hvad I sagde selv, — siig hende,
At Ludvig punktlig skal sin Pligt opfylde. —
Du tøver? har Du Meer at sige mig?

Mazarin.

Kun spørge vil jeg, Sire, om nogen Ugunst
Jeg skulde være falden i formedelst
Det Raad, jeg tog den Frihed mig at give?

Ludvig.

Hvad Cromwell angik? langtfra, Cardinal; —
Jeg har nu Sagen modent overveiet, —
Skriv Du et Brev paa mine Vegne kun,
Skriv, som Du finder nyttigst det at skrive, —
Med England bryde for en Titels Skyld, —
Det var jo overstadig latterligt!
Skriv: „Til min høie Broder!" var det ikke
Saaledes, Du det meente passeligst?
Skriv Broder — og giv Secretairen Skylden.

Mazarin.

Saa har vi sikkret os Protectoren.

(bukker og gaaer).

Ludvig.

Fik Du din Villie frem, fik jeg og min!

(læfer atter i Brevet).

> „Læg Sceptret, læg Kronen! Du møde mig ei
> Med en Pragt, der maa blænde mit Blik!
> Kom i Kappe den eenfomfte Vei, —
> Hvide Fjer ffal Dig hilfe med vaiende Nik.
> Min Taare har Brevet bedugget, —
> Dig viedes Taaren og Sukket!"

— Endnu en Stund betroer jeg, Cardinal,
Mit Riges Tømme til din magre Haand! —
Du blide Nat! dal hurtigt ned til Jorden!
Man siger, Du er Dødens Søster, men
At Dagen Livets Broder er, — hvor falfkt!
For Hver, som kan forstaae, hvad Stjernen hvifker,
Er Natten juft med Livet tæt forbunden.
En Nat endnu, en Dag endnu, en Maaned,
Et Aar kanfkee jeg helliger til Glæden,
Og da tilhøre Livets Reft mit Frankrig!
Mit før kun sjeldent feete Aasyn viser
Jeg det forbaufede Europas Folk,
Og hvert af dem ffal kjende, frygte mig.

En Gardeofficeer.

I Fløien, hvor den svenfke Dronning boer,
Der synes stærk Bevægelse at være.
En Dame, svenfk af Sprog, men franfk af Skabning,
Og franfk af Holdning, franfk af Blik og Aasyn,
Er ilet hid og beder ffjælvende
Om et Minut at stedes for vor Konge.

Ludvig.

Er hun saa smuk? lad see! — — Hvad, Ebba, Du?!

Ebba (knælende).

Barmhjertighed, min Nød er stor.

Ludvig.

Hm, Ebba,
Jeg har med Sorg erfaret alt din Adfærd.
Altsaa for en Italieners Skyld
Har Du forsmaaet den unge Frankerkonge?
Du hengav til en navnløs Mand din Skjønhed,
Og jeg, Louis Quatorze, blev ubønhørt!

Ebba.

Forglem min ringe Skjønhed, høie Konge,
Stort er dit Frankrig, stort dets Qvinders Tal,
Og Nordens Barn maa her staae langt tilbage.

Ludvig.

Hvad vil den unge Kone hos Louis?

Ebba.

Min Huusbond, Sire, er stedt i Dødens Fare:
Man har bagtalt ham hos den svenske Dronning,
Og hun vil — truer hun — ham lade dræbe.

Ludvig.

Ham lade dræbe? her paa Frankrigs Grund?
Her i vor eget Slot Fontainebleau?

Bist ikke, liden Ebba! — hun har villet
Forskrække Dig! Sligt gik jo aldrig an.
Staldmestren har vel ikke efterseet
Beslaget paa Christines Ridehest,
Og derfor er hun vranten. Gaa kun hjem. —
Ved Gud! Du har ei tabt din sjeldne Skjønhed!
Gaa ei endnu, tøv hos mig lidt! — o Ebba,
Du er den Eneste, som gav mig Nei!

Ebba.

Stir ikke paa mig, hvis jeg end Dig frister,
Indbild Dig, jeg er hæslig nu og gammel.
Den smukke Ebba staaer ei for Dig meer,
Det er en stakkels, sorgfuld Ebba nu.
Har Du havt nogen Godhed for mig før,
Saa hjælp mig nu, kun Du kan hjælpe her.

Ludvig.

Du har din Fatning tabt aldeles, Ebba,
Berolige dit Sind, — Du er endnu mig kjær.
Du maa jo indsee dog, at Dronningen
Ei her hos mig kan lade Nogen dræbe;
Hvis Sligt hun her bedrev, da løb hun selv
Jo Fare for at lide samme Skjæbne.

Ebba.

O Sire, De kjender ikke Dronningen;
Lebel er hentet, og Drabanter staae
Beredte til — at lyde Sentinelli!

Ludvig.

Hvor rigt, hvor deiligt falde dine Lokker!
O, aldrig er Du føb bag svenske Bjerge,
Nei, Du er blomstret ud af Frankrigs Viinland;
Du hørte mig til, hørte til mit Rige,
Jeg fordrer kun, hvad der er mit, tilbage.
O Ebba, hvi vil Du ei høre mig?
Jeg vil Dig reise, Ebba, et Pallads
Meer prægtigt selv, end Granadas Alhambra;
Springvande skal i Gaarden rundtom glimre
Og spruble blanke Qvægsølv, ikke Vand;
Fjernt fra Medina flyttes skal med Reden
Hver sjelden, broget Sangfugl til din Have,
Den vilde Panther skal afrettet gaae
Og tage Føden af min Ebbas Haand;
Trehundred Heste trampe skal i Stalden
Og bide vildt i Marmorkrybberne;
De hurtigste, som i Arabien fødtes,
Med tynde Haler og Gazellens Øine,
De skulle bære Dig, — o vær blot min.

Ebba.

O Ludvig, hør dog Øxen paa Skaffottet!

Ludvig.

Og tjene Dig skal sorte Morer med
En Perlekrands om Halsen og med røde
Sandaler og med tunge, gyldne Ringe;
Urørte Jomfruer i hvide Sølvslør,
Med Purpurbelter om det smækkre Liv,

De skulle lyde Ebbas mindste Vink.
Jeg skjænker Hertuginbetitlen Dig:
Paa perlestukket Teppe skal Du hvile
Kun tvende korte Skridt fra Ludvigs Throne.

Ebba.

O Ludvig, Sværdet klang mod Pandsret nu!

Ludvig.

Hvad kan Du forbre Meer, min favre Ebba?
Saa trofast vil jeg evigt hos Dig være,
Som Maanen hænger ved den skjønne Himmel;
Hvad ændser jeg Adelaide nu?
Kun Du skal, ene Du, beherske mig.
Og, Ebba, naar vi stedes ene sammen,
Da er Du Ludvigs Hustru, Frankrigs Dronning!
(han aabner med en rask Bevægelse Sidedøren ligeoverfor Thronen).
See hist ind til mit kongelige Leie!
Det franske Vaaben er med Guld massivt
Indvirket i de mørkblaae Fløiels Tepper.
See, de henfarne franske Konger hænge
I troe Portraiter langs Tapeterne;
Den ridderlige Frands den Første smiler,
Henrik den Fjerde vinker ad min Ebba.
Kom, deel min Ungdoms Længsler og dens Suk,
Jeg byder ikke her, jeg beder jo.
                    (han leder hende op paa Thronen).
De Franskes Dronning, Ludvig for Dig knæler,
Og Pageflokken bøier ydmygt sig.

Skjønhedens Rosenkrands har Du i Haaret;
Jeg føier Magtens Cirkel til din Ynde.

Ebba (paa Thronen).

Ludvig den Fjortende, de Franskes Konge!
Har Du paa Thronen flyttet Ebba hen,
Saa lig som Undersaat ved Thronens Trin
Og hør, hvad Øieblikkets Dronning siger;
Lig som Forbryder der og hør din Dom,
Og værer Vidner, I henfarne Konger,
Som inde hænge der i troe Portraiter:
Du, smukke, ridderlige Frands den Første,
Du Helt fra Ivry, Henrik af Navarra! —
Jeg kom til dine Fædres Sale, Ludvig,
Bønfaldende, med Taarer paa min Kind,
Bad om Beskyttelse mod Despotie,
Bad om Retfærdighed og ei om Gunst.
For Intet fik Du Magten af din Skaber,
Og Du har ei betalt din gyldne Krone, —
Og dog vil Magtens, Kronens æble Kræfter
Du ikkun sælge, kun mod Fordeel sælge
Til hine Stakler, der maae tye til Thronen!
Min Huusbond, sagde jeg, var stedt i Fare,
Mig tyktes, som jeg stod, at grandt jeg hørte
En Øres Hug og Sværdets Klang mod Pandsret,
Dog ændsed ikke Du min Nød, min Sorg, —
Forlokke vilde Du din Næstes Hustru!
Men see din Straf: beskæmmet ligger Du
For dine Fædres Throne, — sandelig,
Det skjønne Frankrig maatte heller see

Paa Een af hine Pagers Barnehoved
Den Krone, som Du med din Haarlok pletter.
Nu har jeg talt og gaaer med Sorg herfra;
Uhjulpen af den Mægtigste paa Jorden
Maa jeg taalmodig høre Sværdet klinge.

(Ebba træder ned, og Ludvig reiser sig).

Ludvig.

Tøv, Ebba, tøv — tilbagekald din Dom,
Siig, Du har været altfor streng, min Ebba, —
Louis er ung — er vild — er halv forkjælet,
Ustyrlig, Ebba, i sin Libenskab,
Men siig ei: uretfærdig, nævn det ei!
— Og dette voved Du at sige mig?
Og ikke tør Louis see Dig i Øiet.

Ebba.

Det var Louis Quatorze, der sagde dette!
See, Henrik af Navarra smiler hid.

Ludvig.

Vel, maa jeg ikke elske Dig, min Ebba,
Høiagte Dig, det maa, det kan Louis, —
O, jeg har seet saa saare Faa som Dig!
Følg med, saa gaae vi til den svenske Dronning.

(Sal i Christines Fløi. Ad en Sidedør komme fire Dra-
banter, hvoriblandt Magnus, ind i Salen og gaae ud ad
Hoveddøren. Bagefter dem kommer Sentinelli; støttende sig
paa sin Kaarde bliver han staaende ved Sidedøren og stirrer ind
i Værelset, hvorfra han kom).

Sentinelli.

Det er forbi! — de Herrer Theologer
Forsikkre helligt, Mennesket bestaaer
Af tvende Dele, inderligt forbundne,
Og denne Tohed, det er Sjæl og Legem.
Jeg troer kun paa en Eenhed, denne Eenhed
Benævner jeg Person: her ligger een
Tilintetgjort, for aldrig meer at opstaae,
Og Sjæl og Legem raadne her tilsammen! —
De flinke Lys, de løierlige Flammer,
Som Du i Natten seer paa Ellemosen,
Stundom i Skoven fra et trøsket Træ,
Den Glands, fortæller os Naturens Grandsker,
Fremkommer af forraadnende Partikler:
Af denne snart henraadnende Person
Skal Faklen fremstaae, der skal for mig lyse:
Hans Fald skal gjøre Sentinelli stor.
Udaf hans Liig skal et phosphorisk Lys
Udvikle sig og belte sig omkring
Min Pande, som en pragtfuld Glorie, —
Min Krone dannedes af Gravens Dunst.

(Magnus kommer ind ad Hoveddøren).

Magnus.

Christine vil, at Vagten skal forsamles,
Hun vil dem Alle see, vil med dem tale —
Vil I, — skal jeg uddele Ordren?

Sentinelli.

(uden at agte paa Magnus's Ord).

Magnus!

Veed Du, hvad meest der slog mig af det Hele?

Magnus.

Nei, Herre!

Sentinelli.

Hvad der brænder selsomt paa
Min Hjerne? hvad jeg staaer og grubler over? —
Dengang i Dødsangst han paa Gulvet laae
I Aandedrættets sidste Øieblik
Og alt indviet i den anden Verden,
Da Sands og Samling ham forlod, han raabte:
— Jeg troer ei, at han selv sit Raab fornam, —
„Tænd fleer, tænd flere Lys i Stuen her!
See: Værelset forandrer sig, — hvor mørkt!" —
Og strax derefter opgav Aanden han.

Magnus.

Hvad selsomt kan Du deri hitte vel?

- Sentinelli.

Ak, sanddru talde denne Døende!
Han havde Blik ei meer for denne Verden,
— Han saae ei os meer, saae ei Sværd og Fakler, —
Hans Hu var rettet mod et fjernt System,
Hans Øie stirred ind i Himlen alt,
Og, Magnus, Himlen, som han saae, var mørk!
Ei kom imøde ham, som han det haabed,
De Englebørn med Vingefald om Skuldren;
Ei saae han Sols og Maanes favre Skin;
Ei møtte ham, forklaret, Innocents;
Ei saae han Verdenskongen i hans Lys

Og ikke Dronningen Marias Stjerner:
Din Verden, som han saae, var ikke den,
Som Bibelen prophetisk ham forjætted,
Nei, Himlen, som han saae, var død og mørk!

Magnus.

Husk, hvad jeg sagde Dig: Christine vil
I Salen her, ved Siden af den Gang,
Hvor Monaldeschi dræbtes, see forsamlet
Den hele Livvagt, — skal jeg Ordre give? —
Og det afsjælte Legem løftes skal
Fra Gulvet, lægges i en pragtfuld Seng,
Og Candelabrer tændes skal, og Psalmer
Skal synges, Bønner bedes for den Døde.
„Forsigtigt bærer dette Legem bort,
Berører varsomt disse skjønne Former,
Forstyrrer ei Naturens Harmonie
Meer, end det alt er skeet. Glemt er hans Brøde.‟
Saa lød Christines Ord.

Sentinelli.

Det Sidste jeg,
Det Første Du besørge kan.

Magnus.

Heelt vel.
(Sentinelli gaaer ind i Sideværelset; Magnus møder i
Hoveddøren Christine med Steinberg og alle Dra=
banterne).

Christine.

Bi savne Sentinelli.

Magnus (peger paa Sideværelset).

Hisset inde.

Christine.

I Hjortegalleriet, — lad ham blive. —
— I svenske Mænd og Mænd fra andre Lande,
I, som forlode Sverrig for at følge
Christine, Gustav Adolphs Datter, til
De fjerne Egne, som hun selv bestemmer,
I svoer engang ved Himlens stærke Gud,
Ved Manddomskraft og gammel nordisk Troskab,
At lyde blindt ethvert af hendes Bud
Og ingen anden Høihed at erkjende
Paa breden Jord, undtagen ene hendes, —
Staaer end den Dag idag I ved jert Ord?
Steinberg (vender sit Ansigt bort).

Magnus.

Bi staae den Dag idag end ved vort Ord.
(En Deel af Drabanterne knurre).

Christine.

Du skal ei svare for dem Alle, Magnus!
Claes Christerson, træd frem, Du Modigste
Blandt alle dem, mit Øie her kan finde,
Du eier dine Kammeraters Tiltro;
Thi skal ei Magnus, Du skal for dem svare.

11*

En Drabant.

Fornuftigt talt, vor Dronning!

Christine.

Siig mig da,
Om Sverrig sukked under Dronningsceptret,
Om Blodet randt, om Galger saaes i Skoven?
Var det min Bane, med et Uveirsblik
Og Tordenrøst at vandre blandt mit Folk?
Løb Jubel der blandt Folket, da jeg gav
Carl Gustav Riget, smilte Rigets Raad? —
Jeg veed, at jeg er lunefuld, — men kosted
Mit Lune nogen Svensker Gods og Blod,
Og legte jeg med Menneskenes Liv?
Kan Een af Eder nævne mig en Daad,
Der vidner om et hevnsygt, grusomt Sind?

Claes Christerson.

Nei.

Christine.

Mange Feil i Sverrig jeg begik,
Dog var hvert Misgreb, tro mig, mod min Villie.
En Torn i Øiet, svenske Mænd, en Braad
J Sjælen var for Eder hver en Fremmed,
Der kom til Sverrig, kom til mig med Klage,
Og J bebreided mig, jeg elsked dem!
O, lykkelig er, Alexandra, Du:
Det Eneste, som Verden hos Dig dadler,
Er, at Du elsket har den samme Verden!

Ja, jeg har elsket mangen, mangen Mand,
Et Land jeg elsked, Kloden har jeg elsket,
Men hvo kan sige, jeg har hadet Nogen?

Claes Christerson.

Nei, nei, dit milde Sind til Had ei kjender.

Christine.

Har jeg forandret mig i fremmed Land?
Har I ved Munden seet et haanligt Træk,
Hvor før I saae et vennesaligt Smiil,
Er jeg fra god og følsom bleven ond?
Min Lok er bleven tynd, min Kind er smal,
Mit Øies Sol er i sin Nedgang alt, —
Jeg er ei Dronningen paa sexten Aar!
Men Hjertet er det samme, Tanke, Tro,
Begeistring, Retfærdsfølelse de samme
Som i den Tid, da I beundred mig.
Og dog I nænne kan at troe saa ondt
Om den, hvem I den Gode fordum kaldte?
Den første Gang at Sværdet blinker i
Min Haand, benævner I min Handling Mord,
Som om den Døde var uskyldigt dømt!

Claes Christerson.

Nævn blot hans Brøde, — Manden var os kjær.

Christine.

Og kjær har ogsaa Manden været mig,
Kjær, til han mig mishandlede saa grumt,

At Gustav Adolphs Blod i Aaren sybed,
Og Sceptret sænktes haardt paa Skurkens Pande.
Jeg har ham elsket, det har aldrig J:
Misundeligt J skelte, hvergang jeg
Min Yndling gav et simpelt Benskabstegn, —
Den Levende blev hadet, kun den Døde
Skal ædelmodigt nu i Forsvar tages.
Men J skal aldrig faae hans Synd at vide,
Og J skal eders Dronning ei bedømme!
Bring mig et Fyrfad!

       (En af Drabanterne gaaer).

— Steinberg, ogsaa Du?

Steinberg.

Vil Du af mig forlange muntert Smiil?

Christine.

Frit Løb, min Steinberg, for din Taare! Smiil
Og Glæde jeg forlanger ei af Dig:
Sørg, Steinberg, kun, men o, fordøm blot ikke;
Din Sorg jeg agter, men din Vrede, Steinberg,
Din Mistro, den fortjener ikke jeg.
Hvis Du et eneste af disse Breve,
En Tøddel læste blot, da vilde Du
Erkjende Straffen for retfærdig.
(Drabanten kommer med et Metalkar, hvoraf der staaer en Lue
i Veiret; Christine kaster Brevene i Flammen).

       See,

See her! her brænder hans Forbrydelse,
Og Ilden tie skal med Hemligheden.

Jeg har endnu et Document i Haanden,
Og det beroer paa Jer, om det skal brændes.

Steinberg.

Nei, Dronning, det skal ingensinde brændes.

Christine.

Det er det Pergament, der indeholder
Den Eed, I svoer, da Sverrig vi forlod:
Den gav mig over Eder Haand og Hals,
Og jeg kan dømme Hver af Jer til Døden.
Dog — efter hvad der nu er skeet, saa har
Iblandt Jer muligt En og Anden ei
Den samme Tiltro til Christine, som
I havde, da I gav mig denne Magt, —
Jeg løser Jer af hver Forpligtelse,
Jeg vil ei herske over dem, der knurre,
Jeg vil ei tvinge Eder til at lyde:
Min Magt og Myndighed kun skulde grundes
I eders Agtelse, men ei i Frygt.
Saa gaa Enhver nu til sit Hjem,
Hav Tak for eders fordums Kjærlighed.
Og kommer Nogen af Jer hjem til Sverrig,
Fortæl mit svenske Folk, jeg mindes end
Mit Fødeland; og beed de svenske Mænd
Ei at bedømme altfor strengt min Daad:
Ved Himmelen og Himlens Herlighed!
Den Døde faldt paa sine Gjerninger,
Og Alexandras Haand har ikke syndet.

(Oscar Steinberg er imidlertid, med blottet Kaarde og et rødt Skjærf i Haanden, traadt ind fra Sideværelset; Døren har han ladet staae aaben, og man seer Candelabrernes Skin).

Claes Christerson.
Vi troe paa Dig, vi vil Dig ei forlade.

En Drabant.
Vi følge Dig til Verdens Ende.

En anden Drabant.
Leve
Vor gode Dronning!

Steinberg.
Alle vil Dig følge, —
Kong Gustav Adolphs Datter kan ei synde.

Oscar Steinberg (træder frem).
Og skulde jeg i dette Øieblik
Forspilde selv min Faders Kjærlighed,
Og vil end Du, Christine, myrde mig,
Som Du har myrdet Æblingen derinde, —
Af mig vent ikke Hundens sløve Troskab,
Vent ei af mig en sleben Hofmands Hyldest,
Med favert Ord forlokker Du ei Oscar.
Du har ei elsket Scipio Monaldeschi,
Du har ei kjendt ham, aldrig kjendt hans Sjæl!
Hvorledes det er lykkedes hans Fjende
At bringe Dig til denne grumme Daad.

Det veed jeg ei, men dette veed jeg grandt:
Du har frigivet Barrabas, Christine,
Og domfældt med et uviist Ord den Rene!
Fra Døden frelse Dig, min arme Ven,
Det mægted Oscar ei, men hevne Dig,
Det mægtede din overblevne Broder.
(han kaster det røde Skjærf for Dronningens Fødder).
Du elsker Blod, min vakkre Herskerinde?
Der har Du Sentinellis røde Skjærf!
Og har Du Mod at see hist ind i Gangen,
Da vil Du see to marmorkolde Kroppe:
Thi denne Haand har fældet Sentinelli!

Christine.

Hvad siger Du?

Steinberg.

Der ligger tvende Liig.

Oscar Steinberg.

Da vil Du see ved Candelabrens Skin
I Hjortegalleriet tvende Kroppe
Med purpurrøde Stænk paa hviden Hud;
Thi denne Haand har fældet Sentinelli.
Og gjør nu, hvad Du vil: jeg trodser Døden,
Og skjænker Du mig Livet, lever jeg
Kun for at flygte med den stakkels Ebba
Langt bort, hvor aldrig Du skal finde os, —
Saa kan min Fader blive, hvis ham lyster.

(Ebba og Ludvig den Fjortende med Følge træder ind ad Hoveddøren; Ebba iler til Oscar og kaster sig om hans Hals).

Ebba.

Er det forsilde?

Oscar Steinberg.
Kjære, kjære Søster!

Ludvig.

Hvad, er det skeet?

Christine.
Stir ind i Galleriet!

Ludvig.

I denne Time da forlad vort Land!

Christine.
(med et Blik til Himlen og pegende paa Ludvig).

Ha, Erik Oxenstjerne, Du min Ven! —
„Naar af de Fremmede den Sidste svigter,
Da vil Du sande først mit Ord og længes
Med Kummer efter Eriks Vennehaand!" —

Teppet falder hurtigt.

Cromwells Søn.

Comedie i 2 Akter, frit omarbeidet efter M. E. Scribes Femaktsstykke.

(1845).

Personerne.

Richard Cromwell, Protectorens Søn, (i Begyndelsen under Navnet **Clarck**).

Carl Stuart, Prætendent.

Monck
Lambert } Generaler.

Lady Regine Terringham.

Cecilie Newport, hendes Cousine.

Officerer. Hoffolk. Slotsforvalteren i Whitehall og to Reisende.

Handlingen foregaaer i Maimaaned 1660, først paa Lady Ter= ringhams Slot i Grevskabet Berk, siden i et Værtshuus paa Landeveien, der gaaer til London, tilsidst i London i Palladset Whitehall.

Første Akt.

Første Scene.

Pragtfuld Sal i Lady Terringhams Slot. Lady Terringham.
Cecilie. Begge beskjæftigede med et Broderie.

Lady Terringham.

Ja, min kjære Cecilie! Alt gaaer herligt.

Cecilie.

Virkelig? og endnu i forrige Uge vilde Cromwells
Soldater udplyndre dette Slot!

Lady T.

Gjør Intet til Sagen. Maaskee Protectoren endnu
idag confiskerer alle mine Eiendomme. Snart vil Carl
Stuart bestige Englands Throne, og da ere vore Lidelser
endte. Vi, hans trofaste Venner, ville glimre ved Hoffet,
Du faaer dine confiskerede Godser tilbage, faaer en
smuk ung Adelsmand —

Cecilie.

Aa, det har ikke nogen Hast dermed.

Lady T.

Du er uforbederlig, Du har ingen Ærgjerrighed. Jeg troer virkelig, at Du kunde finde Dig i at blive Forpagterkone og glæde Dig ved at kjærne Smør, klække Kyllinger ud og see paa de smaae, blide Lam.

Cecilie.

Og hvorfor ikke? Jeg kan ikke begribe, hvilken Fornøielse Du kan finde i alle disse politiske Intriger, hvori Du kaster Dig med Liv og Sjæl; saaledes at leve i evig Uro, evig Ængstelse, see sine Forhaabninger idelig skuffede, deeltage i disse hemmelige Complotter, staae i nær Forbindelse med en Hob underordnede Sammensvorne, hvis eneste Dyd er den, at de ere — Royalister — nei, Regine, dette kan aldrig udgjøre Qvindens sande Lykke. Nei, nei, vi ere skabte til at forsone de Stridende, ikke til at ophidse dem; vi ere skabte til at trøste de Lidende uden Hensyn til hvilket politisk Parti de høre, vi ere —

Lady T.

Og jeg siger Dig, at jeg er som hiin Stormfugl, den glimrende Jisfugl, der kun føler sig lykkelig, naar et Uveir nærmer sig. Carl Stuarts Seier er afgjort, ifald D u vil.

Cecilie.

Hvordan?

Lady T.

General Monck har bedet om din Haand, giv ham d e n, da træder han over til Stuarts Parti —

Cecilie (med Varme).

Og vil forraade sin Velgjører Protectoren?

Lady T.

Ja!

Cecilie.

Jeg hader enhver Utaknemmelig, jeg hader enhver Forræder. Jeg ægter aldrig Monck.

Lady T.

Betænk Dig vel. Cromwell ligger syg. Monck er i Anmarsch fra Scotland, han fører sin Armee imod London; han kommer endnu idag her paa Slottet. Englands Skjæbne ligger i din Haand.

Cecilie (reiser sig. Lady T. ligeledes).

Jeg reiser bort i dette Øieblik!

Lady T.

Du bliver.

Cecilie.

O, til hvem skal jeg henvende mig! Jeg vil ile til Clarck. Han er saa god, han vil frelse mig.

Lady T.

Lad ham blot frelse sig selv. Det var ham, som — jeg veed ikke ved hvilke Midler — i forrige Uge bevægede Cromwells General, Lambert, til ikke at ud= plyndre dette Slot, skjøndt Protectoren havde befalet det. Lambert er reist til London, men hvo veed, om han ikke, naar han kommer her tilbage, medbringer Ordre til at lade Clarck skyde? Nei, Clarck maa frelse sig selv — ved at gaae over til vort Parti. Naar Stuart da sidder paa Thronen, da skal Clarcks beskedne Fortjenester og Talenter erholde deres Belønning, — jeg giver ham min Haand, — thi jeg — elsker ham!

Cecilie (synker ned paa en Stol).

O! min Gud! hvorhen svandt min skjønne Drøm!

En Tjener (anmelder:)

Hr. Clarck!

Lady T.

Han er velkommen! (hurtigt til Cecilie:) ikke et Ord! det gjælder Stuarternes Guldkrone! det gjælder mit og Manges Liv. Vil Du have en Borgerkrig i Landet? ikke et Ord! hører Du?

Anden Scene.

De forrige (siddende;) Hr. Clarck (staaende og simpelt klædt.)

Lady T.

Vi have været ængstelige for Deres Skyld, Hr. Clarck!

Clarck.

Virkelig?

Cecilie.

Ja, vi have jo ikke seet Dem hele denne Uge.

Clarck (med Glæde.)

Og De har savnet mig, skjønne Miss?

Lady T.

Jeg har længtes meget efter Dem. Jeg var bange for, at Protectoren havde ladet Dem arrestere.

Clarck.

Det har dog ikke været Tilfældet endnu. Jeg har været borte, forbi jeg har været beskjæftiget med at forhindre Floden i at oversvømme en af mine Marker.

Lady T.

O, ikke andet end det!

Clarck.

Ja, det var vigtigt nok for mig, der ikke har anden Fortjeneste end den, at være en ivrig Landmand.

Lady T.

Det er en overdreven Beskedenhed. Med Deres Talenter vilde det være Dem en let Sag at skaffe Dem et Navn, et glimrende Navn.

Clarck (med et Suk.)

Mylady, der er et persisk Ordsprog, som siger: for at være lykkelig maa man leve ubemærket.

Cecilie.

Det er et smukt Ordsprog.

Lady T.

Men hvis Enhver raisonnerede saaledes, hvad vilde der saa blive af Landets Lykke?

Clarck.

Landets Lykke? hm, jeg har nu den Idee, at Alt vilde gaae meget bedre, hvis Halvdelen af vore Stats= mænd forlod Statens Roer og, som jeg, lagde Haanden paa Ploven.

Lady T. (afsides).

Hvilken forkeert Opdragelse har det stakkels Men= neske dog faaet! (høit:) siig mig, Hr. Clarck, tænker Deres Fader ligesom De?

Clarck.

Nei, ikke saa ganske.

Cecilie.

Besøger De ham ofte?

Clarck.

Nei, min Frøken! vi staae paa en spændt Fod med hinanden.

Cecilie.

Det er ikke smukt. Hvorfor harmonerer De ikke med ham?

Clarck.

Og det kan De spørge om? er der nutildags i England et eneste Huus, hvori ikke Forskjel i Meninger og Principer adskiller Søster og Broder, fjerner Søn fra Fader? Min Fader har stødt mig fra sig.

Lady T.

Er han Royalist?

Clarck (skjælvende.)

Nei, Mylady, nei! (med en mørk Mine:) tvertimod!

Lady T. (ængstelig.)

Og De selv?

Clarck (koldt).

Jeg, Mylady? jeg hører til intet Parti, — jeg vil Storbrittaniens Fred, sande Frihed og Lykke, — derfor er jeg ene og forladt, — alle Partier foragte mig — derfor bygger og boer jeg eensomt nede ved Floden.

Cecilie.

Nei, nei, De har Venner, Hr. Clarck, — her i denne Stue har De to! (fatter sig) men er General Lambert ikke kommen tilbage? frygter De ikke for Cromwells Brede?

Clarck.

Nei! hvorfor skulde jeg frygte for den?

Cecilie.

Fordi De har taget os i Forsvar.

12*

Lady T.

Og Tyrannen frygter ikke for at myrde!

Clarck.

De har for mørke Tanker om Cromwell!

Cecilie.

O, jeg kjender ham!

Clarck.

De, min Frøken? har De da seet ham?

Cecilie (med Gysen.)

Ja! rigtignok kun eengang, men jeg glemmer aldrig disse haarde Ansigtstræk, disse graae og gjennemborende Øine; jeg hører endnu denne dybe, barske Stemme —

Clarck (forundret.)

Men hvor havde De da dette Møde?

Cecilie.

Jeg laae for hans Fødder og bad om Naade for min Moder, som efter Slaget ved Worcester havde huset paa sit Slot den flygtende Carl den Anden. Der var sat Dødsstraf for den Undersaat, der vovede at give sin Konge et Stykke Brød! Jeg søgte at komme ind til Protectoren, men man nægtede mig Indgangen. Da tog to af hans Officerer mig i deres Beskyttelse; det var to Generaler —

Clarck.

Hvad heed disse To?

Cecilie.

Georges Monck og Lambert. De fulgte mig ind i et Værelse, hvor Thrannen sad og oplæste Noget af Bibelen for en lille Forsamling; jeg kastede mig for hans Fødder og bad om Naade for min Moder. Han stampede i Gulvet og raabte: „bring dette Barn ud! Monck og Lambert forenede deres Bønner med mine. Forgjæves! han lagde sin Haand paa Bibelen og sagde: „denne hellige Bog befaler: Du skalst ihjelslaae Amalekiterne og deres Børn og de Sidste af deres Slægt. Barn! din Moder maa døe!" Jeg sank om paa Gulvet; da reiste et ungt Menneske sig op fra Bordet og hviskede Noget til Thrannen. Cromwell blev rasende og brølte: „stille Richard! stille, min Søn!" Man førte mig udaf Værelset, men om Aftenen kom Monck til mig og fortalte, at min Moder havde faaet Tilgivelse, men at hendes Godser vare confiskerede; han fortalte mig, at det var Thrannens Søn Richard, hvem vi havde dette at takke for!

Clarck.

Jeg har hørt Noget af denne Historie før men aldrig vidst, at det var Dem.

Cecilie.

Jo, det var mig! Richard Cromwell sagde til sin Fader: „Dengang jeg bad Dig, Fader, om at skaane Carl den Førstes Liv, da afslog Du min Bøn og talte om Statens Frelse; beroer Statens Frelse idag paa en Qvindes Liv?" — „Men Loven," svarede Cromwell, bleg af Harme, „Loven bomfælder dem; jeg skal dræbe Stuarterne og alle deres Tilhængere!" „Saa begynd med mig, min Faber," raabte den æble Richard, „thi jeg raaber nu: leve Stuart! leve Kongen!" Og Richards Søster Elisabeth istemte det samme Raab. Dette uventede Slag overvælbede Tyrannen; han sank tilbage i Stolen og mumlede: „endogsaa blandt mine Børn!" En Time derefter var Benaadningen underskrevet.

Clarck.

Og De har albrig senere seet Richard?

Cecilie.

Albrig. Samme Aften blev han forviist fra London.

En Tjener (træder ind):

I dette Øieblik riber General Lambert ind i Slotsgaarden.

Lady T.

Jeg iler ham imøde. (gaaer hurtigt ud).

Clarck.

Og jeg vil ikke see ham endnu. (Afsides) Efter Aftalen maa han have sendt Depescherne hjem til mig. (Høit). Dyrebare Cecilie! jeg maa hjem paa Forpagtergaarden. I Aften sees vi; der er Noget, der ligger mig tungt paa Hjertet, som jeg maa betroe Dem. Mit Liv, Englands Skjæbne ligger i Deres Haand. Altsaa i Aften! (gaaer ud af en Sidedør).

Cecilie (seer veemodigt efter ham).

Dit Liv, Clarck! o Gud, hvis jeg forstod Dig ret! Nei, nei, det er ikke muligt, — Du elsker mig ikke!

Tredie Scene.
Cecilie. Lady Terringham. Lambert.

Lambert (til Lady T).

Tilgiv mig, Mylady, jeg er vel kun en raa Krigsmand, men trods denne Egenskab beder jeg Dem om at have et Qvarteers Samtale i Eenrum med Miss Cecilie Newport.

Lady T. (med Ængstelse).

De har dog vel ikke noget Ubehageligt at sige hende?

Lambert.

Cromwells Officerer tale Bibelens Sprog, frimodigt, ligefrem, uden at see tilhøire eller tilvenstre, og saaledes taler ogsaa jeg.

Lady T. (idet hun gaaer ud).

Jeg vil da rigtignok haabe, at Carl Stuart ikke vil optage slige Tølpere i sin Generalstab! (til Lambert): Jeg anbefaler mig til Deres Høflighed!

Lambert (som har lyttet til alle Ladyens Ord). Qvinde! jeg siger Amen!

Fjerde Scene.
Cecilie. Lambert.

Lambert.

Vi ere ene; kan De mindes?

Cecilie.

Dengang De og Monck?

Lambert.

Jeg viste Dem dengang en Tjeneste —

Cecilie.

Som jeg aldrig kan afbetale.

Lambert.

Unge Pige! jeg forbrer i dette Øieblik en fuldstæn-
dig Afbetaling og det med Renter.

Cecilie (forbauset).

Og hvad forlanger De da?

Lambert.

Hør mig! (hvisker hende i Øret): Cromwell er død!

Cecilie.

Død?! — men, igrunden, hvad kommer det mig ved?

Lambert.

Meget.

Cecilie.

Jeg forstaaer Dem ikke.

Lambert.

Jeg kan ikke udtyde og forklare mine Ord saa
smukt, som en boglærd Mand, thi jeg er kun en

Ølbryggers Søn. Men det vil jeg sige Dem, at Englands hele Velfærd ligger i Deres Haand.

Cecilie.

(Affides): O, dengang jeg var et Barn, da kunde jeg lee: hvor vilde jeg ikke i den Tid have leet, naar tre Personer, som min Cousine, Hr. Clarck og General Lambert, havde fortalt mig, at Englands Fremtid laae i denne Haand! (Høit:) General! jeg forstaaer Dem ikke.

Lambert.

Saa hør efter, mit Barn! — Cromwell sov aldrig i levende Live. Nu sover han. Hans Ængstelser, hans Samvittighedsnag, de Skygger, der omsvævede hans Dødsleie, — Alt er forbi. Hans Søn skal være Englands Protector efter Faderen.

Cecilie (med Varme.)

Hans Søn! Richard Cromwell! hvem jeg skylder min Moders Liv. Alle gode Guder beskjærme ham!

Lambert.

De kjender ham?

Cecilie.

Det veed De selv.

Lambert.

Jeg husker godt den Historie. Georges Monck og jeg bilagde den Sag. Men for Øieblikket dreier Hju=

let sig om en anden Axel. Jeg er en af Cromwells gamle, ærlige Soldater, jeg gaaer den lige Vei, skjøndt maaskee ikke altid med Bibelen i Haanden. Unge Pige! sig mig: kjender Du en Hr. Clarck?

Cecilie (forbauset.)

Vor Nabo? ja! hvorfor?

Lambert.

Elsker Du denne unge Mand? jeg spørger Dig derom i Navnet af det Helligste, som Du og jeg kjende.

Cecilie (efter en Pause.)

De spørger mig i saa alvorsfulde Udtryk, jeg skylder Dem Oprigtighed, — jeg elsker ham, — men hvad kommer det den døbe Cromwell ved?

Lambert.

Det kommer England ved.

Cecilie.

De maa gjerne lee ad mig, men jeg nødes til at tilstaae, at jeg forstaaer Dem ikke.

Lambert (afsides:)

Mange Miil har jeg reist, men uskyldigere Qvinde har jeg ikke truffet. (Høit:) tilgiv en Soldat, at han spørger Dem ligefrem: hvis Hr. Clarck frier til Dem, vil De da gifte Dem med ham?

Cecilie (efter en Pause, med Varme.)

Ja!

Lambert.

Og veed De, hvem han er? veed De, at han, for at kunne gifte sig med Dem, maa renoncere paa sin Faders betydningsfulde Embede og Kald?

Cecilie.

Nei, det var Synd og Skam! hvem er han da?

Lambert.

Han er Protectorens Søn, han er Richard Cromwell! — fat Dem og hør mig: jeg siger Dig endnu engang, unge Pige, at Du kan tænde eller slukke Englands Stjerne. Richard er den Mand, hvem Riget kan bruge: han er ikke som de øvrige og vellystige Stuarter; han fødtes ikke i den Time, da Petrus hørte Hanegalet. Men for din Skyld, skjønne Qvinde, vil han ikke knytte nogen Alliance med Frankrig, for din Skyld vil han ikke ægte Cardinal Mazarins Niece, for din Skyld vil han styrte Riget i politisk Fare, muligt i Borgerkrig, — siig mig, vil Du opoffre dit Fødeland eller Dig selv?

Cecilie (efter en Pause.)

Mig selv. Tak, Lambert! nu er min Gjæld til Dig afbetalt!

Femte Scene.
Richard Cromwell. Cecilie (siddende.) Lambert.

Richard (forstyrret, iler hen til Lambert.)

Og hvordan døde han? en rolig Død?

Lambert.

Nei! ingen rolig Død. Han fantaserede om Carl den Første paa Skaffottet. Han talte bittert i sin Vildelse og udbrød engang: „gaa bort, Du hovedløse Carl, Du havde jo intet Hoved hverken i Livet eller i Døden!" Men da han paa Slutningen med Neglene krympede Lagenet sammen, da sagde han til mig: „vær Richard tro!", og det skal jeg være.

Richard (efter en Pause.)

Og hvad har Du udrettet?

Lambert.

Jeg vidste jo, Mylord Protector, at De var her, og derfor har jeg beordret fra London det tilstrækkelige Antal Tropper herhen.

Richard.

Deri gjenkjender jeg min Faders troe Ven. (Sagte til ham:) veed Miss Newport Noget herom?

Lambert (sagte).

Hun veed Alt, men Lady Terringham veed Intet.

Richard (sagte.)

Det er velgjort. Jeg er og forbliver her indtil videre „Hr. Clarck."

Sjette Scene.

De forrige. Lady Terringham introducerer General Monck.

Monck (uden at bemærke Richard).

Min skjønne Miss Newport! jeg har da saaledes faaet Løfte om Deres Haand.

Cecilie (gaaer hen i Baggrunden uden at svare.)

Lady Terringham.

Men, Cecilie, husker Du?

Richard (klapper bagfra Monck paa Skulderen og siger til ham afsides):

Ikke et Ord! De kjender mig ikke her. Forstaaer De? her hedder jeg kun Clarck, og dette Navn skal De bruge, naar vi her tale sammen. Jeg veed, General, at De har Tropper med Dem. Behøvedes ikke.

Monck.

Jeg har forstaaet, Mylord.

Richard (til Lady Terringham.)

Mylady! jeg agter med det Første at foretage en Reise til London, men forend jeg tiltræder den, tillader jeg mig, med al den Forkeerthed i Manerer og Lader, hvormed Naturen saa rigeligt har begavet mig, at spørge Dem, om De, ifald Miss Cecilie Newport gav mig et Ja, om De da vilde være imod en saaban Forbindelse? jeg spørger Dem derom i Guds og Menneskers Øine.

Lady T. (forbauset.)

Hr. Clarck! Miss Newport er forlovet.

Richard (ligeledes.)

Med hvem?

Lady T. (pegende hen paa Monck.)

Med General Monck! (til Cecilie:) ikke sandt?

Lambert (griber Cecilies Haand:)

Svar dog, unge Pige!

Cecilie (efter en Pause).

Jo!

Richard (træder hen i Forgrunden.)

Georges Monck! forlovet med ham! (med Resignation) nu vel! han var min Faders gamle Ven, og har hun valgt frit, saa misunder jeg ham Intet. Guds Fred over Cecilie! det er ikke den første, men det er den skjønneste Blomst, som jeg har seet henvisne i mine Forhaabningers Foraarshave, — nu kan der ingen flere visne, thi jeg har ingen!

En Officeer (er imidlertid kommet ind og har tilhvisket Lambert et Par Ord.)

Lambert (iler til Richard og siger med dæmpet Røst:)

Carl Stuart er landet paa den engelske Kyst og skal opholde sig her i Nærheden!

Richard (for sig selv:)

Gudsdød! Hende har jeg tabt, men Kronen vil jeg nu beholde. (sagte til Lambert) Beed Monck og mig om at følge med Dig ind til en — Bibellæsning!

Lambert.

General Monck! vi To ville inden 4 Vægge holde et Privatforhør over denne (pegende paa Richard) mistænkelige Person. Kom med!

(De Tre gaae til een Side; de Andre staae forundrede, Cecilie bøier sit Hoved og gaaer.)

Syvende Scene.

Lady T. (alene; hun lytter ved den Dør, hvor de Tre ere gaaede ind af:)

O Gud! det gjælder Clarck! han gaaer Døden imøbe, fordi han har frelst min Eiendom. Hør engang, hvor høirøstede be blive! — Clarck raaber: „til London!" Lambert raaber det Samme; hør engang: „til London! til London!" — nu tale be sagte. — Ha! hvis Stemme var det? den lignede Clarcks, men den var ikke saa blid. Hør, hvor ben tordner, — det maa være en Fjerdemand! Tys! En siger Farvel til be Andre, — det er Monck, — der er han!

(hun trækker sig tilbage.)

Ottende Scene.

Monck kommer forstyrret ud. Lady Terringham.

Monck (troer sig alene.)

Det er ude med mig, ifald Lambert fatter Mis-

tanke. Han har samlet alle sine Tropper omkring dette
Slot, hans Hær er større end min!

Lady T. (nærmer sig).

Kjære General! hvad er der paafærde?

Monck.

Ulykfalige Qvinde! hvad har Du gjort! Inden
Aften har baade Du og jeg ophørt at leve!

Lady T.

Men forklar Dem dog!

Monck (fortvivlet).

Cromwell er død, og — og — min Mund er
bundet!

Lady T. (glad.)

Cromwell død! Himlen være lovet! Nu, Stuart!
nu kommer din Tid!

Monck (heftig.)

Tie! O, at jeg turde sige Dem, hvordan det
hænger sammen! for Guds Skyld, vær forsigtig! tro
ikke Lambert, og tro ikke, tro endelig ikke denne Clarck!

Lady T.

Clarck? og hvorfor ikke? vil De vædde med mig, at
jeg inden Aften skal vinde ham for Stuarternes Parti?

Monck.

Hun er afsindig! — Tal ikke et Ord til Clarck, — jeg tør ikke tøve, — han kommer her om et Øieblik!

Lady T. (ængstelig.)

De forfærder mig! Viid da, at jeg imorges fik Brev, hvori der tilmeldes mig, at Carl Stuart hvert Øieblik kan ventes hertil Slottet, hvortil jeg har indbudet ham? Troer De ikke, at det var bedst, at han øieblikkelig satte sig i Spidsen for Deres Tropper og marscherede imod London?

Monck (fatter sig.)

Carl Stuarts Blod komme over Deres Hoved! (Koldt.) Hvad har jeg med Prætendenten at gjøre? Richard Cromwell er Englands retmæssige Arveherre.

Lady T. (yderst forbauset.)

De giver Slip paa Cecilies Haand?

Monck (med tiltvungen Kulde.)

Heller end paa mit eget Hoved! — Der er de! — jeg maa bort, jeg maa til London. Mine Tropper forblive her! endnu engang: vær forsigtig! tro ikke Clarck. (Sagte.) Lad Stuarternes Venner samles i London! (Gaaer.)

Niende Scene.

Lady T. (eftertænkende.)

Hvad betyder dette? En saa stor Grad af Vankel= modighed havde jeg ikke tiltroet ham! Han bryder

Accorden, afslaaer Cecilies Haand, men advarer mig paa samme Tid og paaminder mig om ikke at fæste Liid til Clarck! Ah! er han maaskee skinsyg paa Clarck? Ere hans Tropper virkelig saa svage, at han ikke tør indlade sig i et Slag og aabenbart, som jeg dog veed, at hans Hu længe har staaet til, udfolde Stuarternes Banner? Stille!

Tiende Scene.
Lady T. Richard. Lambert.

Richard (bemærker Lady T. og siger sagte til Lambert.)

Det bliver, som jeg har sagt. Du har Mistillid til Monck. Det har jeg ikke, og jeg vil heller ikke have, at Du skal mistænke ham. Det er kun uædle Mennesker, som leve i Ængstelse og Spænding for Ting, som kun existere i deres egen syge Indbildnings=kraft. Du lader dine Tropper omringe Slottet og griber enhver mistænkelig Person. Skulde Du gribe Carl Stuart —

Lambert (hidsig.)

Hvad saa?

Richard.

Saa — fører Du ham til Kysten —

Lambert.

Og lader ham skyde —

Richard.

Sætter ham ombord paa et Skib og landsætter

ham der, hvor han kom fra, i Frankrig! Medens Monck er i London, fører Du Kommandoen saavel over hans, som over dit eget, Korps. (Høit.) Og nu, Hr. General! da jeg har overtydet Dem og General Monck om, at jeg ingen Tilhænger er af den ulykkelige Prætendents Parti, saa haaber jeg, at enhver Mistanke for politiske Intriger bortfalder fra min Person.

Lambert.

Hr. Clarck kan reise, hvorhen han lyster.

Richard.

Jeg takker. (Til Lady T.) Skjønne Mylady! Jeg nærede eengang det Haab, at jeg i landlig Rolighed skulde tilbringe mit Liv i min smukke Forpagtergaard i Nærheden af dette Slot, — Omstændighederne have imidlertid føiet det anderledes, —

Lady T.

De reiser bort?

Richard.

Ja! til London; endnu idag. Jeg gjør kun et Løb ned til min Gaard for at vise General Lambert mine Papirer og derved fuldstændigt retfærdiggjøre mig i denne værdige Mands Øine. Naar dette er gjort, skal jeg tillade mig før min Afreise endnu engang at sige Dem et hjerteligt Levvel og for sidste Gang at hilse paa — Miss Newport. General! jeg er parat.

(Richard og Lambert gaaer.)

13*

Ellevte Scene.

Lady T.

Jo mere jeg grubler over disse Gaader, desto mere forvirres mine Tanker. Mon Cecilie ikke skulde kunne give mig nogensomhelst Oplysning? Cecilie? det Barn! ja, men hvem kunde vide det? Jeg vil dog tale med hende.

(Idet hun vil gaae, bankes der paa en Sidedør; simpelt klædt og indhyllet i en Kappe, med en bred= skygget Hat med hvide Fjer, indtræder Carl Stuart.)

Tolvte Scene.

Carl Stuart. Lady T.
(Carl kaster Kappe og Hat; Lady T. knæler.)

Lady T.

O min Konge! Sire! Sire!

Carl (reiser hende op og holder hende i sine Arme.)

For Pokker, Mylady! hvad skal det betyde? jeg er kun en stakkels Prætendent, nei, De, den Skjønneste blandt Englands Damer, De er Dronning i England.
(han kysser hende).

Lady T. (fornærmet, river sig løs.)

Sire! Og kan De tænke paa at fjase i dette Øieblik?

Carl (letsindig.)

Og hvorfor ikke det? i dette Øieblik er jeg netop saa usigelig lykkelig, — er jeg ikke hos Dem? (Han kaster sig i en Lænestol.) Ah! det gjør godt! her har

man det bedre, end naar man skal vade i Moradser
eller sidde fastende i et Egetræ!

Lady T. (bevæget.)

Saa er det sandt, at De har maattet gjennemgaae
saamange Farer?

Carl.

Ja, Mylady, og den værste og ubehageligste var
upaatvivlelig den Affaire, da jeg i 24 Timer maatte
efter Slaget sidde som en Solsort oppe i det store Træ,
medens Cromwells infame Soldater sad nedenunder og
messede og sang Psalmer og omtalte min kongelige
Person paa en høist udelicat Maade. Og saa det
Allergaleste, det var, at de Canailler tillige spiste og
drak fortræffeligt, imedens deres Souverain af pure
Hunger ofte var nærved i sin Mattelse at dumpe ned
i en af deres store Saucestaaler. Ved St. Georges! i
det Øieblik vilde jeg gjerne have bortbyttet min Krone
for et Glas Porter!

Lady T.
Deres Majestæt spøger?

Carl.

Nei, paa ingen Maade! tænk Dem en Throne i et
Egetræ, og paa fastende Hjerte! Den Dag, forsikkrer
jeg Dem, var det mit høieste Ønske, at turde stige ned
fra min Throne!

Laby T.

Ja, man har ogsaa sagt mig, at dette var den værste Epoke i Deres bevægede Liv —

Carl (reiser sig op af Stolen.)

Med Undtagelse af mit første Tog i Skotland —

Laby T. (veemodigt.)

Ja, da den stakkels Montrose blev dræbt for Deres Sag!

Carl (fornærmet og stolt.)

Stakkels Montrose, siger De, Mylaby? Ingen Undersaat, der falder for sin Konge, kan benævnes saaledes! Han har opnaaet den høieste Ære i denne Verden, han døer den misundelsesværdigste Død, med den Bevidsthed, at hvis han ikke var død, da var han bleven belønnet med den kongelige Naade!

Laby T. (affides.)

Mange Tak!

Carl (letfindig.)

Ja visselig var dette Tog i Skotland yderst ubehageligt. For at blive anerkjendt som Konge maatte jeg hver Morgen høre Puritanernes Præbikener og bivaane Messen. Nei, det var at betale en Krone for dyrt. Og saa var der ingen smukke Damer, ibetminbste skjulte de sig. Men her i England, hvilken Forskjel! For fjorten Dage siden landede jeg i Bristol, og siden den Tid har jeg kun seet smukke og hengivne Damer, hele min troe Adelstand. Hver Dag tilbragte jeg paa et nyt Slot, — ah, den yndige Lady Parham og saa den guddommelige Marquise af Trelawney og nu Lady Terringham!

Lady T.

Jeg har skrevet til Deres Majestæt, at De blot behøvede at vise Dem, saa vilde Londons Porte aabne sig for Dem.

Carl.

Naturligviis! Cromwell er ikke mere. Naar Slangen er død, bider Giften heller ikke. Vel have Soldaterne udraabt Richard Cromwell, men det er kun en Militairopstand, som ingen Følger kan have. Desuden! det vilde være meget passende, om man fik Leilighed til at blotte sin Kaarde. Tænk Dem, Mylady, hvilken Effect det vilde gjøre, hvis jeg holdt mit Indtog i London med et Skjærf om Armen! Saaledes drog jo min Moders Fader, Henrik den Fjerde, ind i Paris. Jeg har Meget tilfælles med den ridderlige Henrik! Apropos! har De talt med Monck?

Lady T. (forlegen.)

Ja! jo! han er reist til London, men han sagde, at jeg skulde sammenkalde alle Deres Majestæts Tilhængere til et Møde i London, — jeg reiser selv derhen med min Cousine.

Carl.

Ah! var det maaskee den smukke unge Dame, som

jeg saae nede i underste Etage, — hun havde et Par deilige Øine.

Lady T. (alvorlig.)

Sire, tillad mig to Ord! det er ikke Tid at sværme for deilige Øine. Der skal handles og handles med Energie. Min Cousine, som De har seet, Miß Cecilie Newport, er Moncks Brud; jeg har sikkret mig hans Kaarde ved at love ham Cecilies Haand. Imidlertid syntes Monck for et Øieblik siden at vakle imellem Deres Majestæt og Richard Cromwell, — paa hvad Grund er mig aldeles uforklarligt. Imidlertid tager jeg Cecilie med til London, og hun skal nok igjen erobre Monck, ifald han virkelig skulde have isinde at falde fra os. Det Værste ved det Hele for Øieblikket er, at Richards ivrige Tilhænger, General Lambert, er her paa Slottet og har cantonneret alle sine Tropper rundt omkring i Omegnen, — og disse Tropper ere Moncks overlegne i Antal og Styrke —

Carl.

Gudsdød! er det den Lambert, der slog mit Rytteri ved Worcester og forfulgte mig saa ubarmhjertigt efter Slaget?

Lady T.

Den Samme. Derfor maa De skjules paa det meest afsides Sted i dette Slot, indtil Lambert og hans Tropper ere borte. Jeg og Cecilie reise strax til London, hvor jeg skal forberede Deres Majestæts Ankomst. Vi have ingen Tid at spilde, følg med mig, saa skal jeg vise Dem Deres Skjulested. (Hun ringer; en Tjener kommer; til Tjeneren:)

Siig til Miss Newport, at jeg ønsker at see hende her!

Carl.

Men, Mylady! jeg skal da ikke sidde for længe i dette Fængsel? jeg faaer da lidt — lidt Dameselskab?

Lady T.

Maa jeg vise Dem Veien, Sire! (hun aabner en Sidedør og peger derudaf.) den fjerde Dør, Sire, tilvenstre! der vil De træffe en Person, der skal sige Dem det Nødvendige.

Carl.

Og De seer dog til mig, skjønne Mylady?

Lady T. (utaalmodig.)

Gaa, Sire! husk paa, at gjennem denne dunkle Gang skal De gaae til Whitehalls Kongesale!

(Prindsen gaaer.)

Lady T. (seer haanligen efter ham.)

Letsindig, ubetydelig, kort sagt en Galning, der afskyer Forretningerne, men tilbeder Fornøielser og det smukke Kjøn, som de kalde os! — Det er en Konge for mig! fanger jeg ham, behøve vi ingen Ministre. Da bliver jeg mere Englands Dronning, end han Englands Konge.

Trettende Scene.

Lady T. Cecilie.

Lady T.

Min kjære Cousine! jeg har saa Meget, som jeg vilde spørge Dig om!

Cecilie (med et Suk.)

Og jeg har saa Lidet at besvare. Denne Dag har gjort mig ti Aar ældre, — men tillige ti Aar ulykkeligere.

Lady T.

Svar mig oprigtigt! Monck er din Brudgom, det har Du jo selv anerkjendt; har Du, efterat vi To, Clarck, Lambert og Monck sidst havde en Samtale her i denne Sal, talt med Monck?

Cecilie.

Nei!

Lady T.

Besynderligt! — Veed Du, at Monck pludselig er reist til London?

Cecilie.

Til London? Nei! jeg saae ham ride ud af Borg-gaarden med en Snees Dragoner. Men at han reed til London, vidste jeg ikke, før jeg nu hører det.

Lady T.

Har Du seet nedenunder en ung Mand i en sort Kappe og med en bredskygget Hat?

Cecilie.

Ja! han spurgte Huushovmesteren, hvor han skulde træffe Dig, og saa gik han herop efterat have kastet et besynderligt, for ikke at sige næsviist, Blik paa mig.

Lady T. (afsides.)

En Stuart bliver dog altid sig selv liig. (Høit.) Det var en intim Ven af mig; han bliver her paa Slottet, efterat vi To endnu idag reise til London.

Cecilie (ængstelig.)

Til London?

Lady T.

Lader os sætte os ned. Ja! til London. Mangfoldige ere de Forretninger, som jeg der har at tage vare. Det er paa den høie Tid, at der maa handles imod Richard Cromwell!

Cecilie.

Imod ham? imod Richard, som — (fatter sig.) som frelste min Moders, din kjæbelige Tantes Liv? aldrig.

Lady T.

Jeg siger Dig, at det maa skee. Jeg har ved Breve sat hele vort Parti Stevne i London; derfor reiser jeg derhen. Monck begynder at vakle, men derfor reiser Du med, thi Du skal formaae ham til at holde fast ved Stuarternes gode Sag.

Cecilie.

Det kan jeg ikke. Richard Cromwell har viist sig

ædelttænkende og ædelthandlende imod mig, — aldrig vil jeg virke imod ham. Jeg vil ikke deeltage i dine politiske Cabaler, jeg vil leve roligt, fjernet fra Verdens Glands og Tummel, — der gives Klostere, — lad et Slør bedække min Fremtid.

En Tjener (anmelder:)

Hr. Clarck ønsker at sige Mylady og Miss Newport Farvel.

Lady (for sig selv).

Det var yderst ubeleiligt! (til Tjeneren.) Hr. Clarck er hjertelig velkommen! (for sig selv.) jeg begynder at fatte Mistanke til denne Clarck, dog nei, han er altfor uskyldig! (til Cecilie.) husk, at Du er Moncks Brud! Lad mig føre Samtalen med Clarck og forstyr os ikke!

Cecilie (i heftig Bevægelse.)

Men, Cousine! intet Anslag imod Richard! for din og min Skyld bønfalder jeg Dig derom.

Fjortende Scene.
De forrige. Richard.

Richard.

Mine Damer! jeg kommer for at sige Dem Levvel! jeg kommer for at takke Dem af ganske Hjerte og med uskrømtet Følelse for al den Gjæstfrihed, jeg har nydt i dette Slot, jeg kommer, for at lykønske Dem, Miss Newport, til den glimrende Fremtid, som De gaaer imøde. Jeg veed, at den nye Protector, Richard Cromwell, er en intim Ven af General Monck; han vil vist gjøre Alt, hvad der staaer i hans Magt, til at fremme Moncks og hans Bruds timelige Lykke. Richard Cromwell, siger man, er taknemmelig, og jeg troer det om ham, endskjøndt vi To aldrig have mødtes.

(Cecilie vil sige Noget, men afbrydes af)

Lady T.

Hr. Clarck! tillad mig aabenhjertigen at gjøre Dem en Proposition.

Richard.

Behag, min Naadige!

Lady T.

Af en foregaaende Samtale med Dem erindrer jeg, at De erklærede, at De ikke hørte til noget politisk Parti?

Richard.

Jeg sagde dengang Sandhed.

Cecilie.

O! den siger De altid!

Lady T.

Stille, Cecilie! — Miskjend mig ikke, Hr. Clarck, naar jeg tilstaaer, at jeg elsker Dem! De studser! velan, jeg tilbyder Dem . i dette Øieblik min Haand paa den Betingelse, at De træder ind i et bestemt politisk Parti.

Richard.

Og i hvilket, om jeg tør spørge?

Lady T.

I det Stuartske. Hør mig! jeg er ung, og Verden siger mig hver Dag, at jeg er smuk; det Sidste veed jeg ikke, men det veed jeg, at jeg er riig, og at jeg staaer meget høit anskrevet hos Prætendenten. De er fattig, jeg vil gjøre Dem riig, naar Carl Stuart har nedkastet Richard Cromwell fra den usurperede Throne. De skal komme til at staae ved Siden af General Monck, og jeg vil staae ved Siden af hende, (peger paa Cecilie.) af Generalinde Monck.

Richard.

Og naar saa den brødefulde Richard var bleven styrtet, hvad skulde der saa skee med ham?

Lady T.

Han skulde ikke henrettes, men han skulde gjøres uskadelig. Jeg proponerer for Exempel, at han skulde blindes, thi en blind Mand kan aldrig være Konge.

Cecilie (heftig.)
Regine, Du veed ikke, hvad Du siger!

Richard (affides.)
Tak, Du gode Sjæl!

paa eengang.

Richard.
Men, Mylady! ifald nu Richard seirede?

Lady T.
Ifald? men det kan nu ikke skee! men ifald det skete, saa erholder De alligevel min Haand! thi jeg har

Dem saare kjær. O! jeg skal elske Dem, ikke saaledes, som jeg elskede den gamle, ublevede Lord Terringham, hvem jeg blev tvunget til at ægte, — nei! jeg skal elske Dem med Liv og Sjæl, med et hidtil koldt Hjertes pludselige opblussende Flamme, jeg skal elske Dem, — som en Qvinde bør elske sin Huusbond! Alle de Frøkorn, som Naturen saa rigeligt har nedlagt i en Qvindes Hjerte, de skulle fremspire, vorde til Planter med Blomster, og disse Blomster skulle kun dufte for Dem, Clarck!

Richard. (kold.)

Mylady! Vel er De skjøn og tillokkende, men mig vil De aldrig kunne overvinde!

Cecilie (afsides.)

Himlen være lovet! han modstod Fristelsen.

Femtende Scene.
De forrige. Lambert.

Lambert.

Om Forladelse, Hr. Clarck! (til Lady T. koldt og strengt.) En mistænkelig Person er bleven seet her paa Slottet. De undskylder, Mylady, i den Anledning, at jeg har ladet fire af mine Officerer anstille en Huusundersøgelse her paa Slottet. De er maaskee ikke uvidende om, at Rygtet gaaer, at Prætendenten Carl og nogle af hans Tilhængere, hvoriblandt den unge Lord Newport, en Broder til Miss Cecilie, skulle være landede her i England. Det var jo rimeligt, at Lord Newport vilde her paa Slottet aflægge et Besøg for at see sin Søster, men

det er ligesaa rimeligt, at jeg i saa Tilfælde i Lordpro=
tectorens, Richard Cromwells, Navn, lægger Beslag paa
Lord Newports Person. Ah! ganske rigtigt! de have
dog fundet Een!

Sextende Scene.

De Forrige. **Carl Stuart**, omringet af 3 eller 4 Officerer, kommer
ind af Sidedøren.

Lady T. (til Officererne.)

Men, mine Herrer, tillad mig ——

Carl.

Jeg erklærer, Mylords eller mine Herrer, hvem
De saa ere, at Deres Spørgsmaal, saavel som Deres
Adfærd imod mig, er uforskammet! Jeg kjender ingen
Lov, som forbyder mig at tilbringe Aftenen hos Lady
Terringham, naar hun har den Godhed at invitere
mig. Og hvad mit Navn angaaer, da er det mere
bekjendt, end Deres, mine Herrer, men dette Navn
opgiver jeg nu ikke.

Lambert.

Det vil vi faae at see! (taler sagte med Officererne.)

Lady T. (har imidlertid nærmet sig til Cecilie og
siger sagte til hende:)

Cecilie! Englands Skjæbne ligger i din Haand!
kun Du kan frelse ham! Veed Du, hvem det er?

Cecilie.

Nei!

Lady T.

Det er Carl Stuart!

Cecilie.

Min Gud! min Gud! der seer Du Følgen af dine politiske Intriger!

Lady T.

Han er frelst, naar Du udgiver ham for at være din Broder, Lord Newport. Vil Du have en Konges Død paa din Samvittighed.

Cecilie.

Nei! nei! (iler hen til Richard, der hidtil eftertænkende og i Tausehd har nøie betragtet den hele Scene, og siger sagte:) Richard Cromwell! tør Deres Ven, Moncks Brud, bede Dem om Naade for sin Broder? det er Lord Newport!

Richard (sagte.)

Er det Deres Broder? vær rolig! der skal Intet vederfares Cecilie Newports Broder! (høit til Lambert:) Hr. General! Tillad mig at sige Dem, at De her har handlet overilet, idet De har krænket Huusfreden uden gyldig Grund. Den Mand er ikke nogen af Stuarts Tilhængere; jeg kjender ham.

Lambert.

De kjender ham?

Richard.

Det er Forpagter Dickson, min Nabo. Vi har ofte gaaet paa Jagt sammen.

Lambert.

Det er en anden Sag.

Carl (fagte til Lady T.)

Hvem er den Mand?

Lady T. (fagte.)

Forpagter Clarck!

Carl (høit.)

Ei, ei! min kjære Clarck! det var godt, at Du kjendte mig, ellers havde denne fordømte Grobian (peger paa Lambert) maaskee villet lade mig skyde, forbi den gale Carl Stuart er landet. Jeg skal huske Dig det ved Leilighed. (trykker Richards Haand.)

Richard.

Jeg takker. (fagte til Cecilie.) Er De fornøiet med mig?

Cecilie (fagte.)

Og derom kan De spørge?

Lambert (til Officererne.)

Hold streng Vagt ved alle Indgangene! finder De nogen af Stuarts Tilhængere, saa — kort Proces! et Bind for Øinene og to Kugler gjennem Hovedet!

Carl.

Saa? Saa? det var grumme gesvindt bestilt? Hvem er De, min Herre?

Lambert.

Jeg er General Lambert med Deres Tilladelse.

Carl.

Ah! fra Worcester? (afsides.) Fanden ikke General med min Tilladelse!

Lambert.

Ja! der fægtede jeg med. De kjender mig.

Carl.

Ja! Ja! saa kjender jeg Dem af Navn (afsides.) og tillige af hans Sabel!

Richard (afsides til Lambert.)

Du følger mig lige i Hælene til London, tager Armeen med, og lader kun en Afdeling bevogte Slottet. (Til Carl.) Dickson! hvor vil Du hen?

Lady T. (sagte til Carl.)

Til London, hvor vore Sammensvorne vente os! jeg og Cecilie følge strax efter.

Carl.

Aah, min gamle Ven Clarck, jeg kunde nok have Lyst til at see mig om i London.

Richard.

Saa kjører Du med mig i min Vogn, den er alt forspændt. (Til Cecilie.) Jeg skal beskytte Deres Bro-

14*

ber, som om det var min egen. (Høit til Lady T.) Levvel! og skulde jeg i min ringe Stilling nogensinde kunne være Dem til nogen Tjeneste, da henvend Dem til mig, — Miss Newport har faaet min Adresse. (Sagte til Cecilie.) Jeg skal hilse den brave Monck fra Dem! Guds Velsignelse være med Dem. (Høit.) Dickson! er Du parat?

Carl.

Ja, min Broder Clarck! her er jeg!

(De gaae.)

Lady T. (triumpherende.)

Han er frelst!

Cecilie (dybt bevæget.)

Og jeg maa tie!

Lady T. (til Cecilie.)

Kom, vi maa hurtigt til London!

Anden Akt.

Første Scene.

Et lille Værelse i et Værtshuus paa Landeveien, tæt uden=
for London; **Carl Stuart** træder ind fra Venstre, i Kappe, som
han kaster, tilligemed Hatten, hen paa en Stol.

Carl (brister ud i Latter.)

Nei! det er en af de gubbommeligste Historier, jeg
har oplevet her i mit Rige. De har bildt Dosmeren
Clarck ind, at jeg er Lord Newport, Miss Cecilies Broder!
Og den godmodige, ærlige Clarck, som jeg nok kan
mærke hælder stærkt til det Cromwellske Parti, taler under
hele Reisen med mig i Vognen ikke om Andet, end om
min Søster, Cecilie Newport, hvem han elsker, men
hvem han af ridderlig Generøsitet overdrager til General
Monck, — og Monck er min ivrigste Tilhænger! O!
hvor Menneskene dog ere dumme i Almindelighed! Jeg
begynder virkelig fuldt og fast at troe paa det Sagn,
at kun de, der ere fødte til at bære en Krone paa
Hovedet, komme til Verden med et sundt og rigtigt
Hoved! De Andre have ingen Hoved, ingen Menneske=
forstand. — Stakkels Clarck! vi holde Dig rigtignok

for Nar i dette Øieblik, men vi skulle holde Dig skadesløs, naar først Englands Scepter hviler i vor Haand. Og Monck! troer han, at han skal besidde Cecilie Newport ene? Nei, nei, vor kongelige Naade skal beskinne hendes Ansigt, thi hun er smuk, — og jeg er Konge! En Krone blænder den ellers trofaste og uskyldige Hustru, — det er Verdens Gang, og det er rigtigt, thi hvorfor heed vi Konger, naar vi ikke havde den Forrettighed? — Miss Newport er smukkere, end Lady Terringham, det er aabenbart: de have Begge fulgt os paa hele Veien, og jeg har havt Leilighed til at gjøre Sammenligning. Da jeg her i Gaarden hjalp Miss Newport udaf Vognen, tilkastede hun mig et vredt Blik, — det skal hun bøde for, den lille Skjelm! Hun skal komme til at give efter, ikke for Forpagter Dickson, nei — for Carl den Anden! Ah! see der! Hr. Clarck!

Anden Scene.

Carl Stuart. Richard (kommer ind fra Venstre, kaster sine Reisekklæder og sætter sig i en Lænestol.)

Richard.

Sæt Dem ned, Mylord Newport! Jeg skal strax reise videre, og vi maa derfor i største Hast afgjøre, hvorledes vi skulle ordne Deres Anliggender. Behag at tage Dem en Stol.

Carl (afsides.)

Man maa tilstaae, at denne Hr. Clarck er meget ugeneert i sit Væsen. (Han tager en Stol og sætter sig.)

Richard.

Jeg havde lovet Deres Søster at frelse Dem, og jeg har holdt mit Løfte.

Carl.

Og derfor takker jeg Dem af Hjertet. Hvem De nu end er, og hvilken Stilling De end indtager i Staten, kan De være overtydet om, at jeg skal gjøre Alt for Dem, saasnart blot den gode Sag har seiret, og den dumme Richard Cromwell er styrtet.

Richard (reiser sig og bukker.)

O! De er altfor god, Mylord!

Carl (reiser sig og besvarer Bukket.)

Det er kun min Pligt. (De sætte sig igjen.) Ja, naar først Carl Stuart sidder paa Thronen, saa lover jeg Dem, —

Richard (afsides.)

At jeg ikke længer skal komme til at sidde paa den! (høit.) Jeg takker Dem, Mylord! Jeg fæster ubetinget Lid til Deres Løfter. Men siig mig engang, — Deres Søster er ængstelig i Anledning af Deres Ophold her i England, — naar agter De at reise?

Carl.

Fra England? ikke saa snart. Herfra Værtshuset? saasnart jeg har spiist.

Richard.

Og hvor agter De Dem hen, om jeg tør spørge?

Carl.

Naturligviis til London.

Richard (forbauset.)

Til London? De sagde rigtignok paa Lady Terring-
hams Slot, at dette var Deres Plan, men jeg troede,
det var kun Deres Spøg, og at De blot vilde skuffe
General Lambert.

Carl.

Nei, min søbeste Ven! det var mit ramme Alvor;
jeg maa, jeg skal til London. Jeg har der nogle
Forretninger af yderste Vigtighed.

Richard.

Ja, men for at undgaae Richards og hans Ministres
Efterstræbelser, hvor vil De da skjule Dem i London?

Carl.

Ih, for en Ulykke, min gamle Ven Clarck, naturlig-
viis hos Dem!

Richard.

Hm! — ja, den Idee er ikke saa daarlig, men --

Carl.

Ingen Mener, ingen Indvendinger, kjære Clarck!
jeg gjør ikke store Fordringer for min Person. Siig
mig, er De maaskee gift?

Richard.

Nei!

Carl.

O! det er Skade, at min Søster, Miss Newport,

er saa forelſket i Monck, — naa, derved er nu Intet at gjøre. Boer De til Leie, eller har De ſelv et Huus?

Richard.

Jeg boer i min Faders Gaard.

Carl.

Ah, deslettere kan De ſkjule mig i et paſſende Locale. Er Deres Fader en varm Tilhænger af Stuarterne?

Richard (med et Suk.)

Han er iiskold!

Carl.

Det er ſlemt, maaſkee han da ikke gjerne vil ſee mig, thi jeg maa tilſtaae, at jeg i ſaa Henſeende er Fyr og Flamme.

Richard.

Vær ubekymret, — han er paa en meget lang Reiſe!

Carl.

De ſkal dog vel ikke reiſe efter ham? er det derfor, at De har Betænkeligheder ved at huſe mig?

Richard.

Nei! der vil nok endnu hengaae nogen Tid, inden jeg vil komme til at møde ham. Sagen er, at jeg ikke troer, at De vilde være ſaa aldeles ſikker hos mig. Lad mig ſee, — hos Deres Søſter —

Carl (levende.)

Ja! hos Miss Newport, der vilde jeg rigtignok helst være!

Richard.

Men det gaaer ikke an; hun er hos Lady Ter-ringham, og Lady Terringham er bekjendt for at politi-sere og intrigere. Hvis Richard Cromwell fik isinde at anstille en Huusundersøgelse, kunde det see farligt ud. Deres Navn, Mylord Newport, er vist ikke ubekjendt for Richard!

Carl.

Mit Navn — nei! det holder nok Hr. Richard ikke saa synderligt af. Men Richard har bestemt ikke den ringeste Anelse om, at jeg er her i England.

Richard.

Ja! det skal De dog ikke sige saa aldeles bestemt. Kjender De Richard?

Carl.

Nei, men man siger, at han bekymrer sig meget lidt om Politik, — det skal forresten være et skikkeligt Strog med en heel Deel borgerlige Dyder, en ret elsk-værdig Privatmand, — han har kun een Feil —

Richard.

Og det er?

Carl.

At han er Konge.

Richard.

Ah! da er det en Feil, som Carl Stuart vist gjerne vilde besidde!

Carl.

Upaatvivlelig! det er maaskee den eneste Feil, som Carl ikke har. Han har ellers samtlige de øvrige Feil, der sømme sig for en stor Fyrste; han elsker Pragt, Luxus, Fornøielser, smukke Damer, — ja! Lady Terringham har betroet mig, at De havde et vist puritansk Anstrøg, men bie De kun lidt, jeg skal nok omvende Dem, —

Richard (smilende.)

Og jeg havde netop faaet den Idee, at jeg vilde omvende Dem, og i Deres egen Interesse formaae Dem til at opgive alle Deres Forhaabninger med Hensyn til Stuarternes Sag.

Carl (levende.)

Det er umuligt! Stuarts Sag har aldrig staaet saa godt som nu i dette Øieblik. Han har paa sit Parti Marqvien af Ormond, Hertugen af Hamilton, Greven af Lauderdale, Lordmayoren i London —

Richard.

Man har bedraget Dem, Mylord, alle disse Mænd have jo svoret Richard Troskab!   (De reise sig.)

Carl (levende.)

Pah! en politisk Eed! hvad betyder den? Desuden

have vi Damerne paa vort Parti, — Lady Terringham, Lady Hamilton — tys!

Tredie Scene.

De Forrige. Lady Terringham, Cecilie, (der kommer ind fra Høire)

Carl (iler henimod Cecilie og vil omfavne hende.)

Ah, min kjære Søster, nu kan jeg da endelig faae Leilighed til at give Dig et Broderkys!

Cecilie (river sig løs.)

Slip mig, — det er ikke nu Tid til — til at spøge. Hr. Clarck! naar reifer De til London?

Richard.

I dette Øieblik, men tillad mig at raadføre mig med Dem angaaende Deres Broder! han vil ogsaa til London, men hvor skal man skjule ham?

Cecilie (heftigt bevæget.)

O! Intet vil blive lettere. (Sagte.) Lad mig blot tale et Ord i Eenrum med Dem! (Høit.) Han kan jo skjules hos min Frænde, Greven af Lauderdale, ikke sandt, Cousine? (Sagte.) Richard Cromwell! De er forraadt!

Lady T. (som hidtil har talt sagte med Carl.)

Jo, det er vist det Bedste, kjære Cecilie! Greven er jo En af vore Allierede. (Sagte til Cecilie.) Hvad er det, Du hvisker til Clarck?

Cecilie (sagte.)

Intet, men jeg er saa angst for, at han skal op=
dage, at det ikke er min Broder, men Prætendenten
Carl Stuart.

Richard (som stivt har betragtet Carl, siger sagte til Cecilie.)

Har jeg Noget at befrygte af Deres Broder?

Cecilie (sagte.)

Ja! ja! De veed, at han er en ivrig Tilhænger
af den landflygtige Prætendent, — o min Gud, Mere
tør jeg ikke sige Dem!

Richard.

(Sagte.) Og det er ogsaa nok, jeg takker Dem af
Hjertet, Miss Newport. (Høit til Lady T. og Carl Stuart.)
Mylady! Mylord! tillad mig med en Landmands Aaben=
hjertighed at udtale mig i en Sag, der for Dem Begge
maaskee kan være af Vigtighed. Jeg veed, at De,
Mylord, saavelsom De, Mylady, varmt interessere Dem
for den ulykkelige Carl Stuart —

Lady T.

Carl Stuart er ikke ulykkelig!

Carl.

Carl Stuart har aldrig været sin Lykke saa nær
som nu!

Richard.

Tillad mig at tale ud. Det er smukt handlet at
være en forviist Kongefamilie tro, at hjælpe den i

Ulykken, at forsøde dens mørke Timer; men det er urig=
tigt at drive sin loyale Iver saa vidt, at man derved
sætter sit eget og en — jeg gjentager det — allerede
noksom ulykkelig Kongefamilies Vel paa Spil. Er De,
Mylord, saa aldeles overbeviist om, at Richard Cromwell
ikke vilde tage en alvorlig Hevn over Prætendenten,
ifald denne blev paagreben paa engelsk Grund? troer
De ikke, det er muligt, at selve Parlamentet vilde tvinge
Richard til at lade Carls Hoved springe paa det samme
Skaffot, hvor Carl den Første maatte miste sit?

Carl (opbrusende, idet han lægger sin Haand paa
sin Kaarde.)

Hr. Clarck! det gaaer for vidt.

Cecilie (iler hen til ham.)

Broder! husk paa, at det var ham, der frelste Dem
fra General Lamberts Krigsret!

Richard (harmfuld.)

Stille, unge Mand! Haanden fra Kaarden! Ude i
Gaarden holder Lambert med sine brave Dragoner. Et
Vink fra mig, et Vink blot om, at De er en lønlig
Royalist, — og Lambert vilde øieblikkelig lade Dem
skyde. (Peger paa Cecilie.) Tak Deres Søster for, at jeg
er taus, og De, Mylady, vær ogsaa De hende taknem=
melig! (Satirisk.) Tro mig, Lambert finder en ganske
egen Vellyst i at commandere: Fyr!, naar det gjælder
om at sigte paa det kongelige Parti.

Fjerde Scene.
De forrige. General Lambert.

Lambert.

Hr. Clarck! i Lordprotectoren Richard Cromwells Navn arresterer jeg disse tre Personer — og Dem selv med; De har indestaaet for denne Herre, men da han rimeligviis er En af Lady Terringhams intime Venner, maa jeg bemægtige mig hans Person. (Sagte til Richard.) Mylord! De er bleven bedraget; det er bestemt en Royalist. (Høit.) Læs De selv dette Brev til Lady Terringham, det er fra General Harrison, men er bleven opsnappet af mine Dragoner.

Richard (seer stivt paa Lady T. og siger sagte til hende:) Der seer De Følgen af disse taabelige Intriger. (Læser Brevet høit:) „Mylady! Carl Stuart kan, hvilket Øieblik han vil, holde sit Indtog i London. Vi have endelig vundet General Monck; han vil gaae over til Carl Stuart med alle sine Tropper. Vi have besluttet, at Richard Cromwell skal sin Livstid holdes i strengt Fængsel i Slottet Pomfret." — (Høit til Lambert) Slottet Pomfret! var det ikke paa dette Slot, at den afsatte Kong Richard den Anden døde Hungerdøden efter Kong Henrik den Fjerdes Foranstaltning?

Lambert.

Jo! og Richard den Anden var en Søn af den sorte Prinds.

Richard.

Ganske rigtigt. — (Læser videre.) „Jeg erfarer med

stor Tilfredshed, Mylady, at Deres Fætter, Lord New=
port, er ankommen til England, han vil blive os en god
Støtte. Sørg nu blot for, at Kong Carl øieblikkelig
indfinder sig i Hovedstaden. Med Høiagtelse, Mylady,
Deres Harrison."

(Pause. Richard gaaer engang op og ned ad Theatret i dybe
Tanker. Endelig siger han til Lambert:)

General! Dette Brev er falskt. Under fire Øine
skal jeg overbevise Dem om disse tre Personers uom=
stødelige Hengivenhed for den unge Lordprotector. Lad
dem uhindret reise, hvorhen de ville; jeg derimod for=
bliver hos Dem og stiller min Person som Borgen for
disse Tres oprigtige Troskab imod Cromwell. Og
hvorledes kunde De dog fæste Liid til et saadant Brev,
hvor Richards bedste Ven, General Monck, sigtes for
Forræderi? (Med Hentydning til Lady T.) At en Dame
kan intrigere imod Richard, det er tilgiveligt, thi hvad
skylde Damerne Richard? Men at Monck, Richards
Fosterbroder, den Mand, hvem Richard har betroet sine
hemmeligste Tanker, (med Hentydning til Cecilie, sagte), for
hvis Skyld Richard har opoffret sin skjønneste Drøm,
(høit.) at Monck skulde være en Forræder imod Richard,
det, Hr. General, vil De ved roligere Overveielse indsee,
er en moralsk Umulighed. De frigiver altsaa disse tre
Personer, naar jeg stiller mig i deres Sted?

Lambert (med indædt Harme.)

Jeg veed ikke, om jeg tør.

Richard (med Værdighed.)

Tro mig, General! De tør vove det. De kan være temmelig overbeviist om, at de samme Følelser, som røre sig i mit Bryst, ogsaa findes i Richards: Richard har Intet at befrygte af disse Tre. Ja! var jeg Richard, da vilde jeg trøstigen sige: „Englands Folk har af egen Drift og aldeles uden fremmed Tilskyndelse kaaret mig til Hersker; jeg har ikke tryglet om Thronen, men man har tilbudt mig den. Det er derfor utænkeligt, at Folket skulde ville fratage mig den, saalænge jeg ikke misbruger min Myndighed." Ja, var jeg Richard, da vilde jeg sige til Dem, Lady Terringham: „Jeg frygter Dem ikke, men jeg vil tilraade Dem som Ven: forhold Dem roligt paa Deres Godser: en Godsbesidder har mange Ting at varetage, han skal elske sine Bønder, skal virke til deres Tarv, skal hjælpe de Trængende og Vindskibelige iblandt dem. Den Tid er forbi, da man betragtede Bonden som en Ting, der kunde sælges og kjøbes." Ja, var jeg Richard, da vilde jeg sige til Dem, Mylord Newport: „Jeg frygter Dem ikke, De er ikke den Mand, som kan omstyrte min Throne, men som Lordprotector og Beskytter af den offentlige Rolighed, giver jeg Dem det Raad, ikke at intrigere her i Landet, — reis til Frankerig!" Til Dem, Miss Newport! vilde jeg sige: „gjør Monck lykkelig, da skal jeg gjøre ham mægtig og riig." Til Dem, General, vilde jeg sige: „af alle Mænd staaer Du mit Hjerte nærmest!" Men (med stigende Heftighed) vovede Carl Stuart sig her ind i Landet, da vilde jeg, hvis jeg var Richard, da vilde jeg, Republikanerens Søn og selv en Republikaner, sige: „Carl Stuart! frist ikke min Hevn! husk, at Oliver Cromwells Blod koger i mine Aarer." — Og nu, General, er jeg rede til at følge Dem til London. (Til Carl) Mylord! som General Lamberts Arrestant kan jeg ikke have den Ære at have Dem som Gjæst i mit Huus.

Carl.

Aah! jeg beder! jeg skal ikke genere.

Richard (sagte til Cecilie.)

Fraraad Deres Broder ethvert ubesindigt Foretagende. Stedes De i nogen Nød, da veed De, hvor jeg er at træffe.

Cecilie.

Jeg skal aldrig glemme Dem!

Richard (til Lambert.)

General! jeg er færdig!
(Lambert og Richard gaae, Lambert foran.)

Femte Scene.

Carl Stuart. Lady Terringham. Cecilie.

Carl (til Lady T.)

De maa vistnok beundre min Langmodighed, men Omstændighederne forbød mig at trække min Kaarde.

Lady T.

O! det er vist ikke første Gang, at en Konge

laber sit Sværd ruste, imedens Fjenden hvæsser sit!
Sire! vi maa til London, vore Venner vente os.

Carl.

Ja vel, vi maa reise strax; jeg vil indlogere mig
hos General Harrison. (Betænkeligt) Men siig mig,
Mylady, hvad er denne Clarck egentlig? Kjender De
hans Familie?

Lady T.

Nei, men han stammer vist ned fra en Borger eller
en Bonde.

Carl (mørkt.)

Ligemeget hvorfra! men jeg hader hans Ansigt og
hans Miner.

Cecilie.

Og hans Ansigt forekommer mig saa smukt, saa
ædelt!

Carl (mørkt.)

Og mig forekom det, som om jeg hørte Konge-
morderen Cromwells Stemme tale ud af Graven, hver-
gang denne Clarck sagde et Ord til mig. Det tyktes
mig, som om hans Røst kom fra en anden Verden
end den, hvori vi Konger leve. Han talte om Skaf-
fotter, — om min Faders blege Hoved, — sandelig!
naar jeg først naaer mit Maal, da skal hans og Richard
Cromwells Hoveder være de første, der skulle afhugges.
15*

I hans Ansigt, tyktes mig, laae der skrevet en Døds-
dom over den kongelige Majestæt. Clarck! vi træffes
atter, og da vee Dig!

Cecilie.

O, Sire! hvorfra henter et kongeligt Hoved saa
mørke Tanker?

Carl (heftig.)

Fra sit eget Jeg. En Konge skal aldrig laane
Tanker af sit Folk. Frit, uafhængigt skal Kongen tænke
og handle, hverken see til Folkemassen eller til de op-
rørske Folketalere. Et eneste Ord fra en Konges Mund
bør omstyrte alle Philosophers Lærdom, alle Nationers
Lexicon.

Lady T.

Tænk ikke derpaa nu, lad os blot ile til London!

Carl.

Ja vel! til London! derhen iler jeg for at styrte
Richard Cromwell!

Cecilie (i heftig Bevægelse, afsides.)

Og jeg følger med for at frelse ham!

(De gaae hurtigt.)

Sjette Scene.

(Palladset Whitehall i London. Stor Sal; Dør i Baggrunden tilvenstre og tilhøire. To Trapper føre paa høire og venstre Side op til et Gallerie; Salen er ikke oplyst. Døren tilhøire oplukkes udenfra, og ind træder Slotsforvalteren (med en Arm=stage med Lys) og to Reisende. Scenen bliver naturligviis der=paa oplyst.)

Slotsforvalteren (holdende Lyset ud af den aabnede Dør, saa at alle Tre see derudad.)

De har nu, mine Herrer, taget denne berømte Sal i Øiesyn, men hav den Godhed endnu engang at kaste et Overblik paa alle Malerierne, som hænge paa Bæg=gene derinde. De indeholde Englands blodige Historie, og derfor elskede den afdøde Lordprotector denne Sal isærdeleshed.

Første Reisende (pegende ind.)

Ja sandelig! det Hele tager sig prægtigt ud. Men derhenne, allerøverst, hænger der et Maleri, som jeg ikke har bemærket, da jeg var inde i Salen.

Slotsforvalteren.

Det var Oliver Cromwells Billie, at det Maleri skulde hænge saaledes, at han fra denne Dør kunde see det i dets fulde Belysning. Denne Sal var hans Yndlingsopholdsted, og naar de mørke Tanker kom over ham, da ilede han herhen, aabnede denne Dør og forjog den onde Dæmon, der forfulgte ham, ved at betragte hiint Maleri: Maleriet forestiller: den engelske Nation, der kaarer ham til Protector.

Anden Reisende (pegende ind.)

Hiin Bæg er den grueligste! Hvilke Rædselsscener!

Slotsforvalteren.

Det er ganske naturligt, Bæggen bedækkes jo af lutter Malerier, der fremstille Kampen mellem den røde og den hvide Rose. Og sandelig! en skrækkeligere Borgerkrig staaer ikke optegnet i nogetsomhelst Folks Annaler. Uhørt var Slagenes Vildhed, ustandselig Skarpretterens sørgelige Virksomhed; Mord og Snigmord hørte til Dagens Orden. Ikke mindre end 80 Prindser af det kongelige Huus døde en voldsom Død, men dette var deres egen Skyld, thi det var jo deres Sag, som blev forhandlet. Men Halvdelen af den engelske Adel faldt paa Valpladsen tilligemed Hundredetusinder af Nationen; i Sneseviis afbrændtes hver Maaned Stæder, Landsbyer, Kirker og Herreborge for at afgjøre det vigtige Spørgsmaal: enten en Lancaster eller en York skulde have den Fornøielse at udsuge Nationen og holde glimrende Hoffer og smukke Maitresser. — De har vel nu, mine Herrer, seet Nok af dette uhyggelige Billedgalleri? (han lukker Døren.) Denne Sal, sagde jeg Dem før, var Cromwells Ynblingssal, og han havde for det Meste Døren aaben til hiint Galleri, som vi nu forlod.

Første Reisende (seer sig om.)

Det er ogsaa en pragtfuld Sal. (Peger op mod et tildækket Vindue oppe i Galleriet.) Men hvorfor er det Vindue bedækket med et Lagen?

Slotsforvalteren (med dæmpet Røst.)

Hm! Det var nu en Grille hos Protectoren, — han kunde ikke lide at see dette Vindue, — der maa vel engang være skeet noget Grufuldt paa hiint Sted. — Skulle vi gaae videre og besee de øvrige Sale? (Han aabner Døren tilvenstre, og de gaae alle Tre derind; Theatret bliver et Øieblik mørkt.)

Syvende Scene.

(Hoveddøren i Baggrunden aabnes; to Pager (eller Tjenere) træde ind med Lys og flytte et Bord, hvorpaa Skrivematerialier, samt en Stol ind. Theatret bliver atter lyst.)

Første Page.

Hvad siger Du om alle disse Rygter?

Anden Page.

Jeg veed ikke, hvad jeg skal sige, eller hvad jeg skal troe. Den unge Protectors Ansigt er ligesaa mørkt og skummelt, som hans Faders var. Saae Du ham, da han i Slotsgaarden kaldte paa General Monck?

Første Page (hemmelighedsfuldt.)

Ja, jeg saae Mere end det. Protectoren og Monck gik sammen ind i det grønne Kabinet, og jeg kunde høre udenfor, at Protectoren talte ivrigt og heftigt; pludselig hørte jeg ligesom et Fald af et tungt Legeme, — jeg kigede ind igjennem Nøglehullet og saae, at Monck havde kastet sig paa Knæ for Protectoren —

Anden Page.

Paa Knæ, siger Du?

Første Page.

Ja, men saa blev jeg forstyrret ude paa Gangen af General Lambert. Han gav sine Adjutanter Ordre til at holde vaagent Øie med Moncks Tropper; ved det første Tegn paa, at de vilde gjøre Opstand, skulde der skydes med Kanoner paa dem; han selv vilde hugge ind med sine Dragoner; desuden skulde Politiet øieblikkelig sættes i Bevægelse og holde Huusundersøgelse hos alle de adelige Familier, som ere mistænkte for at holde med Prætendenten, — fandtes der nogen Royalist, skulde han strax skydes, — hu! det er det fæleste Menneske, som jeg kjender, denne Lambert!

Anden Page.

Ja, og den Tone, hvormed han sagde til os: „gaaer, I to Bengler, op og gjør „Blodsalen" ryddelig for Mylord Protectoren, — Hans Høihed agter at holde Standret i den, men skynd Jer!"

Første Page.

Ja, ja! nu er vi jo færdige, kom lad os gaae, at han ikke skal klage over, at „Benglerne" ere dovne!

Ottende Scene.

(Idet de ville gaae, aabnes Dørene i Baggrunden udenfra; **Richard Cromwell** træder ind, riigt klædt, med forslagte Arme; han bærer Hosebaandsordenens Kjæde og Stjerne; **Pagerne** bukke ærbødigt og gaae ud.)

Richard (i dybe Tanker.)

Ja! han, hvis Navn jeg bærer, han havde ikke ladet Straffen udeblive saalænge, og ved det første For-

ræberi, som jeg erfarede, følte jeg en Lyst til at efter-
ligne ham; men da saa alle de øvrige Forræderier, det
ene efter det andet, kom for Lyset, det ene meer utroligt
og uventet end det andet, saa kom jeg til den Over-
beviisning, at Alt dette er en naturlig Følge af Besid-
delsen af Magten. Det var altfor mange Mennesker at
straffe, jeg maatte have udgydt et saadant Hav af Blod,
at et Orlogsskib kunde have manøvreret deri! Nei! nei!
jeg vil Intet vide, saa behøver jeg ikke at straffe.
(Kaster sig i Stolen og fremtager af Brystlommen nogle Papirer.)
Og hvo veed ogsaa, om disse Lister, som Politiet har
overbragt mig, ere sanddrue og paalidelige? Er de
sanddrue, da kan jeg fatte, hvorfor Herskeren i Almin-
delighed saa dybt foragter Menneskene, — der behøves
kun at have været Konge i to Dage, saa lærer man
at vurdere dem, som de forskylde det. (Reiser sig igjen.)
Nei, nei, ingen Straf, ingen Dødsdom! — Mildhed!
Overbærenhed! Denne Haand, som hidtil kun har lagt
sin Vægt paa Ploven, skal aldrig gribe til Sværdet og
rødme ved Blodsudgydelse! Og dog (heftigt.) ifald Carl
Stuart faldt i mine Hænder, hvo veed, om jeg ikke
(veger op til det tidligere omtalte, tilslørede Vindue.) lod ham
gaae bagefter Carl den Første? (sætter sig i Stolen.) Jeg
er træt og syg; Verden gaaer mig imod. (Pause.) Ja,
jeg vil tilgive disse Forrædere, — med Georges Monck
er det en anden Sag, han har tilstaaet mig Alt, han
har været oprigtig imod mig, — jeg kan begribe, at
han har kunnet lade sig overtale til at gaae over til
Prætendentens Parti for at erholde Cecilies Haand, —
det vilde jeg selv have gjort, — for hendes Skyld

kan man glemme Alt! Georges Monck er og forbliver
min Ven, — ham har jeg Intet at tilgive: hans
Kjærlighed til Cecilie gjør ham brødefri i mine Øine.
Han har angret, og nu er han mig tro! (ringer paa en
Klokke; en Page træder ind.) Lad General Monck kaldes
fra sit Qvarteer, jeg vil tale med ham! (Pagen gaaer.)
Og naar jeg seer mig om i disse Sale, hvor min
Fader har hersket, da overfalder mig en selsom Gysen!
Her i denne Sal vandrede han tidt ved Nattetide, og
saa aabnede han denne Dør, (tager af sin Lomme en Nøgle
og oplukker Døren tilhøire, løfter Armstagen i Veiret og seer derind.
og saa fandt han, ved at betragte hiint Maleri, den
Trøst: at Nationen, ikke han selv, havde udvalgt
ham til Stuarternes Efterfølger. Og dog havde han
ingen Fred i sin Sjæl. (Lader Døren staae aaben og sætter
Armstagen paa Bordet.) Han havde en Samvittighed, men
han var ogsaa kun et Riges Protector, — sæt, at
han havde været et Riges — Konge!

Niende Scene.

Richard. Monck. Lambert. Senere en Officeer.

Richard.

Jeg lod Dig kalde, Georges, — men hvad vil
Du, Lambert?

Lambert.

Mylord Protector! jeg vil anklage ham. (Pegende
paa Monck.)

Monck (foragteligt.)

General! jeg selv har retfærdiggjort mig for Mylord.

Richard (til Monck.)

Ja, min Ven! vi To ere forsonede! Lambert, det er atter en Misforstaaelse fra din Side!

Lambert.

Ved Jehovah, nei, det er ingen Misforstaaelse denne Gang. Nu, Mylord, skal De see Beviserne. (Stamper tre Gange i Gulvet; en Officeer træder ind og overleverer Richard et Brev.)

Officeren (til Richard.)

En Dame, som det syntes af ikke ringe Stand, forlangte Audients for et Dieblik siden; jeg afslog dette Forlangende, da De, Mylord, gjennem General Lambert havde tilkjendegivet, at De i de første Timer, efterat De var kommen her til Whitehall, ikke vilde see Nogen. Da leverede Damen mig dette Brev til Dem, og General Lambert lod Damen arrestere; hun sidder indelukket.

Richard (tager Brevet.)

Det var rigtigt handlet. (Sagte til Lambert.) Du behøver dog ikke altid at være saa haard imod Damerne, — imod en Mand, det er en anden Sag, han kan forsvare sig. (Brækker Brevet og læser høit:)

„Richard Cromwell! fat Tillid til en Person, som mener Dig det vel. General Moncks Soldater ville gaae over til Carl Stuart, og Carl Stuart er i London." (Kaster et Blik til Monck.) „Din Faders bedste Venner, Overton, Hamilton, Ludlow ere kjøbte, saavelsom Fleetwood." (Afsides.) Fleetwood! min egen Svoger, gift med min egen, kjære Søster Elisabeth! (læser atter høit:) „Ikkun Lambert er Dig tro og hengiven. Pøbelen rører sig allerede i London, men det veed Du ikke. Carl Stuart agter endnu idag at flytte ind i Palladset Whitehall, og Du, Richard, Du skal skikkes til Slottet Pomfret. Dette Brev er skrevet af Vennehaand." –– (Betragter atter Monck.)

Monck (fatter sig.)

En saadan Bagvadskelse, et saadant Skumleri —

Richard (koldt.)

— bør ikke engang omtales eller drøftes imellem os.

Monck (heftig.)

Her kan jeg ikke svare med Ord, men i Gjerningen!

Richard (koldt.)

Ganske rigtigt! I Gjerningen skal Du retfærdiggjøre Dig, det er den eneste Retfærdiggjørelse, som er Dig værdig! Der er et Opløb i Byen, — jeg stiller Lamberts Dragoner under din Befaling, sæt Dig i Spidsen for dem, adsplit Pøbelen, og hvis den sætter sig til Modværge, saa — fyr paa den!

Monck (taber sin Fatning.)

Fyre paa Folket?

Richard (med en vis Ondskab.)

Folket? aldrig paa Folket! dem, Du skal fyre paa, det er jo kun mine og dine Fjender, det er jo kun Rebeller og Forrædere!

Monck.

Men der gives Omstændigheder —

Lambert.

Frygter De maaskee for at fyre paa de Karle? jeg frygter ikke derfor!

Richard (til Lambert.)

Stille. (Sagte til Monck, meget alvorligt:) Nu er jeg Hersker i England, og jeg handler saaledes, som mit Hjerte indgiver mig det; men hvis min Fader levede, og Sligt var overgaaet ham, siig mig da, Georges Monck, om Du ikke troer, at hans Ord omtrent havde klinget saaledes igjennem hans dybe Bas: „Carl Stuart og Georges Monck skulle, naar de paagribes, vandre sammen ud af hiint Vindue!" (Han peger op til det tilslørede Vindue i Galleriet.) Jo, Georges! det vilde han have sagt, men jeg vil ikke forskaffe mig Vælde ved Magtsprog, men ved Loven; jeg vil være Statens første Borger, agtet formedelst min Humanitet, men jeg vil ikke være en Drot, der frygtes formedelst min Streng=hed. Forstaaer Du mig, Georges?

Monck (høit og heftigt.)

De har mig altsaa mistænkt som en Forræder?

Richard (strengt.)

Endnu ikke! men hvis Du tøver med at udføre mine Befalinger, saa troer jeg Alt!

Monk.

Jeg iler!

Richard (bestandigen høit.)

Bie et Øieblik. Lambert! befal ti af dine Officerer, stadigt at være omkring General Moncks Person og ikke at forlade ham et eneste Øieblik!

Lambert.

Var det ikke bedst, at jeg selv fulgte med ham?

Richard.

Behøves ikke, hold Du Vagt i Palladset, men befal blot dine ti Officerer, at de, hvis General Monck, hvad der synes umuligt, ikke vil fyre, befal dem da, at de skulle fyre —

Lambert (hidsig.)

Paa Pøbelen?

Richard (koldt, pegende paa Monck.)

Nei, paa ham der!

Lambert (kysser med Varme Richards Haand.)

Cromwells Søn! nu gjenkjender jeg Dig! Monck, kom, lad os nu see et Beviis paa Deres Oprigtighed!

(Monck og Lambert gaae.)

Tiende Scene.

Richard (sætter sig i Stolen.)

Altsaa, Monck alligevel Forræder! Forræder imod mig! Fra nu af skal dette Hjerte aldrig mere blive forraadt, thi fra nu af skal det aldrig mere slaae for Venskab! Denne Haand, paa hvilken der hidtil aldrig er seet noget Blodstænk, skal nu forlade Ploven og lære at bruge Sværd og Øxe! (reiser sig) Skarpretteren har Intet havt at bestille, siden min Faders Liig lagdes i Kisten, — det gaaer ei an! den brave Mand maa ikke leve i trange Kaar af Mangel paa Arbeide! Det er den unge Protectors Pligt at beskytte og fremme Vindskibelighed og Driftighed i alle Retninger, — den røde Mand maa heller ikke sulte! — — Dog, om denne Dame var en Bedragerske? Gudsbøb! (han ringer, en Officeer træder ind.) Bring den arresterede Dame herind!

Officeren.

Strax, Mylord! (han gaaer.)

Richard (sætter sig.)

Oliver Cromwell! mig tykkes, at din Aand paa eengang har opslaaet sin Bopæl i mit Bryst! Hidtil ukjendte Lynglimt fare gjennem mit Hoved, — jeg mistænker Alle, — jeg haber Alle, — jeg tænker kun paa Hevn og Blod! Er der i en Krone virkelig en magisk Kraft, der kan omforme et Menneske til en Tiger?

Ellevte Scene.

Richard. Cecilie (tilsløret.)

Richard (siddende, vender Hovedet om og betragter hende et Øieblik.)

Træd nærmere, ubekjendte Dame! Jeg forlanger ikke, at De skal løfte Sløret, jeg er ikke nysgjerrig. Men siig mig, kan jeg stole paa, at Deres Brev siger Sandhed?

Cecilie (kaster Sløret tilside og styrter for hans Fødder.)

Tilgivelse, Richard! Tilgivelse!

Richard (farer op.)

Miss Newport!

Cecilie (bestandig knælende.)

Tilgivelse!

Richard (reiser hende.)

Miss Newport! reis Dem! Hvad betyder dette? Monds Brud anklager sin Brudgom?

Cecilie.

O, jeg har aldrig været Monds Brud, tvertimod, jeg afskyer ham for hans Falskhed imod Dem, — men ogsaa jeg har bedraget Dem, kan De tilgive mig?

Richard.

Men forklar Dem dog tydeligere, Miss Newport!

Cecilie.

Ja! nu da De er i Fare, nu da maaskee Deres
Liv er truet, nu maa jeg, nu bør jeg tale og borttage
Sløret fra Deres Øine! De husker, at De har frelst
min Moders Liv: jeg skylder Dem derfor Taknemme=
lighed, saalænge jeg lever. Jeg lærte Dem senere at
kjende som Privatmand under det falske Navn Hr.
Clarck. Da kom Lambert og sagde mig, hvem De var,
sagde mig, at De havde fattet Godhed for mig —

Richard.

Ja, tilvisse! jeg har elsket Dem fra den første
Gang, jeg saae Dem!

Cecilie.

Lambert sagde mig, at De for min Skyld vilde
opoffre Deres høie Stilling og nedstige fra en glimrende
Throne, han besvor mig, at afslaae Deres Haand. Jeg
følte, at det var min Pligt at adlyde Lambert, og jeg
troede mig stærk nok til at finde en fuldkommen Lyk=
salighed i den Tanke: det er min Skyld, at England
regjeres af en ædel Hersker!

Richard.

Du kjære Barn!

Cecilie.

Paa samme Tid opdagede jeg min Cousines hele
Rænkespind, alle hendes utallige og vidtforgrenede In=
triger, — jeg opdagede, at der var frygtelige Komplotter

igjære imod Deres Person, men min Fortvivlelse steeg til det Høieste, da Lambert overraskede og arresterede —

Richard.

Deres Broder — ja, det kan jeg tænke mig!

Cecilie.

O! det var ikke min Broder!

Richard.

Og hvem var det da, tal, tal!

Cecilie (kaster sig for hans Fødder.)

Det var Carl Stuart!

Richard (heftig.)

Carl Stuart! Død og Helvede! (truer hende med Fingeren.) Ha, Miss Newport, havde jeg fortjent at blive saaledes bedraget af Dem? reis Dem, jeg lider ikke denne Knælen, den forbedrer ikke en slet Sag!

Cecilie.

O hør mig ud! da min Cousine hviskede mig i Øret, at det var Prætendenten, gik der en kold Gysen over hele mit Legeme: jeg tænkte paa Deres Fader og paa, hvor haardt han er bleven dadlet, fordi han lod Carl den Første henrette; jeg mindedes — tilgiv mig — de mørke Fortællinger om hans Uro ved Nattetid! og saa betragtede jeg den barske Lambert, der med Glæde vilde have skudt den ulykkelige Prætendent, ifald

De i Overilelse havde givet Ordre dertil, og da tænkte jeg paa, at De engang i Tiden vilde angre denne Gjerning, — o Gud! jeg saae i Aanden Dem, den fromme, den ædle Richard, gaae her i Whitehalls store Sale, forfulgt af den Myrdedes Gjenfærd, jeg saae Dem vandre ud paa Kirkegaarden og forgjæves trampe paa Carl Stuarts stille Grav for at kalde den Døde atter tillive, men den Døde kom ikke, og De ilede fortvivlet tilbage til Deres Faders Værelser, martret af de samme Syner, som jog ham fra det ene Gemak til det andet! Nei, Richard, det var Synd, tænkte jeg, — jeg fattede Mod, erklærede, at han var min Broder, — han var reddet, og De var frelst fra at begaae en blodig Synd. Kan De nu tilgive mig?

Richard (venlig, tager hendes Haand.)

De har handlet rigtigt, Miß Cecilie! O, at man dog ikke altid har ærlige og gode Raadgivere omkring sig!

Cecilie.

I Værtshuset kunde jeg kun komme til at give Dem nogle utydelige Vink, thi min Cousine tabte mig ikke et eneste Øieblik af Sigte. Da greb jeg til det yderste Middel og tilskrev Dem her i London hiint Brev. O, Cromwell! spild ikke Tiden, men vær hurtig, sammenkald Deres Tropper —

Richard.

De ere samlede.

Cecilie.

Men ikke sandt, De skaaner Stuart, og De tilgiver mig?

Richard.

Carl Stuart skal intet Ondt vederfares, og Dem, Cecilie, tilgiver jeg under een Betingelse!

Cecilie.

O tal! jeg vil gjøre Alt for Dem!

Richard.

De elsker ikke Monck?

Cecilie.

Jeg har aldrig kunnet lide ham, — nu foragter jeg ham!

Richard.

Godt, Deres Kjærlighed fortjente han heller ikke! Velan, jeg tilgiver Dem, ifald De vil blive — min Hustru!

Cecilie (forfærdet.)

Aldrig, aldrig; jeg skulde være Dronning her i denne falske Hofverden! jeg skulde leve her, omgivet af Smigrere og Forrædere, hvert Minut i Angst for, at der skulde udbryde en Sammensværgelse, — o min Gud, jeg skulde maaskee see min elskede Huusbond blive lagt i Baand og Jern og blive — husk paa — ført til Slottet Pomfret! o, stakkels Richard!

Richard.

Det skal Du heller aldrig, Cecilie! Protectorens Hustru skal Du aldrig blive. (Spøgende.) Men Du er dog en Forræderske imod mig og mener mig det ikke saa ganske ærligt: Du betakker Dig for at dele med mig denne smertefulde Throne, men mig, mig vil Du nok unde disse Piinsler! Du afslaaer min Haand, for ikke at berøve mig min Jammer! Skam Dig! (Alvorlig) Cecilie! lad os være oprigtige mod hinanden! Dit Øie, din hele Adfærd siger mig, at Du har mig kjær! Gjør mig, gjør Dig selv lykkelig for hele Livet, bliv min Hustru, dit Hjem skal Du ikke faae her! (sætter sig ved Bordet og tager et Brev frem, som han forsegler.)

Cecilie (i heftig Bevægelse.)

Hvad vil De?

Richard (ringer. En Officeer træder ind.)

Bring dette Brev over i Parlamentet, men øieblikkelig.

Officeren (som gaaer.)

Strax, Mylord!

Cecilie.

Hvad har De gjort?

Richard.

Resigneret! Nedlagt Scepter og Krone! Jeg har længe havt det isinde. Det er nu skeet og kan ikke gjøres om. Og kunde min Cecilie troe, at jeg kunde

nænne at skjænke hende et Hjem indenfor disse uhygge-
lige Mure, i disse skumle Gemakker, eller maaskee paa
Slottet Pomfret?

Cecilie.

O min Richard!

Richard.

Nei, i det skjønne Frankrig, ved Garonneflodens
smilende Bredder, imellem Viinranker og Valnødtræer,
under Sydens lyseblaae, klare Æther, der skal vort
Hjem være og ikke her i Londons trykkende Steenkuls-
luft. (Tager hendes Haand og siger med en Gysen:) Betragt
engang dette Palais, spørg disse Hvælvinger om, hvor
megen Sorg de have været Vidne til, hvormange konge-
lige Suk de have hørt! Jeg var endnu meget ung, da
jeg saae oppe i hiint Galleri opstillet en dobbelt Række
af Soldater, — igjennem hvilken der vandrede en sort-
klædt Mand, der blev haanet af Soldaterne, medens
Folkehoben udenfor raabte: „der kommer Thrannen, nu
skal han bøde!“ i hiint tilslørede Vindue vare Vindues-
posterne udtagne, og udaf hiin Aabning vandrede den
blege Mand ud paa et Stillads, der naaede hen til
Skaffottet. Jeg hørte en Trommehvirvel, — et Hug.
Hvo var denne Mand, Cecilie, — det var en Konge, det
var Carl den Første! — Og senere saae jeg disse
Gulve betraadte af en Soldat, for hvem hele England
skjælvede, men som selv skjælvede for sine egne Skridt,
— jeg har seet ham her tilbringe sine Dage uden
Glæde, sine Nætter uden Søvn, — han greb min Haand

og raabte: „vaagn op, Richard, — der komme de — Morderne — forsvar mig!" Han aandede dybt, den kolde Sved brast ud af hans Pande, hans Haar reiste sig paa Hovedet. Ak! det var ikke Mordere, der opskræmmede ham af hans natlige Leie, det var et blodigt Gjenfærd, der bar en itubrukket Krone i sin Haand! Og denne Soldat, det var en Konge, det var min Fader! See saadan var den Arv, Cecilie, som Du tiltænkte mig, for at jeg skulde være lykkelig?!

Cecilie.

O nei, o nei, kom, lad os flygte! jeg følger Dig, hvorhen Du vil!

Richard (stolt.)

Flygte! Richard flygter ikke herfra, han forlader dette Palais frivilligt og det Øieblik, naar han finder det passende!

Tolvte Scene.

De forrige. Lambert (ilsomt.)

Lambert (forbauset.)

Hvad betyder det? Miß Newport her!

Richard (roligt.)

Som Du seer. Hun ventede paa, at Du skulde komme og gratulere hende, — hun er min Brud!

Lambert (heftigt.)

Saa det er dog sandt, hvad Rygtet siger?

Richard.

Hvilket, min Ven?

Lambert.

At Du frivilligt har nedlagt Kronen?

Richard.

Ja, det er aldeles tilforladeligt; det vil eengang blive anført i de Udtog af Englands Historie, som Børnene læse i Skolerne.

Lambert.

Afsindige! Jeg skulde have fægtet for Dig, saalænge jeg mægtede at røre min Arm, men nu, da Du selv svigter din egen Sag, saa forlader jeg Dig ogsaa, — Du slægter ikke din stærke Fader paa!

Richard.

Lambert, jeg duer ikke til at regjere; jeg har intet skarpt Øie.

Lambert.

Saa kunde Du ladet Andre see for Dig!

Richard.

Men naar nu disse Andre have et ligesaa daarligt Syn, som jeg selv?

Lambert.

Saa kunde Du trygt have stolet paa mig! ·

Richard (med paatagen Vrede.)

Forræder! netop Du har ladet Carl Stuart undslippe.

Lambert.

Jeg?

Richard (leende.)

Ja! dengang han paa Lady Terringhams Slot brugte den falske Titel af „Forpagter Dickson!"

Lambert.

Du spøger!

Richard.

Ingenlunde! (trækker paa Skuldrene.) Men nu indseer Du da vist selv, at naar min meest hengivne General begaaer et saa mageløst Forræderi, saa er det det Klogeste, jeg kan gjøre, at jeg overlader Pladsen til Forpagter Dickson!

Lambert.

O! Richard, Richard! Du, som altid var saa alvorlig, hvor kan Du skjæmte i dette Øieblik?

Richard (glad.)

Jo, netop nu! jeg har bortkastet min falske Glimmer, min Storhed og min Magt, men jeg har i deres Sted gjenvundet mine Glæder, min naturlige Munterhed og min Tillid til Menneskene! lykønsk mig af Hjertet, min gamle Ven! (trykker hans Haand.)

Lambert.

Og veed Du, at Monck i det Øieblik, han hørte, at Du havde resigneret, pludselig ophørte med at fyre

paa sine egne Tropper, saaledes som Du havde befalet
ham i det Tilfælde, at de vilde gaae over til Præten‐
denten? veed Du, at han i dette Øieblik paa Londons
Gader proklamerer Carl den Anden som Konge i England?

Richard (koldt.)

Desbedre! saa sparer han mig Uleiligheden!

Trettende Scene.
De forrige. En Officeer.

Officeren (til Richard.)

Sir Cromwell! jeg har den Ære at overbringe
Dem denne Skrivelse fra Kong Carl den Anden.

Richard (bryder Brevet og læser det for sig selv.)

Hm! Hans Kongelige Majestæt er meget naadig.
Han tilbyder mig den første Plads i Riget næstefter
ham selv, — min Herre! behag at svare ham, at jeg
ikke kan have den Ære at modtage den. Han udnævner
General Monck til Hertug af Albemarle og Dig, min
gode Lambert, udnævner han til Hertug af Norfolk,
Gouverneur i Devonshire og første Skatkammerlord!
Alle mine Venner saavelsom min Faders Officerer skulle
beholde deres Rang og Værdigheder. Hils Carl Stuart,
at jeg takker ham af Hjertet for disse gode Løfter,
(affides) af hvilke han vist neppe vil holde Halvdelen.
(Høit.) Siig ham, at jeg fra idag af ophører at være
Borger i Engelland, — jeg søger et nyt Fædreland i
Frankrig: Privatmanden Cromwell skal aldrig forstyrre

dette Riges Rolighed; Stuarts Throne skal være mig en Helligdom, hvilken jeg fra det Fjerne med levende Interesse vil iagttage, men til hvilken jeg aldrig skal nærme mig. Siig ham sluttelig, at jeg ønsker blot eengang at see ham personlig, og at jeg selv før min Afreise vil overdrage ham Besiddelsen af Whitehall, ifald han vil værdige mig et Besøg.

Officeren.

Jeg troer, at Hans Majestæt alt er paa Veien til Palladset. (gaaer.)

Cecilie.

O, lad os gaae! hvorfor vil Du tiere see dette Menneske?

Richard.

Da jeg sidst saae ham, var han Prætendent, nu er han Konge: der er en stor Forskjel. Jeg vil see, hvorledes han vil begynde sin nye Carriere, see, hvad den unge Souverain bebuder mit Fødeland!

Lambert (utaalmodig.)

Stuarterne ere uforbederlige. Betænk Dig, Cromwell! endnu er det Tid, — mine Dragoner kunne endnu overvælde Moncks Tropper, — jeg er parat til at hugge ind, naar Du befaler!

Richard.

Stille, min Hr. Hertug af Norfolk!

Slutningsscene.

(De forrige. Carl Stuart, pragtfuldt klædt; Lady Terringham, Hofmænd og Hofdamer, Officerer; senere Monck. Richard stiller sig ved den ene Side saaledes, at Carl ikke kan see hans Ansigt. Carl træder hen i Forgrunden og seer ligeud for sig.)

Lady T. (forbauset.)

Cecilie her! og ved Cromwells Side.

Carl (til Richard.)

Og har Hr. Cromwell ingen Hilsen, intet Knæfald for sin retmæssige Souverain?

Richard (uden at vende sig.)

For Carl den Anden? Nei!

Carl.

Tør Hr. Cromwell maaskee ikke staae Ansigt til Ansigt med en Stuart?

Richard (vender sig hurtigt om.)

Med en Stuart? Jo!

Lady T. (med et Skrig.)

Clarck!

Carl (trækker sin Kaarde halvt ud og farer tilbage.)

Clarck — Richard Cromwell! Søn af min Faders Morder! (Lambert trækker sin Kaarde heelt ud.)

Richard (med Kraft.)

Rolig, Lambert! Mylord Stuart! lad de Døde hvile med Fred, — lad dem hisset opgjøre deres Regnskab for en høiere Dommer! Erindre Dem, Mylord! at Deres Liv har været i mine Hænder, og at jeg har skaanet det! Af egen Drift har jeg i Deres Hænder atter nedlagt den Krone, som Deres Familie havde forskjærtset. Bær den med Ære, vær god og mild imod Folket, gjør England lykkeligt, og opretshold Rigets Værdighed imod Udlandet!

Carl.

Jeg takker for de gode Raad!

Monck (kommer ind og vil kaste sig for Carls Fødder.)

O, Sire! endelig slog da denne lyksalige Time — (bemærker Richard og standser forlegen.)

Richard.

Bliv kun ved, Georges Monck! jeg kan hele din Tale udenad! Dog før vi skilles, maa jeg forestille Dig min Brud, Miß Newport, — hun har foretrukket mig for Dig, og hun følger med mig til Frankrig!

Monck (bevæget.)

Cromwell! kan Du tilgive mig?

Richard.

Jeg vil søge at glemme Dig: tjen Stuart mere tro, end Du har tjent mig! Lambert, vaag over Carl den Andens Throne og bliv hans Støtte, som Du har været min! Og nu, Mylord Stuart, skilles vi som Venner? vil De give mig et Haandtryk? (Carl nøler.)

Lady T. (hvisker til Carl.)

Giv ham det, Sire! lad os blot faae ham bort!

Carl (rækker ham Haanden.)

Levvel!

Richard.

Gud give Dem Kraft og Villie til at sprede Lykke og Velsignelse over England. Levvel! kom, Cecilie!

(Richard og Cecilie gaae.)

Carl (seer mørkt efter ham.)

Havde jeg ikke instinktmæssig en Modbydelighed for dette Menneske? Velan, lad ham gaae fri! (heftigt.) men hans Fader, den forstokkede Synder, Oliver Cromwells Liig skal rives ud af Kisten, slænges ud i den frie Luft og blive et Rov for de sultne Gribbe og Ravne! alle min Faders Bloddommere skulle døe for Bøddeløxen! jeg skal vise ――――

Lady T. (sagte)

Stille, Sire! det er for tidligt! disse Yttringer ere upolitiske!

Carl (sagte.)

De har Ret, — lad os tøve en Stund! (høit.) Hertug af Albemarle, behag at gaae foran! (tager Lady

Ts. Haand.) Følger mig, Mylords og Myladys! vi ville vise Folket vort Kongelige Aasyn og naadigt modtage Nationens Hylding! De gaae Alle, ikkun Lambert bliver et Øieblik staaende og siger veemodigt:

Sorte Skyer samle sig paa Horizonten! Richard! Richard! Du er Skyld i Englands Ulykke! (gaaer hurtigt bagefter.)

Tæppet falder.

II.
Mindre Digte.

Guskerne.

En lang, en sygelig Drømmervei,
Derom, Alfader, jeg beder Dig ei;
Lad Skibet seile saa kort, Du vil,
Naar Fartøiet løber blot muntert til.

Lad ei som Mand mig forbande det,
Hvad Barnet velsigned som stort og ret;
Lad aldrig mig skue med Taareflod,
Hvad tidligen varmed mit Hjerteblod.

17*

Lad Sjælen elske den skjønne Jord,
Men glemme dog ei, hvad der oven boer:
Hvor herligt der end er i Hjemmets Land,
Kun Afglands af hisset det være kan.

Den Mund, som svarte min Længsels Raab,
Lad den og i Døden tilhviske mig Haab;
Det Hjerte, som eengang har banket for mig,
Lad aldrig blot det forandre sig.

Og dem, jeg elsker, men aldrig saae,
De henfarne Store, som nær Dig staae,
Med dem lad mig boe i dit høie Huus,
Naar Jordebygningen synker i Gruus.

Men Æren i skinnende Sølvermor,
Hun svæve ned paa min Grav i Nord,
Hun kæmpe kjækt imod Glemsels Vold
Og sjunge mit Navn for en yngre Old!

Digtersvar.

Arme Forladte, ak, Du har ei
Fader, som tro kan vise Dig Vei,
Er og dit Hjerte stærkt, at Du kan
Savnfri tumles i fremmede Land?

„Stille, Du Stemme, Fader jeg har,
Fader, som altid kjærlig mig var:
Høit over Skyen, hist i det Blaae
Seer Du hans Throne funklende staae!"

Arme Forladte, aldrig din Arm
Slyngtes om Moderens elskende Barm;
Aldrig at skue, Stakkel, Du fik
Glæden i Moderens perlende Blik!

„Moder jeg haver, herlig og stor,
Hende jeg skuer i Syd og i Nord!
Ei hende fængsle Gjærder og Muur:
Venlige Moder hedder Natur."

Arme Forladte, ei Dig en Brud
Visker af Blikket Taarerne ud;
Sukker ei ofte Hjertet i Løn,
Beder om Bruden med inderlig Bøn?

„Bruden jeg haver, guldlokket og skjøn,
Vænere fik ei Menneskesøn,
Kan ikke falme, kan ikke døe:
Musa hedder min elskede Møe!"

Studentersang.

Som vi sidde voxne her,
Sjungende Studenter,
Glædes ved vort Ungdomsskjær,
Modige, som Glenter, —
Lad os gjemme Barnets Sind
Som en Herrens Engel:
Svinder det i Veir og Vind
Brudt bli'er Livets Stængel.

Dybt fra inden gaaer alt Skjønt,
Som forhøier Livet;
Spirer ei dit Indre grønt,
Visner Du, som Sivet.
I den Unges muntre Fest
Staaer med venlig Mine
Uskyld, som en Himmelgjæst, —
Lad ham ei borttrine.

Han har Pigens Øine blaae,
Er, som hun, lidt bange;

Vinger har den Lille paa,
Silkelokker lange.
Dobbelt funkler Vinen rød,
Stander han ved Bæg'ret;
Dobbelt Pigens Mund er søb,
Naar den bly sig vægred.

Eengang bruser Livets Strøm
For det unge Hjerte,
Eengang kun den skjønne Drøm
Stiller hver en Smerte.
See! vi blusse En og Hver
Af en hellig Glæde,
Mærker det: Livsaanden er
Midt blandt os tilstede.

Visselulle, slumrer søbt
J, som stille sover!
Hil hvert Barn, som, nylig født,
Sig i Verden vover!
— Men ved Viin og Bægerklang
Sidde vi Studenter,
Sidde her med Frihedssang
Og paa Morg'nen venter.

Til Bachus.

I Viindamp til min Vugge kom
Gud Bachus med en Flaske Rom
Og holdt mig over Daaben.
Han mælte saa: „min bedste Dreng!
Udmærk Dig fra det andet Slæng,
Fra Plebs, fra Skidenhoben."

Jeg stirred i hans gyldne Blik,
Jeg drak hans dunkle Luedrik,
Jeg elsked ham som Fader;
Og hvor jeg gik i Mulm og Nat,
Har aldrig han mig end forladt,
I Glød han Sjælen bader.

Han sendte mig to Engle ned,
Min Viintørst og min Munterhed, —
De blev ei Alle givet.
Lad Verden gaae sin skjæve Gang,
Giv mig blot Latter, Viin og Sang,
Da har jeg nok i Livet.

Styrt Verdner ned i Støv og Gruus,
Følg Du mig blot, min Genius,
Som holdt mig over Daaben!
Da skal Du see mig som din Præst
Blandt Drikkebrødre drikke bedst,
En Gud for Skidenhoben!

Til Digteren H. C. Andersen.

Du træder paa en farlig Bane,
Som Middelveien taaler ei,
Tidt, naar Du Roser monne ane,
Seer Du henvisne Livets Mai.
At være Digter er vist herligt,
Han drømmer mangen gylden Drøm,
Men sjeldent vil hans Veie kjærligt
Indslynge sig i Verdens Strøm.

Tidt har han ei, hvortil han hælde
Kan Hovedet i Sorgens Stund,
Orkanen i sin blinde Vælde
Nedslaaer hans sidste Haab til Grund;
Da maa ei modløs Taaren rinde,
Ei blændes maa hans Digter-Sands,
Men i sig selv han kraftfuld finde
Sin Trøst, sit Haab, sin Laurbærkrands.

Kæmp mandigt ud de tunge Kampe,
Og vær dog stedse Barnet liig,
Thi spinkelt sender Aandens Lampe
Sin Straaleflod ei hen til Dig,
Og sidst skal jeg mig vist ei glæde,
Naar, Yngling, jeg at skue faaer
Dig paa det høie Digtersæde,
Som Mange ønsker, Faa kun naaer!

Hakon Adelsteen.

Blandt Norges Klipper strengt i Ære
Blev holdt den høie Asalære,
Da Adelsteen fra Bretland kom
Med Præster og med Christendom.
Han sendte ud de skumle Munke
Med sorte Kors og skarpe Sværd,
Og Nordens høie Guder sjunke
I Mulmets og i Døbens Kjær.

De Djærves Blik mon Taarer væbe,
Da Odin fra sit Straalesæbe
For Østens Christus maatte gaae.
Den stærke Nordmand sorgfuld faae,
Hvor tomt der blev i Freias Haller,
Hvor Baldur sank i Glemsels Nat,
Og hvor de klare Iskrystaller
For Sydens Varme smelted brat.

Paa Frostething tilsammen kaldtes
De, som blandt Odins Dyrk're taltes.
Der mælte Drotten heel umild,
Henreven af sin Vredes Ild.
Han nævned Guderne kun Stene
Og Afgudsdyrk're Norges Folk;
Det trængte dybt til Marv og Bene
Nordmanden knuged mørk sin Dolk.

Og blandt de Stærke sig mon hæve
Asbjørn, den iisgraae, vise Gjæve;
Henlyned hjerv et Flammeblik,
Som dybt i Kongens Hjerte gik:
„Og vil Du, Hakon, os frarive
Den fædrene, den høie Tro,
Som ene holder Kraft ilive
Trods Feberen fra Munkens Bo?

„Kan grandt Du, Hakon, ikke skue
I Gud og Odin samme Lue?
I Norden længst Gud hjemme var,
I Syden skinned Odin klar;
Forlængst i Nordens kolde Zone
Er vidt og bredt Maria kjendt;
I Syden straaler Freias Throne,
Der har hun længe Livet tændt.

„Og hvad Du, Konge, Christus kalder,
Er det ei Nordens blide Balder,
Som, ene ved sin Mildhed stor,
Har længe hersket i vort Nord?
Det tomme Navn, de ydre Former
Forgjæves Du afskille vil,
Naar Tidens Uveir vildt henstormer,
Da ere meer de ikke til!

„Stig ned i Formens dybe Indre:
De samme Stjerner i dem tindre,
Og Christi Aand og Baldurs Tro
Er hver for sig en Himmelbro.

Tro inderligt kun paa den Ene
Og følg saa Hjertets stille Bud:
Du seer i Guderne ei Stene,
I Stenene Du seer din Gud!" —

Kong Hakon med sin Purpurkaabe
Af Blikket visked Sjælens Draabe,
Veemodigt stemt var Kongens Aand,
Han rakte Asbjørn Vennehaand;
Forfulgte meer ei Odins Lære,
Stak Templerne ei meer i Brand, —
Da blev en Konning han med Ære
Høit elsket af sit stolte Land.

Mignon i Graven.

Sover Du, Lille? Øiet er lukket,
Lokken ei bølger, tyst er nu Sukket.
Mignon, Du Elskte, ak, vil Du ikke
Aabne de sorte, brændende Blikke?

Han, hvem Du elsked, trofast i Haabet,
Mærked ei Sukket, ændsed ei Raabet:
Derfor var ogsaa mægtig din Længsel
End'lig at bryde Skranker og Fængsel.

Huset Du mindedes stedse andægtig,
Støtten, som standed marmorne prægtig,
Landet, hvor Løvet aldrig nedfalder,
Bjergenes hvidgraae, taagede Haller.

Citharens Toner bragte Dig Trøsten,
Ak, men saa Faa kun lytted til Røsten!
Sorgen boer ene, — Glæden foragter,
Flyver forbi den med haanlige Fagter.

Haver ei Huus og haver ei Moder,
Har ingen Søster og har ingen Broder;
Stien er smal, og knudret er Jorden, —
Barnet er utaalmodigt nu vorden;

Søger og beder, — kan ikke finde,
Banker og stirrer, — Taarerne rinde;
Kraften er knuust, og Trøsten ei funden, —
Blomsten er aarle visnet i Lunden.

Barnet ei Hjem har lavt udi Byen,
Hjemmet er Himlen, og Vuggen er Skyen;
Fader og Moder, Søster og Broder
Findes i hine lysende Klober.

Sangen hentoner! — Mignon, Du sover!
Stille staae Barmens svulmende Vover.
Kjærlighed græder! Mignon vil ikke
Aabne de sorte, brændende Blikke.

———————

Sophia af Hardenberg*).

Was sie gethan, was sie geübt,
Das weiß kein Mensch; daß sie geliebt,
Das wissen wir. Genug gesagt,
Wenn man nach Wamick und Afra fragt.
                                    Goethe.

Kong Frederik spored høien Hengst:
„Hvorfor vil saalænge Du nøle?
I Skovsbo var Du vist alt forlængst,
Hvis blot Du, som jeg, kunde føle.
Bruunrødlig glimter den taarnede Borg, —
Ak, al min Glæde, min Angst, min Sorg
Om hiint lille Vindve sig breier, —
Flyv, Ganger, om Styrke Du eier!"

Og der nu Kongen for Porten reed
Alt under de grønne Linde,
Da stirred veemodig fra Svalen ned
Den blye, den deilige Qvinde:

*) Datter af Eiler Hardenberg, der i Malmø var Hunshov-
mester hos Frederik den Anden som Kronprinds. Den
hardenbergske Stammes Ahnherre indkom fra Brunsvig med
Christopher af Bayern (1439). Blandt flere betydelige Godser
eiede Stammen ogsaa Skovsbo i Fyen; Familiens Vaaben
var et hvidt Ulvehoved. Scenen i dette Digt er tænkt at
være forefalden, da Frederik ved Efterretning om sin Faders
Død i Jylland reiste didover igjennem Fyen. — Angaaende
Skovsbo findes en interessant Notits i den første af Prof.
Vedel Simonsens nationalhistoriske Afhandlinger.

Hans Legesøster Sophia det var,
Med Hjertet saa reent og Panden klar;
For Kongen, med Taarer i Øiet,
Den unge Pige sig bøied:

„Du kommer til Skovsbo, min Konge from,
Med Sjælen søndret og blodig?
Din Fader har Herren kaldt for sin Dom,
Med Skjel staaer Sønnen veemodig.
Men naar nu Spiret og Kronens Guld
Dig hæver høit over Mænd af Muld,
Da glem ei, som Drot i dit Rige,
Din stakkels, sørgende Pige!

„Jeg gav Dig min Haand, jeg gav Dig min Mund
Jeg gav Dig et fuldtro Hjerte;
Nu, Fredrik, ringer vor Afskedsstund,
Min Fader igaar mig det lærte:
Graaulven i Ribberens simple Skjold
Tør aldrig lege med Løven bold,
Ret aldrig blier Ribberpige
Til Dronning i Danmarks Rige!“

Op Konningen sprang med hviden Haand,
Blank Draaben stod under Brynet:
„Os knytter jo et usynligt Baand,
Tab Kongen og Løven af Synet!
Og husker Du ei, hvad i Malmø Du
Mig lovte med barnlig Stemme og Hu?
Kongens Brud kun vilde Du blive
I Død, som i levende Live!“ —

„Jeg huffer det Ord, jeg elffer den Tid,
Som Moderen elffer fit Foster,
Jeg knytted dertil min Barndoms Jid,
Men Alt maa nu glemmes i Kloster!
Du feer mig, Fredrik, for fidfte Gang,
Du hører min Røst i fin døende Klang:
Jeg Taarer og Perler ffal tælle
Og bede for Dig i min Celle.

„Kun saaledes kan i Opfylbelfe gaae,
At Kongebrud ffulde jeg blive:
Den største Konge, som Jorden faae,
Korsfæftede man ilive.
Hans lyfe Brynie er Himlen blaa,
Forziret med alle de Sølvprikker fmaae;
Hans Krone funkler i Solen,
Alverden er Kongeftolen!" —

Heel moeb ftod Kongen, med krænket Sjæl,
Og ftirred hen for fig ftille:
„Sangfuglen fidder i Reden ved Dvelb
Og flaaer for Hunnen fin Trille;
Men mægter et Kongen for Danmarks Land
At eie, hvad Smaafuglen eie kan,
Da tag kun hans Scepter og Krone:
I Skoven ftaaer ftoltere Throne!" —

„Glem Fuglen, Du saae paa den lave Tjørn,
Lær tidligt at længes, at favne!
Huff, Konge, Du eft en flagrende Ørn,
Kan Ørnebrud ikkun favne.

Fæst Blikket fast paa dit herlige Land,
Læs Runen paa Dankongens Skjolderand:
Den lærer, hvad Drotter de vare,
Som Skjoldet for Landet bare!

„Lad Æren vorde din unge Brud,
Og Troskab din Søster kjære!
Armod, der vandrer i Kuld og Slud,
Som Barn paa Armen Du bære!
Visk Taaren af dine Øine blaae, —
Troer ei Du, at jeg monne sorgfuld gaae?
Smaafuglens Toner henklinge,
Men Ørnen maa ryste sin Vinge!" —

Kong Frederik saae i de klare Blik,
Han kyssede Pigemunden:
„Jeg drikker Livets og Døbens Drik
Sært blandet i Afskedsstunden.
Det veed i Himlen den rige Christ,
Hvor gjerne jeg bytted paastand forvist
Mit Scepter i Høienlofte
For Ridderens Sværd ved Hofte!" —

Kong Frederik spored høien Hengst:
„Hvorfor vil saa længe Du nøle?
Fra Skovsbo var Du vist alt forlængst,
Hvis blot Du, som jeg, kunde føle.
Guldkringlen tapper dit ædle Blod?
Kun rask, min Ganger, far til med Mod,
Om end Blodstrømme der runde, —
Dankongen har dybere Bunde!" —

Søvnen.

Pige, Du med Valmugreen,
Venlig og ætherisk reen,
Du har lullet mig saa blidt,
Du har vugget mig saa tidt,
Paa den hele, vide Jord
Ingen Glut saa kjær der boer.

Barnet i sit snevre Svøb,
Yngling med sit raske Løb,
Pigen i sit Længselshav,
Olding med sin Krykkestav,
Finder Alle Hjertefred,
Naar Du stiger til dem ned.

Tanken, stundom Sjælens Orm,
Faaer hos Dig en himmelsk Form,
Samler sine Brødre smaae,
Som saa vilde trindtom gaae,
Driver sammen dem i Strøm,
Danner saa en Guderdrøm.

Glutten, ved hvis hvide Barm
Ynglingen udhviler varm,
Drikker af hans Læbers Saft,
Suger bort hans Ungdomskraft,
Giver venlig, hvad hun har, —
Dog det Bedste hendes var.

Men den stille Slummerbød,
Pigen med sin Læbe søb,
Aabner til sin Løndom Bei,
Skjænker Alt, men tager ei,
Og forynget, fri for Savn
Stiger Du af hendes Favn.

Hellig, hellig er din Jib:
J den tause Nattetid
Hæver Du bet sjunkne Bryst,
Renser bet fra jordisk Lyst,
Løfter Hjertet mildt i Daab
Og indaander Sjælen Haab.

Siig: hvor kunde Hjertet slaae,
Naar bet ikke stundom laae
Ubevidst og uden Liv,
Ventende sit Skaberbliv,
Barn ved Moderbarmen liig,
Klynget varmt og nær til Dig?

Snart i Svaghed Manden staaer,
Evig ung og frisk Du gaaer.
Uskyld er Dig kjærest dog,
Manden er Dig tidt for klog;
Derfor kommer fra det Blaae
Tiest ned Du til de Smaae.

Sibyllas Orakel.

———

„Naar sendes af Faderen endelig ud
Den elskede, inderligt savnede Brud,
Om hvem jeg har drømt i den eensomme Stund,
Ved Morgenens Straaler, i Midnattens Blund?"

Naar din Aand sig klarligt renser,
Spirende i friske Skud,
Naar dit indre Liv ei ændser
Leg'mets Baand og Formens Grændser, —
Sendes hun af Fad'ren ud.
Naar dit Væsen sig forynger,
Stærk sig til det Gode klynger,
Kommer vist din skjønne Brud!

„Hvad hedder vel Pigen, som, venlig og varm,
For stedse skal throne i Ynglingens Barm?
Sig, saae Du, Sibylla, paa vildsomme Vei,
Ved Sø eller Skove, den Elskede ei?"

Romerskabning, Romersøie,
Romerhjerte, Romernavn!
Vist det vil din Sjæl fornøie:
Oldtids Minder sammenføie
Sig i hendes Romernavn.
Al din Lykke, al din Glæde,
Livets Luer, Lysets Sæde
Dølger Romerpigens Favn.

„Du taler saa venlig, som barnlige Røst,
Der laller i Glæde ved Moderens Bryst.
Siig, har hun sit Hjem vel i Syd eller Nord,
O, siig mig, Sibylla, hvor monne hun boer?"

Der, hvor Du har Alt forliset,
I dit eget Fødeland,
Der skal (Geniens Navn vær priset!)
Fødes Romerparadiset
Tæt ved Søens grønne Strand. —
Glæden døer, og Timen iler,
Men bestandig frisk fremsmiler
Blomster udaf Gravens Rand.

Natten.

Fra Østens Christus jeg mit Øie vendte,
Jeg troede ei paa Tornekronens Glands,
For mig dens Guddomslue aldrig brændte.

Forvildet stirrede min unge Sands
Og sænktes i Elysiets Skyggerige, —
Der søgte den sin høie Guderkrands.

Af hver en Blomst jeg saae en Guddom stige,
Naturen sang sin dunkle Brudesang, —
Da aned først jeg Dig, min elskte Pige!

Dryaden smilte bag sit Bladehang;
Bevægte af de underfulde Kræfter
Blank Kilden risled, Træet høit sig svang.

Men svagt kun Barnedrømmene sig hefter:
See! Vint'ren kom, og Kilden isned fast,
Mens Bladet gav for Nordens Storme efter.

Elysiets Guder sank, og Sløret brast,
Og Ynglingen stod atter sørg'lig ene,
Som paa den øde Kyst en bjerget Mast.

Da vendte han sit Blik til Nordens Stene
Og drømte sig i Kampens Old igjen:
Oplivet stod den aserfyldte Scene.

Og Baldur blev hans Hjertes stille Ven,
Og Sjofna smilte med sin Rosenlæbe,
I Skyen hist foer Thor paa Kerren hen.

Med Andagt fast mit Hjerte sig mon klæbe
Til Freya og til Odins Himmelslot,
Min Idræt skulde kun for Norden stræbe.

Mens Phantasien end var Aandens Drot,
Mens end Forstanden var af Hjertet bøvet,
Da tyktes det mig der saa hjemlig godt.

Men da Forstanden spirende skjød Løvet,
Da gav jeg meer ei Odins Sange Gjem,
Da sank min Guderverden knuust i Støvet.

Veemodig stirred Blikket altid frem
Og fandt dog aldrig, hvad det finde vilde,
Det var en Fremmed i sit eget Hjem.

I Verden grandt jeg saae den store Kilde,
Men om dens Udspring var der aldrig lyst,
Forgjæves svulmed Længslerne, de milde.

Da toned Aandens Stemme i mit Bryst
I Sorgens Stund, ved dunkle Nattetide,
Da hvert et Væsen laae i Slummer tyst:

„Det, som Du vil tilkæmpe Dig at vide,
Udgrunder aldrig Menneskets Forstand,
Iblinde vil den med sig selv blot stride.

„Kun hist i Følelsernes Sommerland
Kan Kildens Udspring Du fornemme,
Der kan Du slukke Sjælens Kundskabsbrand.

„Men tone maa for Sjælen da en Stemme,
Som kan den lede ad den stille Vei,
At ei Indvielsen den skal forglemme.

„Da lænkes Du og er dog evig fri,
Da græder Du og har dog evig Glæde,
Det er, som Herren selv gik Dig forbi!“ —

Og som et Barn jeg inderligt mon græde
Og længtes efter Væsnet, som paa Jord
Mildt skulde lede mig til Lysets Sæde.

Heel mangen Ungmø saae jeg i mit Nord
Med Reenheds Skjær i Øiet og paa Panden,
Og Midien bæltet skjønt af Uskylds Gjord.

Men Ingen kunde tænde Himmelbranden,
Som, eengang knittrende, ei slukkes ud,
Hvor vildt det stormer end paa Klippestranden.

Nu har jeg gjennem Vintrens barske Slud
Seet Væsnet, som af Gud og af Naturen
Er kaaret mig til trofast Hjertebrud.

Men vil ei Du udjevne Pandefuren,
Som Skjæbnen pløied i min Ungdomsvaar,
Da kommer Freden først bag Kirkemuren.

Kom, Elskte, kom! din Yngling ene staaer,
Kald med et Ord hans Hjertefred tillive;
Du veed det vist, Du ene det formaaer,
Hans bedste Krands paa Jorden ham at give.

Drømmene.

I.

I Søvne for mig Pigens Billed stod,
Det talte sødt og kyste rørt min Pande:
„Dit Hjerte tro den Elskte ei forlod,
Nu din, som Løn, hun her mon stande.“

— Naar i den lange Søvn i Kisten trang
Dødskulden al min Jordestyrke lammer,
O send, Alfader, da ret mangen Gang
Hiin varme Drøm ned i mit taufe Kammer.

Og naar Basunen med sin Malmerklang
Steengraven vældig sprænger for den Døde,
O, gjør til Sandhed da det Ord, hun sang,
Lad Drømmen mig som Virkelighed møde.

II.

Jeg vandred i et herligt Land,
Hvor Lauren stod hos Nordens Gran,
Og hvor, i Hegn for Regn og Rusk,
Bestandig blomstred Rosens Busk:
Jeg savned kun en venlig Pige
I det fuldkomne Himmerige.

En Due hviled paa min Haand,
Jeg elsked den med Mund og Aand;
Med Graad i Øiet bort den gik,
Jeg saae ei meer dens milde Blik;
Jeg fandt den siden død i Haven
Og grov med Veemodstaarer Graven.

Et Bjerg der stod med Krat og Tjørn,
Paa Spidsen sad den unge Ørn;
Fra Øiet foer der stolte Lyn,
Skjøndt mildt sig bued dog dens Bryn;
Med Tillid Ørnen ned sig voved
Og satte still' sig paa mit Hoved.

Med Blikket vildt og hvidt som Kalk,
Med krummet Næb, jeg saae en Falk:
Den stødte Ørnen haardt mod Jord,
Saa Blodet af dens Fjedre foer, —
Da greb jeg Falken rask om Vingen
Og slog med Harme den paa Bringen.

Og Falken blev en Yngling skjøn,
Mit Hjerte grued dog i Løn;
Vi kæmped vildt om Liv og Død,
Han sank for et usynligt Stød!
Men skjøn og venlig uden Lige
Blev Ørnen en spædlemmet Pige.

Høit Droslen slog sin søde Sang,
Min Sjæl til Himlens Gud sig svang;
I Busken lyste Maanens Skjær, —
Ak, der var ingenlunde her!
Vist troer jeg, det var Himmerige:
Hun var jo min, den skjønne Pige!

Kong Valdemar og Dronning Helvig*).

Paa Gurre boer Konning Valdemar,
Jagtluren er Drottens Glæde:
Fiskørn flyver langt fra Søens Glar,
Knap Hjort tør paa Tørve træde.

---

*) Den Misforstaaelse, som fandt Sted imellem Kong Valdemar
den Fjerde og hans Dronning, udledes i Kæmperviserne af

Men vogtet af Søe og Ringemuur,
Maa Dronningen boe i Søborgbuur,
Som Fange, den Thronebaarne!
Hvergang hun i Bølgen speilte sig,
Den større sig græd, svam sørgelig
Langt bort fra de skumle Taarne.

Da klaged hun tungt for Ternen smaa,
Som røbmende sad ved Side:
„Kong Baldemar foer i Silke blaa
Til Søborg ved Midnatstide;
Mig hilste han ei, — han klapped Dig,
Ung Helvig er fattig, Du er riig,
Hans Øine for Dig kun brænde!
Siig, trofaste Terne, veed Du Raad,
Da mildne Du nu din Dronnings Graad,
Min Lykke har Du ihænde." —

Heel dristige Raad har Ternen lagt,
Kun Uskyld kan slige skjænke:
„Ha, føler han først din Skjønheds Magt,
Fuldvel han sit Mod skal sænke!

Kongens Skinsyge paa Folkvar Lovmandsøn; ogsaa omtales Folkvars Død (i en Spigertønde). Rasmus Glad, en Kjøbenhavnsk Professor under Frederik den Anden, fortæller virkelig i et Heltedigt om Margrethes Krig med den svenske Kong Albert, at Helvigs Terne, Anna fra Jylland, saaledes som det her er behandlet, tilveiebragte en Sammenkomst mellem det høie Par, og at Margrethe blev en Frugt af dette Møde. (Confr. Pontoppidans Atlas II, 254).

Og hører han først dit Sandhedsord,
Dit Dronningeskjold han rustfrit troer,
Han kysser din klare Pande.
Een Qvinde kan Mand vist knap modstaae,
Men hvorlunde maa det hannem gaae,
Naar tvende med Mod fremstande?" —

Hvo rider saa taus ved Midienat
Tæt ind under Søborgs Linde?
Kong Valdemar har sit Slot forladt,
God Villie han vil sig vinde.
Graaskimlen han tøiler Broen nær:
„Den smukke Terne mig stevned her, —
Ung Helvig, Du rolig drømme!
Mit favreste Skib paa Bølgen skred,
Men troløst stak det i Dybet ned, —
Det sank i de sorte Strømme.

Den gothiske Borg har Mulm tilslørt,
Kun Pilten i Stald mon vaage,
Men han haver Kongens Gang ei hørt,
Ei Klappren ved vestre Laage.
Og Kongen sig sneg med sagte Skridt;
Fra farvede Ruder, sværmerskblidt,
Ham lyste kun Maaneskjæret.
I Gangen han fandt en Haand saa blød,
I Kammers han kyssed en Læbe søf, —
Smaaternen det vist har været! —

Men der nu i Gaarden Hanen goel,
Og Dagen oprandt saa vide,
Da straalte fra Vinduet stærken Sol, —
Ung Helvig laae ved hans Side!
Hun mærked med Lyst og halv med Vee,
Hvor Kongen mon rød til Gulvet see
Og taug, som i Dødens Dvale;
Hendes milde Blik da Taarer udgjød,
Hun reiste sig op, og fra Læben flød
Den blye, men dog stærke Tale:

„Dankonning, til Jord Du Øiet slaaer, —
Din Pande Du frit kun reise:
Ung Helvig med Skjælven for Dig staaer,
En Hustru tør ikke kneise.
Men sige Du mig af Ynk nu blot,
Hvorfore Du gavst mig Haan og Spot,
Mens Du var min Lyst og Ære?
Hvi lodst Du mig ei ved Slesvigstrand
Hos Broder i kjære Fødeland,
Naar kun jeg dit Had skal bære?" —

„Tie stille, tie qvær, min Dronning fiin,
Kong Valdemar ei Du daarer:
I Løndom var Folkvar Boler din,
Og nu Du din Huusbond taarer!
Mit favreste Skib paa Bølgen gled,
Men troløst skal det i Dybet ned, —
Du sank i de sorte Strømme!
Siig, skulde jeg, Helvig, elske den,

Som kaarede Træl til fuldgod Ven,
Mens Herren i Fred mon drømme?" —

Da talte af Sjælevee hun brat,
Med Kinden i Purpurrødme:
„Mig hilste som Brud først denne Nat,
Du sugede Blomstens Sødme!
At Helvigs Hjerte blev Kongen tro,
Det mindes Folkvar i Gravens Ro,
Alt hviler han der, desværre!
I Plader de Mænd om Thronen staaer,
Hver haver jeg kjær i Kongens Gaard,
Som tjener med Tro sin Herre.

„Men høre Du nu din Hustrus Røst,
Hun taler ei nu forgjæves;
Mit Skjold, der har lidt hiin dybe Brøst,
Seirmærket det skal gjenhæves!
Du troer mig nu ei, Kong Valdemar,
For mægtige Runer Tvivlen skar,
Hun har over Dig sin Villie.
Men vel kommer silbig Efterslægt,
Som tager mit Navn i Varetægt,
Og renser mig Vaabnets Lillie.

„Thi være det da et Tegn fuldvist
For Slægterne, dem der komme:
Hvis Naade mig sender Gud og Christ,
Naar Tiden og Timen er omme,
Og føder jeg da med Angst og Vee
Et Foster, som Norden engang skal see,

Selv større end stærken Fader:
Da vidne de vil, naar jeg er død,
At Taaren paa Kind uskyldig flød,
Og Pletten mit Skjold forlader!" —

Hil være den Dronning, reen og skjær,
Hun talte det Ord forsande:
Kong Valdemar streb med Hu og Hær,
En Løve for Danmarks Lande;
Men Datteren med det kloge Blik
Et lysere Navn og Mærke fik,
End Faderen selv, hiin Bolde.
Margrethe sig fæstede Kroner tre,
Og saaledes monne det rigtigt skee,
At blanke blev Moderens Skjolde.

Fædrearven.

Ei ene Hekla brænder dybt under hviden Snee,
Vel andre stærke Flammer i Kulden Du kan see:
I Mandens stolte Hjerte, i Pigebarmen mild
For Frihed og for Troskab der blusser Altarild.

Der Ebbesøn i Lue svang høit sit hvasse Sværd,
Og Nidding i Dødskampen fik Lønnen, han var værd,
Med Lyst da strakte Frihed sit Skjold henover Nord:
„Mit eget Ridderfolk, mon ei her det altid boer?"

Da Brittens Seilerklynge paa Kongedybet laae,
Og Mændene, de mange, dybt nedsank i det Blaae,
Med Taarer vendte Frihed sit skjønne Hoved bort:
Rødt bølger Danmarks Hav, og min Himmel ruger sort.

End er det ikke slukket, det raske Heltemod,
Endnu for Æren ruller den stærke Ynglings Blod:
Du, Frihed, har hans Hjerte fra Timen, han blev født,
Og villig han sit Hoved Dig hengav i din Nød.

Men skulde vel i Tiden det hænde sig engang,
At Voldsmænd sig mon vove til Danmarks Kildevang,
Da vil de Sønnesønner, ret som i svundne Old,
Til Sværdetræk sig samle og dække Friheds Skjold.

Og Barnet selv vil true vredt med den spæde Haand
Og lalle svagt fra Vuggen om Fædrenes Aand;
Saa før det hele Nordliv er lagt i skumle Grav,
Før flytter ikke Frihed fra Folk og Land og Hav.

Da Thora var syg.

Thora, da de mumled her,
Du var syg og Døden nær,
Fuldelig da var det, som
Glæden gik, da Tidning kom;
Bølgekjølnet blev mit Blod,
Olding, tyktes mig, jeg stod.

Og jeg spurgte, hvorfor Du
I dit friske Foraarsnu,
Fremfor Mange herlig føb',
Skulde gaae i dunkle Døb:
Altfor skjøn og altfor varm
Var for Ormene din Barm.

Og jeg tøede Sjælens Iis, —
Røveren saae Parabiis!
Mine Hænder foldeb jeg,
Af, de kjendte ei den Vei;
Bedre løb de mine Vink,
Naar det gjaldt et muntert Klink.

Englene med Undren saae,
Hvor paa Knæ for Gud jeg laae.
Hvad jeg sukked, ikke veeb jeg,
Meget græb jeg, mere leeb jeg;
Det jeg veeb, saa inderlig
Bad til Gud jeg kun for Dig.

Hvad Du var mig, saae jeg grandt,
Da ved Døben jeg Dig fandt;
Sværmet har jeg vel for Mange,
Skrevet Galnings Elskovssange;
Elsket, Thora, tro Du mig,
Elsket har jeg ikkun Dig.

Over Byron, over Schiller
Jeg min elskte Thora stiller;

Paa den hele, vide Jord
Væsen kjærere ei boer;
O, betro Dig kun til mig,
Elske vil jeg ikkun Dig.

Søfuglen.

Hvide Søfugl, stands din Flugt,
Nærm Du Dig til denne Bugt.
Flygted Du for Ørnen vel,
Bringer Bud Du, bringer Held?
Minde fører Du tilbage
Om de svundne, glade Dage.

Seer Du hist en dunkel Sky
Eensom over liden By?
Saadan er den Elsktes Blik,
I det gjemmes Livets Drik;
Landet Regnens Sky velsigner, —
Mørke Blik, Du Skyen ligner!

Hvide Søfugl! hør min Bøn,
Bær mit Budskab Du i Løn!
Sving Du Dig ad Stranden hen,
Hils saa fra den fjerne Ven;
Ak, han vilde selv saa gjerne
See sin skjønne Ledestjerne!

Vær fornuftig Dig dog ad,
Hold i Næbet smukt mit Blad!
Stolt er Ørnen, — hører Du?
Tal beskeden, tal med Blu!
Ørneblodet, veed Du, gjærer,
Hvor mit Budskab Du henbærer.

Bort fløi Fuglen! — Ak, mon og
Den vil tee sig tro og klog?
Elskte, Du maa vredes ei,
Naar den møder Dig paa Vei,
Naar den siger, hvad mit Hjerte
Den at tale dristigt lærte.

Elsker Du, da vær Du tro,
Lad mit Minde hos Dig bo.
Lad din Læbe være stum
Og giv Tiden Raaderum:
Stundom læs i Kamret sagte,
Hvad i Næb Dig Fuglen bragte.

Angeren.

Ikke kan jeg meer, som Barnet, græbe,
Ikke længer glædes over Lidt;
Alt som Skulbrene mig voxte brede,
Mærked jeg i Sind Forandring tidt.

19*

Hver en Vaar, naar Fuglens Sange kalde,
Grønnes atter Træet glædelig:
Skulde Mennesket da evig falde,
Og ei mægte at gjenreise sig?

End om Synden har selv Purpurlarve,
Reen den vorde kan som Snee ved Kulb;
Blusser dunkelt end i Blod dens Farve, —
Herren klarer den som hviden Uld.

———

Hvem jeg hader, og hvem jeg elsker.

———

Hvem jeg hader, nogle Faa,
Vil jeg aldrig tænke paa,
Har jeg ikke dertil Magt,
Vil jeg tænke med Foragt.

Hvem jeg elske vil, hun skal
Ei min Sjæl med Andre dele;
Ingen Brøk og brudne Tal,
Men hun eie skal det Hele.

Blier hun syg, naar Alderen kommer,
Eller Sygdom ubeleilig:
Hun mig elskte i sin Sommer,
Da jeg syntes, hun var deilig.

Har hun Feil, dem vil jeg gjemme,
Saa at Ingen skal dem finde;
Til at rose min Veninde,
Ei til Dadel, fik jeg Stemme.

Gjør min Fjende Godt mod hende,
Da er han min Genius,
Han er Ven da, ikke Fjende, —
Kom, saa vil vi drikke Dus.

Hvis min Moder haaner hende,
Da farvel, mit Fædrehjem!
Bort jeg gaaer fra Huus og Frænde
Og la'er Døren staae paa Klem.

Een er Solen, Een er Gud,
Og det Bedste er ei Mange;
Een kun være kan den Brud,
Som har Ret til mine Sange.

Et Sendebrev.

———

From the wreck of the past, which hath perish'd,
Thus much I at least may recall:
It hath taught me, that what I most cherish'd
Deserved to be dearest of all.
In the desert a fountain is springing,
In the wide waste there still is a tree,
And a bird in the solitude singing,
Which speaks to my spirit of t h e e.

Byron.

Det, som sig lønligst rører,
Men som kun hviskes bør;
Hvad Pigen gjerne hører,
Men knap dog høre tør;
Hvad Menneskene gjemme,
Hvor der er sikkrest lukt,
Det tolker Digtrens Stemme
I Sange reent og smukt.

Haansmiil fra kolde Læber
Og vrede Pandefold
Ei Digtrens Haaben dræber,
Gjør ei hans Tanke kold:
Min Ungdoms Flammetanker,
De bedste fra mit Sind,
Paa Døren hos Dig banker, —
Min Elskte, luk dem ind!

En Fader hist i Himlen,
En elsket Plet mod Nord,
Eet Væsen udaf Vrimlen,
Paa hvem jeg sikkert troer:
Det Haab sig fast indprenter,
Det skal mig vel staae bi;
Trods hundred Recensenter
Blier det ei Sværmeri.

Blandt alle skjønne Steder
Rundt i min Fødestavn
Kun eet mit Hjerte glæder,
Vel gjætter Du dets Navn.
Blandt favre Væsner alle,
Som findes i mit Hjem,
Kun Een jeg min vil kalde,
Vel veed Du, Thora, hvem.

Naar mine Øine briste,
Min Aande vorder trang,
Da vil jeg Tanken vriste
Ret fri for sidste Gang
Og mindes, ret med Dvælen,
Et elsket Maleri;
Paa Billedet, som Sjælen,
Staae Thora midtudi!

Basnæs med gamle Taarne
Ved Østersøens Vig,
Mit Yndlingssted udkaarne,
Hiint Billed vise mig!

Da skal dit Navn jeg sukke
Med glædefarvet Kind,
Og Øiet rask tillukke
Og døe med roligt Sind. —

Fra Kysten flygted Heiren
For eenlig Skippers Flag;
Jeg inde sad med Byron
Den hvide Vinterdag.
Du, Thora, kom fra Salen,
Jeg lod Dig ei forbi;
Til varme Kys blev Talen,
Hvor glade vare vi!

Og husker Du næstsidste
Beklemte Aftenstund?
Usikkre vi os vidste,
Da skjalv din Rosenmund.
De sorte Øine smykte
En glandsfuld Taareflok;
I Haanden Du mig trykte
Den mørkebrune Lok.

Da kyssed jeg din Pande,
Da klapped jeg din Kind;
Da syntes mig forsande,
Som toned Aftnens Vind:
„Du haver Dig forsyndet
Saa meget mod din Gud,
Og dog fra Dommerhyndet
Han kaarer Dig en Brud!" —

Lad denne Lok, ringbunden,
Et Forbund tolke os,
En Eed i Ungdomsstunden,
Sagt Tidens Magt tiltrods:
Ei blot for Morgenrøden,
Men længer sikkerlig,
For Livet og for Døden
Jeg haver fæstet Dig.

Ret tør ved Vintertide
Ei Rosen bryde frem;
Slet Ingen maa det vide
Hvad vi To har igjem.
Omkring os gaae saa Mange
Med List, paa Speiderviis:
Ikkun de stille Sange
Kjende vort Paradiis.

Jeg føler, at ei glad jeg
Kan være fjern fra Dig;
Her er det dog, som sad jeg
Midt mellem mulne Liig:
Af Lyst kan Øiet tindre,
Og Læben høit kan lee,
Men dybt i Formens Indre,
Der sidder Sjælens Vee.

Der sidder det, som minder
Mig om, at Øiet ei
Sin Længselsgjenstand finder,
Sin Vaar, sin varme Mai.

Koldt tales der med Pennen,
Mit Sprog er ikke godt, —
Lad dette Blad fra Vennen
Tjene til Papillot!

William Shakspears Eventyr.

Paa Gulvet gik Fanny op og ned,
Sin Fætter havde hun drillet:
„Han blussede stærkt og bortgik vred,
Det havde jeg dog ikke villet.
Min lille Broder, for Søster Du gaaer
Didhen, hvor Globustheatret staaer:
Der under de Marmorpiller
Han Richard den Tredie spiller." —

Saa hviskede hun Broder i Øret lidt,
Opmærksom lytted den Lille;
Hun nævnede Timen, og Timen var Eet,
Den Time var mørk og stille.
Og skyndte sig da det vevre Bud,
Sit lønlige Ærind at rette ud,
Og flink er hans Fod, brat er den
I Shakspears tordnende Verden.

„Der staaer jo Fætter med Purpur om
Som Konge for Englands Kyster!
O hør, Fætter Harry, tre Ord, o kom,
Jeg bringer Dig Bud fra Søster.

Du har hendes Ord dog ei vrangt udlagt?
Hun venter Dig efter femte Akt,
Men hvad skal Løsenet være
For Mødet i Tugt og Ære?"

Herr Harry stirrede snedigt ned
Med Straaler i Slangeblikke:
„Min Fanny vist i sit Hjerte veed,
At Spotord jeg gjemmer ikke.
Et Klap i Haanden, et enkelt Nyk
I Gadelokken med læmpet Tryk:
Kong Richard! skal Løsenet være
For Mødet i Tugt og Ære!" —

Der stode de To og taltes ved
Bag Scenens tause Coulisser
Og meente, de var i Eensomhed
Og sikkre for Lorder og Misser.
Men Shakspear, som havde skuet til
Det buldrende store Kæmpespil,
Han havde med smilende Læbe
Hørt Drengen som Mægler at stræbe.

Han tænkte: „Herr Harry, spil Richard Du her,
Og jeg vil ham hist nok være;
Du lefler jo dog med En og Hver,
Og spøger med Alles Ære.
Saa Mange har jeg paa Scenen rørt,
Naar jeg blev gjennem en Anden hørt,
Og skulde da frygtsom skjælve,
Naar Ordet jeg fører selve?"

Og hurtigt han gik fra den brogede Flok,
Med Smilet om Tænkermunden,
Og stod heel snart med flagrende Lok
Ved Huset, i Stjernestunden.
Et Klap i Haanden, et enkelt Ryk
I Gadeklokken med læmpet Tryk:
„Kong Richard det er, som ringer,
Sin Krone til Fanny han bringer!" —

Af høiere Glæde der skjalv et Smiil
I Fannys livlige Mine,
Dengang hun meente, med Ynglings Iil
Ind vilde nu Harry trine;
Der skjalv et Træk med rugende Nat,
Da Shakspear i Kammeret indtreen brat;
Den bølgende Bruunlok ruller
Ned over hans brede Skulder.

„Hvo er Du, dristige Fremmede, Du,
Som Vei gjennem Mulmet finder?
Siig, hvorfor grusom og uden Blu
Du hvidne vil Pigens Kinder?" —
Hun veeg tilbage, snart bleg, snart rød,
Fra Barmen de klagende Sukke løb,
Og under de talende Bryne
Kom Sjælens Draabe tilsyne.

„Du frygte Dig ikke, min vakkre Mø,
Jeg skræmmer en giftig Slange.
At ikke din rene Aand skulde døe,
Derfor maatte til Dig jeg gange.

Min favre Fanny, Du kjender ei mig?
Forlængst har den Fremmede dog kjendt Dig:
Hvor Scenens Kuppler sig høine,
Stod ofte Du for mine Øine.

„Det er Dig, som man har Ophelia kaldt,
—— Forlængst har jeg kjendt Dig nøie;
Jeg saae Dig, dengang Julies Gestalt
Begeistred mit stirrende Øie.
I Drømme ofte Du for mig stod,
Jeg knælte tilbedende for din Fod,
Dog aldrig kan Shakspears Tale,
Ei heller en Drøm Dig male!

„Men spørger Du om mit Navn, min Stand,
Om mit Hjem er i Høiheds Haller, —
Jeg er i London ei ukjendt Mand,
En Digter mig Verden kalder.
Ikkun det Glimrende Folket seer,
Men Du skal i mig see noget Meer.
Mildt funkle de Øine klare, —
O, hvad vil din Læbe mig svare?"

Han var hende længer nu fremmed ei,
Han stod som en elsket Frænde;
Det var, som i Sproget ei eneste Nei
Til ham der gaves for hende:
„Og er Du en Digter, da kjender jeg Dig,
Der er jo Ingen, som er Dig liig:
Med kongeligt formede Pande
Kun S h a k s p e a r kan for mig stande!"

Han aandede glad, han aandede frit,
Som Fuglen, der synger i Lunden;
Hun bøied sig til hans Aasyn blidt
Med Elskov i Stjernestunden.
Tys! Klap i Haanden, et enkelt Ryk
I Gadeklokken med læmpet Tryk:
„Kong Richard!" hvisked derude
Herr Harry mod Fannys Rude.

Da lukkede Shakspear Vinduet op,
Med Smiil til skuffede Beiler:
„Kong Richard er Du? gaa, Richards Krop,
Her staaer ei din Throne, Du feiler!
Før Richard den Tredie, det veed Du, Ben,
Da hersked William Erobreren:
Min Ven, hold Skridt dog med Tiden,
Først William, saa Richard siden!"

Annas Løfter.
(Ideen laant af en gaelisk Vise.)

Saa taled Annas Læbe skjøn:
„Jeg vil ei ægte Grevens Søn;
Ei selv om Dødsot gik om Land,
Og ene leved jeg og han!
For alt det Gods, for alt det Guld,
For alt det dyre, grønne Muld,
Som Sværdet vandt paa Ærens Vei,
Jeg ægted Grevens Ætling ei!" —

„Et Pigeord," — loe Fab'ren mut —
„Er snarligt smeddet, snarligt brudt.
See, rødmende staaer Lyngen hist,
Smuk i sin korte Sommerfrist:
Nordvinden farer voldsom hen, —
Af Blomsten blier ei Spor igjen!
Og dog, før Lyngens Blomst gaaer ud,
Staaer Du for Altret — Grevens Brud!" —

Da raabte Anna: „før ved Sky,
Som Ørn, vil Svanen søge Ly;
Før levnes ei paa tørret Bund
Een Bølge meer i Øresund;
Før flygter feig fra Faren fort
Den danske Mand til Skjændsel bort, —
Og selv om disse Under skee,
Mig vil som Grevens Du ei see!" —

Vandlillien end for Vindens Spil
Tæt Svanens Rede dækker til;
End over sorte Tanggræslund
Sin Bølge vælter Øresund;
End flygted ei den danske Mand
Fra Kampen for sit Fødeland, —
Og dog, før Lyngens Blomst gik ud,
For Gud blev Anna Grevens Brud.

✝

Theodor Gliemann.

Vi havde mindst det ventet
At see saa saare brat
Forgaae fra Firmamentet
Din Stjerne dybt i Nat.
See, Livet lovte Meget,
Saa Meget udi Dig;
Det har os Alle sveget:
Capellet har dit Liig.

Et Væsen er os røvet,
Som var af bedste Rang;
Dybt har Du os bedrøvet
For allerførste Gang.
Faa kun har Dig beundret,
Og disse Faa var vi,
Du burde sees af Hundred
Og kjendtes kun af Ti.

Er der et Himmelsæde,
Er der et Reenheds Slot,
Bør vi for Dig ei græde:
Du har det sagtens godt.
Men vi, vi kan ei skatte
„Hvor godt" og ei „hvorhen";
Een Tanke kun vi fatte:
„Herfra" er nu vor Ven.

Sødt hvile, — Gud høilovet! —
Det kan Du, Gliemann kjær:
Vi lægge under Hoved
Dig kun Velsignelser.
Vi skrive paa din Pande:
Som Luften reen og klar!
Og over Hjertet stande:
Meer varmt der intet var!

Men Du, hans Catharine,
Sæt med dit Barn Dig hen
Og græd for Dig og dine
Og suk og græd igjen.
Glem blot ei Fødelandet,
Dets Krav Du agte paa:
Som Faderen har standet,
Saa bør og Sønnen staae.

Lad stor og god ham vorde,
Og spør han saa til Fa'er,
Da tage vi til Orde:
„Han boer i Lysning klar.
Men strengt skal Du Dig væbne,
Vil Du hans Høide naae;
Gud gi'e Dig bedre Skjæbne,
Men samme Aand Du faae."

————————

Nornen ved Sværmerens Vugge.

Stille skal Du i dit Svøb
Ligge med de milde Drømme, —
Eengang vil din Tanke strømme,
Til din Qval, med Lynets Løb.

Digterbarn! det er Du jo,
Nyde skal Du ei paa Jorden,
Evigt er det fastsat vorden:
Du skal see fra Drømmens Bro.

Stue skal Du, glædes ei!
Uden Fader, uden Moder
Maa Du i de fjerne Klode
Søge Jordelivets Mai.

Seer Du Pigens røde Mund?
See den smile, see den gløde,
Men Du tør den ikke møde
Med et Kys i Elskovs Stund.

Seer Du Øiet, Sjælens Vei?
Seer Du Barmen, hvor den bølger?
Kjærlighed den i sig bølger,
Men for Dig, Du Arme, ei.

Fremmed skal Du gaae paa Jord,
Ikke hvile ud dit Hoved.
Du har dristigen Dig vovet, —
Troer Du, her dit Livstræ groer?

Tolke skal Du Livets Lyst,
Aldrig dog den selv fornemme;
Selsomt, uforstaaet din Stemme
Tone, som fra Aandekyst.

Verden faaer Du neppe kjær,
Naar Du elsket har og haabet,
Gjennem Livet skurrer Raabet:
Dit Paulun staaer ikke her.

Dig omhyller Vanvids Garn,
Livet kan dit Hjerte glæde,
Livet faae Dig til at græde,
Barn Du er og bliver Barn.

Byg da ikke paa dit Jeg,
Ei paa skjøre Jordekræfter;
Intet jordisk Væsen hefter
Nær sig til Dig paa din Vei.

Stol paa ham, som skabte Dig, —
Synes end han i det Fjerne,
Skal han stedse nær Dig værne,
Stor og uudgrundelig.

Spundet har jeg nu din Traad:
Nornen gaaer igjennem Livet,
Hun har Barselet Dig givet,
Hun har hørt Alfaders Raab.

Lig da stille, Digterbarn,
See kun paa de milde Drømme;
Snart vil dine Tanker strømme
Brat i Vanvids spændte Garn!

Bestemmeren.

Hør Digteren, den fromme Pillegrim,
I Morgengry hans Aand har havt Visioner!

Ved hviden Pol, useet af Jordens Barn,
Høi, som den hingstevilde Ynglings Tanke,
Med brede Vinger og med sænket Pande
Staaer Skaberens Cherub, Bestemmer kaldt.
Det Hverv er hans, at dømme klogelig,
Hvad Barnet, under Modrens Taarer født,
Selv grædende bragt ned til Graadens Land,
Hvad dette lidet Barn engang skal vorde.

Og skinner Solen klart, og usædvanlig
Livsvarmen svulmer ved den lyse Dag;
Staae Planterne med Dugg, og Mennesket
Fast troer at mærke Verdensaandens Nærhed
Er Havet blankt og lokker venligt Dig,
Og Alnaturen sjunger Brudesang;
Er det, som om i Verden ingen Grav

Og intet Liig og ingen mørk Cypres
Og ingen Afskedsstund Du kjendte til;
Hvis Slangen sover, og Schakalen drømmer,
Hvis Tigren logrer for den liden Hvalp:
Da taler rørt Bestemmeren
Til Barnet fra den lykkelige Stund:
„Velsignet være Jorden!" — men i Tiden
Blier lidet Væsen til en deilig Pige.

Men brummer Stormen huult, og Bølgen slaaer
Med Gny mod Strand; er der paa Liv og Død
Blandt Elementerne chaotisk Kamp,
Og Hekla brænder under hviden Snee;
Staaer Søn mod Fader, og et Folkefærd
Staaer mod det andet op, imod Naturen;
Er der i Verdens Indvold mægtig Røre,
En dyb Bevægelse med uklar Higen,
En uforstaaet Gjæren, navnløs Tvist;
Seer hist Soløiet Jorden vildt blodplettet,
Og Maanen sender hen sit Dødninglys
Ikkun paa eet uhyre Gravkapel:
Da ryster vildt Bestemmeren sin Lok,
Og Barnet, født i skjæbnesvangre Stund,
Det blier en Yngling, som en Yngling er.

Men atter — hvis paa een Gang Solen skinner,
Og Regn dog falder i den samme Time,
Da kan det hændes, at Bestemmeren
Tilbømmer Barnet, just til Livet bragt,
En Pigelod, men atter sig betænker

Og raaber: „vord en Dreng!" og Bæsnet bli'er
En Drøm i Livets muntre Middagsstund,
En Kolibri i Nova Zemblas Snee,
En Edderfugl i Congos varme Belte,
En Elskovsbøn fra runken Oldings Mund,
Paa Jord en Fremmed, skjøndt med mange Hjem
Rundtom iblandt de snørte Frøkenhjerter, —
Du veed det alt, — han bli'er en Digter.

Prolog.

Jeg følte en uendlig, stille Stræben
At sjunge det, mit indre Øie saae,
Og skjøndt jeg tidt fornam en trodsig Klæben,
Saa Ordet vilde ei fra Læben gaae:
Jeg troede dristig dog, at stundom Læben
Med Kraft udtalte, hvad for Blikket laae,
At ogsaa mig den Gave var forundet,
At tolke Livet, før det var hensvundet.

Jeg saae mig om, jeg stirred paa Naturen,
Der gjæred underfuldt et mægtigt Liv;
Jeg tænkte, skal i Bølgen og i Jordefuren
Livskraften svulme ved hans Skaberbliv,
Da maa ei kraftløs Mennesket bag Muren
Med Livets store Samklang staae i Kiv:
Han følge dristig Stemmen i sit Indre,
Den lyder, som hans Skjæbnes Stjerner tindre.

Men vil Du, Fædreland, vel mild forlene
Et Bifaldssmiil mig paa min første Gang?
Vil Du et ukjendt Navn vel og forene
Med dem, som livned mig ved deres Klang?
Du har, o Danmark, mange Ædelstene,
Du est en Moder af den første Rang:
Vil venlig Flinten Du, den simple, dunkle,
Indsætte mellem Stenene, som funkle?

Du vil det, skjønne Moder! kjærlig favner
Du selv din mindste, ubekjendte Søn;
Ei Aandens Spirer Varme hos Dig savner,
Hvor stille end de skyde frem i Løn.
Og derfor vist, saalænge Rygtets Bauner
Staaer over Folkene med Flamme skjøn,
Skal ogsaa Danmark skues i dens Straaler,
Hvor libet Land end hendes Scepter maaler.

Men Du, Du elskte Væsen, — hvis dit Øie
Gaaer livligt over Bogens tause Blad,
Og ber en Gnist Du træffer fra det Høie,
Da veed Du vist, Du for mit Øie sad.
Men hvis min Norne grumt det skulde føie,
At ei Du skued, som mit Hjerte bad,
Da skal min Røst dog høit og frit udsige:
Du levde dybest mig i Sangens Rige!

Frihed og Fædreland — de Idealer,
Som skjænker Ynglingen hans bedste Lyst,
Besjælende først Ædlingen tiltaler,
Naar Kjærlighed nedstiger i hans Bryst;

Først da med Ild han Livets Under maler,
Naar han sit Huus har bygt paa Drømmens Kyst,
Saa Frihed, Fædreland og Kjærligheden
En Himmelbro har dannet ham herneden.

Jeg stod paa Broen og saae ned paa Livet,
Og Sandhed stræbte jeg at stille frem;
Hvad Verden skjænkte, har jeg kun gjengivet,
Fra mig gaaer Billedet først til sit Hjem.
Og vakled Haanden end, som — stormrørt — Sivet,
Og har min Idræt ringe Kraft igjem:
En Stund mig bragte Fred de sære Drømme,
Ak, kunde den fra mig til Andre strømme!

Ninas Gjæld.

For mine Brødre jeg hørte saa tidt
Fader at moralisere:
„Gjæld maa retsindig I lidt efter lidt
Fremfor alt Andet klarere."
Ak! ingenlunde jeg fatter,
Hvi de foragted hans Raad;
Mere fornuftig hans Datter
Haver hiint Ord ei forsmaaet.

Vel jeg det mærked og følte det tungt,
Skjøndt dog min Plads var en Skammel:
Elske vil Hjertet, om end det er ungt,
Sjælen helst, før den bli'er gammel.
Og da mig Ynglingen skjænkte,
Hjertet i Vee, som i Vel,
Meget alvorlig jeg tænkte:
Gud mig bevare for Gjæld!

Billighed er vel en Billighed værd,
Meente jeg, da vi kom sammen;
Gav ham saa Hjertet og fik ham saa kjær,
Skjøndt han var uden Examen.
Naar han mig trykked i Haanden,
Kyste jeg venlig hans Mund:
Angest for Gjæld udi Aanden,
Det var min Kjærligheds Grund.

Moder! hvis Herren mig kaldte til sig
Og han mig spurgte som Dommer:
„Holdt Du mit Bud vel, og dyrkte Du mig
Hist i din blomstrende Sommer?"
Vee mig, om ikke jeg turde
Give frimodig til Svar:
Fader! min Gjæld, som jeg burde,
Ærlig klareret jeg har.

Alle saa have de Brødre gjort Gjæld,
Elske dog alle de turde:
Hvorfor mod mig kun saa grusom da vel,
Mig, som har gjort, hvad jeg burde?

Haardhed vil siden Du bøde,
Altid med den det gaaer galt!
Veed Du ei: Signelil døde,
Blot for hun ei fik betalt?

Hinduerens Tro.

— „die merkwürdigen Systeme der Indier, dieser Grie
chen der Urwelt!"

F Schlegel.

Lytter Alle til min Tale,
Hør min Lære, lyd mit Bud,
Hvad jeg siger vil husvale,
Jeg er Brama, Verdens Gud.
Kom til mig hver den, som liber,
Som har efter Sandhed Tørst;
Om de forbigangne Tider
Jeg belærer Eder først.

Der var Verdner førend denne,
(Hvis Du troer paa Røsten min)
Fleer end to, ja fleer end trende,
Der var Slægter førend din!
I min Bog der staaer det skrevet,
Hvad ei aner just Enhver:
Førend nu din Sjæl har levet,
Den har levet førend her!

Du har seet en anden Klode,
Du har havt en bedre Tid;
Ei da tvivled Du, — Du troede!
Reen var Sjælen, reen din Jid.
Ei fra Himlen hørtes Torden,
Lynet slumred i min Haand:
Frisk og sommergrøn var Jorden,
Da var lykkelig din Aand!

Dengang laante Jorden ikke
Lyset fra den stolte Sol,
Nei, den blændte Solens Blikke,
Funkled selv fra Pol til Pol;
Og den lyste stærkt og varmed,
Hvor den gik sin stolte Gang, —
Ak, men nu er den forarmet,
Og dens Børn er stedt' i Trang!

I hiin Tid, saa langt tilbage,
At dens Tilvær knapt Du troer,
Leved Du alt skjønne Dage
Paa den gudvelsigne Jord,
Lykkelig, til den forvoldte
Ved sin onde Hu og Daad,
At jeg slap den længe Holdte
Og nedslængte den i Graad.

Derfor har ei Jorden Flammer,
Mørk er nu den gamle Borg;
Derfor vandrer Du i Jammer,
Derfor kjender Du til Sorg;

Bøiet gaaer Du, tidt bebrøvet,
Men paa mig ei harmfuld bliv:
Sorg er Straf for Synd, udøvet
I de forudgangne Liv! —

Jeg har løftet Taagesløret
Fra den dunkle, gamle Tid;
Hvad jeg hvisker nu i Øret
Gjælder denne Verdens Id:
Faderligt jeg vil formane
Mine Børn paa denne Jord;
Uden mig de kan ei ane,
Hvad i dette Jordliv boer.

Vogt dig for hver listig Qvinde,
Bøi forsigtig Blikket ned!
Husk, hvad Du paa Jord mon binde,
Bandt Du og for Evighed.
Atter glæd Dig: fager Pige,
Som i Sind Du havde kjær,
Hun er din i Bramas Rige,
Hvis Du eied hende her.

Meen ei, Mennesket alene
Fik af Brama Tankens Gnist!
Fuglen paa de grønne Grene,
Den har og en Sjæl forvist;
I Naturen tusind Aander,
Tusind Væsner dølge sig:
Hver, som Du, af Qval sig vaander,
Hver, som Du, paa Fryd er riig.

Planten strækker sine Arme
Opad med veemodig Hu,
Længes efter Lys og Varme,
Har en evig Sjæl, som Du:
Gjennem Skoven, Bølgen, Luften
En usynlig Livsaand gaaer,
Meen ei, Du kun har Fornuften, —
Bramas Godhed Alle naaer!

Og hvert Væsen i Naturen
Elsker Dig og er din Ven,
Skjøndt Du tidt bag Fordomsmuren
Stirrer spodsk og stolt paa den.
Først naar Du af dine Lige
Vorder haanet og forladt,
Vender til Naturens Rige
Du dit Blik i Sorgens Nat.

Da først til sin sande Moder
Tyer en utaknemlig Søn;
Og hun skjænker ham de Goder,
Som han nævner i sin Bøn;
Da først hendes Skjønhed fatter
Den forbauste unge Søn:
Hun var før en vanskabt Datter,
Nu blier hun hans Moder skjøn!

Men, som hun din Vunde heler,
Lægekløgtig, moderøm,
Og som hun din Sorrig deler,
Lindrer den ved Søvn og Drøm:

Saa hun harmes, naar hun skuer
Atter Dig i Syndefald:
Udaf Bjerget bryde Luer,
Udaf Skyen Tordenskrald!

Naar Du staaer ved Kokospalmen,
Da hver Gnist af Ondskab qvæl!
Seer paa Bladet Du en Falmen,
Det er Rødme for din Sjæl!
Gaaer Du med urene Tanker
Der, hvor Ganges vælter sig,
Og den taarner Bølgebanker, —
Det er Taarer over Dig!

Hvis din Haand sig her forsynder
Mod en Broders nøgne Bryst,
Viid, at Vinden det forkynder
Samme Dag med hæse Røst!
Natlig Udaad paa Altanen
Sees vel ei af Bramas Sol,
Men fortælles af Orkanen
Til den vide Nordens Pol!

Vogt Dig: Seeren, den gamle,
Lurende Samvittighed,
Grov sig, for din Jid at samle,
Taus i Hjertets Kule ned!
Fælles Bjerge, fælles Floder,
Fælles Luft og Himmelrum,
Fælles har Du med din Broder
Efter Døden Bramas Dom.

———

Zigeunersken.

Herr Greven stod ved en Vinduespost
Og stirred ud imod Veien:
Morsom at see var i blanke Frost
Sneefogets Tumlen og Dreien.
Stillits og Guulspurv i Ladegaard
Søge sig kummerlig Føde:
Lumske Forvalter i Stalddøren staaer,
Skyder dem alle døde.

Hr. Grevens Søn, en rask lille Dreng,
Kom løbende til sin Fader:
„Ude paa Veien et løierligt Slæng
Sig nærmer med sære Lader.
En lille Pige, taalelig kjøn,
En Mand og en Kone jeg øiner!" —
Hr. Greven svarte sin undrende Søn:
„Manden er en Zigeuner."

Mand og Kone samt Pigelil,
De udgjorde hele Horden;
Den halvvoxne Pige, munter og mild,
Neiede nede i Gaarden:
„O, maa vi komme paa Slottet op
Til Moro for Deres Naade?
Mellem Æg kan jeg med luftige Hop
Dandse paa kunstig Maade!

„Paa Ryggen har Faber et Bræbebuur,
Der sibber en liden Abe!
Det er bet Dyr, efter hvis Natur
Os Mennesker Gud mon skabe.
Joli, kom ub, Du maa banbse, hei,
Lab os see bine morsomme Fagter!
Dine Lige, Joli, ere Greven og jeg, —
Vi har kun forskjellige Dragter.

„Jeg spreber mine Æg paa ben frosne Jord,
Jeg banbser, men tør ikke falbe,
Thi Æggene skulle jo paa vort Borb
Jaften mætte os Alle.
Libet tænkte vist Hønen paa
Saa hurtigt at vorbe bebrøvet:
Hun haabeb en Kyllingeflok at faae, —
Men til Gryben vi Æggene røveb.

„Hr. Greve, Naturen er vælbigt riig,
Deraf bens uhyre Øbslen!
Det halve Jorbliv ben gjør til Liig
Og bræber bet grumt i Føbslen:
Af Snese Æg blive Kyllinger to,
Rovfuglen æber ben ene,
Den anben gaaer sulten og uben Ro,
Søger Korn mellem nøgne Stene!

„Deres Naabe, blanbt hunbrebe Mennesker man
Kun træffer en enkelt Greve;
De Nioghalvsems maa af Brøb og Vanb
Særbeles tarveligt leve.

Vi sove foruden Bæg eller Tag,
Under Regnens skyllende Vande, —
Den lille Greve gaaer hver en Dag
Med vandfrie Blik og Pande!

„Naturen var ikke de Fattiges Ven,
Den var os en haardhjertet Amme:
Deres Naade kan gjøre det godt igjen,
Gjør De Naturen tilskamme.
Vi komme som Fugle til Ladegaard,
Vi søge kun Affald til Føde, —
Vær ikke som han, der i Stalddøren staaer
Og skyder Armod tilbøde!" —

Saa dandsed hun mellem de spredte Æg
Under Klang af Tambourinen,
Og skimted man end den trinde Læg,
Uskyldig var Holdning og Minen:
Trohjertig hun dandsede op og ned
Med Bind for Panden og Øiet:
„Joli, kom frem, Du maa dandse med,
Du skal ogsaa være fornøiet!"

Der svævede hen det selsomme Par
Under Kredsens beundrende Tien!
At sammenligne de Tvende var
Med Begeistring og Ironien.
Og naar hun venlig, ja næsten øm,
Ham Haanden rakte til Kjæben,
Da var hun en deilig Ungdomsdrøm,
Og Joli var — Virkeligheden!

Men Hr. Greven fandt i Dandsen Behag
Og vendte sig til den Lille:
„Du skal ei sulte fra denne Dag,
Ei dandse aarle og silde!
Jeg Betlersken tager i Datters Sted,
Jeg vil gamle Forbomme trodse:
Naar jeg kjører ud, skal Du kjøre med
I min pyntelige Carosse!

„Lege Du skal med min lille Dreng,
Gaae ham lidt imellem tilhaande;
Passe paa, naar han løber paa tilfrossen Eng,
Hans kuldskjære Fingre beaande;
Efter Middagstaffelet munter og rap
Læse høit de franske Journaler,
Gnide mine Been med en ulden Lap
Og mildne min Podagras Qvaler!

„Men naar jeg til Keiserens Fødselsdag
Besøger Hovedstaden,
Og Fiirspandet rask uden Pidskeslag
Stormer igjennem Gaden,
Naar Alle med Undren seer op til mig,
Og Skildvagten præsenterer:
En Deel af Saluten da tilkommer Dig, —
Man seer, jeg Dig protegerer!

„I Mode Du kommer om føie Tid, —
Ha, jeg seer alt dit Øie slaaer Funker!
Sin Haand tilbyder i Handske hvid
Dig hurtigt en Kammerjunker.

Din Skjønhed vil snarligen op og ned
Paa Pynt og Coiffure vende:
Den eneste Dragt, hvoraf Hoffet veed,
Den blier à la Egyptienne!

„Den hele Verden, paa Hofferne nær,
Er — meer eller mindre — Canaille:
Min Pige, derfor taknemlig vær,
Jeg frier Dig kanskee fra en Galge,
Og fører Dig ind i et gyldent Pallads,
Hvor man kjender ei Næringssorger,
Hvor Fyrster og Prindser finde Plads,
Men ei den stupide Borger;

„Hvor Himmelens hele Herlighed,
Dens skinnende Stjerner og Solen
Kan siges at være dalet ned,
Saa Folk dem bærer paa Kjolen;
Hvor Mennesket ei er Menneske meer,
Men betragtes som store Guder, —
Kort, hvor man det Sorte i Livet ei seer,
Men Alt er couleur de Ruber!“ — —

Den bruunladne Pige lyttende stod,
Saae stundom hen til sin Fader
Og tripped uroligt med spæde Fod, —
Ak, mon hun sin Stamme forlader?
Anende Uraad stirred Joli
Veemodigt paa Herskerinden;
Da svarede Pigen med Skjelmeri
Og Smiilfordybning i Kinden:

21*

„Kan Himmelens hele Herlighed,
Dens skinnende Stjerner og Solen
End siges at være dalet ned,
Saa Folk dem bærer paa Kjolen,
Saa mener jeg dog, at det bedre var
For Hoffets talrige Brimmel,
Om indenfor Kjolen de Alle bar
— I Hjertet — en Fredens Himmel!

„Tidt koster Stjernen et slavisk Buk,
Med Titler belønner man Smiger;
Tidt bærer ved Hofte man Sabel smuk,
Men derfor er man ei Kriger.
Langt hellere færdes i fri Natur
Og løbe til Solen daler,
End stille sidde bag fornem Muur
Og lindre — Podagras Qvaler!

„Langt hellere bukke Hovedet ned
For at undgaae Sneefald i Øiet,
End hist, i en hectisk Herlighed,
For Fyrster at sidde bøiet!
En Stilling jeg tager taknemlig imod,
Jeg dvæle vil Øieblikke, —
Din Rigdom sparker jeg til med min Fod,
Og Livet sælger jeg ikke!"

Men Greven kunde slet ikke forstaae
Den Foragt for de høie Sale,
Men anede dog, at der Ondskab laae
Fornummet i Pigens Tale;

Han raabte: „Flygt, eller føl min Stok,
Jeg er kjed af den Dands og den Gjøglen!"
Og derpaa han viste den fattige Flok
Ryggen og — Kammerherrnøglen!

Promenaden om Natten.

Il faut rire avant que d'être heur
de peur de mourir sans avoir ri.
La Bruyère.

Søren, saa kom da nu, Søren, min Ven!
Søren, nei det var da Fanden til Drikken.
Kom, lad os slentre ad Gaderne hen, —
O saa hold op med den Hikken.
Ak, hvor min Kind dog er blussende rød,
Søren, den Punsch blier tilsidst dog min Død.
Kom, lad en Stund os om Hesten
Gaae i fortrolig Passiar!
Kinden maa kjøles i Blæsten, —
Hvad vil Du hjemme, din Nar?

Hører Du, Søren? nu Klokken er to,
Klokken er to nu, og vi ere tvende,
Hele vort Selskab er gaaet til Ro,
Det tog for tidligt en Ende.

Natuglen kaldes Studenternes Fugl,
Den kommer silbigt først ud af sit Skjul.
Stjernen paa Himmelens Bue —
Stirre paa den er min Lyst,
Men det er hæsligt at skue
Stjerner paa Menneskets Bryst.

Kom, vi vil vandre til Klokken er tre,
Du og saa jeg og min Ruus ere trende.
Hvad? hvor vi er? kan Du ikke da see
Hov'dvagtens Skive derhenne?
Hist, hvor de Stene med Jernlænker staae,
Det er Theateret, stol Du derpaa.
Hvorfor mon skulde jeg lyve?
Løgn er til Ingenmands Tarv:
Løgnere, Mordere, Tyve
Faae ei den himmelske Arv.

Kom, lad os vandre, til fire den slaaer,
Vi og to Ruse, vi udgjør jo fire.
Kors, det er svært, saa Du vaklende gaaer,
Øinene døsigen plire.
Der staaer Theatret, naa, seer Du det nu?
„Eengang til Bræbberne stod jo din Hu?"
Ja, det var underligt, Søren,
Kan Du de Griller forstaae?
Tidt har jeg misundt Acteuren,
Naar jeg paa Scenen ham saae.

Bogen er som et Kapel og en Grav,
Hvor dine Haab og Ideer Du jorder;
Diet har Fordringer, Sandserne Krav:
Ciffret ei levende vorder.
Da blier en fredelig Mægler og Tolk
Kunstneren midt mellem Digter og Folk.
Det, som var sparsomt beundret,
Staaer han mod Glemselen bi:
Høit han forkynder for Hundred,
Hvad der kun læstes af Ti.

Er han ei Frihedens eget Symbol?
Vender mod Fattigmand venligt sin Tale,
Vender den dristig mod Høihedens Pol,
Ryster selv Herskerens Dvale!
Minder han ikke ved Holdning og Gang
Om hvad i Oldtid fra Meiselen sprang?
Viser han ikke hver Aften,
Norden til inderlig Fryd,
Det, som hiin Mester i Kraften,
Thorvaldsen, hugged i Syd?

Søren, det er, som en Blyhat der sad,
Vægtig og trykkende, smeddet om Panden.
Vægteren sidder i Skuret saa lad —
Vægter, o hør, hvor er Branden?
Hvad, har han siddet og snivet, min Fa'er?
„Aa, lille Herre, I er jo en Nar!“

Hører han ikke den Klemten?
„Det er jo Meelmandens Kat." —
Ilden er i Nummer femten!
„Femten har jeg sgu besat." —

Søren, det er, som paa Skøiter jeg gik:
Benene glide, mod Eierens Villie.
Dertil saa ærgrer det mig, at jeg fik
Punsch paa min gode Chenille.
Ak, hvilke Fristelser har ei vor Jord!
Hist kommer een os imøde, min Broer.
Seer Du? i Form af en Qvinde
Tripper paa Hjørnet der een:
Seer Du? de natlige Vinde
Blotte det velskabte Been.

Søren, jeg vædder saa høit, som Du vil,
At Du faaer ondt i dit Hoved imorgen.
„Driller Du atter? Hvad skal det dog til?
Du kjender ikke til Sorgen:
Ondt i sit Hoved, Du broutende Nar,
Faaer ikke Du, som et Hoved ei har." —
Ikke begynd nu at skumle —
Nei, hvad er det for en Lugt?
„Hører Du Vognene rumle?"
Skynd Dig blot, hurtigt paa Flugt!

Søren, i Tiden, naar skilte vi gaae,
Een vel i Jylland, i Fyen vel den Anden,
For vor Erindring skal Rusen da staa,
Vægteren, Tøsen og Branden.

Bedre vi kunde vel anvendt vor Tid,
Renere kunde vel været vor Iid,
Men mere livlig og munter
Neppe der kommer en Dag,
End disse lyse Secunder,
Som vi nu har paa vor Bag.

Finis Poloniæ!

Hic situs est Phaëton, currus auriga paterni,
Quem si non tenuit, magnis tamen excidit ausis.
Ovidius.

Yngling, o Du, hvis livlige Sands er aaben for
Stordaad,
Hvis uforbærvede Sind føler for Fleer, end Dig selv,
Billig o bøi Dit Øre til mig, skjønt ubekjendt Sanger,
Følg til hiin Grav Du mig hen, Graven bedækker et
Folk.
Ofte paa Scenen jo rørte Dig Digterens Skildring af
Sorgen,
Bøi Dig med Ærefrygt her: Clio taler i Sorg. —
Venlige Glut, som læser ved Lys for Fader og Moder,
Spring ei mit Pag'na forbi, læs for de Gamle det
høit.
Hjælp for det levende Polen, Pige, besad ei Europa,
Men for det døde har dog sagtens en Taare vel Du!

Stor var Landenes Krands, som forbum nævnedes
Polen,
Over den kraftige Slægt skinte med Glæde Guds Sol.
Tvedragt splitted dog Sønnernes Kraft, uvedkommende
Fyrster
Deelte med vanhellig Haand Strækningen efter Behag.
Vildt efter Død eller Frihed da kasted Du Tærning,
Kosciuzko,
Intet af begge Du vandt, kun et forsmægtende Liv.
Længst paa fire Mands Axler Du bares til eensomme
Kammer,
Lykkelig Du, som ei seer atter et Tærningekast!
Sov i din rolige Seng kun trygt, og skjult være
Sandhed,
Drøm, at dit Polen er frit, vi ville drømme det med.

— Aarene randt; i Trældom ginge de Tappre; det knuged
Polens Sønner; omsonst stirred de efter en Hjælp.
Togange stiger Messias ei ned til de ventende Slægter,
Judas derimod kom, stod i Polakkernes Flok.
Hvergang Vaaren i Landet treen med Sangfugl og
Grønsvær,
Sukked af dybe Bryst Manden med Taare paa Kind:
„See paa Naturen, der moderlig vexler med Sommer
og Vinter;
Kun i det halve Aar dækker den Landet med Snee.
Weichselen bryder nu op og vælter de mørkeblaae Bølger,
Bruser og skummer igjen, sprænger den fængslende Iis.
Ikkun i Mandens Sjæl ei gjælder en skiftende Aarstid,
Evig er Vinteren der, bitter Erindring om før.

Fremmede Mænd tredeelte vor Konges hellige Kaabe,
Brak med forbryderiskt Greb Scepter og Thronen itu.
Slørede Fremtid, bringer Du aldrig Polen sin Konge?
Kun hvad i Fortid vi var, sukke vi, bede vi om." —
Og det rasled' i Løvet, som bønfaldt og nikked Naturen,
Som om den venlige Vaar deelte den Sørgendes Qval.

— Men da nu Herskerens Tøile sig overstadigen stramte,
Kasted det herlige Spand Vognen og Styrer omkuld.
Fædrenelandet da kaldte med ængstelig Røst sine Sønner,
Sønnerne mylred i Flok, Landserne kom for en Dag.
Rigmanden kom, han rakte heel trolig sin svulmende
                                        Rigdom,
Sølvet, der stod paa hans Bord, smeltedes hurtigt til
                                        Mønt.
Borgeren kom og Qvinden og fattige Bonde med Leen,
Barnet med smilende Kind slæbte paa Gaderne Steen;
Og Veteranerne kom, de Djærve, som fulgte Napoleon,
Alle saa haabed de Seir, Mange saa fandt de kun Død.

— Han, som skred over Balkan og klipped af Mahomeds
                                        Maane,
Med overvældende Magt rykked i Markerne frem.
Dog — han elsked Sobieskis Folk og tænkte beslægtet,
Snart beundrede han, — Døden omtaaged hans Blik.
Lad den simpleste Gravskrift være hans evige Smykke,
Rids den i Warschaus Muur, Russer, taknemmelig ind:
„Over den Stærkes Liig græd selve hans Fjende,
                                        Polakken, —
Ved Macedonerens Grav jamred Darius's Slægt."

Gjerne da vilde Du, livlige Franker, Dig skyndt over
Rhinen,
Mandig den raske Ungar traadte for Keiseren frem,
Han med det trofaste Bryst, Germanen, oprørtes i
Sjælen, —
Ulige Kamp vil ei godt passe med Ædlingens Hu.

— Siig, hvad lærte vel os hiin blodige Valplads i Polen?
At der endnu gives Mænd, som i den romerske Old,
At i Europas Midte Du finder en Slægt, som for=
mener,
At det elendige Liv ei er det Bedste paa Jord. *)
Hører Du ei, hvor Folkene høit tilraabe hverandre?
Af en bedøvende Søvn styrte de pludselig op.
Det var den galliske Hane, der goel med skingrende
Stemme,
Folkene lyttede til, Echoet tusindfold klang;
Frihedens Morgenrøde besprængtes med blodige Roser,
Christus i Himmelen saae sørgende ned paa vor Jord.
Men siden den Tid er der en krigerisk Tummel i
Verden,
Vinterens Konge vil barsk qvæle den spirende Vaar:
Det er den syttende Mai, der kæmper med kolde De=
cember,
Ak, men Decemberen vandt, Warschaus Ruiner det
saae. —
Keiserligt, høie Monark i det vældigt svulmende Rusland,

---

*) Summu n erede nefas vitam præferre pudori
Et propter vitam vivendi perdere causas.

Keiserligt handlede Du, dengang Du Polen betvang!
Det kan jeg godt forstaae, at ikke Dig villig Du fraskrev
Eiendomsret til et Folk, som dine Fædre Dig gav:
Hermelinskaaben af Drotten maa heel og holden bevares,
Stor var din Arv, til din Søn gaaer den uklippet i Arv;
Ham vil Du svare hver Flig, hver Alen af Fædrenes
Purpur —
Dette Du skylder din Søn, dette Du skylder din
Slægt.

Men mere christeligt vist, om end ei lige politisk,
Havde Du handlet for Gud, Ham, der skal dømme
hver Drot,
Hvis før den blodige Strid Du havde med Mildhed
i Øiet
Sagt til de Tappre, som nu hjemløse vandre paa Jord:
„Fremmede Mænd tredeelte den kongelig hellige Kaabe,
Brak med forbryderisk Greb Scepter og Thronen itu;
Jeg, Nicolaus, bringer nu atter Polen sin Konge,
Det, hvad i Fortid I var, atter I vorde ved mig!
Hvad ved en Udaad er bleven erhvervet vil ikke jeg arve,
Men jeg vil det gjøre godt, som Catharina forbrød.
See! hvor berømt end Fredrik den Stores Navn er i
Verden,
Paa Katafalken der sees dog en uviskelig Plet.
Du, min Stammemoder, skal slumre roligt i Kisten,
Derfor, o Polen, vær frit, vælg nu din Konge Du
selv!" — —

— Venlige Glut, som læser ved Lys for Fader og Moder,
Spring ei mit Pag'na forbi, læs for de Gamle det høit!

Hjælp for det levende Polen, Pige, besad ei Europa,
Men til det myrdede Folk Digteren vier en Sang.

---

†

A. Müller.

(Conferentsraad, Høiesteretsassessor, Commandeur af Dannebroge.)

„Hvi vil I sørge, for I seer et langt,
Et daadfuldt Liv den travle Jordgang endte?
Siig, havde dette Liv ei naaet, hvad mangt
Et andet ei at opnaae turde vente?
Var ei den Dødes Værk, det velbekjendte,
Et Omfang af, hvad Mennesket formaaer?
Hans Liv! vend Øiet did, det taareblændte,
Og see! et fuldendt Landskab for Dig staaer,
Saa smukt, som Du paa Jord at see det faaer,
Med Sommersø, med Blaaluft og med Vaar.

„Naar Uhret gaaet har den lange Dag
Og viist Minut, Secund, saa sikkert, tro,
Maa det da ikke slaae sit tolvte Slag
Og pege paa den stille Midnats Ro?
Hvad vil I meer? vil I fra Himlens Bo
Nedtrodse ham en Evighed paa Jorden,
Vil eet Liv I forlænge ud til to?
See, hver en Daad, som man i Syd og Norden
Af een Mand forbre kan, er fuldbragt vorden,
Hvi vil I vredes da paa Verdens Orden?" —

Saa spørger Philosophen — muligt Flere. —
O svar dem Du, der græder ved hans Grav:
Nei Kongen, Staten, Verden kan ei Mere,
Kan Meer ei fordre, end hvad denne gav.
De, som i Frastand, hist fra Hytten lav,
Den Døde kjendte, hist fra Stormandssalen,
De veed, at hvert hans Skridt var maalet af
I Tommer efter Retsinds feilfrie Alen;
Naar Solen skinnet har, de see dens Dalen
Med Følesløshed, kjender ei til Qvalen.

Men vi, som mindre fjernt hans Hjerte vare,
Som stirred mere frit ind i hans Sind,
Den meer fortrolige, den mindre Skare,
Hvem Lykken vied til hans Nærhed ind,
Vi trøstes ei, fordi vi kan forklare
Naturens Død af en naturlig Grund:
Vi saae, hver Levedag var vel en Fare,
En grufuld Nærmelse til Dødens Blund;
Forstanden saae det, men til sidste Stund
Var Hjertet blindt, veemodig taus vor Mund.

O Du, hvis Sjæl for Ynglingen stod aaben,
Hvis Arm mod Oldingen var hjælpsom strakt,
Du Manges Trøst, ei blot i Fløielskaaben,
Men i den simple, borgerlige Dragt,
Trøst for Enhver, af Sorgen nær Dig bragt, —
Du bli'er ei glemt paa een Dag eller tvende,
Du stirres paa, skjøndt jordet uden Pragt!
Ei Sorgen er med Togets Gang tilende,

Tidt vil vor Tanke, tidt sig til Dig vende,
Skjøndt ønske Dig tilbage ei vi nænne.

Patricierne maa nu dit Raad undvære,
Din Haand har lukt for fattig Borger sig,
Du, Fader ikke blot for dine Kjære,
Men Fader for Enhver, som søgte Dig!
Og Du, som stedse mild og hjertelig
I Tale overbar med Ven og Fjende,
Kun saae det Gode, fjern fra smaalig Krig,
Dig maatte Herrens Tjener intet Minde
Ved Kisten sætte, ei han maatte binde
En Krands, hvor tusind Blomster var at finde!

Jeg troer paa Christus, ham, som dræbte Døden
Jeg troer, at hæve sig kan hvad der faldt,
Jeg troer, bag Natten ligger Morgenrøden,
Jeg troer, at Urnen ikke gjemmer Alt:
Der er en Verden, har man mig fortalt,
Hvor vore Haab bli'er Virkligheder sande,
Hvor evigt Formens Skjønhedslove gjaldt,
Hvor ei i Taarer dimste Havets Vande,
Hvor ingen Fure rynker Englens Pande, —
Der, Müller, der er Du, i Edens Lande!

Er der usynligt Vei fra her til hisset,
Tør disse simple Stropher vel Dig naae!
Vil Ingen her dem elske, dog forvisset
Jeg er, at Du dem ikke vil forsmaae;

Du vil en dæmpet, sønlig Røst forstaae
Og stille venligt mine Suk ved Siden
Af dem, der fra din egen Krebs udgaae.
Held den, der kan, som Du, fuldende Striben,
Hver Fordring fyldestgjøre, stor og liden,
For Evigheden leve som for Tiden.

Ridder Strange.

(Frit omarbeidet efter de af Rahbek og Nyerup udgivne
Kæmpeviser, No. CLVI).

„Stat op, Du Ridder Strange,
Stryg ned den lille Slaa;
Fra Hjemmet maa jeg gange,
Saalangt min Fod kan naae.
Paa Baalet skal Du brænde,
— Saa trued min Moder mig —
Og hænges med stor Elende
Skal han, der elsked Dig!" —

De Ord klang ham saa stygge,
Skjøndt smuk var Pigens Mund. —
„Paa Herren vil jeg bygge
I hver en sorgfuld Stund,
Og dette Sværd ved Siden
Skal frelse Dig og mig;
Gaa Du blot, Thora liden,
Og hent Guldskrinet Dig." —

Da reiste sig Ridder Strange,
Strøg ned den lille Slaa;
Gik da til Stalbens Gange,
Sabled sin Abildgraa.
Han Dæknet ud mon brede,
Bredte Kappen blaa dertil;
Og tause bort da rede
Hr. Strange og Thoralil.

Men da de vare fjerne
Udi hiin Rosenslund,
Da lysted hun saa gjerne
At hviles en føie Stund. —
„Hvi skjælver Du med Gruen?
Blier Veien Dig for lang?
Hvad heller Sabdelbuen,
Blier den Dig altfor trang?" —

Da svarte med megen Møde
Qvinden i Fødselsvee:
„Den næste Morgenrøde
Faaer ikke jeg at see.
Jeg skjælver ei med Gruen,
For Veien er mig lang,
Men vel blier Sabdelbuen
Mit unge Liv for trang." —

Ud slog da Strange Kappen
Og lagde Thora derpaa:
„Hvil Hov'det paa Sabdelknappen,
Vi har ei Bolstre blaae.

Tæt under Hestens Manke,
Der maa Du søge Læ;
Vi har ei Voxlys blanke,
Kun Maanen hist i Næ." —

Da jamred hun med Taare:
"Ak, førend her jeg døer,
Jeg ønskede saa saare
Blot Een af mine Møer.
Langt heller uden Lue
Isnet i tidlig Død,
End Manden skulde skue
Paa Qvindens haarde Nød!" —

Men Strange stirred mod Stjerne,
Han svarte veemodelig:
"Du haver nu ingen Terne,
Du haver nu ikkun mig.
Bind Dugen om min Pande,
Bind for mit Øie med,
Da skal jeg tro Dig stande
I Fostermoders Sted." —

Hun vikled om et Klæde:
"Hist ligger min Moders Borg!
O, vel maa Pigen græde,
Naar hun bær Modersorg!"
Men Ridderen Hr. Strange
Var Thora huld og tro:
Til Kilden han mon gange
Med hendes lille Sko.

Som han i Skoen hældte
Af Brøndens kolde Vand
Og bittre Taarer fældte,
Qvad Fuglen paa Brøndens Rand:
„Vanheld din Troskab lønner,
Thi Thoralil er død:
Der ligger hun med to Sønner
Udi sit kolde Skjød!"

Og da han seer hiin Banke,
Hvor græsser Abildgraa,
Hvorover de Sølvlys blanke
Med Døbningglandsen staae,
Heel grandt da Strange skjønner,
At Thoralil er død:
Der ligger hun med to Sønner
Udi sit kolde Skjød!

Da drog han Sværdet, det tunge,
Stak gjennem Græstørv ned;
Stenene nede runge,
Som han grov Graven bred.
Den Hvælving snildt han hulte
Tæt under vilden Tjørn,
At Kulen kjølig skjulte
Moder med tvende Børn.

Men som over Grav han stønner,
Saa meget hjertemoed,
Ham tyktes, de smaae Sønner
Græd under pandsret Fod.

Ham tyktes, der løb en Klage
Dybt under sorten Jord:
„Dine Smaabørns Levedage
Forkortede Du ved Mord!"

Ei vidste han, at den Støien
Kom af, at Banken var huul
Og at en Grævling i Høien
Færdedes i sit Skjul.
Ham tyktes, hans Børn ham vented,
Hans Børn og hans Hustru kjær:
Da saae han mod Firmamentet
Og faldt i sit eget Sværd.

Janitscharen.

I.

— Zulma, ved Kysten ankre nu Skibe,
Ude paa Søen skimter jeg fleer:
Flaaden forsamles, kan jeg begribe,
Afreisen snarligt, frygter jeg, skeer.
Græske Matroser, begede Gutter,
Stirre med Lyst paa det svulmende Blaae —
Zulma, kun nogle bange Minutter
Har jeg tilbage, saa skal jeg gaae!

Fordum paa Landjord bygged din Tanke,
Nu skal paa Dybet den skifte sin Tro,
Følge som Søfugl Vimpel og Planke
Fjernt — til Ægypten, sige de jo.
Sløret tilbage! vær nu blot munter,
Skjøndt Du er deilig i Taarer at see.
Zulma, kun nogle bange Sekunder
Saa maa, min Zulma, Skilsmissen skee! —

„Siig mig, er Veien lang over Havet,
Kan jeg Ægypten see fra mit Slot?
Mangen Fregat har Søen begravet,
Ak, er blot Skibet sikkert og godt?
Vee mig! mangfoldig er dennegang Faren, —
Ægypterinden er venlig og smuk:
Amurath, svar mig, vil Janitscharen
Tænke paa Stambul, ændse mit Suk?

„Persiske Schawler sendte den snilde
Kjøbmand igaar mig, han fra Damask:
Ingen af Tøierne klæde mig vilde,
Farven var stedse for broget og rask.
Sort kun, Amurath, vil jeg mig klæde,
Taus vil jeg gaae i min Faders Gaard,
Ikke mig pynte, ikke mig glæde,
Førend igjen for mit Øie Du staaer.“ —

— Seer Du Cypressen hist, som jeg planted?
Liflig den staaer i en malerisk Egn.
Den paa min Troskab være Dig Pantet,
Og paa mit Liv Dig et varslende Tegn:

Naar den veemodigt med Bladene hænger,
Dette betyder, jeg elsker Dig ei!
Og gaaer den ud, da viid, at ei længer
Heller vist lever paa Jorderig jeg!

Men naar mit Træ staaer frodigt i Dalen,
Bladene lægges i tykkere Lag,
Og naar om Aftenen Nattergalen
Slaaer i dets Top sit fulde Slag:
Da er det Tegn, at karsk ud af Striden
Amurath kom, at han haver det godt,
Og at han længselsfuldt fra Pyramiden
Stirrer mod Stambul og Zulmas Slot! —

„Amurath, ak, selv blomstrer end Træet,
Troer Du, at dette kan være mig nok?
Mahomeds Maane staaer jo i Næet,
Varslende Drømme der kommer i Flok:
Alt jeg din Hest seer, vild, uden Rytter
Farer den om, for at søge Dig op,
Finder paa Marken Dig, snøfter og lytter,
Skraber med Hoven paa livløse Krop!

„Bosporus drøner fjendtligt derude,
Jordbunden skjælver — nei, det er mig!
Morgenens Taager Sorrig bebude,
Sorrig for Fleer end for mig og for Dig:

Sultanens Throne, mumler man, ryster.
Seire vil Christus i Syd som i Nord;
Riget styrter ved Bosporus's Kyster, —
Snart vel i Stambul Russeren boer!" —

II.

Borte var Amurath. — Zulma veemodig
Vandred hver Aften i Dalens Græs,
Glæded sig dog, at fager og frodig
Trivedes stedse den kjære Cypres.
Da kom til Landet en brændende Tørke,
Gløbende Jordbund gispede mat,
Planterne savned Skygger og Mørke,
Sparsomt faldt Duggen paa Græstørv og Krat.

Syg var Cypressen, — bladfulde Krone
Tæredes hen af Mangel paa Regn;
Nattergalen med klagende Tone
Jamred over den døende Egn.
Bleg stod Zulma, stirred alvorlig
Hen paa det elskede, syge Træ:
„Sangfuglen sørger, Cypressen er daarlig,
Amuraths Maane staaer vist i Næ!

„Kastet fra Sablen ligger paa Valen
Amurath vist med et dødeligt Saar;
Zulma kan ikke lindre ham Qvalen,
Hos ham ikkun den Fremmede staaer.

Visnende Træ mig Sandheden siger,
Bladenes Falmen jeg tydeligt seer,
Og fra min Amuraths Ansigt viger
Livets Rødme nu meer og meer!

„Dog — han aander endnu, og han sender
Mig om sin Sygdom det aftalte Bud;
Kraften muligt tilbagevender,
End er Cypressen jo ei gaaet ud.
Den og de andre visnende skrante,
Ak, men dog stedse den lever endnu —
Dog, fra nu skal den truende Plante
Længer ei fylde mit Hjerte med Gru.“

Og hun hentede hurtigt en Slave,
Bød ham at hugge Cypressen om!
Angst da fløi fra den øde Have
Sangfuglen, som i Foraaret kom.
Klynkende løb en Røst fra Stammen:
„Dræber Du, Zulma, selv din Ven?
Amuraths Lampes sidste Flammen
Nænner Du grusomt at veire hen?“

Og der stod hun forvildet, bedrøvet,
Græd bag det skinnende Sølverslør:
„Lig nu paa Jorden, straffet og kløvet,
Du skal ei varsle, at Amurath døer;
Du skal den dræbende Vished ei bringe,
Du skal ei martre mig Dag og Nat:
Haabets Sange skal for mig klinge,
Røsten fra Dig var mig længe forhadt.

„Bort med Varselet, bort med Tegnet,
Selv vil jeg varsle min Fremtid mig:
Kun for en Stund er min Yndling segnet,
Saaret han er, dog end ikke Liig.
Kun for et Øieblik daled i Vesten
Zulmas Sol bag en Sky af Sorg!
Amurath atter sidder paa Hesten
Stirrende hen mod min Faders Borg.

„Ja, der er smukt i Haabets Riger,
Der vil herefter jeg søge Læ;
Meer vil jeg troe paa hvad Hjertet siger,
End hvad der hviskes fra dunkle Træ.
Klæde jeg vil mig i brogede Tøier,
Smykke mit Haar med mangen Blomst,
Og under Sang og Slavindernes Løier
Glad elig vente hans Atterkomst.

„Du, som er Drot over Sol og Maane,
Drot over Jorderigs seilende Øe,
Du vil det Skabte visselig skaane —
Amurath er for ung til at døe!
Vend Dig til dem med de hvide Lokker,
Vend Dig til ham, der af Livet er kjed,
Men hvor sig Ungdomskræfterne flokker,
Der lad ei Dødsenglen dale ned!"

III.

Styrtet fra Hesten Amurath ligger
Ventende Døden paa Valpladsens Eng;
Sablen var skarp, og Haanden var sikker —
Snart springer Livets dirrende Streng.

Fjenden medlidende bær ham til Teltet,
Saaret er dybt, og Feberen vild, —
Søvnløs paa Leiet sig Amurath vælted,
Og paa hans Hjerne det brændte som Ild.

Endelig sænked sig Søvn paa hans Pande,
Søvn vel, men afbrudt af Drømmenes Spil;
Mørke Fantomer fra Løgnens Lande
Kom og forsvandt, og nye kom til.
Men naar den ængstende Drøm jeg maler,
Den, som qvalte hans Aandedrag,
Trøster Jer ved, naar hans Stjerne daler:
Stjernens Forsvinden bebuder — en Dag!

Først ham tyktes, at fjernt i Haven
Zulma stod, han fornam hendes Røst:
„Amurath ligger kold og begraven,
Vælge jeg vil mig en levende Trøst;
Sukke jeg vil ei meer for den Døde,
Af min Erindring jeg sletter ham ud;
Livet tilhvisker mig Ord saa søde,
Jeg vil ei være Beenradens Brud".

Og han saae, hvordan hun i Haven
Stirred med Had paa Cypressen hen,
Og han hørte, hun kaldte paa Slaven,
Bød ham at splintre og kappe den.
Amurath hørte Saugen hvine,
Amurath hørte Øxens Hug;
Da fortrakkes den Sovendes Mine,
Og fra hans Bryst løb klagende Suk:

„Skræmmer Du Fuglen, Zulma, fra Reden,
Den, i hvis Sang vi vor Glæde fandt?
Dræber Du, Zulma, hvad Kjærligheden
Plantede som et Troffabspant?
Hører Du ikke min Røst fra Stammen:
Dræber Du, Zulma, selv din Ven?
Amuraths Lampes sidste Flammen,
Nænner Du grusomt at slukke den?" —

Drømmen forandredes. Zulma for Speilet
Ordned sin Dragt — han fornam hendes Ord:
„Skulde jeg sørge, fordi han seiled?
Skal jeg gaae sort som den sorte Jord?
Nei, jeg vil gaae i de brogede Tøier,
Blomster skal smykke mit deilige Haar!
Dandsen, veed jeg, min Skjønhed forhøier —
Vel! Tambourinen jeg muntert slaaer!"

Da forbandede han sine Qvaler,
Barsk han reiste fra Bolsteret sig:
„Smykker Du Dig med persiske Schawler,
Nu da Boxlagnet væves for mig?
Sortklædt, Zulma, høitibeligt lovte
Du mig at gaa i din Faders Gaard —
Nu krandser Demantbæltet din Hofte,
Purpurfolden din Fodsaal naaer!

„Og medens Amuraths Livskraft svinder,
Medens min isnede Barm blier trang,
Dandser i Krebs af muntre Slavinder
Zulma ved Tambourinens Klang!

Dands paa min Gravhøi, Du, som mig baared,
Styrt saa deri — bliv Beenradens Brud!" —
Og han rev heftigt Bindet fra Saaret —
Blodet og Livet strømmed da ud.

I en Stambog.

Gid aldrig Du det prøve, fjern fra Kogt og Stegt,
At sidde sulten, pengeløs ved Pulten:
„Das Leben ist der Güter Höchstes nicht,
Der Übel Größtes aber sind die Schulden".

Fragmenter af den spanske Krønike.

I kjender Alle den berømte Cid! —
Naar Driveren paa Pyrenæerbjerget
Sit Muuldyr fører ned ad Skrænterne,
Da synger han ei om Napoleon —
O nei, han synger om Rodrigo Diaz,
Benævnet Cid; skjøndt Helten leved i
En længst henrunden Tid, besynges han,
Og dog har vor Tid havt en Palafox!

— Hvad synges da vel om Robrigo Diaz?
Der synges om hans Elskov til Ximena,
Der synges om, hvor smuk Ximena var, —
Drøm Dig fra Danmark ned til Spaniens Himmel!

1.

Betænksom sad i guldbetrukne Sal
Ximena, tramped svagt med liden Fod
Og lytted efter sin Robrigos Trin
Og bøiede det skjønne Hoved ned,
For om hun muligt kunde snappe op
En Lyd, en Klirren af hans gyldne Sporer,
En Raslen af hans Klinge, stødt mod Væggen,
En Susen af hans mørkblaae Fløielskaabe; —
Men Trinet taug, og Sporen klirred ikke,
Og Klingen rasled ei, og taus var Kaaben,
Og Alt var tyst, som dengang Herrens Aand
Ved Skabelsen hensvæved over Vandet, —
Da glimted Taaren udaf Pigens Øine:
„Forlænge lader han idag mig vente —
Hvad foraarsager vel Robrigos Stolthed?
Hans Skjønhed dog vel ei? det er jo kun
En gammel Egenskab, — Narcissus var det.
Hans Viisdom? — Salomon var visere.
Hans ædle Herkomst? — Alt Achilles stammed
Fra lutter Konger ned. Hans Tapperhed? —
Hispanien har ingen feige Sønner.
Alt det, hvorpaa sin Stolthed han begrunder,
Er gammelt, gammeldags og længst nedarvet!" —

— End meer hun klaged i sin Eensomhed:
„To Gange har hans Falk alt slaaet ned
I Gaarden paa min Dueslok; idag
Har med sin Klo den qvalt min Ynblingsfugl —
Den, som ei styre kan sin egen Falk,
Fortjener ei de gyldne Riddersporer,
Ei noget Haandtryk af en trofast Ven,
Og ei et Kys af nogen Piges Mund!"

Men da stod smilende Robrigo Diaz
I Døren, som han havde holdt paaklem;
Han tog Baretten af med hviden Fjerbusk
Og hviskede med Trods de stolte Ord:
„Og dog gav Kongen mig den gyldne Spore,
Tidt trykked Prindserne dog denne Haand,
Og ikke sjeldent kyssed mig Ximena!"

Men paa hans Skulder sad den hvide Falk
Med brune, menneskeligtkloge Øine
Med gule Been, den kostelige Falk,
Nedbragt til Spaniens rige, varme Klima,
Ned til Orangens og Cypressens Zone,
Fra Øen Island, hvor de varme Kilder koge
Dybt under Jorden, men hvor Overfladen
Er skjult af Sneens sølverhvide Lilier
Og savner ellers alle grønne Urter.
Han tog den hvide Falk fra Skulderen
Og knuste den mod Marmorfliserne:
„Der ligger Falken," — sagde muntert han —
„Vær nu ei længer vred paa Falkens Eier,

Nu skal den meer ei jage dine Duer.
Du havde mistet jo din Yndlingsfugl,
Jeg vilde derfor ogsaa miste min,
I Stort og Lidet skal vi være eens!" —

„Dog" — sagde pludselig han alvorsfuld —
„Pas paa, Ximena, om en føie Tid
Vil Strid der opstaae mellem vore Fædre.
Da skal, i Andres Paasyn, ogsaa vi
See dobbelt koldt og vredent til hinanden;
Og Du skal saaban i din Kjole tage
Paa begge Sider, gaae to Skridt tilbage
Og neie stift og fornemt for Rodrigo.
Og jeg skal trække lidt paa Overlæben
Og bukke saare dybt; ja stundom skal
Jeg gaae foruden Hilsen Dig forbi
Og lade, som med Villie jeg det gjorde,
Og Du skal vende Dig til Infantinden
Og tale ilde om „den stolte Dreng", —
Og det skal vare ved den gandske Dag!
Men hen mod Aften, elskede Ximena,
Naar Solen synker, er vi meer ei vrede,
Da lægge vi Forstillelsen tilside;
Da sniger jeg mig ind i Slottets Have
Og synger Sange under Vinduet,
Og lidt Du lytter da til Citharen,
Dog ei for længe, sagte sniger Du
Paa lette Fodspids Dig ned til Rodrigo, —
Vee den, der tør forstyrre Dig og mig,
Naar tause ved Jasminerne vi sidde, —

Den Lykke vare skal den ganske Aften!
Men naar den første Nattens Stjerne kommer
Og skræmmer bort mig fra din elskte Nærhed,
Da skilles vi, da gaae vi Hver til Sit —
Dog det skal ikke vare ved bestandig:
Snart fører jeg min Brud hjem til min Borg —."

Da hørtes Fodtrin udenfor paa Gangen —
Ximenas Moder vil sin Datter see!
Da sprang Rodrigo Diaz ned i Haven:
Fjerbusken vaied, og hans Klinge rasled,
Og Vinden sused i hans Fløielskaabe;
Men for sin Moder dybt Ximena neied,
Bad om Velsignelsen og gik tilsengs.

II.

Og Zaragoza var i Maurerhænder;
Almoctad hed den alderstegne Konge.
Hvor gammel han end var, saa var hans Sjæl
Dog ung og kraftig; Haanden længtes efter
Erobringer, den vilde herske over
Det hele Spanien, ei kun enkelt By.

Almoctad klædte som Zigeuner sig,
Achmed, hans Søn, iførtes samme Dragt;
Formummede da ginge Søn og Fader,
Som Speidere, paa Veien hen til Burgos.

Men Achmed tog til Orde: „Herre Fader,
Profeten byder Aabenhjertighed,

Men Du gaaer skjult tilværks. Profeten byder:
Med krumme Sabel, lange Landser søg
Din Fiende paa den grønne Mark, og da
Vil selv Profeten føre Dig til Seiren!" —

Men Faderen var taus og mørk; han lod,
Som om han Sønnens Ord ei havde hørt,
Og videre paa Veien ginge Begge.

Men Achmed tog til Orde: "Herre Fader,
Jeg vorder ræd, thi Veien er saa mørk,
Kan ei vi vende om? — Ei Mahomed
Vil hylle sig i List og Nat, den aabne
Profet foragter List og Nat og ønsker
Begeistring kun og Dagens stærke Skin.
Ved dette rænkefulde Speidertog
Har Du Profetens Redlighed fornærmet:
Hans lyse Maane faaes paa fjerde Nat
Ei, hvor den ellers altid for os lyste, —
See Taagen har sig lagt om Træ'r og Buske."

Men Faderen var taus og mørk; han lod,
Som om han Sønnens Ord ei havde hørt,
Og videre paa Veien gik de Tvende.

Men Achmed greb sin Faders Kjortelflig
Og kasted sig i Støvet for hans Fødder:
"Kald i Erindringen tilbage dine
Forgængeres Historie, min Fader!

Hvor nu Du hersker, herskede Kalifer
Af den forgudede Ommeiaslægt.
Fra Ganges, over Asien, gjennem det
Forbrændte Africa, hid til Gibraltar
Sig strakte deres Rige; og saalænge
De gik med krummet Sværd den lige Vei
Og holdt med Alvor ved Profetens Lære,
Da fulgte Lykken dem, — da blomstred Slægten!
Men da de optog vantroe Sæder, da
I Slaget meer ei flammed Mahoms Aand,
Men kun Begeistring, hvis urene Kilde
Var den forbudne Drik, — da styrted Slægten!
Hixem den Tredie blev af Folket afsat;
Paa Torvet raabte Mængden aabenlydt:
Der er ei Held meer ved Ommeiastammen,
Den bringer Sorrig over Troens Børn! —
Da sprang paa Torvet frem den Sidste af
Den fordum store Ommeiadeslægt,
En Yngling var det, Hixems arme Søn,
Med Graab han raabte: giv mig een Dag Sceptret
Og dræb den næste Dag mig, hvis Jer synes! —
Men Ingen hørte ham, og han forsvandt
Og gik til Africa, i Ørknen ud,
Og — Ørknens Løver aad med Hyl hans Liig
I Sandet. — Fader, o lad ei vor Slægt
Fortørne Herren, liig Ommeiastammen;
Lad os ei den Dag leve, at man seer
Dig styrte fra din Throne, at man hører
Din Achmed raabe: giv mig een Dag Sceptret

23*

Og dræb den næste Dag mig, hvis Jer synes,
Hvad heller giv min Krop til Ørknens Løver!" —

Da pegede den gamle Konning op
Imod den brede, mørktilslørte Himmel
Og svarte barsk: „Profeten er ei vred,
Fordi jeg vil en mægtig Hersker være!
Nei, Mahomed er ikke vred, han gjemmer
Ikkun sin Maane, til den høitforbauset
Skal see Almoctad paa de Christnes Throne!" —

Men neppe havde Kongen sagt de Ord,
Før Maanen med sin skjønne, fulde Skive
Op af de sorte Uveirsskyer dukked,
Retsom en pragtfuld Blomst, der springer ud
Med yndigt Farveskjær blandt dunkle Blade.
Pletteret laae det rige Landskab for
Den gamle Konges Øie — see! da viste
Sig for hans Blik en ukjær Skikkelse:
Bagved en Hyldebusk stod alvorsfuld
I Fløielskaaben med de gyldne Fryndser
Rodrigo Diaz, lænet til sit gode Sværd
Og raabte harmfuld til den gamle Konge:
„Hvi gaaer som Tigger Du paa Speiderviis?
Tør ikke meer Du see os kjækt i Øiet?
Ha see! skjøndt Du er Mand med Vaar og Vintre,
Staaer Du tilskamme for en Ungersvend!
Kald dine vilde Horder sammen, sæt
I Sablen Dig med Perler om din Turban

Og smyk Dig med din kongelige Dragt,
Da skal jeg møde Dig i vilden Slag.
Vi har alt længe ventet Dig: langs Grændsen
I vore Borge, Dag og Nat, med Bidsler,
Med Sabler vore muntre Heste stod, —
Gaa skamfuld bort og bedre Dig, o Konge!" —

Da svarte Kongen: „vel jeg kjender Dig,
Rodrigo Diaz, tæm dit unge Sind!
Jeg møder Jer med List, thi listig er
Hver Christen, skjøndt han gjerne lader from, —
Skal jeg fortælle Dig, hvordan I handle?
Selv eders Konger er Forbrydere,
Hvor lifligt end dem Krøniken vil sminke:
Det er ei længe siden, at Kong Sancho
Sin skyldfrie Broder, Antolin, lod smedde
Til Væggen fast og grusomt martred ham
I nitten Aar! hvert Aar blev Jernene
Gjort smallere, for at de kunde passe
Den meer og meer fortærte Knokkelhaand.
Men i det tyvende, det sidste Aar,
Da endlig Antolin var Døden nær,
Befalte Sancho, Lænken skulde løsnes.
Da raabte Antolin: lad Lænken sidde,
Med hvad jeg leved, vil jeg ogsaa døe! —
End i Zamora paa hans Gravsteen staaer
Udhuggen Antolin den Lænkebundne;
Da vi Zamora fra Jer tog, vi fandt
Hiint Skjændselsmonument for Broderhadet!" —

— Men dette krænkede Robrigo Diaz,
Vredladen svarte han: „nu, Kong Almoctad,
Hiin Liigsteen skal ei meer forarge Dig,
Med Guds Hjælp faae vi atter nok Zamora!"

Da løb med Haan den onde Konges Svar:
„End faaer Zamora Du, Du faaer dog neppe
Zamoras Kirkeklokker med det Samme;
Dem nedtog vi af Kathedralen slux
Og bored Huller i dem langs ad Randen
Og fæsted Messinglænker i hvert Hul:
Omvendte, hænge de i Zaragoza,
Som Lamper, i den hvælvede Moskee!" —

En Torden løb, et Lyn paa Himlen glimted,
Regndraaberne paa Skovens Kroner pladsked;
Iklædt en Handske, syet af sorte Skyer,
Trak Herrens Haand igjen tilbage til sig
Langt ind i Himmelen den gule Maane
Og mørknede det før saa lyse Landskab.
Imellem Buskene forsvandt Almoctad!
Men tankefuld til Burgos gik Robrigo,
Thi Strid der var imellem begge Fædre.

III.

„Og var Ximena da saa meget smuk?" —

Ja, Yngling, hun var smuk, saa smuk som den,
Du end ei saae med legemlige Øine! —

Hvis Du er sytten Aar, da kommer snart
En Tid, da for din Sjæl sig vise vil
Et Billed af en ung og deilig Pige:
Hun er ei klædt, som dem, Du dagligt seer;
I Regnbuefarver hendes Klædebon
Vil svømme for dit glædedrukne Øie.
Hun er ei jordisk formet, vækker ingen
Nedværdigende, syndig Eftertragten;
Det er, som om Du saae en Himlens Engel
Afspeilet i en sølvblaa Sommersø.
Paa Marken seer Du hende svæve hen,
I Skoven sidder stille hun bag Espen.
Paa Jord har ei Du hendes Lige seet,
Men dog Du haaber, snart at maatte finde
Den deilige, den gaadefulde Gjenstand.
Paa Baller søger Du veemodig hende,
Musikken klinger, o hvor tøver hun?
Du stirrer paa de røde Silkeschawler, —
Hold op, Du stirrer til dit Øie perler!
Gaa bort, gaa raskt fra Ballet, Yngling, flygt:
Hun er ei der, hvor Menneskene færdes!
Kun naar Du eensom gaaer i Natten ud
Og vandrer udenfor det Huus, hvor Dandsen,
Hvor Vinen, hvor Musikken sammenblandes,
Derudenfor, naar Du betragter Stjernen,
D e r kommer deilig atter hun tilsyne
Og hvisker til Dig: „søg, saa skal Du finde!" —

Hiint Billed, Yngling, veed Du, hvad det er?
Det er en Skabning, som Gud Amor kogler:

Han danner den af Morgenrødens Farver,
Af Uskylds Taarer og af Længsels Suk;
Det er et Sendebud fra ham til Dig,
Det melder Dig hans eget nære Komme;
Man kalder det — sit Ideal!

Saaledes,
Saa smuk, som syttenaarig Ynglings Drøm,
Saa reent, saa yndigt formet var Ximena, —
Nu svar mig Du, var ei Ximena smuk?

IV,

Ximenas Moder treen i Salen ind:
„Min Datter! dræbt i Tvekamp er din Faber,
Din Faders Morder er Rodrigo Diaz;
Kom tag et Slør, tag sorte Fløielsklæder,
Klæd kulsort Dig, thi sort er nu vor Himmel!"

Da græd den unge, stakkels Elskerinde,
Hun svared': „tag de sorte Klæder bort!
Sorg eier ingen fast og enkelt Farve,
Den værste Sorg besuden kan ei sees.
Sorg har sig spredt i hele Skabningen,
Den har sin Andeel i hver Jordens Gjenstand
Og er forklædt i mange Skikkelser;
I hele vor Natur ei Væsen findes,
Der ei er bundet til den fælles Lov:
Hver Gjenstand og dens Farve kjender Smerte.
Derfor kan til min Sorgs Symbol jeg vælge
Det Blaae, det Hvide eller Røde mig, —
Tag, Moder, kun de sorte Klæder bort!"

V.

De Voxlys brændte smukt i Klosterkirken,
De Munke sang saa lifligt om vor Frelser;
Paa Altertavlen malet stod hiin Busk,
Hiin Tjørn i Flammerne paa Sinai.
Da treen i Kirken ind Rodrigo Diaz,
Foruden Sværd, foruden Ridderkaabe,
Foruden Sporer (Alting hang derhjemme),
For Altret knælte han og talte saa:
„Prælat, som staaer i hviden Messesærk,
Jeg kommer sorgfuld hid til Skriftemaal,
Thi viid: i Tvekamp dræbte jeg Grev Gormaz.
Nu er det tyst i Grevens Borg: hans Datter,
Min elskede Ximena, hader mig;
Hun ændser ei, hun hører ei min Klage,
Hun lytter meer ei til min Cithers Klang.
I Salene, hvor Munterheden dvælte,
Der ruger Tungsind, aldrig skinner Solen.
Istedetfor de muntre Gjæster kommer
I regelmæssige Besøg kun Lægen —
Prælat, bed Gud om Naade for Rodrigo!"

Da svared Herrens Tjener: „skrift, min Søn,
Men tal oprigtigt! Gormaz er hos Gud
Og hører hvert et Ord og melder selv til Herren,
Naarhelst en usand Lyd din Læbe siger.
Heel grusomt har Du endt den Sværdeleg:
Et Saar var blodig Hevn — hvi dræbte Du?" —

Men op mod Himlen hæved da sin Haand
Rodrigo Diaz, sagde: „Herrens Tjener,

Giv nøie Agt, Rodrigo taler sandt.

Jeg kom til Kredsen paa Tourneringspladsen,

Mit Følge holdt i Rader rundt i Kredsen;

Det var mit første Alvorsridt i Livet.

Paa Pladsen sank jeg hen i Grublerier:

Stundom jeg saae min gamle Faders Graad; —

Stundom Ximena hævede sin Haand

Og løfted Myrthekrandsen af sit Hoved

Og gav mig alle Grenene tilbage; —

Stundom jeg stirred i min egen Grav:

Hvidt klædte gamle Qvinder mig, de lagde

Tilrette for mig i min Katafalk,

Og herreløs stod mine Fædres Borg.

I Kisten laae jeg selv, et mullent Liig;

Paa Kisten laae mit Sværd, ved Kisten sad

I Sølverslør Ximena, peged paa

Stamtavlen over Graven, og der stod

Med rødlig Skrift paa Tavlen nederst ridset:

„Rodrigo Diaz, sidste mandlig Arving,

Gud være Stammen naadig, hvor den er!" —

Det var en vaagen Drøm, — og der kom fleer

Og værre Syner, da jeg sad paa Hesten:

Ti Aar var svundne hen, som lette Skyer!

Mig tyktes, jeg var paa en ukjendt Borg,

Ximena var der — med en fremmed Mand.

Den Ubekjendte klapped hendes Hals

Og spurgte hende: har Du glemt ham ganske?

Da nikked venligt hun og tog paa Skjødet

Et lille Barn, og Barnet raabte: Moder!

Og see! i Gluttens favre Træk og Ansigt

Var ei et enefte af mine Træl,
I Mob'rens Sjæl ei Minde meer om mig!
Da mærfed jeg, jeg drømte lutter Løgn,
Jeg løfted Haanden vredt mod Fristeren,
Mod Drømmens Gud, mod Løgnens gamle Fader,
Ham i den sorte Himmel, Satanas!
Jeg gjøs og spored uvilkaarligt Hesten,
Den steiled høit i Veiret, og jeg vaagned.
Og da holdt ligeoverfor mig Gormaz,
Han smilte haanligt, meente vel, jeg frygted,
Da stred vi, atter jeg besinded mig,
Jeg vilde saaret ham i Skuldren, — Sværdet
Løb nedenfor, og han sank baglænds ned, —
Prælat, o bed om Naade for Robrigo!"

Bevæget rakte Herrens Tjener ham
Sin Haand, og atter talte da Robrigo:
„Prælat, som seer med Mildhed paa Robrigo,
Jeg Mere skrifte vil, Du skal erfare,
Hvorledes det seer ud nu i mit Hjerte.
Mit Øie hvile kan paa hele Jorden, —
Eet Væsen kun tør ikke jeg betragte.
Naar En fortæller muntre Eventyr,
Da leger paa mit Ansigt tidt et Smiil,
Men een Ting maa Du ei med Ord berøre,
Hvis ikke Du vil see min Latter bruk-es
I Krampegraad, hvis ikke Du vil see
Min Munterhed til Dødsangst sig forvandle;
Kun een Ting maa i min Nærværelse
Du ikke tale om, — det er om hende!

Thi denne Tanke forbeholder jeg
Mig selv, naar jeg foruden Selskab er.
Alt Andet kan jeg tale om fornuftigt,
Men denne Tanke grændser nærmest til
Min Sjæls Fortabelse, til rædsomt Vanvid.
See, jeg er ung og smuk af Legeme
Med smidig Arm og sunde Ledemod,
Og jeg har en Fornuft, som Du og Andre,
Naar det alt Andet, kun ei hende gjelder;
Men i det Øieblik Du nævner hende,
Da svinder bort min Ungdomsskjønhed og
Min menneskʼlige, milde Mine, og
For hver en kold Betragter vil jeg tee
Mig som en Ulv, en Bjørn i kulsort Pelts,
Med Blodinstincter og med hviden Hugtand:
Min klare Indsigt gaaer fortabt, og jeg
Nedsynker i en lodden Dyreverden, —
Prælat, o bed om Naade for Rodrigo!"

Og Herrens Tjener fældte milde Taarer;
Han havde megen Medynk med Rodrigo,
Men videre da talede Rodrigo:
„Prælat, som græder over mine Sorger,
Giv mig et Raad, hvorledes jeg skal handle."

Da sagde Herrens Tjener: „vend dit Øie
Fra jordisk Elskov bort en stakket Stund;
Med Tiden blier Ximena vel din Brud.
Stor Sorg er lagt omkring dit unge Hjerte,
Dog lider Ingen, hvad han ei kan bære;

Mangt Bismerpund er paa din Skulder lagt,
Det maa vel tyde paa, at den er stærk.
I Zaragoza boer en maurisk Konge,
Almoctab, fjendtlig stemt mod alle Christne, —
Erobre Zaragoza, kæmp for Christus,
Jeg vie skal dit Sværd og lyse Kirkens
Velsignelse, Rodrigo, over Hjelmen." — —

— Den næste Dag Rodrigo sad paa Skimlen; —
Saa lad ham ride da mod Zaragoza! —

Herregaarden.

Imod Sydvest paa Sjællands friske Strande
Der staaer fra Ribbertid en Herregaard
Med Udsigt over Beltets mørke Vande —
Kom, følg mig, seer Du ikke, det er Vaar?
Et Liv er spredt nu, som Du aned neppe,
Rundt om i Hauge, Skov og Fiskepark;
Retsom et blødt, et blommet tyrkisk Teppe
Udstrækker spraglet sig hiin Kløvermark:
Viid, Flora kommen er nu op til Norden,
Den fine Fod ei stødes maa paa Jorden.

Kom med! hver Aarstid har jeg seet paa Stedet,
Hvert Danmarks Veirlig har jeg prøvet der,
Hver Danmarks Sangfugl har mit Øre glædet,
Jeg har seet Reden i de grønne Træ'r.

Natur! en venlig Barndom saae jeg ikke,
Men Ynglingslykken, den har jeg dog havt,
Og her randt hine skjønne Øieblikke,
Da mine Tanker steeg i modnest Kraft,
Og da, begeistret, over Jordens Dale
Min Aand sig hæved til det Ideale.

Du stille Levning fra et fjernt Aarhundred,
Du peger paa en uddød Kraftens Tid,
En Tid, af os snart haanet, snart beundret,
Men knap forstaaet trods de Lærdes Flid;
Vor Old er kun en Klogskabsperiode,
Hvor Kraften ei i Længden kan bestaae,
Hvor Jernet, som vi ufortærligt troede,
Paa Klipper ruster hen i Stykker smaae —
Ney og Murat for Kugler maatte segne,
Kun gamle Talleyrand kan ikke blegne. —

Kom med! her har jeg over Skovens Kroner
Seet Lynets Herlighed i Tordnens Sky.
Kom med! hør Himlen fyrer med Kanoner,
I Bugten søger lidet Fartøi Ly.
Nuvel, Fred findes ikke her paa Jorden,
Maaskee der ogsaa oppe føres Krig:
Slaaer Jupiter Giganterne med Torden,
Fordi de røre Kongekaabens Flig?
O nei, kom med og see Du her fra Høien:
Fra Himlen ei, fra Skyen kommer Støien,

Fra Himlen ei, fra Skyen Lyden kommer,
Thi Himlen blaaner i et Fredens Skjær:
Den store Sal de tolv Apostle rummer,
Saa skjønne, som de Thorvaldsenske her;
Og han, hvem Pen og Pensel ei kan male,
Han sidder ved sin Faders høire Haand;
Hver elsket Afdød, vakt af Dødens Dvale,
— Fortælles — vandrer der, en renset Aand:
Alt findes hist, hvad savnes maa herneden,
Derfor jeg troer: did flygted ogsaa Freden! —

Kom med! o følg mig blot ud i Naturen,
Det er jo Foraar alt, læg Bogen bort.
Naturen digter nu, og see! Censuren
Kan ei ved Huller gjøre Digtet kort;
Frit synger Lærken over Hvedemarken,
Behøver ei at veie hvert et Ord
Og frygte for, at Ørnen, Luftmonarken,
I Trillen en Satire finde troer!
Kom med! i Kjæret Frøen slaaer paa Trommen,
For lang Tid siden er alt Flora kommen.

Kom med! imellem disse Buske ligger
En gammel Liigsteen slængt uændset hen;
Indskriften længst forvittret er til Prikker,
Men Sagn i Folkemunde gjemte den:
En Præstemand staaer huggen ud paa Steuen,
Sex Koner hugne staae ved Siden af;
Saa mange Gange brød han Myrthegrenen,
Og hvergang blev den henlagt paa en Grav:

Med Rette blev ham intet Varigt givet,
Thi man kun eengang elske kan i Livet.

Kun eengang slynges Elskovs Blomst og Ranker
Om det ungdommelige Hovebs Lok,
Kun eengang føbes disse lyse Tanker,
Kun eengang Nornen staaer ved Freias Rok.
For travlt har Amor, har for mange Pligter,
I Øst og Vest han løbe maa med Iil;
Kun eengang paa hver enkelt Barm han sigter,
Paa Hver han skyder kun en enkelt Piil,
Han har ei Raad til at bortødsle Mere:
Thi hvad blier Verden, naar han ei har flere? —

O hør ben mørke Solsorts Fløitetoner:
Den mærkeb os, den flygter bort med Skrig.
O tøv! jeg vil ei for Dig sætte Doner,
Jeg fører ei med Fugleverdnen Krig.
Jeg selv en Sangfugl er og elsker Sangen,
Jeg elsker Eder, mine Brødre smaa!
Jeg vil som Criticus ei dømme Klangen,
Ei sige, hvo i Rækken først skal staae, —
Den troer mig ei, see! bange bort den flygter —
Maaskee den om mig hørt har onde Rygter. —

Kom, sæt Dig neb, jeg vil betroe Dig Noget:
I dette Lysthuus sad i Maaneskin
Med Haanden under Kind, med Ryggen kroget
Jeg tidt og lyttede til Aftnens Vind,
Og for mit Øie, med bebrøvet Mine,
Bag Granerne, med Sceptret sønderbrudt,

Et luftigt Omrids stod — det var Christine!
Da kom i det begeistrede Minut
Heel mangen Tanke dybt fra Sjælen inde,
Og jeg besang den svenske Herskerinde.

Og jeg besang den svenske Herskerinde,
Men, ak, da Tanken paa Papiret stod,
Med Smerte tidt mit Øie maatte finde,
Mit Blæk var koldt og sort, skjøndt varmt mit Blod.
— Bliv siddende, jeg vil Dig Mere sige:
Var ikke jeg som Digter lykkelig,
Som Yngling var jeg det: en elsket Pige
Er mere værd, end jeg kan tolke Dig.
— Op, seer Du Storken? skynd Dig, aabne Laagen,
See, hvor om Næbet bidsk sig slynger Snogen.

Nu koger det derinde dybt i Jorden,
Og Barmen ud i Overfladen gaaer;
Nu er der Forskjel ei paa Syd og Norden,
Italien blomstrer, Danmark har sin Vaar.
Nu trække Fuglene: paa Pyramiden
Hist i Ægypten staaer ei Storken meer;
Instinctet hvisked, det var Reisetiden,
Nu er den her og efter Hjulet seer,
Nu vandre Fiskene, de kolde, stumme,
Liimfjordens Bølger store Stimer rumme.

Du hellige, Du lyse Vaargudinde,
Berør Du ogsaa mig med venlig Haand;
Lad og for mig en nyfødt Sol oprinde,
Giv smukke Tanker mig, foryng min Aand.

I høie Trætop Egernet sig lister,
Hver Busk har Knop, Violen staaer i Flor;
En lysgrøn Farve udaf Barken brister,
Naturens Værksted flyttet er til Nord, —
Kast Blomster i mit Hjerte, Vaargudinde,
Lad ogsaa der din varme Maisol skinne!

Paganinis Violin*).

Til det rige, stolte Genua
Med de violette Drueklaser
Kommer reisende man langveisfra
For at see antike Marmorvaser,
See paa Fiesko's, Doriernes Grav
Og et udstrakt, hvælbigt Middelhav.
Balbi=Gaden man betragter,
— Der boer mægtig Adelstand —
Men de snævre Gyder agter
Lidet kun hver fremmed Mand.

---

*) I „Conversationslexicon der neuesten Zeit" bemærkes i Ar=
tiklen om Nicolo Paganini blandt Andet: „So war denn
das Gerücht auch sogleich geschäftig in den mannichfaltigsten
Erfindungen, wodurch man die geheimnißvollen Eigenschaften
des Künstlers zu erklären suchte. Eine so ungemeine Höhe
der mechanischen Fertigkeit schien auf gewöhnlichem Wege
unerreichbar, und auch die geistige Tiefe der Leistungen
mußte, dies empfand man dunkel, durch gewaltsame Kämpfe
und Bestrebungen theuer errungen sein. Daher kamen eine
Menge Sagen in Umlauf, wodurch man das Wunder zu

I en snæver Gydes simple Huus
Sad med krummet Ryg og Tænkerminer
En uændset, fattig Musikus
Med tre, fire gamle Violiner.
Ved at stemme, hvad der var forstemt,
Pudse, hvad der havde ligget glemt,
(En Bestilling uden Ære,
Uden Løn, i Syd, som Nord)
Søgte sig han at ernære
Samt sin gamle svage Mo'er.

Violiner tømred' kløgtigt han,
Snildt han gamle Mestre efterligned;
Men om end han brugte al Forstand,
Var hans Flid dog hidtil ei velsignet:

---

erklären suchte. Der Künstler sollte im Uebermaß seiner
Leidenschaftlichkeit — einem Italiener war dies fast ohne
Schmach zuzutrauen — seine junge Gattin ermordet, und
dann den Frevel durch schwere Haft im finstern Kerker ge-
büßt haben. Hier blieb ihm kein anderer Trost als sein
Instrument, mit dem er die Wunden seines zerrissenen
Herzens zu heilen suchte; die langen Jahre der Abgeschie-
denheit gewährten ihm Muße genug, jene erstaunenswürdige
Fertigkeit zu erwerben, zu welcher die Lebenszeit eines An-
dern nicht ausgereicht hätte; endlich erklärte es diese Sage
auch mit natürlichem Anschein, wie er, nachdem die drei
schwächern Saiten der Geige gesprungen, deren Ersatz ihm
der unbarmherzige Kerkermeister versagte, auf der letzten eine
so eigenthümliche Gewalt errang, daß er gerade dadurch das
höchste Staunen erregte und sogleich die Seele mit den ge-
heimnißvollsten Zaubern umspann". — Nærværende Digt er
foranlediget ved en Artikel i „New monthly Magazine,"
October 1833.

Stræbt at naae han havde uden Held
Længe den tartiniske Model.
Skjøndt sit Værk han tidt forbandet
Havde med fortvivlet Hu,
Var en Ny dog atter dannet,
Og den skulde prøves nu!

Nøie glattet var den tynde Fjæl,
Ængstligt formet Stolen var og Halsen;
Jublet havde han med henrykt Sjæl,
Da hvert Stykke passed godt i Falsen.
Eens var begge Violiner nu,
Til at skjelne skulde kløgtig Hu!
Ak, men da nu Paganini
Prøved sin med Kunstnersands,
Høit, o høit stod hiin Tartini
Dog bestandig over hans!

Dette krænked stakkels Nicolo:
Ved hans Mundvig en dæmonisk Smilen
Tyded paa den tabte Hjertero,
Paa et' fredløst Sind, berøvet Hvilen.
Og han grubled over een Idee,
Den kun virkliggjort han vilde see.
Vanvid lagde sig om Panden,
Syner gik hans Blik forbi, —
Ængstligt flygted man for Manden
Med den mørke Phantasie.

Og han gik da med sit Instrument
Til en genuesisk, lærd Professor:
„I har læst Saameget dog paa Prent,
Og med Meer I dagligt Jer belæsser, —
Løs mig Gaaden, frie mig fra min Qval.
Jeg har grublet, sørget, tænkt mig gal.
Af de stærke Elementer,
Som Geniet har igjem,
Kommer, hvor Du mindst det venter,
Ak, dets egen Morder frem.

„Naar I seer paa disse Tvende ned,
Er den ene ganske som den anden!
Samme Sangbund, samme gule Ved,
De er eens, og kun forskjellig Manden:
Denne stakkels Nicolo, Jer Ven —
Mantuaneren Tartini den!
Dannede paa samme Maade,
Efter samme Theorie,
Have de — for mig en Gaade —
Dog ei samme Harmonie.

„Min er ligedan — dog mangelfuld!
Ydret eens, men Tonen eens ei vorder.
Lyt og skjælv, Du Mand af Støv og Muld,
Lyt til disse sprængende Accorder:
Hør, her myrdes, hvilket Klageskrig!
Her en falden Engel vaander sig.

Atter tys: hør Desdemona,
Hvor hun bønligt for sig be'er,
Ømt, som Julie fra Verona, —
Tys, hør nu, hvor Jago leer!

„O med den forvist jeg reise kan
Rundt blandt de forskjelligste Nationer:
Uden Kjendskab til hvert enkelt Land
Vil jeg dog forstaaes ved mine Toner.
Hver Nation vil elske dette Sprog,
Jeg, skjøndt Fremmed, bliver Indfødt dog.
Der er tusind Sprog paa Jorden,
Hvert forstaaet kun af Faa:
Dette fatter Syd og Norden,
Rigmands Slot og Armods Vraa.

„Hør nu min — hvor usselt og hvor mat!
Den har ikke-Røsterne fra oven,
Ikke Fuglens Skrig i Uveirsnat,
Ikke Leopardens Hyl i Skoven,
Ikke Stormens Brum ved Klippestrand,
Ikke Sproget fra et bedre Land.
Ei den glæde kan et Øre,
Ei den trøste kan et Sind,
Ikke Graad til Øiet føre,
Ikke Smiil til nogen Kind!

„Og hvorfor ei? elsked han maaskee
Sin berømte Kunst med mere Varme?
Nei, o nei, hvor tidt ei kunde see
Man om Natten vaagende mig Arme

Sidde eensom med taalmodig Flid
Og til Kunsten offre Søvnens Tid!
Hans var ei de brustne Blikke —
Paa hans Kind var Blomsterpragt!
For sin Kunst har han vist ikke
Det til Vanvid næsten bragt!

„Muligt — ja, hvad om en Hemlighed
Han besad, som jeg endnu ei kjender,
Vidste Noget, som nu Ingen veed,
Og begik, hvad Nicolo ei nænner?
Stod i Forbund han med Mørkets Aand,
Kjøbte dyrt han sin erfarne Haand?
Skal jeg dybt til Helvedbunden
Flytte mine fromme Fjed,
I en Ubaad søge Grunden
Til hans Overlegenhed?“ — —

Som sin Sorg den stakkels Nicolo
Til den gamle, lærde Mand betroede,
Slog han Violinen med sin Kno,
Sænked mod sit Bryst det blege Ho'de.
Men den Gamle hented fra en Krog
En latinsk, forslidt og støvet Bog,
Rakte den med sære Fagter
Til sin unge, syge Ven,
Sagde: „hvad Du eftertragter,
Udfandt her en kløgtig Pen!“ —

Hvad fandt Nicolo paa gule Blad?
De bekjendte Lydens Theorier?
Nei, men som han spændt ved Bogen sad,
Klang for Sjælen dybe Melodier,
Og en Røst, han før ei havde kjendt,
Talte fra det mugne Pergament
Om den skiftende Forandring,
Som bevæger Form og Stof;
Om en selsom Sjælevandring
Skrev den gamle Philosoph:

„Sjælen, den af Gud forskudte,
Lever mangt forskjelligt Liv,
Maa sig snart i Dyr indslutte,
Snart i Steen, i Træ og Siv.
Den har ingen stadig Hytte,
Naaer først silde Paradiis:
Bolig maa den ofte bytte,
Stiger, synker vexelviis.

„Op til Mennesket den stiger,
Daler saa til Planten ned,
Gjennemgaaer Naturens Riger,
Lider, ak, hvad Ingen veed.
Som dens Skaber det befaler,
Vexler, vandrer, flytter den:
Snart fra Fuglens Bryst den taler,
Snart fra Menneskets igjen.

„Men selv Mennesket har Evne
Til at fængsle Sjælen her!
Vil Du nogensinde hevne
Dig paa En, Du ei har kjær,
Mærk hans Sygdom, giv ham Pleie,
Tee Dig som en ængstlig Ven:
Sæt Dig ved hans Sygeleie,
Naar hans Aand skal fare hen.

„Naar den Syge da sig vaander
I den kolde Angstens Sved,
Kalb til Hjælp da Mørkets Vander,
Offre dem din Salighed!
Brug da hine Formularer,
Som før Dig en Faust har brugt:
Blot dit Koldsind Du bevarer,
Kan Du standse Aandens Flugt.

„Du kan tvinge den at blive
Her paa Jorden i dit Huus,
Til at følge Dig i Live
Som en vagtsom Genius!
Først naar Dødens Haand Dig rammer,
Bliver frigjort ogsaa den:
Du gaaer ned i Dybets Flammer,
Den til Fred i Himmelen!" — —

Men fra den Stund end meer tankefuldt
Stirred Nicolo, heel sært tilmode:
Lidet ændsende kun Tørst og Sult,
Leved han ei meer for denne Klode.

Af hans Færd man næsten tydligt saae:
En Forbrydelse han grunded paa.
Hvergang Mod'ren vilde spørge,
Svared haardt han, synligt vred;
Syg da blev hun af at sørge,
Længst af Livet var hun kjed.

Og hun laae paa Dødens Leie strakt,
Leg'met gisped i den sidste Krampe;
Taus ved Døren Nicolo holdt Vagt
Og belyste Stuen med sin Lampe.
„Kom, min Søn!" — saa bad Mathilde mat
„Inden Daggry har jeg Dig forladt:
Skjøndt Du tidt min Sjæl har saaret,
Skjøndt Du aldrig elsked mig, —
Jeg ved Hjertet har Dig baaret,
Kom, jeg vil velsigne Dig!

„Mindes mig, naar Foraarsblomsten groer
Over den, som Dig med Smerte fødte!
Da maaskee vil, meer end nu Du troer,
Du paaskjønne den i Liv Forstødte.
Som i dette hellige Minut
Jeg velsigner Dig med Stemmen brudt,
Skal jeg og for Herrens Throne
Ene tænke paa dit Held:
Hist, som her, hvert Suk, hver Tone
Gjælde skal mit Afkoms Vel!"

Men den blege Kunstner rysted vildt
Ho'det med de tætte, mørke Lokker:
„Ikke gavner det, Du taler mildt,
Min Beslutning, Moder, ei Du rokker.
Her paa Jord hver Sjæl forblive kan,
Naar den ikkun lænkes med Forstand.
Bort med Mildhed, bort med Naaden —
Jeg er Kunstner, ikke Søn!
Qvinde, Du skal løse Gaaden,
Skaffe Kunstneren sin Løn.

„See, jeg sprænger hvert et Slægtskabsbaand
Og befaler her i Kraft af Helved,
At paa Jord mig følge skal din Aand,
Følge mig og dette Værk, jeg hvælved!
Først naar jeg i Graven sænkes ned,
Da først stædes ogsaa Du til Fred.
Dette Træ har sukket længe
Efter et forhøiet Liv;
Svæv da Du om disse Strenge,
Lyd mit Magtbud og mit: bliv!" — —

Og han nærmed sig med faste Skridt,
Hen til Leiet, hvor den næsten Døde
Laae med Bryst og Ansigt marmorhvidt,
Mens de sidste Suk fra Læben brøde!
Og i den høitidelige Stund
Holdt han rolig foran Mod'rens Mund

Hen sit Værk, den dyrebare
Violin, som, fordum mat,
Nu med stærke Toner klare
Skulde klinge Dag og Nat!

Vanvid spilled i hans Ansigtstræk,
Da han taus og spændt stod foran Sengen;
Men den Døende af Sorg og Skræk
Aanded ud sit sidste Suk mod Strengen.
Strengen dirred da et Klageraab,
Men i Sønnens Øie funkled Haab:
Ja, hans Værk besad nu Moll'en
Af en qvindelig Natur!
Tys, hvor selsomt: heel og holden
Skriger Jagos vilde Dur!

Ja, besjælet er hans Violin,
Den har Drøm og Sorg og Graad og Stemme,
Nattevindens Røst i Borgruin,
Røst, som Pigen, hvem man ei kan glemme,
Røst, som lille Barn, der græd og bad,
Røst for Kjærlighed, og Røst for Had!
Glædedrukken, ei forfærdet,
Nicolo paa Liget saae, —
Kunsten gjøre kan forhærdet,
Saa Naturen vige maa!

Silde, silde han i Slummer faldt,
Vaagned op, da Morgenstraalen spilled;
Mærked angst, at Virklighed var Alt,
Hvad saa gjerne drømt han havde villet.

Men i Stuen løb en svag Musik,
Frem af Violinen Toner gik:
Som en klangfuld Memnonsstøtte
Hilste den paa Solens Lys, —
Da først Sønnehjertet blødte,
Da først mærked han et Gys!

Og de stive Modrens Øine skjød
Flammeblik, som ei han kunde taale!
Fra de døde Glaspupiller brød
En Forbandelsens og Bredens Straale.
Ængstlig blev tilmode Sønnen da,
Ræd han flygtede fra Genua,
Gik med Violin paa Ryggen
Bort med Frygtens rappe Fjed,
Bortgik for at finde Lykken
Og sin tabte Sjælefred.

Men et vældigt Rygte spredtes til
Den ungdommelige Kunstners Ære;
Stolte Roma lytted til hans Spil,
Florents vilde nødig ham undvære.
Dog, i hver en Stad han var kun kort,
Indre Utilfredshed drev ham bort:
Bort han gik fra Sydlandssolen,
Bort fra muntre Carneval,
Bort fra Masken og Gondolen,
—- Fjernt til Londons Taagehal.

Og i Bygningen: „Ei blot til Lyst"
Havde han en talrig Kreds forsamlet.
For et Oieblik paa Englands Kyst
Glemt var Shylock og den mørke Hamlet.
Kun paa ham var Alles Oine vendt,
Paa hans tonefulde Instrument,
Denne Glædens, Sorgens Skaber,
Hersker over Smiil og Graad,
Tolk for alle Lidenskaber,
Maler af hver grufuld Daad!

Men i Kredsen sad en gammel Mand
Ængstligt gribende hver enkelt Tone;
Pietro hed han, og hans Fædreland
Var, som Nicolos, Italiens Zone.
Og den hvide Olding reiste sig,
Greb den unge Kunstners Kjoleflig
Og udbrød, da i en Pause
Paganini hvilede,
Og de Alle rundt sad tause,
Halv med Lyst og halv med Vee:

„Ak, jeg kjender dette Tonefald,
Det er Stemmen fra Italiens Lunde,
Og jeg lykkelige Gamle skal
End paa Jord engang mig fryde kunne!
Midt i England, langt, langt fra mit Hjem
Blomstrer pludselig Italien frem!

Disse Toner er fra Syden,
Bringe Hilsen fra hver Ven;
Meget ligger skjult i Lyden —
Tak til Dig, der bragte den!

„Disse Melodier hørte jeg,
Da jeg tumled mig som Dreng i Trøie:
Hyrden fløited dem paa grønne Bei,
Naar han Hjorden drev paa Romas Høie.
Ung jeg sang dem i mit skjønne Land,
Nu besøge de den gamle Mand!
Og de vække gamle Minder
Om de lyse Ungdomsaar, —
Alt Nærværende forsvinder,
For mit Blik kun Fortid staaer!

„For mit Blik staaer hver en Ungdomsdrøm,
Der begeistred aarle mig og silde:
For mit Blik staaer, sværmerisk og øm,
Ogsaa hun, min blomstrende Mathilde!
Unge Kunstner, i min friske Mai
Elskede din skjønne Moder jeg!
Skjøndt hun anden Beiler kaared,
Var kun kjær dog stedse mig, —
Hun har Dig ved Hjertet baaret,
Kom, jeg vil velsigne Dig!" — —

Nicolo med Angst tilbage veeg,
Disse Ord var saa betydningsfulde!
Hurtigt greb han til sit Strengeleg
For at glemme Qvinden under Mulde.

Mon den underlige Gamle kom
For at kræve Regnskab, holde Dom?
Rask den blege Kunstner vendte
Atter Tanken til sit Spil,
Og med alle Nerver spændte
Tause Mængde lytted til.

Og besjælet klang hiin Violin,
Ret som leved nu en Aand derinde,
Der udstødte snart et Smertens Hviin,
Sukked snart og løb som Nattevinde:
Ja, det løb som menneskelig Røst,
Som en Fængslet, der var uden Trøst:
Om den gule Sangbund svæved
Toner, som fra En, der leed;
Kunstnerhaanden synligt bæved
— Var det af Medlidenhed?

Men forbauset atter reiste sig
Pietro, stirrende med Skræk i Minen:
„Yngling, vil Du ei mig see som Liig
Styrte ned, saa læg Du Violinen!
Ei til Rædsel bør Du, kun til Trøst,
Efterligne Menneskenes Røst!
Haarde Søn, hvor kan Du skabe
Disse Toner uden Gru?
Moderstemmen efterabe,
Dette, Yngling, nænner Du!

„Smerteligt har Du berørt min Sjæl
Og i Gisninger jeg mig fortaber:
Ord Du tvinge kan fra Fyrrens Fjæl —
Fik Du denne Gave af din Skaber,
Eller fik Du den af Mørkets Aand,
Kjøbte dyrt Du din berømte Haand?
Skal jeg dybt til Helvedbunden
Flytte mine fromme Fjed
Og i Udaad søge Grunden
Til din sjeldne Færdighed?

„Hvorfor ud af Violinens Bryst
Lokke Toner, der tilhøre Graven?
Vil Du give Liv til døbe Røst,
Visselig, den takker ei for Gaven.
Hvorfor denne sørgelige Klang?
Min Mathilde elsked munter Sang.
Unge, blege Aandemaner,
Daarlig Søn, skjøndt Kunstens Drot,
Siig mig, om maaskee Du aner,
At hun ikke har det godt?“ — —

Over Mængden hvilte Gravens Ro,
Alles Blik til Paganini vandred,
Men med Høihed svarte Nicolo,
Pludseligen fattet og forandret:
„Nei, jeg føler, at det kun er Digt,
Usselt sammensat og latterligt!

Sjælens Hjem er Himmerige,
Men ei Dyreverdenen:
Kan den end, forandret, stige, —
Synke kan den ei igjen!

„Olding, ei forfærdes ved mit Spil,
Her er ingen sorgfuld Aand, som taler!
Stemmen hører ei Mathilde til,
Jordisk Smerte kun jeg troligt maler.
Pietro, her er intet Hexeri,
Det, som skrækker Dig, er — mit Genie!
Overtroen frygtsom gjætter
Paa Forbrydelser omsonst:
Kjøbt jeg har i vaagne Nætter
Kun ved stadig Flid min Kunst.

„Vaaren klækker sine Blomster ud,
Hvor dit Legem hviler, fromme Moder,
Men forlængst har alt din Aand hos Gud
Seet en bedre Verdens Himmelgoder.
Af, de troe, at Du maa følge mig,
Fængslet til det usle Jorderig!
Nei, o nei, men dog dit Billed
Tidt sig viser trudselfuld:.
Jeg Forvovne har jo villet
Binde Dig til Jordens Muld!

„Men fra den Tid mærked stedse jeg
I mit Bryst Samvittighedens Pinen, —
Er det Under, at fra den Tid ei
Andet klang end Sorg fra Violinen?

Disse Toner og fortvivlte Skrig
Var ei hendes, nei, de kom fra mig!
Heel naturligt, at min Brøde
Har besjælt mit Foredrag;
Tilgiv mig, Du elskte Døde,
Jeg har bødet Nat og Dag.

„Men fra nu af skal hiint Strengeleg
Aldrig meer mig om min Brøde minde;
Lad mit Ny da synke, som det steeg,
Hurtigt kom det, hurtigt lad det svinde!
Dig, som jeg oplived, gamle Ven,
Dig jeg giver nu til Døden hen!
See mit Offer, vrede Moder,
Selv sig straffer nu din Søn,
Knuser, hvad af Jordens Goder
Var hans Trøst og Arbeidsløn!“ — —

Og han slængte da mod Gulvet brat
Hen sit Værk, det sjeldne, dyrebare
Mesterstykke, som ved Dag og Nat
Havde klinget stærkt med Toner klare.
Taarer glimted af hans Øine frem —
Hvem mon ikke havde fældet dem?
Knust, med evigdøde Strenge,
Laae hans Værk foruden Lyd,
Og han stirred stivt og længe
Paa sin fordums Sjælefryd.

25*

Mængden maalløs paa hans Ibræt saae,
Og et Suk igjennemsvæved Salen:
Ingen af dem mægted at forstaae
Handlingen, og Ingen fatted Talen.
Du kun, Læser, den forstod og veed
Paganinis hele Hemlighed!
Men om „Vanvid" talte Rygtet,
Sagn der mylred fleer og fleer,
Der fortælles: bort han flygted,
Kom til London aldrig meer.

Bortreisen*).

Aldrig glemmer jeg den skjønne Nat,
Da hun til mit Telt kom bly og bange,
Stod i Døren skjælvende og mat,
Saae sig om saa ængstligt flere Gange;

Sagde til mig disse smukke Ord:
„Tør jeg ogsaa ind i Teltet træde,
Tør jeg troe, at den, der inde boer,
Ikke myrde vil min Moders Glæde?

---

*) Motivet til dette Digt findes i en Elegie, forfattet af en
lærd hinduisk Philosoph og Philolog, Mir Muhammed
Husain før hans Reise til Haidarabad med Richard John=
son Esqr. Elegien findes oversat i Prosa i Indledningen
til Wests danske Oversættelse af Sacontala, Pag. XX.

„Vil Du tale med mig rene Ord,
Tale med mig som en kjærlig Broder?
Er saa barnligt from Du, som jeg troer,
God, som Englen i de fjerne Kloder?" —

Da jeg raabte: „kom kun, smukke Barn,
Kom, vær barnligt hilset mange Gange,
Denne Haand ei fletter listigt Garn,
I mit Hjerte slumrer ingen Slange.

„Vi vil tale, som to Søstre smaae,
Som to Stjerner tale med hinanden,
Som to Blomster, der ei Synd forstaae, —
Kom, jeg kysser Haanden kun og Panden!

„Vi vil her i denne stille Vraa
Os indbilde, at vi ei er ene,
Handle, som om Mange paa os saae,
Ønske fromt og have Tanker rene."

Og beroliget hun kom mig nær,
Og jeg saae, hun bleg var og sørgmodig,
Og jeg saae ved Lampens hvide Skjær,
At den fine Fod var ridset blodig.

Og jeg saae, hun havde vistnok grædt,
Og jeg saae, hun endnu følte Qvalen,
Og jeg saae, hun frøs og syntes træt,
Og jeg saae, hun ikke bar Sandalen.

Grandt jeg saae, at hun var ung og smuk,
Og jeg hørte hendes Hjerte banke,
Og jeg vidste, mig gjaldt hendes Suk, —
Men bestandig reen var dog min Tanke.

„Du vil reise!" — sagde hun saa blødt —
„Derfor til Dig kommer jeg i Teltet:
Dengang Alle hjemme slumred sødt,
Stod jeg op, tog Sløret paa, tog Beltet.

„Moder min det ikke vide maa,
Derfor løsned jeg de gyldne Ringe
Fra min Ankel, da jeg skulde gaae,
At forrædersk ei de skulde klinge.

„Beiens Flintestene skar min Fod,
Thi forsigtigt jeg Sandalen kasted:
Derfor seer Du her din Piges Blod,
Seer dets Stænk paa Beien, hvor jeg hasted.

„Ingen Stjerne skinte for mit Blik,
Skyen drivvaad hang paa Firmamentet;
Ikkun Lynet lyste, da jeg gik,
Saa dit Telt at finde knap jeg vented.

„Reise vil Du! er paa mig Du vred,
Siden Du med Længsel seer mod Stranden?
Eller er af mig Du muligt kjed,
Elsker høiere Du nogen Anden?

„Ak, i Søen lever slimet Kryb,
Stormens døde Offre boe i Vandet, —
Hvorfor seile over Gravens Dyb,
Naar Du aande kan i Fødelandet?

„Indiens Sol har Kraft og mægtig Glands,
See Dig om, hvor smukt her er i Hjemmet!
Her er, hvad ei findes udenlands,
Her er Alt jo vort, og Intet fremmedt.

„Stakkels Trækfugl flakker evigt om,
Og fra Fjeld til Fjeld Gazellen springer;
Fast har Mennesket sin Helligdom,
Den er der, hvor Modersmaalet klinger.

„Troer Du, at Du modner din Forstand
Ved at see paa fremmed Jordbunds Træer?
See blot rigtigt paa vort eget Land,
Vi har Meer end mangen Europæer.

„Vil Du lære andre Landes Sprog?
Ak, det Sprog, din Pige med Dig talte,
Sagde tidt Du før, var skjønnest dog,
Thi med det vi bedst vor Lykke malte.

„Derfor, naar Du kommer hjem igjen
Og har Sproget lært fra fjerne Zoner,
Koldere da taler vist min Ven
Og har glemt de kjære Hjemlandstoner;

„Glemt ei Sproget blot, men og forglemt
Dem, der talte det, forglemt os Alle;
Vender hjemad anderledes stemt,
Saa at vi Dig selv en Fremmed kalde." —

Og hun kasted ned sig for min Fod,
Bønfaldt mig, som var jeg Bramaguden,
Og med vankelmodigt Sind jeg stod —
Da faldt Daggryskjær igjennem Ruden.

Angst hun flygted da for Morgnens Skin,
Flygted bort i Ly af Palmetræer, —
For at hente mig, i Teltet ind
Traadte nu den blonde Europæer.

Og med hellig Gysen pegte han
Didud, hvor min Elskte flygted bange,
Raabte: „sandt er da, hvad om dit Land
Staaer fortalt i eders gamle Sange!

„At besjælet er hver Plante her,
At her endnu synligt Guder vandre,
At der bølger her et helligt Skjær
Over Eder fremfor over Andre.

See blot Skikkelsen bag grønne Løv,
See, nu viftes Sløret bort af Vinden, —
Dette Ansigt er ei Muld og Støv,
Denne Skikkelse er Vaargudinden:

„Vaargudinden, som i Morgengry
Daler ned og venligtsindet spreder
Sine Gaver over Mark og By —
Ak, Europa maa misunde Eder!

„See, hvert Skridt Gudinden gaaer,
Springe Roser ud, hvor Foden hvilte!
Bort nu svandt hun — Skibet taklet staaer —
Dette Varsel vist os Held tilsmilte!" —

Men jeg saae det vel og grandt:
Roserne var Blod paa Flintestene —
Middagssolen mig paa Havet fandt,
Og min Elskte hjemme gik alene.

Hjemkomsten.

Aldrig glemmer jeg den skjønne Dag,
Da jeg atter steeg iland paa Stedet,
Der hvor Regnbue, Sol og Tordenbrag
Tidligt havde Drengen vakt og glædet;

Hvor min Pige med det mørke Haar
Havde siddet hos mig tæt ved Ganges,
Ildfuld, som mit Hjemland, ung af Aar,
Ændsende kun mit Blik, ei de Manges;

Trykkende min Haarlok til sin Mund,
Pegende paa Skyerne, der vandred, —
Alt, som Himlens Skyer var ei hun,
Hun var fast og tro og uforandret.

Reist jeg var henover Bjerg og Dal,
Havde seet saa mange smukke Egne;
Ved hver Skjønhed følte jeg en Qval:
Jeg var fremmed Gjæst jo allevegne.

Hørt jeg havde mange Fugles Sang,
Hørt de Fremmede saa lifligt tale:
Bedst sang Fuglen dog i Indiens Vang,
Blødest taltes dog i Indiens Dale.

Men i saare lang Tid havde jeg
Ikke seet mit Hjem og mine Frænder;
Frodigt groede Græsset paa min Vei,
Luget var der ei af Gartnerhænder.

Og forfalden laae mit smukke Huus,
Og Platanen hang med sine Blade;
Haugen opfyldt var af Sand og Gruus,
Marmoret var sort i mine Bade.

Og min Hund var død, den smukke Hund!
Ei til Velkomst mod mig meer den gjøede;
Sorgfuld for min Sjæl var denne Stund:
Der var vistnok mange Flere døde.

Og jeg gik med ganske sagte Trin
Hen til Stedet, hvor min Pige boede,
Kiged listigt gjennem Ruden ind,
Hvor i stille Blund jeg hende troede.

Men Gardinet skjulte for mit Blik,
Om min Elskte ogsaa var derinde;
Sagte banked, efter fordums Skik,
Jeg paa Ruden hos den fagre Qvinde.

Men hun troede, det var Fugle, som
Hakkede paa Glasset, for at vække
Hende, der om Morgnen god og from
Pleied van de Smaae lidt Korn at række.

„Lille Fugl,“ hun nynned, „er Du alt
I den lyse Morgen ved min Rude?
Fra min skjønne Drøm har Du mig kaldt —
Jeg er vred og la'er Dig blive ude!“ —

Da jeg raabte: „det er ingen Fugl,
Men det er din egen Drøm, der banker!
Ham det er, hvem i dit stille Skjul
Nu, som før, Du vier dine Tanker.

„Mindes ikke Du en Yngling, som
Fordum reiste til de fjerne Lande?
Han er atter til sin Helligdom
Seilet over vilde, mørkblaae Vande.

„Han har skuet fremmed Land og By,
Men ei glemt sin Barndoms troe Veninde;
Han har seet og elsket høit det Nye,
Men det Gamle skal ham tro dog finde." —

Sagte lukked hun da Vinduet op,
Udaf Aabningen sprang hurtig Hunden,
Sprang med Logren og med lystigt Hop,
Glad ved mig og glad ved Morgenstunden;

Hunden, som jeg havde tænkt mig død,
Havde hun — min Elskte — tro bevaret!
Medens Stormen om mit Øre løb,
Havde hun mit Yndlingsdyr forsvaret.

Den engelske Kapitain.

(Et Billede fra 1807).

„Kan Retten tolkes med større Fynd,
End naar man tolker den med Kanoner?
Og tør vel Nogen det kalde Synd,
Hvad Fyrster giør, for at vinde Throner? —"
M. C. Bruun.

Fra Kullagunnarstorp de Svenske saae
I Kattegattet spredt en engelsk Flaade.
Hvorhen den stærke Sømagt skulde gaae,
Det var for dem, det var for os en Gaade.

Fra Kronborg saae man med forbauset Blik,
At ud for Sundet standsed Seilerskaren —
En Anelse henover Danmark gik,
Man skimted nu, men frygted ikke Faren.

Der laae for Anker nu med Reeb om Seil
De tætbefolkede, de hule Masser;
Med Selvtilfredshed saae i Havets Speil
Afmalte sig de gyngende Palladser.
Ombord udefter Fjenden stirred man,
Uroligt teede sig de blaae Matroser:
En Sømand er jo dog i hvert et Land
En Ven af Laurbær og de røde Roser.

Paa Orlogsmanden, hvor det største Flag,
Storadmiralens, vaied stolt fra Masten,
Der blev, dengang det gryed blot ad Dag,
Blandt Officererne saa travl en Hasten.
De tæt forseglte Ordrer skulde nu
Af Chefen brydes — spændt man vented Talen —
Lord Gambier brød dem med nysgjerrig Hu,
Og Alle stirred hen paa Admiralen.

„Seil did" — saa løb det barske Kongebud —
„Hvor Danmark har sin Flaade trygt i Rheden!
Hvad der I see, bring det af Havnen ud,
Brug Krigen vel, dog tilbyd stedse Freden.
De Danske tømret har saa fast en Borg,
Før os en Anden muligt torde komme —
Grib rask kun til — saa byder Kong Georg —
Belønning faaes, naar Slaget vel er omme!"

Høit løb nu fra det rummelige Dæk
Det hele Mandskabs vilde Hurraraaben;
I hvert Fjæs saaes ikkun glade Træk —
Til Ry og Plyndring stod jo Alles Haaben.
Kun Een af alle hine Mænd ombord,
Kun Een tog ikke Deel i Mængdens Glæde,
— En ung Kaptain — men bad med jevne Ord
Om Lov, frem for sin Chef at torde træde.

„Hr. Admiral!" — saa tog til Orde han —
„Jeg var kun Purk, da jeg paa Dybet seiled:
Ved Abukir, paa Nelsons Orlogsmand,
Som Femtenaarig jeg til Æren beiled;
Hist i Vestindien mangen vild Corsar
Jeg greb og hang ham lystigt op i Galgen;
Man ridsed ved Trafalgar mig et Ar, —
Men det er skjult af Ordner og Medaillen!

„Hvad England virked mod den franske Stat,
Historien med Stolthed det opskriver;
Hvad jeg har mod den listige Pirat
Udøvet, øved jeg med munter Iver;
Med Lyst jeg raabte: Gud og Kong Georg!
Hvergang jeg fyred paa Napoleons Brigger, —
Men her jeg næsten græde maa af Sorg:
Paa Røveri jo nu vor Flaade ligger!

„Jeg svoer, at følge troligt Englands Flag,
Til Dødens Sved omperler denne Pande,
Men jeg har meent: i aabent, ærligt Slag —
Ei loved jeg, at ville overmande!

Falskt viser Politikens Øieglas —
Matrosen ledes sikkert af Magneten,
Han bruger Retsinds ærlige Kompas,
Guds Stjerner vise Længden ham og Breden!

„Dog aldrig skal der siges, at jeg brød
Den Eed jeg svoer, min Vimpel at forsvare:
Jeg har forsvart den ærligt til min Død —
Her er for Æren, ei for Flaaden Fare!
Seil I! jeg lyder ikke Kongens Bud,
Men gaaer paa andre Æventyr og Reiser —
Der staaer i Skriften: Du skal lyde Gud,
Meer selv end Du skal lyde Romas Keiser!" —

Og dermed styrted han sig overbord!
— Kald ham nu Sværmer eller kald ham Drømmer! —
Igjennem Vandets Masse hurtigt foer
Tilbunds i Kattegat den bjærve Svømmer;
Der — i det hemmelighedsfulde Dyb,
Hvor aldrig der af Stemmer høres Klangen —
Blandt vaade Planter, mellem hæsligt Kryb,
Krampagtigt bored han sig ned i Tangen!

Og Flaaden styrede mod Kjøbenhavn. —
Fjern fra det Sted, hvor Slaget skulde stande,
Laae han, Kaptainen — ukjendt er hans Navn —
Et vandkoldt Liig, skjult af de sorte Vande,
Til Strømmen drev ham op, og svenske Mænd
Paa Fiskertog i stjernefulde Nætter
Ham fandt, bar ham i Baad til Stranden hen
Og — rasled om den Døbes Epauletter.

Paa Skaanes Kyst, lidt nord for Helsingborg,
Ved la Gardies berømte Grevesæde,
Han jordet blev foruden Graad og Sorg —
Paa en nedtrampet Grav nu Maager træde.
Dog stundom skal en luftig Skygge der
Fra Pletten stirre vildt udover Søen —
Ham er det, som i hvide Maaneskjær
Vil bort, vil hjem, vil hist til Steenkulsøen! — -

Til Læseren.
(Prolog til „Smaadigte" 1834.)

Medens Christian Winthers milde Haand
Lyren slaaer om Lammet og om Oxen,
— (Barnlig selv, han kun til Barnets Aand
Taler her og forbigaaer hver Voxen) —
Medens Hertz og Andersen mod Syd
Foer med deres Snekker til Neapel,
Gaaer fra denne Streng en dæmpet Lyd,
Løber denne lille Baad af Stabel.

„Skynd Dig," nys opmuntred mig en Ven,
„Hurtigt skriv, at snart Du Bogen ender,
Inden Danmark seer sin Hertz igjen,
Inden Christian fra de Smaae sig vender! —
Skynd Dig: end man ændser Digt'rens Pen,
Men ret snart der komme Rigets Stænder;
Da seer man til Talerstolen hen,
Uhørt Harpen blier i Skjaldens Hænder!" — -

Hvis Du holder af at læse Qvad,
Digtede til Fyrsters Fødselsdage,
Vend dit Øie da fra dette Blad,
Aldrig denne Bog vil Dig behage.
Mennesket jeg kun betragte vil,
— Koften blænder ei som Purpurkaaben —
Jeg vil tolke Lidenskabers Spil,
Tolke Hjertets Frygt og Sorg og Haaben.

Dybt i Dalen er mit simple Hjem,
Aldrig vil paa Bjerget op jeg klavre;
Lad for Andre Slottets Port paaklem,
Jeg vil see paa Bondens Rug og Havre.
Dog ifald til Kongeborg engang
Jeg gaaer vild, fra Marken og fra Haven,
Ei som Smigrer skriver jeg min Sang:
Thi den gjælder Konger da i Graven! —

Kjøb mig ei, hvis i hver Linie Du
Vil en Skjønhed see, en nyfødt Tanke —
Der er Dag og Nat i Mandens Hu,
Snylteplanter om den skjønne Ranke!
Mærk hiint Springvand! hver en fremmed Gjæst
Seer det dagligt spruble Vand i Skaalen,
Men ikkun til enkelt Høitidsfest
Seer de gyldne Æbler han i Straalen! —

Kjøb ei Bogen, hvis hvert Øieblik
Du vil høre nævnet „Danmarks“ Rige,
Retsom Danmark kun hvert Gode fik —

Jeg er ei blandt dem, der evigt sige:
„Danmark er en Slette, flad vor Strand —
Vel, saa er det stygt at have Bjerge!
Lidet er vort elskte Fødeland —
Hvor politiskt dog at være Dværge!"

Veiet haver jeg den hele Sag,
Veiet koldt den paa Forstandens Bismer;
Da kom tydeligen for en Dag
To forskjellige Patriotismer:
Mangen hænger ved sit Fødeland
Kun, fordi det f ø d t e Patrioten;
Usselt, kun instinctviis elsker han,
Kysser Moderdyret sløvt paa Poten!

Hvor der smukt er, did jeg kaldes hen,
Hvor der handles stort, did flyver Tanken,
Ligekjært om mellem Indiens Mænd
Eller og hos Tyrken eller Franken.
Skjaldens rette, egentlige Hjem,
Tykkes mig, er Universets Hele:
Borger, hvor han flytter Foden frem,
Har han Part i alle Klodens Dele.

Selsomt, hvor han Hjem dog vælge kan!
Hvor der Sorg er, hvor der lyder Klage,
Tykkes tidt ham, er hans Fødeland,
Did ham Smertens Toner mægtigt drage.
Rundtom har han Slægt, som, stædt i Nød,
Veeraab til hans Sjæl og Øre sender:

Polen gisper hist i grufuld Død —
Hine Døende, det er hans Frænder! — —

End et enkelt Vink jeg føier til,
Een Ting end, saa har Prologen Ende:
Kjøb mig ei, hvis paa min Bog Du vil
See et Digternavn, som Alle kjende.
Danmark eier mangt et Navn med Klang,
Eier Ædelstene nok, der funkle;
Jeg har intet Navn og ingen Rang,
Jeg er Flintestenen kun, den dunkle;

Mindes dog, at skjøndt i høie Træ'r
Mangen Sangfugl bygger sig sin Rede,
Kan man undertiden hist og her
Efter den med Held i Busken lede:
Naar henover Tjørnens lave Krat
Hvide Maane kaster Sølverskinnet,
Udfra Busken gaae i stille Nat
Stundom Toner dog, som røre Sindet.

Piratens Endeligt.

Hei, mine Gutter, nu styrer Barkassen
        Rask over Søe!
Hist paa Jamaica jeg skuer alt Pladsen,
        Hvor jeg vil døe.

26*

Brødre, som tankefuldt sidder i Baaden,
    Standser kun Graaden!
Synger mig heller en Sang her paa vaaden
    Vei til den engelske Øe.

Mangen en stolt Koffardimand jeg plyndred,
    Brændte den op!
Spanieren troer vel, at Stormen har søndret
    Svømmende Krop;
Nei, det var mig, der greb Skibet i Bringen,
    Skaanede Ingen,
Alle de Mennesker sprang over Klingen —
    Hei, det var pudsige Hop!

Her er jo Landgang! — for sidste Gang seiled
    Jeg paa mit Hav;
Byttet Piraten for sidste Gang peiled,
    Gjorde sit Krav.
Her, hvor kun Nordvinden fløiter i Sivet,
    Lader jeg Livet!
Takker den Gud, som saa kjærligt har givet
    Her mig den deilige Grav.

Her har min Himmel en svovelblaa Farve;
    Vandet mon her
Alle smaae Stjerner fra Blaahimlen arve,
    Hele dens Skjær.
Her er jo Udsigten fri over Bugten,
    Liflig er Lugten,
Den, som sig spreder fra Blomsten og Frugten,
    Det vil I tilstaae Enhver!

Her skal I sætte Jer Høvding et Minde,
    Lægge ham ned!
Marmorne Steen vil paa Skibet I snide,
    Langagtig, bred.
Sæt paa min Grav Jer, naar Fuldmaanen blinker,
    Drikker og klinker!
Det skal mig gotte, naar Bægret Jer vinker,
    Og naar jeg muntre Jer veed.

Rids saa i Stenen i vildeste Ven* ding
    Hurtig en Baad;
Rids mig en Entring, en Storm og en Brænding,
    — Saa var min Daad.
Rids kun ved Midienat Laasenes Dirken,
    — Saa var min Virken —
Rids saa et Mord og et Indbrud i Kirken,
    Enkens og Børnenes Graad!

Løven i Ørkenen plyndrer og røver,
    Modig og klog;
Tigeren kradser og myrder og kløver
    Køer og Fiog;
Ørnen i Luften sit Bytte forfølger;
    Haien ei bølger
Rovlysten under Atlanterets Bølger —
    Hvorfor ei Mennesket og?

Byttet, jeg tog mig, var stedse det halve,
    Tag I det Alt!
Fyr over Graven en kongelig Salve:
    Drot blev jeg kaldt.

Seil saa med Skibet og anvend Kanonen!
  Sceptret og Kronen
Tilhører Fleer, end de Smaafolk paa Thronen,
  — Nu har jeg fuldendt og talt.

———•———

†

A. Chr. Wendelboe.

———

Og vi var ni, og Hver i Ungdomsmorgen,
Og Hver med Sundhed paa den røde Kind,
Og ind i Verden, ind i Kongeborgen,
Vi skulde træde nu som Pager ind,
Og spredt' vi er' omkring paa Jorden nu,
I Fødelandet og paa fremmed Grund;
Men dybt paa Kistens kolde, sorte Bund,
I selve Jorden ligger ene Du!

Din Aand, begeistret ved hver Harmonie,
Hver Harmonie af Tal saavelsom Toner,
Som Du fra Jord og Himmel vristed' frie —
Den er hos Ham, den evige Forsoner!
Der — smilende ad Jordens Timeglas —
Du venligt staaer ved Tonernes Kompas
Og tolker freidigt ud i Evigheden,
Hvad Mozart fordum digtede herneden.

Der staaer Du, med dit Hoved høit i Stjerner,
Med Lokken vaad af fjerne Verdners Dugg,
Udmaalende hvad nærmer sig, hvad fjerner, —
Dog lyttende til Nattergalens Kluk:
Thi Du har efterladt i kolde Nord,
Hvad Du har elsket meest paa denne Jord,
Hvad Dig, som Dreng, som Yngling og som Mand,
Begeistred' mægtigst i dit Fødeland, —

Din Thea mener jeg! — — I Sorø findes
Af Digtere dog Tre, men Ingen sang
En Psalme for Dig; ingen Krandse bindes,
Skjøndt der er Blomster nok paa Christians Vang.
En Lærer kan ei Lærlingen bedømme —
Duft, stille Urt, da paa din Dyrkers Grav!
Han vaagner nok, han ligger blot i Drømme,
Een Bølge gik blot til det store Hav, —

Een Bølge kun, men viid: en sølvblaa Bølge,
Hvori sig speiled' Himlens Herlighed,
Hvor vi med Øiet stedse kunde følge,
Hvorledes Sol og Stjerne skinned' ned;
Een Bove kun, men viid: en sølvklar Bove,
Meer reen, end selve vore Taarer nu, —
Du vaagner nok, Du skal ei evigt sove,
Hvis Nogen vaagner, vaagner vistnok Du!

Havets Konge.
(Et Eventyr.)

Kom, hvis til Ørkenøerne Du vil
Foruden Rædsel Sanggudinden følge!
Kom kun, frygt ikke Nordenvindens Spil:
Du er i Stuen jo, men ei paa Bølge.
Den Fare, som min Musa taler om,
Den gjælder ikke Dig, den gjælder Andre:
Den gjælder dem i Fortids Helligdom,
En Slægt, der længst har maattet hedenvandre.
Stig med mig kun paa Vognen uden Hjul,
Min Bølgevogn er sikker, endskjøndt huul,
Mit Digterskib ei væltes kan i Hjulspor,
I Furen løber Maagen, men ei Guulspurv. — —

— — Paa liden Ø, hvor Busken sparsomt groer,
Gik Øens Dronning, speidende hver Bove;
Paa Snekken hendes trende Sønner foer,
De kom ei hjem, derfor kan ei hun sove.
„Ja, de er' druknede,“ — saa sukked' hun, —
„Du eier, Havets Drot! de trende Sønner,
Du har indspærret dem paa Havets Bund,
Og grusom ændser Du ei mine Bønner.
Stig op og svar mig, mørke Bølgedrot,
Svar blot, om Du har gjemt dem i dit Slot,
Hvad heller om jeg haabe tør, de komme,
Naar Lynets Blink og Stormens Magt er omme?“

Da lagde Stormen sig, og Himlen klar
Sig viste, som et Barneblik, der smiler;
Det var, som om hun fik et venligt Svar:
See kun! i rolig Storhed Havet hviler!
Og som hun sidder der paa Strandens Steen,
Selv lignende de Marmor=Billedstøtter,
Og som hun sidder der og bort fra een
Plet til en anden Øiet bange flytter,
Da lyser Stjernen med et særligt Skin,
Da toner ganske venligt Nattens Vind,
Da aabner Bølgen sig, da skuer Straaler
Hun ud fra Dybet, som ei Blikket taaler.

Og udaf Bølgen steeg en lille Dreng,
Med Scepteret og med en Sølverkrone,
Med Perlepandser dybt fra Flodens Seng,
Med Sølvmoer fra en fjern og fremmed Zone.
Han sad i glimrende Conchylieskal,
En Rosenkrands omcirkled' Kronen, Haaret;
Ved Foden Teppet laae af rød Koral,
Af hvide Piger blev Conchylien baaret.
Men udfra Skuldren gik et Vingepar,
Som blaaligt blændende at skue var;
En lille Bue laae der slængt i Skallen,
Det lod til, at fra Skuldren den var falden.

„Du kjender ikke Afrodites Søn?"
— Saa spurgte han med det berømte Smiil —
„Og dog Du rettede til mig din Bøn,
Dog seer Du dette Kogger og dets Piil!

Min Moder føbtes paa en Muslingskal,
Men hun gik hen i Menneskenes Tal,
Og jeg har hendes Herskerdømme faaet;
Til Jorden vandred' hun, der hersker Skjønhed,
Der har i Templer hun sit Maal opnaaet,
Og Græsset dækker med en evig Grønhed;
Der hugges Marmoret, det vidtberømte,
Der synge Digterne, de vrangtbedømte!

„Der har en Broder jeg, som Christus nævnes,
Der har man Huus for ham og Huus for mig;
Et Alter selv for Styxes Bølger levnes,
Thi de skal leve, som er mulne Liig!
Du boer jo selv, min Dronning, der paa Landet,
Du veed det godt, at der er saare smukt, —
Dog vid, de Sønner tre er ikke strandet,
Thi jeg har plukket dem som Stormens Frugt:
Jeg frelste dem, da Snekken troløs sank,
Jeg satte dem i Grotten sølverblank,
Jeg, Amor, gjemmer dem; jeg eier nede
Hvad Du foroven, Dronning, mon begræde!

„Jeg eier dem, de muntre Ungersvende,
De lege sammen i min lyse Borg;
De lære Bølgeverdenen at kjende,
Tro mig, Hver lever godt og fjern fra Sorg.
Tro ikke, der er fattigt i min Bolig:
Hvert strandet Skib har stedse plyndret jeg,
Med fjerne Landes Guld er jeg fortrolig,
Og Persiens Tepper ligge paa min Vei;

Med Pilen har jeg mangen Sømand stanget,
Han er min troe, min blinde Slave nu,
Og i mit Net har mangen Møø jeg fanget,
Der som Slavinde gaaer med venlig Hu.

„Jeg er en Gud, som hersker enevældig,
Men jeg er mild og lokker Blomsten frem;
Hver, som tilbeder mig, er vistnok helbig,
Lyksalig, hvem jeg tager til mit Hjem!
Thi skal Du ikke for de Sønner græde,
Hver Søn er mere skjøn, end han var før:
Jeg har bedækt ham med et Guddomsklæde,
Han har betraadt Udødeligheds Dør!
Tro ikke, Dronning, Døden boer i Vandet,
Min Dugg udbreder Liv og krybret Frugt;
Mit Stuegulv er grønne Græs i Sandet,
Og i mit Loft sig speiler Stjernen smukt!" — —

Da raabte Moderen: „Nei, skjønne Gud!
Hvor smukt og godt der end er hos Dig nede,
Da stirre mine Børn vist tidt dog ud
Af Loftet og maa fælde Taarer hede!
Thi Moderhjertet eier Du dog ei,
Og Du forstaaer ei, naar de stille sørge,
Og Du har Vinter, naar de ønske Mai,
Og Du kan ikke svare, naar de spørge!
Du har en Krone kun af Sølv, jeg seer,
Jeg vil Dig skjænke min, den er af Guld,
Og siig kun frit, hvis Du vil have Meer,
Men giv fra Vand da, hvad der er af Muld!

„Giv mig igjen, hvad under Hjertet jeg
Har fordum baaret og til Verden født!
Husk, mine Sønners Blod er varmt og ei,
Som dine Bølgedraaber, koldt og døbt.
Her under aaben Himmel før de gik,
Dernede presses vistnok Aandedraget,
Dernede sagtnes vistnok Hjerteslaget,
Og der fordunkles deres lyse Blik:
Igjennem Vandets Masse see de kun
En mat Belysning fra den muntre Himmel;
Der sees ei Mennesker paa Havets Bund,
De Stakler see kun Haiers, Hvalers Vrimmel!"

Da smiilte skjelmsk den blanke Elskovsgud
Og rysted' Haarets lysegule Ringe:
„Med Guld Du løser ei de Sønner ud,
Ved Mod kun kan Du dem til Jord gjenbringe!
Hvis Du imorgen Nat, naar Alle sove,
Naar Maanen staaer imellem Næ og Ny,
Og Stormens Fugle op til Kysten tye,
Hvis da Du tør Dig ud i Havet vove
Saalangt kun, at til Hjertet Bølgen naaer,
Til Hjertet, hvor de Sønner før Du bar,
Da vil de dukke op fra Bølgen klar,
Da skal Du see, din Slægt Du atter faaer!

„Da stige de fra Perlens dybe Hjem,
Forladende Polyppen og Korallen;
Men de vil længes efter Bølgehallen,
Tidt vil i Taarer Du vist finde dem!

Men til Beviis, Du vil imorgen komme,
Saa vil vi To inat nu Kroner bytte;
Naar Klokken Eet er, da er Tiden omme,
Du maa til Uhret ængsteligen lytte!
Husk, mellem Tolv og Eet! om end det stormer,
Om end Du mærker Nordenvindens Brum,
Om end sig Brændingen gigantisk former, —
Til Hjertet blot — igjennem hviden Skum!" — —

Og paa sit Hoved satte han den røde,
Den gylbne Krone; men paa hendes Pande
Han satte hviden Sølverkrands, hvis bløde,
Hvis fine Arbeid' var fra græske Lande.
Han selv var huggen ud derpaa, den Lille,
Men ak, som blind! den Barnegud, den milde
Betvinger selv af Ørknens store Løver,
Han, som sin Magt selv i Olympen øver.
Han, den guddommelige Pigerøver,
Som eengang, Rom! behersked' dine Kyster,
Men nu kan flakke om, ihvor han lyster,
I Nord og Vesten snart og snart i Øster!

Og derpaa sank han atter ned i Voven,
Men Bølgen hvislede en svag Musik,
Og op fra Vandet klare Toner gik, —
En saadan Lyre har ei vi foroven!
En mægtig Guddom kun den tildeelt vorder;
De prægtige, dog smeltende Accorder
Tilhøre Himmelen og Havet, ikke Jorden:
Som stille Bøn det løb, og dog som Torden.

Og Blomsten bøied' sig i Nord og Syd,
En gylden Drøm laae i den Klokkelyd,
Den Drøm, som eengang kun paa Jorden haves,
Og, eengang havt, i Nuet brat begraves. —

Men næste Nat gik hun med Sølverkronen
Til vilden Strand, hvor Stormen løb fra Havet,
Da sagde hun: „Du skræmmer ei med Tonen,
Du skjønne Gud, med Bingepar begavet!
De Sønner tre skal atter skue Lyset,
Jeg har et enkelt Øieblik kun gyset.
Modtag mig, mørke Hav, hvor Hvaler svømme,
Hvor mine smukke Børn hos Perlen drømme!
Imellem Tolv og Eet, om end det stormer,
Om end man hører Nordenvindens Brum,
Om sorten Sky sig end gigantisk former —
Til Hjertet blot — igjennem hviden Skum!"

Og derpaa steeg hun ned i Havets Leie,
Hun gik i Storm, og Voven svulmed' høit;
Hun stænkedes af Bølgens hvide Sprøit,
Den sorte Lok for Blæsten monne vaie.
Men da hun kom saa langt, at Vandet baded'
Den fulde Moderbarm, det skjønne Bryst,
Da saae hun først, hvor langt hun havde vadet,
Hvor fjern hun var fra Dens krumme Kyst.
Da raabte hun: „Kom, Amor, see, jeg venter,
Bring mine Børn, som Du har lovet mig!
Drot over Ildens, Havets Elementer!
Bring mig dem levende, hvad heller Liig!" —

Da revned' Bølgen, Stormen lagde sig,
Og op fra Dybet steeg de Ungersvende;
Og Maanen skinte ned saa frydelig,
Dens Ild ned over Havet monne brænde!
Thi Amor hersker ei blot over Hav,
I fjerne Klober throner mægtig Guden:
Derfor steeg Maanen ud af Skyens Grav
Og kasted' Straaler over Dødningbruden;
Og op fra Dybet steeg de skjønne Drenge,
Og atter løb Accorder op fra Strømmen,
Igjen løb Klang fra Haabet og fra Drømmen,
Igjen slog Amor sine klare Strenge.

Og først af Dybet liden Erik kom,
Og han var fiskerklædt, holdt Medestangen,
Og om hans Arm sig bugted' Bølgeslangen,
Hans Haar var lyst, hans Barnemine from;
Og sjeldne Vanddyr fangne laae i Nættet,
Guldfisken rød og blank i Garnet sprætted'.
Og Erik Pandser bar af Perlemoer;
Delphinen, som i Havets Dybder boer,
Den leged' tam og mild ved Drengens Side,
Foran ham svømmede de Svaner hvide;
Og hen han strakte sine bitte Arme
Mod Moderen, med Hjertets hele Varme.

Og op af Tangen derpaa Halfdan steeg,
Og han var ældre, han var klædt som Jæger;
Thi Jagten var hans Tidsfordriv og Leg,
Sin Bue han med Smidighed bevæger.

Et Kobbel Hunde svømme tæt om Drengen,
Han sigter godt og strammer prægtigt Strengen.
En Taarnfalk sidder paa den runde Skulder,
Hans brune Øine rovbegjærligt ruller,
Den hvide Daahjort slumrer skudt og død,
En saaret Ørn der ligger i hans Skjød;
Hans lille Haand er endnu ganske blodig, —
Stundom han seer paa Moderen veemodig.

Og sidst steeg Thorvald op fra vilde Vande,
Han bærer Krone, bærer Purpurkaabe:
Han skulde hersket over Mob'rens Strande,
Paa ham de Undersaatter monne haabe.
Men nu han holder Sceptret sønderbrudt,
Nu sænker Hovedet han ned beskjæmmet,
Med Messingfrendser er hans Kaabe bræmmet,
Han bærer ikke Guld i det Minut!
Og tunge Taarer falde fra hans Øie,
Da han mod Moderen vil Blikket bøie;
Han holder Haanden heftigt op til Panden
Og stirrer længselfuldt mod Fædrestranden.

„O Moder!" — Erik raabte — „borte bliv,
Tro ei paa Amors falske, blide Miner!
I Dybet er for os der intet Liv,
Der ligge store Byer i Ruiner.
Vi er ei, søde Moder, hvad vi synes,
Nærm ikke Dig, see vore Øienbrynes
Beklemte Skjælven, see den blege Kind,
Vi er kun Skikkelser af Taagevind,

Et Blændværk er vi, skræmmende Matrosen!
See, Thorvalds Scepter er jo sønderbrudt,
See paa din Halfdan, stakkels, kolde Glut,
See blot, hvor falsk paa Kinden er ei Rosen!

„Vi har det koldt, vi længes efter Livet:
Sværdfisken svømmer over vore Lokker,
Søhunde hyle her, som store Dogger,
Polyppen lurer lumskelig bag Sivet.
See Slangen om din lille Eriks Arm!
For Dig det synes, som den med mig spøger,
Som om med Skjønhed den min Pragt forøger —
Du seer ei, at den biber i min Barm!
En Taarnfalk gynger der paa Halfdans Skulder,
Du seer ei, hvor den hakker i hans Kjød!
En Krone bærer Thorvald — ei den Guld er —
Den smerter, thi det er en Flamme rød!

„Vi længes efter Jordens skjønne Farver,
Vi længes efter dit og Faders Slot:
Vi skjælve her for Dybets skumle Larver,
Vi grue her for Vandets Askegraat.
Flygt, søde Moder, fra de arme Liig,
Lad ham beholde dem, kun ikke Dig!
Hver Sommernat vi ville til Dig komme,
Vor Stemme synge skal i Aftnens Vind,
Og vore Skikkelser, de barnligt fromme,
Husvale skal i mangen Drøm dit Sind.
Flygt blot, see hvor sig græsgrønt Landet breder,
Min søde Moder, liden Erik beder!“ —

Forfærdet lytted' hun til Barnets Ord,
Da Amor pludselig paa Bølgen standed',
Den løierlige Gud, som, skjøndt ei stor,
Behersker Jord og Ilden, Luft og Vandet.
Han greb den bange Herskerindes Haand,
Han holdt den fast og knuged' den i sine,
Og brat stod i forandret Klædebon
Den lille Gud med før saa blide Mine:
Før var han Dreng, nu voxed' mægtigt han,
Sorthaaret Manden stod for hendes Øie,
Hans Vinger svandt, men med en Perlerand
En mørkblaa Kaabe dækked' tæt og nøie.

„Saa lokked' jeg Dig dog, Du skjønne Qvinde!"
— Saa raabte han og greb om hendes Liv —
„I Dybet skal de Børn tilbagesvinde,
Men Du skal følge dem til Tang og Siv!
Veed Du da ei, at Havets Gud er blid,
Som Amor blid, og tidt han afskyer Vold?
Men ofte gaaer han ogsaa ud paa Strid,
Da er han Vildmand liig paa Danmarks Skjold.
To Former eier Havet; skinner Solen
Paa Fladen, lyst er da paa mine Dybder,
Men Vee hvert Skib, naar jeg fra Herskerstolen
Befaler Stormen ud af de Charybder!

„Min Sølverkrone sidder om dit Haar:
Thi har Du til min Brud Dig selv jo viet.
Du Blinde vilde dine Børn befriet,
I mit Hjem søg dem, didhen Du nu gaaer.

Inat vi vil vor Bryllupshøitid holde,
For d i n Skyld vil jeg Mennesker indbyde:
Far ud da, vilde Storm, fra dine Volde,
Lad Harper og Basuner vældigt lyde!
Knuus hvert et Skib, Du møder paa din Vei,
Til skaansom Mildhed kjender ikke jeg;
Inat skal falde, hvo der ei er falden,
Bring talrigt Mandskab mig til Perlehallen!" —

Han strakte Sceptret hen mod de tre Sønner,
Da sank igjen de Tre til Havets Bund:
Saaledes Havet Modertroskab lønner,
Minutviis, ak, dets Blidhed varer kun,
Og pludselig, hvor blege Dronning stod,
Indstyrted' Jorden under hendes Fod,
Og hun foer ned til de ukjendte Grunde,
Hvor aldrig seete Planter groe i Lunde.
Men da de Arme sank, ved deres Synken
I Bølgen hørte man en dæmpet Klynken:
De Børn og Modren samles nu i Voven,
— Men Stormen knækker Skibene foroven. —

Nu boe de Alle der i Perlezonen,
Men troer Du ogsaa, de er' muntert stemte?
Troer Du, at Dronningen sin Grønjord glemte,
Og Halfdan Jagten, Thorvald Jordekronen?
Troer Du, at Perlemoerets blanke Grotte
Udsletted' Mindet om de Fædreslotte?
Nei, Menneske, naar Du engang skal stige
Hist til det klare, muntre Stjernerige,

27*

Forladende din lille Fødeø,
Troer Du ei, Du vil tidt tilbage længes
Til denne Kugle med de grønne Enges,
Med Skoves Pragt, med varme Sommersø? — —

Napoleons Himmelfart.*)

„The puller down and setter up of Kings —"
Shakespeare.

Henne fjernt i Verdenshavet,
Hvor de sjeldne Fiske gaae,
Gispe, levende begravet,
Han, som før de Tusind aved,
Drot nu over saare Faa;
Der, hvor Solen brænder Søen,
Og hvor Søen brænder Land:
Sanct Helena hedder Øen,
Og Napoleon hedte han!
Verdens Imperator krummet
Laae nu paa sin Sotteseng,
Skulde gjennem Himmelrummet
Fare til Elysiets Eng.

*) Anledningen til nærværende Digt har en tydsk Soldatervise
givet, der ret muntert beretter den preussiske Frederik den
Andens Elevation til de sublime Regioner.

Og han reiste sig fra Puden.
Og det regned udentil,
Og han hørte Pladsk paa Ruden,
Og han hørte Hundens Tuden,
Og han hørte Vindens Spil.
Mat han stirred paa et Billed,
Paa hiin kjære lille Dreng,
Som han gjerne havde villet
Skulde staaet ved hans Seng;
Og han stirred paa Portraittet,
Retsom fritted Skjæbnen han,
For at han, i Sjælen lettet,
Kunde gaae til ukjendt Land:

„Det kan ikke vare længe —
Frankrigs Throne styrter om,
Og de grønne franske Enge
Blive atter Ærens Senge!
Men naar Thronen saa staaer tom,
Skal vel da Napoleoniden
Sættes paa den blanke Stol,
Og vil Folket og vil Tiden
Mindes den nedgangne Sol?
Vil det fine Østrig give
Hvad det gjemmer i sit Skjød,
Give Frankrig ham ilive,
Som for Frankrig nu er død?

„Ja, jeg seer det: Barricaden
Kastes op i mit Paris!

Blodet flyde vil fra Gaden
Ned i Seineoverfladen,
Det gaaer til paa Krigerviis.
Naar saa gamle Konning flytte
Maa, som jeg, til engelsk Strand,
Reises da min Billedstøtte
Monstro i mit kjære Land?
Sættes Cæsars Søn paa Thronen,
Eller glemmes det, at jeg
Kasted Æreslegionen
Hen paa Frankens Verdensvei?

„Skal Lætitia nogensinde
Hos sin unge Sønnesøn
Glimt af Sønnens Kræfter finde,
Glimt, der om mit Sværdslag minde,
Eccho af mit dybe Drøn?
Eller skal min Slægt, forbandet,
Tumles om paa viden Jord,
Landsforviist fra Fødelandet,
Huusvild rundt i Syd og Nord,
Ikkun Arvinger af Ryet,
Der omstraale vil mit Liig,
Kun Beskuere af Gryet,
Som blev antændt først af mig?" —

Som han saaban grunded over
Sønnens timelige Færd,
Om blandt Flinter og Kartover,
Kamp paa Land og mellem Bover,
Reichstadt skulde drage Sværd, —

Stod bag Billedet af Drengen
Pludselig en Skabning frem,
Treen alvorlig foran Sengen
Der, hvor Vindvet stod paaklem:
Høi, med hvide Svanevinger,
Smuk med Sølverbrynie paa,
Sanct Georg, hiin Dragetvinger,
Krigens Gud, mon for ham staae.

„Du, som Revolutionen
I dit Hjemland dæmpet fik,
Men som falsk dog svigted Tonen
Og paasatte selv Dig Kronen
I den frie Republik:
Du, som skued Pyramiden
I det africanske Strøg,
Og som, aldrig træt af Striden,
Gjorde hver Dag nye Forsøg
Snart henover Apenninen,
Snart hvor Donau ruller mørk,
Og som, stolt midt i Ruinen,
Gjorde Verden til en Ørk, —

„Du, den unge, vilde Rytter
Paa Arcolas Tordenbro;
Potentaternes Forflytter
Fra Pallads til ringe Hytter
Og fra Liv til Gravens Ro;

Som besad en egen Stjerne
Og en Austerlitzer-Sol;
Du, som vistnok saare gjerne
Havde fra sin Kongestol
Drevet Gud selv, om Du mægted,
Og saa sat Dig selv derpaa
Og saa med Cheruber fægtet,
Til de Alle døde laae, ——

„Du, som dræbte mange hundred
Tusinder i grufuldt Mord
Og dog stedse gik beundret,
Hvorsomhelst din Torden dundred,
Hvorsomhelst din Lynild foer:
Stifter Du af Dynastiet,
Som skal uddøe med din Søn!
Herrens Røst har længe tiet,
Overtordnet af dit Drøn;
Nu den stevner Dig til Dommen,
Enghiens Morder, mærk det vel:
Hører ikke hist Du Trommen,
Hvor den lyder til Appel?

„Solen skinner, Regnen falder,
Regnbue smuk paa Himlen staaer;
Hundens Tuden paa Dig kalder,
Du skal op til hine Haller!
Udenfor din Stridshengst gaaer,
Den, som bærer over Buen,
Over Farvebroen Dig!

See, den skotter ind i Stuen,
Utaalmodigt teer den sig:
Det er hvide Dødningganger,
Som Dig hæver til det Blaae,
Hvor din gamle Garde pranger,
Dine Generaler gaae!" —

Og den gamle Keiser reiste
Sig fra Leiet langsomt op;
Manken høit iveiret heiste
Hesten udenfor og kneiste,
Bugtende sin hvide Krop;
Foer saa med sin stolte Ridder
Over Farvebuen hen,
Hvor de mylrende Geledder
Vented paa den gamle Ven.
Men da han nu Stedet naaede,
Raabte Vagten hurtigt ud,
Og da treen paa gammel Maade
Hæren frem til Hug og Skud.

Rask med Trommer og Standarter
Kom de plumpe Drengebørn,
Som med sorte Knebelsbarter
Havde gjort saamange Farter
Med den gribske Keiserørn.
Og de hilste ham med Glæde,
Og nu klang da, retsom før,
Hvor han frem blot vilde træde,
Høit et vive l'empereur!

Og med Venlighed han taler
Til den hele, store Hær,
Til de høie Generaler,
Til Soldaten, hver især.

Med bedrøvet Aasyn skuer
Han paa saare Mange hen:
„Hvad vil Du, som staaer og truer,
Troer Du, at dit Blik mig kuer?
Gaa, Moreau, Du falske Ven,
Gaa til Tydskeren, som stander
Langt fra vore franske Mænd,
Gaa Du hen til Alexander,
Men fra os dit Øie vend! —
Ha, Dessaix, kom til din Keiser,
Kom, Duroc, jeg elsked Dig,
Og dit Mindesmærke kneiser,
Hvor jeg fandt dit elskte Liig!

„Ha, jeg træffer flere Svende:
Murat, ræk mig kun din Haand,
Sørgelig var jo din Ende!
Skjøndt Du Dig fra mig mon vende,
Kom, forsonet er min Aand! —
Ha, du Gjæveste blandt Gjæve,
Tappre Ney, kom i min Arm,
Du, hvis frygtelige Næve
Gjennembored Russens Barm! —

Hvad, vil her Du spionere?
Taus, Fouché, gaa Du forbi!
Du kan ikke gjælde mere,
Himlen har ei Politi.

„Stille, stille, Josephine,
Det var jo kun Politik:
Jeg har elsket Dig og dine,
Elsket denne fromme Mine,
Dette sværmeriske Blik! —
Siig mig dog — jeg Mortier finder
Ikke mellem Flokken her" —
„Ak, den stærke Seiervinder
Skal ei døe for fremmed Sværd:
Midt i Landet, han forsvared,
Skal den franske Kugle naae
Ham, hvem hundred Slag har sparet,
Skjøndt han forrest monne gaae!"

Men nu red han med dem Alle
Hen at høre Herrens Dom!
Om den naadig monne falde,
Om han selv den mild mon kalde,
End mig ei for Øre kom.
Men paa Jorden er han frygtet,
Konger skjælve ved hans Navn;
Vidt og bredt sig spreder Rygtet,
Ørn han kaldes, ogsaa Navn!

Først naar alt det Colossale
Man i Verden uddøbt seer,
Da først kan man sikkert tale
Om, at han er ikke meer.

Sommeren.

Nu er der grønt og smukt paa Landet,
Nu kjøre Bønderne med Hø;
Og Storken staaer i Mosevandet —
Den hvide Fisker fik en Frø.
Paa klare Himmel seiler Skyen,
Du lette Baad, tag mine Tanker med! —
Mens jeg maa sidde her i Byen
Og kommer aldrig nok afsted.

Og Moskovitten næsviist synger,
Paa Engen hoppe brune Føl;
Paa Marken vandre Bondeklynger,
De svede stærkt og drikke Øl.
Og Piger gaae med Baand og Rive,
Med Ærmet kort og Skjørtet kort —
Men jeg kan kun paa Gaden drive
Og kan sletikke komme bort.

Nu blomstrer frodigt Keiserkronen,
Og Gyldenlakken glimrer rød;
Nu gnaver Rotten i Melonen,
Nu tænkes ei paa Vildtets Død.
Forvaltren prygler paa de hovne,
Krakilske Bønder med sin Stok, —
Men jeg maa sidde her og dovne
Og stirre paa min Piges Lok.

Hvorledes blomstrer vel i Sommer
Min røde Pelargonium?
Er paa det store Træ af Blommer,
Ret som ifjor, vel Grenen krum?
Og hvordan lever Hønsehunden?
Den løber vel i Skov graskat, —
Imedens jeg maa sidde bunden,
Til Korrekturerne parat.

Nu spiser Tykmælk man af Bøtter;
Om Aftnen gaaer man ud og seer,
Om Ole Røgter Qvæget flytter,
Om Engen ryger stærkt, med Meer.
Derpaa man si'er god Nat til Fruen
Gaaer saa i Bad i kjøle Strand, —
Men jeg har ikke her i Stuen
Et Hav, nei, knap en Flaske Vand!

Nu dreier sig den hele Kugle,
Den hele Jord om Axen om,
Og flyver, mellem Verdens Fugle,

En Busling i det store Rum.
Frisk risler rundtom Livets Kilde
Og sprudler i en ung Natur, —
Kun her i Kjøbenhavn maa stille
Jeg sidde fængslet i mit Buur.

Den Sommerfugl, der hist ved Hækken
Omflagre kan min Elsktes Bryn,
Den gad jeg kaste dybt i Bækken
Og selv mig glæde ved dens Syn,
Jeg selv gad kysse hendes Kinder,
Jeg selv gad elske, varm og nær, —
Men, ak, kun mellem Fortids Minder
Jeg smægte maa i Kamret her!

Nu svinger Karsesommerfuglen
Sig freidigt ud af Puppens Gjem;
Dens Hylster raadner dybt i Hulen,
Selv flyver den blandt Blomster frem:
Saa skal og Du Dig freidigt svinge,
Min stille Aand, af Fængslet ud
Og Somren mine Kjærtegn bringe
Og hilse paa min fjerne Brud.

Efteraar og Vinter.

„Nu er der i det hele Herred
Ei Blomst paa Stilk, ei Frugt paa Qvist;
Kun Asters sees og Rønnebærret,
De visne med, det veed jeg vist.

Jeg hører Stormen huult at tude,
Den fyger alt, den hvide Snee;
Undtagen Isens Flor paa Rude
Blier ingen Blomster meer at see.

„Nu høres ikke Somrens Torden,
Den milde Sol har Banen endt;
Et sneekoldt Liig er hele Jorden,
Gud har sit Aasyn fra den vendt.
Vi brænder Lys nu; — i Kaminen
Der fyres i, saa godt vi veed, —
Og Alting viser mig Ruinen
Af en forgaaet Herlighed. —"

Ja vist er mange Fugle fløine
Hen til det mere varme Strøg;
Der har de Løvværk jo for Øine,
Der gjør ei Vintren Voldsforsøg.
Og mangen Blomst er under Mulde,
Som Du i Sommer pragtfuld saae;
Bedrøvet indseer Du tilfulde,
At Snee og Riimfrost forestaae.

Dog vil jeg sige Dig til Lindring,
Naar Du begræder Somrens Død:
Du har jo mangen kjær Erindring
Om Somrens Glæder, som Du nød;
Og Du kan stedse freidigt h a a b e,
At Du vil atter Fuglen see,
Naar Vaaren med sin grønne Kaabe
Sig kaster over hviden Snee.

Ei vi blot stige op af Graven,
Ei vi blot gjensees over Jord:
Ad Aare springer ud i Haven
Hver Blomst af Isens Perlemoer.
Hvad der er godt og smukt skal leve,
Hver i sin Art, hver paa sin Viis:
For Fugl og Bonde, Blomst og Greve
Har Gud et særligt Paradiis.

Og er ei smuk den danske Vinter,
Og smukkest paa din Herregaard?
Er der ei røde Hyacinther,
Naar Rosen ikke meer bestaaer?
Der, hvor sig mørkblaae Bølger vælted,
Der blier vel Iis istedet sat,
Men Du vil høre Klang fra Bæltet:
Der synge Svanerne ved Nat.

Og vil Du endlig Sommer have,
En Sommer midt i Vintrens Kuld,
Nu vel, Du kan det virklig lave,
Saa Du faaer Blomst paa frosne Muld:
Gaa til Ideens store Rige,
Elsk — hvad Du ikke seer paa Jord;
Befolk dit Værelse, min Pige,
Med skjønne Tankers Blomsterflor!

Da kan Du roligt see fra Høien,
At Storken flygter fra vort Nord,
Du kan taalmodig see Levkøien
At sænke Hovedet til Jord;

Og naar de Rosenkinder falme,
Som Gud saa smukke banned Dig,
Da har i Sjælen Du en Palme,
Som trøstende forynger sig.

Dampskibet „Løven.“

Farvel! Det stærke Dyr skal ud at svømme,
Sort stiger Dampen af dets Næseboer,
Og disse Dampe ligne mine Drømme,
Og Farven stemmer med hvad i mig boer:
Saa skummelsort som den er hver min Tanke,
Thi Dyret bærer bort min Helligdom, —
Den seiler fra mig paa den lette Planke,
Og for min Sjæl staaer hele Verden tom.

Mit stakkels Bryst er Urnen liig, der gjemmer
En Haandfuld Aske af et fordums Liv;
Derinde lyde Skrig og vilde Stemmer,
I Asken selv er Gjæring end og Kiv.
Jeg selv, mit bedste Jeg i Urnen ligger
Som vandkoldt Liig midt i min Ungdoms Aar;
Jeg bærer Urnen rundt omkring som Tigger,
Jeg, som engang besad saa rig en Vaar!

Jeg bærer paa min egen Mumie; smykker
Med Blomster, pynter ud det kolde Liig,
Og sætter ned mig under Granens Skygger
Og skriver lange Vers, jeg over mig;
Hver enkelt Linie dannes af en Taare,
Hvert Ord af Sorg, hvert Bogstav af et Suk,
Ja, husk, at Sangen skrives ved en Baare,
Mørk skal den være kun, men ikke smuk.

— O Du, som hist paa Skibet herfra seiler,
Har jeg for sidste Gang inat Dig seet?
Det Øie, hvor sig hellig Troskab speiler,
Hvor Kjærligheden før har til mig leet,
Det Blik, det Skjønneste blandt mine Minder,
Den Sol, som her i Liv var meest mig kjær,
Er den en Stjerne vorden, som forsvinder
Bag denne kolde Morgenrødes Skjær?

Jeg har Dig elsket, hvad de saa end sige,
Saa høit, som dette Hjerte elske kan;
Hvor Du var, der var og mit Himmerige,
Var mit forjættede, tilbedte Land.
Der gik en Straale fra din lyse Pande,
Som spredte Klarhed i mit mørke Sind,
Og liig et Solblik paa de græske Strande,
Skjalv Smilet paa din foraarsfriske Kind.

— Dyrt maa den alvorsfulde Skjald betale
De smukke Fløitetoner paa sin Luth;
Den, som skal trolig Andres Sorrig male,
Har sjelden selv et glædeligt Minut.

Der være maa et Jordskjælv i hans Indre,
En Ørken, sandet, gold, umaalelig,
Et Himmelstrøg, hvor ingen Stjerner tindre,
Og Vanvidshyl, som Leopardens Skrig.

I Smerte født og kun til Smerte baaren,
Har hans Natur slaaet Rod i Smertens Grund;
Igjennem Hjertet sidder stukket Kaarden,
Derfor staaer Kaarden atter af hans Mund;
Hans Bryst er en Ruin, hvor Jevndøgnsstormen
Udsynger mørk sin dybe Melodie;
Han selv tilhører Lidenskab, til Formen
I Gruset styrter, Aanden vorder fri.

— — Min Aand besøger be forsvundne Dage!
I Skoven vandre vi; det grønne Blad
Af Vinden viftes fremad og tilbage,
Forfrisket nys af Morgenduggens Bad;
Fordybet i os selv vi vandre, Ingen
Forstyrrer os; vi træffe Hindens Spor;
Beklemt jeg sætter paa din Finger Ringen —
Den smutter bort, ak see! ben faldt paa Jord. — —

— Farvel! o gid jeg var den hvide Maage,
Som med de vilde Omsving og med Skrig
Forfølger Skibet gjennem Morgnens Taage
Og fæster sine stive Blik paa Dig!
Jeg vilde da paa Masten taus mig sætte
Og faae Kaptainen med sin Bøsse frem,
— Et Knald — og rask med Vingeslag saa lette
Min Aand da henfløi til et ukjendt Hjem.

Farvel! naar Du i fjerne Skove vandrer,
Og Løvet rasler, Droslen tier stil,
Og Skyen sig fra hvid til sort forandrer
Og derpaa faaer et brandrødt Farvespil,
Og nær Dig da et Luftsuk sært forøger
Den Veemod, som fordølges i dit Sind, —
Min Aand det er, som tro Dig da besøger,
Mit Aandepust omsvæver da din Kind, —

Min Aand det er da, eller og min Tanke,
Som hyller sig i Aftenvindens Suk
Og bryder drømmende hver jordisk Skranke
Og søger Dig igjennem klamme Dug.
Hos mig vil ikke mine Tanker være,
De træde synligt af min Pande frem
Og hylde trofast end den gamle Lære:
Hvor Du er, der er deres rette Hjem.

— „Farvel! jeg reiser blot jo for i Vinter,"
Saaledes løb jo før dit Afskedsord,
„Naar Vaaren kalder sine Hyacinther
Og sine Crocus frem af sorten Jord,
Naar Viben søger sig en pløiet Ager,
Og Sneppen iilsom tyer mod Norden hen,
Da kommer ogsaa jeg; min Længsel drager
Paa Løvens Ryg mig atter til min Ven."

Saa reis! men jeg vil i min Stue pleie
Et Crocusflor og smukke Blomsterløg,
Og naar saa Blomsten opstaaer af sit Leie,
Og Fuglen kommer fra de fjerne Strøg,

Da vil jeg selv gaae didhen, hvor min Tanke
Er forudilet, synge Vibens Priis,
Med Inderlighed klappe Løvens Manke
Og takke Ham, der smelted Snee og Jis.

Simpel Sang.

I Græsset stod vi unge Tvende,
Hun med sin Sorg, jeg med min Trøst,
Da tog min Haand den skjønne Frænde
Og spurgte med bevæget Røst:
„Tidt sidder Veemod paa min Pande,
Og der er Bleghed paa min Kind,
Kan Raad Du give mig forsande
Mod Lidelserne i mit Sind?" —

Et Øieblik jeg stille grunded
Paa et fornuftigt, venligt Svar
Og raabte da: „jeg troer, at fundet
Raad mod din Smerte nu jeg har.
Lær udenad Du mine Sange,
Min qvindelige Frænde, Du,
Da ville de vist mange Gange
Trøste, naar Du er moed i Hu.

„Og kommer Vintren, og din Beiler
Blier borte, skjøndt Du vented ham,
Da sæt Dig paa min Digterseiler
Ro med mig paa min lille Dam.
Hvergang en Yngling jeg beskriver,
Som baade kløgtig er og smuk,
Hans Billed altid det da bliver,
Hans, hvem Du vier dine Suk.

„Ham er det, Minna, ingen Anden,
Hvem jeg har skildret i min Sang;
Da stryger Lokken Du fra Panden
Og siger: disse Vers har Klang.“ —
Da svarte hun: „ak, Du forlanger,
At jeg skal finde ham i Dig?
Nei! elskelig er vel en Sanger,
Men aldrig dog en Beiler liig.“

Lieutenanten paa Valpladsen.

Nedgangen var den franske Sol, som fordum
Udstraalte Lys henover Pyramiden,
Henover Lombardiets Fæstninger
Og kasted Flammer over Ruslands Snee;
Den stolte Sol var sluttet inde nu
I en Kareth, der flygted mod Paris,

Og Solens vidtadskilte, stolte Straaler,
Den keiserlige Gardes tappre Mandskab,
Laae sænket ned i Mulm ved Waterloo. —

Og det var Nat paa den berømte Balplads:
Den franske Kyradseer laae med Kyradset,
Husaren fra Berlin i Broderie,
Bjergskotten henstrakt i en tærnet Kjortel;
Jeg selv, en Grenadeer fra Gammel=England,
Laae vaagen ved min stakkels Broders Liig.
De Alle: Skotte, Franskmand, Preusser, Britte,
De vare slumret ind til Evigheden;
Og Hesten vrinsked døende sit Hyl,
Og ved min Fod laae Regimentets Hund
Og stønned ud de sidste Livets Toner.

Jeg stirred paa min stakkels blege Broder:
Uhlanen havde skudt ham gjennem Øiet,
Og Hoppen havde sat sin Fod igjennem
Hans hvalte Bryst, imens et Krudtkar, som
I Luften sprang, vanziret havde det
Ungdommelige, smukke Heltelegem
Og oversvøvlet det med sorte Pletter.

Jeg bøied mig veemodig over Liget:
Udslukt var Lyset i den Dødes Øie,
Og der var mørkt nu i Fornuftens Huus.
Da tænkte jeg med Længsel paa mit Hjem,
Hvor Sidskenen i Staaltraadsburet qviddred,
Og hvor den gamle Hund ved Ovnen snorked,

Og hvor min Moder flittig sad ved Rokken:
Syv Sønner sendte hun mod Keiseren, —
Han aab de sex, og ene jeg kom hjem.

Men som jeg grublende paa Græstørv laae,
Da vandred der en Række Skikkelser
Forbi mig paa den blodbestænkte Mark.
Foran mig standsed Hver især og pegte
Paa Ligene og svandt igjen saa; men
De Ord, de talte, gjemte jeg i Sindet.

Først kom en Qvinde, deilig ikke meer,
Med lysblaa Silkesløife paa sit Bryst
Og i et kulsort Taftes Klædebon,
Med Kors i Haand og med andægtig Mine,
Saadan som man sig tænker Maintenon.
Hun sukked: „tays nu ligge Verdens Børn!
For deres Sjæls Skyld ei de vilde offre
Et enkelt Haar af deres brune Lokker,
Men see! for verdsligt Gods og jordisk Ære
Med Jubel gav de Livet hen! Tilgive
Dem Gud og alle Himlens Helgene!" —
Og dybt hun neied for de hvide Stjerner
Og svandt i Mulmet med Korset og Vifte.

Næst saaes en fager Mand med Kongekaabe,
Med Scepter og med Krone; men om Halsen
Der løb en blodig Stribe, bleg var Kinden;
Han saae sig sorgfuld om og sagde mat:

„Jeg maatte paa Skaffottet synke for
Hvad mine Fædre førend mig forbrød!
Hvad Eders Fædre synded imod mig
Har I undgjælde maattet!" — Sagte sused'
Natvinden i hans Krone, Skyggen svandt —
Ludvig den Sextende, jeg kjendte Dig!

Og derpaa kom to løierlige Mænd,
De vandred Arm i Arm og smidsked bittert.
En Tordenkile sad paa Læben af
Den ene, ham med Jacobinerhuen,
Solstraaler gik der fra hans sorte Øie,
En Verden kunde han med Blikket knuse —
Jeg tog ei feil, nei, det var Mirabeau!
Med kold Foragt han skued Ligene
Og sagde: „I Forblindede! saae I
Da ei, at han, for hvem I udgjød Livet,
Var en Thran, langt værre selv end hiin,
Hvis Hoved rulled under Guillotinen?
I kyssede hans Jernhaand, usle Daarer,
Fordi den skjult var af en Fløielshandske!" —
Da smaaloe Manden, der ved Siden gik
Med Atlaskvest og Silkepantalons
Og lang Paryk og Skoe med gyldne Spænder, —
Voltaires Hoved paa hans Skuldre sad,
Han grinte: „I har givet eders Legem
Og eders Liv til ham, der ikke vilde
Bíst givet Eder een af sine Fingre
I Hungersnød at spise, selv om og
Millioners Liv han dermed kunde frelst!"

Og derpaa skoggerloe de tvende Skygger,
Og som et Eccho sukkede Naturen,
Og Natteduggens Taarer hang paa Grenen.

Da sprang en anden luftig Skygge frem,
Med mangefarvet Dragt, med Brix i Haand
Og med en kulsort Maske for sit Ansigt:
Jeg kjendte godt den kjære Harlekin,
Den letbevægelige, muntre Knøs.
„See!" sagde han, „hvor Verden dog er selsom!
I tusindviis de ligge dræbte her,
Og Hver af dem dog kunde levet glad!
I Verden findes der en Columbine
For hver en Harlekin, man seer, og dog
Har alle disse Harlekiner her
Forsmaaet det skjønne Liv og Columbine!"
Og derpaa et Tramplinspring gjorde han
Og svandt — et Stjerneskud fra Himlen faldt. —

Den Sidste var en Riddersmand i Harnisk
Med hvide Lillier i det sorte Skjold;
Han lignede grandt den stærke, bjærve Dunois.
„Det unge Frankrig" — sagde han — „er ei
Vanslægtet fra det gamle; stedse lever
Mit Folk for Æren og for Tapperhed,
Hvad enten saa det er de hvide Lillier
Hvad heller Keiserørnen, som forsvares!
Med Hjelm gik jeg, med Bjørnehuer I —
Men see! mit Hjerte slog i eders Bryst.

I Ærens Purpur svøbte ligge I,
Sov sødt, I vaagne op hos eders Fædre!" —
Velsignende han strakte Haanden over
Dem Alle, der i Dødens Drømme laae;
Og derpaa sank Fantomet ned i Muldet,
Og Pandsret rasled' nede dybt i Jorden.

Misantrophen.

Du glimrende, Du skjønne,
Du lille Moskus-Træbuk, Du,
Hvis Glands imellem Rosenblade grønne
Jeg her betragter med begeistret Hu!
Du sidder der paa Busken nu saa glad
Og gnaver Rosens fine Blad
Og mimrer, som dit Hjem var hos Kaniner,
Og reiser dine smekkre Horn iveiret,
Som om Du, stolt af Rosernes Ruiner,
Var Dig bevidst at have Skjønheden beseiret —
Jeg elsker Dig, Du funklende Insekt!

Jeg elsker Havet, naar det bugter sig
I Tigerform og sluger
I Flab umaalt, umaalelig
Den stolte Orlogsmand, som ruger
Med Gridskhed over Piastre, over

De Mennesker, den har ombord!
Begrav den, Spanskesø! i dine Vover
Og opslyng Dynger Liig mod Nord!
Da elsker jeg Dig, mørke Hav!

Jeg elsker Hav! jeg elsker Himmel,
Hver Stjerne i den store Brimmel,
De lyse Øieglimt fra Gud,
Naar han fra Skyen skuer ud;
Det flinke Lyn, der flyver hen
Som Ildfugl over bange Mænd;
Jeg elsker Alt, hvad fra den vrede Dommer
Ned over Jorden kommer,
Men glædeligst dog for mit Syn
Er sorte Tordens hvide Lyn,
Naar Phosphorglands det spreder over
Mark, Skov og vilde Vover!

Men Du, besynderlige Skabning, Du,
Hvis Tand er hvas som Træbukkens, hvis Hu,
Som dens, staaer til med Lyst at dræbe
Hvert Aandepust, der gaaer fra Skjønheds Læbe,
Hvert Smiil, som Uskyld bær paa Kind;
Som i dit Indre har langt værre Sind,
End selve Havets kolde Bølge,
Og som meer grumt gad Alt forfølge,
End Lynet, der kun dræber enkelt Mand
Og, ikkun sætter enkelt Torp i Brand!
Insektets, Havets, Lynets Vildhed har
Fra Tidens Morgen Du besiddet;

I Ondskab og i Viddet
Forud for alle Tre Du længe var,
Men deres Skjønhed har Du aldrig eiet!
Gaa bort! Du er for let! Gud har Dig veiet —
Jeg hader Dig, o Menneske!

Den 3. Januar 1837.

Sneen er falden i Odense By,
Og Snee dækker Gammelmands Hoved,
Men Hjertet slaaer stadigen muntert og kry,
Hvor mangen en Dyst det end voved.
Livet er rundet i Virken og Daad,
Tidt blev der hjulpet med Mere end med Raad.
  Fyrretyve Aar
  Og livlig som en Vaar!
  Held hver en Journal,
  Der siger, som en Karl:
I Aftnen jeg gaaer som i Morgenens Gry
Og holder, hvad eengang jeg loved.

Held og den Mand, der i Livets Journal
Kan Driftigheds Facit sig skrive
Og sige: jeg leved foruden al Pral,
En Borger kun vilde jeg blive.
Fader jeg blev til de store, stærke Børn,
De skal staae mig bi mod Alderdommens Tørn;

Huusligstille Viv
Forskjønnede mit Liv;
I min Have smukt
De Træer bare Frugt,
Og frodige Livsblomster yded mig Lugt, —
Velan, lad da Graaskyen drive!

Hilset da vær i din hjemlige Kreds,
Den flokker sig glad om den Gamle!
Din Sol skal kun fredeligt dalende sees,
Vi Alle vil Glæder Dig samle.
Modig, som før, skal Du opad see endnu,
Altid til Stjernen dog standed jo din Hu.
Ærlig var din Færd,
De Gode see dit Værd.
Agt Du paa vor Sang:
Heel sikker var din Gang,
Om end de blev vrede, for ikke Du sprang —
Lad Narrene springe og famle!

Sneen er falden i Odense Stad,
Paa Ruden den hilser og banker,
Og Nytaaret traf Dig i Sundhed og glad
Og traf Dig i kraftige Tanker.
Smilet sees endnu, det gjæster end din Kind,
Foraaret kommer, det naaer nok til dit Sind.
Munter hver en Gjæst,
Vi fejre Hempels Fest!
Fa'er, din Skaal idag,
Heis rask et lystigt Flag,

Seil frisk Du afsted under Aarernes Tag,
Dit Livsskib har dygtige Planker!

---

†

Juliane Marie Fiedler,

født Sporon,

Eierinde af Basnæs.

"Imod Sydvest paa Sjællands friske Strande,
Der staaer fra Riddertid en Herregaard
Med Udsigt over Beltets mørke Vande —
Kom, følg mig, seer Du ikke, det er Vaar?"
Det skrev jeg, da jeg selv stod midt i Vaaren
Og ændsed aldrig, der kom Vintertid!
Men kom nu, hvis, af Vinterblæsten baaren,
Du ønsker et Minut at flyve did!

Derude fraader stadigt Østersøen,
De vilde Svaner skrige høit ved Nat,
Og end sees Gaarden trygt paa Kant af Øen,
Det bange Raadyr springer i dens Krat.
Men der er Noget dog, som savnes inde,
Og Noget savnes i den frie Natur, —
Ak, det er Herregaardens troe Veninde,
Som meer ei trækker op det gamle Uhr.

Og der er Savn nu i de gamle Sale,
Nu seer man Pletter i det graae Paneel;
Claveret kan ei nu, som fordum, tale,
Der sprang en Streng, og Tonen er ei heel.
Alt hvad hun yndiggjorde ved sin Birken,
Hver en Culturblomst, som hun klækked ud,
Den følger døende nu med til Kirken
Og danner Krandsen, naar hun staaer for Gud.

Der var paa Basnæs denne skyldfrie Glæde,
Midt mellem Adelsmand og Fattigmand,
Som ikkun ene den kan vakkert klæde,
Der hjerteligt for Begge føle kan.
Solstraalen glimted, Moder, paa din Pande,
Det var din Vittighed, man øined strax;
Den gule Krands, som Dig ved Beltets Strande
Paa Kisten lægges, er af Bondens Ax.

Sælg hver en Muursteen af den gamle Gaard
Og hver et Træe, der rasler dybt i Skoven;
Sælg Duehusets gyldenbrune Maar,
Ja selv den skjønne Udsigt over Boven;
Sælg Sivets Susen, Vindens Symphonie
Og hver en Trækfugl, der i Vaaren kommer;
Sælg Hingstens Brinsken i det grønne Frie,
Sælg Vintren, sælg den hele danske Sommer;

Kjøb Gaarden med Besætning og med Avl,
Med Bondens Ondskab, med hans gode Villie;
Kjøb Storkens Rede hist paa Staldens Gavl
Og Havens Hyacinth og hvide Lillie;

Kjøb Mosens Dyb, kjøb Lugt af nyslaaet Hø,
Og Isens Bragen, Hunden, Klappejagten;
Kjøb Krebsen kun i liden Dam og Sø,
Kjøb Gaardens Herlighed og dens Forpagten:

Du sælger ei den gamle røde Lade,
Saadan som den staaer præget i mit Sind;
Du sælger ei de Ansigtstræk, saa glade,
De Smiil, jeg saae paa Moders fine Kind;
Du sælger ei min Kjærlighed til denne Moder,
Ei hendes Billed i mit stille Bryst;
Du sælger ei min Ungdoms lyse Kloder,
Ei disse gamle Sales dybe Røst;

Du kjøber ikke denne Moders Minde,
Og ikke disse Gyldenlakkers Pragt;
Du kjøber ikke hvad der ligger inde,
Hvad hun af Skjønhed har i Blomsten lagt;
Du kjøber ikke Hjertet af vort Indre,
Det slaaer kun for den Døde og for os;
Du kjøber ei den Sol, som før mon tindre,
Du kjøber kun en stjerneløs Koloz.

Vi sælger ei den tabte kjære Moder,
Det smukke Billed bliver i vor Barm;
Vi samles stille, Søster med sin Broder,
Ved Hjertet holde vi den Døde varm:
Saa frisk som den, Ægypteren bevared,
Skal for vort indre Blik hun stedse staae,
Retsom det syntes, hendes Læbe svared,
Naar i vort Øie hun en Taare saae.

Carl Baggers Skrifter. II.   29

Vi alle Børn, de større som de mindre,
Vi see mod Firmamentets sølvblaae Hav,
Der hvor de mange Herrens Baade tindre,
Som bringe Sjælene fra Jord og Grav.
Vor Moder — sukke vi — hvor er Du henne?
Plantagen er ei meer, som forbum, smuk,
Og, Moder, hvor med Smiil vi vandred Tvende,
Der gaaer nu Een og med tungsindigt Suk.

Hver Stjerne hist et Basnæs er, en Rude
Paa det umaalelige Storpallads,
Hvor Lyset indenfra naaer til os ude,
Men vi kan ei see gjennem Stjernens Glas.
Bered saa nær Dig, som Du kan, en Plads,
Hvorhelst i Stjernerne Du monne vandre;
Hvor Du ei er, der er os ei tilpas —
Du veed: vi ville mødes med hverandre.

De tvende Kirker.

I

Roeskilde.

Derhenne ved Kirkegaardsmuren
Er der en lille Høi,
Hvorfra mine Blik og Tanker
Tidt udover Vandene fløi

Hvor Kirken med Harald Blaatand
Broget paa Pillen malt,
Og Klosteret nede bag Muren
Liggende mørkt og svalt;

Hvor Hvælvinger gjemme de Konger,
— Jeg troer fra Dan Mykillat —
Som ere saa smaae i de Grave,
Men vare saa store for Stat:

Hvor Fanen, erobret fra Svensken,
Nedhænger — en Blasphemie!
Og Kobberrustningen stander,
Som var der en Mand deri;

Hvor det buede Loft i Kirken
Fremviser et Blomsterflor,
Saa friskt, de blaae med de røde,
Som var det malet ifjor, —

De Faner, den Kobberrustning,
De Grave, som Klopstock besang,
Den Kirke, det Loft og de Taarne,
Den hellige Kirkegaardsvang,

I min Sjæl de bevirked en Skygge,
Et Sorgpræg ind i mit Bryst,
Et Tusmørke paa min Pande,
En klagende Lyd i min Røst,

Et Blik for det Kolossale,
Et Øre for Aftenens Vind,
For Dyrets og Træets Tale,
For Folkenes sørgende Sind.

De høie Taarne sig speiled
Ned i min barnlige Sjæl;
Eensom jeg gik ved Stranden,
Mennesket saae kun min Hæl.

Der lagde jeg først de Planer,
Som aldrig blev realiseert,
Der tænkte jeg mig som Hersker
Med Hermelinskaabe drappeert.

Formodentlig smittede Luften
Fra Bistrup mit unge Sind,
Thi hvad der ei var, det saae jeg,
Og for hvad der var blev jeg blind.

En Demosthenes, meente jeg, var jeg,
En vordende Mirabeau,
Der eengang skulde forandre
Verdens Vandel og Tro,

Der skulde med Saxen klippe
Stormandsbaandet og Stjernen,
Og hænge de Aristokrater
I Maaneskin paa Laternen.

Mindst tænkte jeg sandelig derpaa,
Jeg skulde saaledes endt —
Foruden Examen og Embed,
Evindelig en Student!

II.
Sorø.

Derfra kom jeg til det snævre
Sorø med sit Bøgekrat;
Kirkens Taarn var brændt til Grunden,
Phønix*) steeg først af sin Nat.

Alt var smaat, og Alt var snævert,
Her var ingen Kirkehøi,
Hvorfra mine Blik og Tanker
Over Issefjorden fløi;

Her var lærde Mænd, hvis Tanker
Aldrig ændsed liden Dreng:
Stakkels Mirabeau gik søvnig,
Taus Demosthenes iseng.

Her begreb jeg først mit Indre,
Her jeg fatted hvad jeg var:
„Du er kun en Dreng, som andre,
Men Du være har en Nar.

*) Akademiets Vaaben er en Phønix.

„Sæt Dig ned og lær din Lectie,
Læs og husk, Du er Gratist,
Viid, at Staten Dig til Regnskab
Fordre vil engang tilsidst.

„Lær at tælle op, hvis mulig
Du skal Skifter forestaae,
Lær at skjænde, hvis som Byfog'd
Du skal om paa Marked gaae." · —

Men fra den Tid bortsvandt Roskilds
Høie Taarne for mit Blik,
Og Demosthenes i Hjertet
Fik et dygtigt Dolkestik.

Issefjordens blanke Flade
Gav ei Gjenskin i mit Sind,
Og jeg øined ikke mere
Fallene paa Taarnets Tind.

Borgnæsskoven hist ved Fjorden,
Denne dybe, stumme Skov,
Som fra Oldtid i vort Norden
Aldrig følet har en Plov, — —

Hvor var den og dens Insekter,
Hvor var Roskilds blanke Luft?
Her i Sorø var kun Landkort,
Bøger, Grifler og Fornuft;

Lynet langsomt var, og Torbnen
Rulled her ei over Fjord;
Sneen, tyktes mig, var guul kun,
Ei som Roskilds Perlemoer.

Barnets Aand begeistret havde
Hist forsølvet Mark og Vand
Og med Skaberkraft fremkoglet
Helteskikkelser ved Strand,

Havde smukt forgyldt det hele
Grønne Landskab med en Pragt,
Retsom hvælved sig en Regnbue
Med sin lette Syvtals-Dragt,

Havde lokket op de Alfer,
Hvergang Vaarens Blomster skjød,
Saa de svæved ud af Bægret,
Naar blot Morgenen frembrød,

Havde Christian den Fjerdes
Høide maalt ved Kongens Grav,
Havde længst fra Kattegattet
Hørt hans Priis fra vilde Hav,

Havde hørt paa Kobbertaget
Skyens Fald med Regn og Rusk,
Havde hist fra „Bjerget"*) skuet
Herrens Flammetornebusk,

---

*) „Bjerget" kaldes den bebyggede Høide, der noget udenfor
Roeskilde skraaner nedad til Issefjorden.

Denne Lynild over Fjorden,
Dette Tankeglimt fra Gud,
Ham, som sydfra høit til Norden
Strækker hen sit Herskerbud, —

Havde fattet denne Tumlen,
Dette Issefjordens Brum,
Naar Jehovah ved sit Mishag
Gjør den hele Verden stum,

Havde svævet over Høiens
Urner med det tause Støv,
Havde hørt Kong Roars Aande
Rasle gjennem Skovens Løv. —

Denne Sø! ja vel, hvad var den?
Mallen, som den stolte Bisp
Havde sat, var jo forlænge
Siden død i Krampegisp!

Søens Stolthed, al dens Vælde,
Var dens lumske Kastevind!
For en Muus en listig Fælde,
Naar om Natten den er blind.

Issefjorden med sit Dagskjær,
Med sit Muld ved Midienat,
Med de dundrende Kartover
Oppe hist ved Kattegat,

Med sit Blink af Fiskehaler
Over Tangen paa dens Grund,
Med den stolte Kirke speilet
Af i Fladen over Bund,

Med de mange Dødningskibe,
Sjunkne Vrag, der stiger op
Og forskrække Mandens Hjerte
Med en selsom Taagekrop,

Denne Fjord, der inde gjemmer
Braget af en sjunken Old,
Braget af det gamle Danmark,
Stumper af en afslidt Bold,

Hvis Skeletter gaae ved Midnat
Og besøge Leires Gjem,
For at neie dybt for Kongen
I hans Fædres gamle Hjem,

Denne Fjord, der kan fortælle
Sagn, saa liflige, som dem,
Italieneren beretter
I Orangens varme Hjem,

Denne Fjord med sine Maager,
Med sin skarpe Nordenvind,
Selv med klamme, mørkgraae Taager,
Der fordunkle Maanens Skin,

Er den ei, trods fine Mangler,
Dog en herlig, livskarsk Fyr
Imod Sorøs bøgekrandste
Sumpesø i Mignatur?

Ingen Fiskørn flagrer over
Absalons besjungne Pyt;
Spurven bygger kun i Munkens
Smuldne Kloster sig et nyt;

Ingen Kuling vælter Bølgen,
Intet Skib bevæger den,
Søvnig gaaer kun Aftenvinden
Over Vandets Skorpe hen. ――

Men den gamle Konge meente,
Roskild var et Kongeslot,
Der var Moder til saamangen
Gammel og historisk Drot,

Og hans Røst løb til den gamle
Thrones vælbige Ruin:
„Der, hvor Kongen har sin ældste
Borg, skal Folket have sin.

„Kommer hid fra Fyen og Jylland,
Kommer Islands fjerne Børn,
Kommer, alle mindre Fugle,
Hid til Roskilds gamle Ørn!"

―――――――

Kolding Slots Brand.

———

„Til Sevilla! til Sevilla!
Hvor de store Huse staae!
Didhen ville vi nu reise
Over Havets Bølger blaae!

„Til Sevilla! til Sevilla!"
Sang den sværmende Spaniol,
Vilde atter see sit Muuldyr
Og sin gyldne spanske Sol.

„Til Sevilla! til Sevilla!"
Dybt i Kjelderen man sang;
Medens vevre Svovelstikker
Under Lofterne man hang.

„Koldingborgen! Koldingborgen!
Den skal brændes ned til Grund!"
Og til Svovlet holdt Spaniolen
Hen Cigarren fra sin Mund.

„Bernadotte! Bernadotte!"
—— Lød en underjordisk Røst ——
„De vil myrde den, der engang
Vorde skal de Svenskes Trøst!" —— ——

„Liden Oscar! liden Oscar!"
— Raabte Generalen nu —
„Tag dit Tøi paa, lad os ile,
Fjendtlig er de Spanskes Hu!

„Udaf Vindvet! udaf Vindvet!
Det betyder Ingenting!
Husk, din Fader har gjort mange
Ligesaa forvovne Spring!

„Marskalsstaven! Marskalsstaven!
Bytter jeg med Kronen om;
Vee Tyrannen! vee Tyrannen!
Liden Oscar, kom, o kom!

„Republikken! Republikken!
Her er Lokken evig bruun;
Aaret ni og firs skal leve —
Jeg kun være vil Tribun!"

Udaf Vindvet, udaf Vindvet
Sprang saa Begge ned iløn;
Ruden klirred, Taget styrted,
Frelst var Republikkens Søn!

Pontecorvo! Pontecorvo!
Riid nu hurtig til din Flok:
Nattevinden fugtigt suser
I din lille Oscars Lok.

Høit paa Taarnet! høit paa Taarnet
Scipio stod og Hannibal*);
Marmorstøtterne blev røde, —
Aske vorded Kongens Hal.

Scipios Hjerte! Scipios Hjerte
Med Carthagos vilde Mod!
Den, der eier det, kan stumdom
See Nationer for sin Fod.

Bonaparte! Bonaparte
Har et vældigt Monument:
Nilen og St. Bernhard vidner
Om den Mægtiges Talent;

Rusland gjemmer hans Armeer,
Østrig har hans unge Søn,
Hele Verden har hans Navn — og
For hans Sjæl en stille Bøn;

Danmark gjemmer og et Minde,
Ak, men Mindet er kun Gruus!
Det er Tomten af det gamle
Kongesæde: Kolbinghuus!

---

*) Der stode fire antike Steenstatuer paa det omtalte Sted;
saavidt vides staaer der endnu paa Ruinen de to ovennævnte
af dem.

.

Ballade.

„Hvo vover det? enten den skaldede Mand,
Eller han med den tykke, rødlige Top
At gribe den store Bolle paastand
Og hælde dens Indhold i sin Krop?
Den Mand, der gjør det, har vundet Slaget,
Og han være Konge for hele Laget!"

Der sad Saamangen, hvis Næses Guld
Beviste dens Eiers daglige Flid;
De kiged i Bollen — den var saa fuld!
„Sligt gjør ei Nogen i vores Tid!"
Enhver bortvendte sit skaldede Hoved,
Og Ingen af Gubberne Dysten voved!

Da reiste der sig en Parykmagersøn —
Den Ædling talte kun tretten Aar!
„Vel er jeg om Hagen temmelig grøn,
Men Lammet beskjæmmer de gamle Faar!"
Han hælded i Ballen nu hele Kruset,
Og jublende Bravo gjenlød i Huset.

Der sad de gamle Brave,
De saae med lønlig Gru,
Hvorledes den Drengemave
Ei revned' brat endnu.

Den Slurk var ikke hæslig!
Stolt liden Rødtop stod.
Hans Ansigt, Ruder Es liig,
Flammed som friske Blod.

Men der han gik hjem over Gaben,
Da snubled hans ene Been;
For tung blev Aftensmaden,
Han sank i en Rendesteen.

Med Hoe'det i Rendesteens Bløbme,
Med Munden i Mudderets Grøbme,
Med begge Been iveir!
Inddrikkende Bundfaldets Søbme,
Stod han i Aftenens Røbme
Under Skyglands og Stjerneskjær!

En Faders Testament til Sønnen.

Hør mig, min Dreng! — Forinden jeg bortreiser
Og gaaer den lange, magre Landevei,
Hvor ingen huggen Milepæl der kneiser
Og ingen Kro, hvor man faaer Viin og Steg,
Da vil jeg tale med Dig her som Faber
Og give Dig et venligt Vink, et Raab:
Bær frit din Faders Ansigt og hans Laber,
Og varieer med Latter og med Graab!

Bær frit din Pande! og naar engang stormes
Bastillen skal, og med en Bayonnet
Den gamle Verben skal paany omformes,
Forbi en Tidsaand har den dømt: „for let!"

Gaa Du foran! og tænk, at hvis din Fader
End leved paa den løierlige Jord,
Han vilde sendt Dig til de første Rader,
Som Sansculott og Armods Ven og Bro'er.

Bøi Ryggen ei! selv Tidens Bonaparte
See frit i Øiet ind! som Tigger, Carl,
Du overholde Hjertets simple Charte,
Da blier i Pjaltekoften Du en Jarl.
Betragt ei Kongen, som om Tordenguden
Han var og reen for Støvets Smuds og Feil:
Tro mig! hver Drot har dog en Rem af Huden, —
Ei Sølv, blot Qvægsølv danner blanke Speil.

Had ikke Rusland, sværm Du ei for Polen,
Det skader Dig og gavner ingen Mand!
Den Drot, der sidder eengang fast i Stolen,
Han drukner ei i Blæk, i Ord, i Vand.
Betragt med Taushed, Rolighed den Fjerne,
Hvem ei Du kan med Ord og Næve naae,
Men ønsk, at snarligt en Forsoner-Stjerne
Maa over alle Verdens Lande staae.

Næsbyhoved-Sø*).

Naar modfalden Hjertet i Brystet slaaer,
Og ene Du vil med din Kummer være,
Tryk Hatten da fastere ned om dit Haar,
Lad Baaden paa rullende Sø Dig da bære,

---

*) Ligger en Fjerdingvei fra Odense; paa en Banke ved Søen
har forhen en Kongeborg staaet.

Betro kun den susende Vind dine Suk,
Lyt stille til Nattergalenes Kluk,
Og drøm Dig i Nærheden af dine Kjære.

Naar natlige Stjerner sig speile ned
Med Glimten og Blinken og Funklen i Voven,
Og Stemmer fra Gud og fra Evighed
Henrasler i Toppen af Løvet i Skoven:
Lig stille paa Baaden, dit Hjerte faaer Fred,
Den mægtige Aand seer fra Stjernerne ned
Og lyser Velsignelsen venlig fra oven.

Naar Morgenens Sol stiger brændende op
Og hentørrer Duggens befrugtende Taare,
Naar Rørfuglen synger fra Sivenes Top,
Og eensomme Fisker ta'er fat paa sin Aare:
Sid taus da i vuggende, skvulpende Baad,
Da høres i Bølgernes hulkende Graad
En Psalme, som var det ved kongelig Baare!

Naar Vinteren kommer saa stille, saa stiv,
Forstenende Alt, hvad der rørtes paa Jorden,
Da finder paa Søen Du stedse dog Liv,
En Skøite nu Baad er og Vugge Dig vorden:
Den hvidklædte Pjerrot da staaer for dit Blik
Men Harlekin sees, efter Foraarets Skik,
Bagefter med brogede Ribberorden.

Lad Træet kun suse, lad Natvinden gaae
Igjennem den danske Vinter og Sommer!
Lad aldrig dit Hjerte blot gaae istaae,
Det Øvrige nok med Tiderne kommer.

Carl Baggers Skrifter II.   30

Lad Øret lytte til Gangerens Hov,
Til Luftdyrets Sang over Marker og Skov —
Den Klang er meer smuk, end Harper og Trommer!

Naar Munterhed funkler om Mund og i Blik, —
Søg Næsbyhoved og søg dets Bande:
Dankonger før have drukket den Drik
Og kjølet i Bølgen den hede Pande.
I Slottets Sted kun en Mølle staaer,
Dog (republicansk) hiin Nattergal slaaer
Hver Vaar og hver Sommer ved Søens Strande!

I Sorg, i Glæde til Indsøen ty,
Naar Vinterblæsten paa Grantræet pibsker,
Naar Vaarsolen prunker i blaanende Sky,
Naar Høstkarlen henne bag Negene smidsker:
Der toner en Trøst i den blanke Luft,
Der lever en Aand i Bladenes Duft,
Som hellige Fredsord til Hjertet hvisker!

Studentersang.

Naar den friske, varme Sommer
Med sin Jordbærlugt
Hen til Danmark venlig kommer
Med sin Blomst og Frugt,

Samles Skolens gamle Sønner
Der, hvor Minderne forskjønner,
Hvor vi gik som muntre Drenge
I det fyenske Vænge.

Danmark er en stille Have,
Hvor man rundtomkring
Borge seer og gamle Grave
Med en Blomsterring:
Ørnebjerg og Næsbyhoved
Smukt ombølget, rigt beskovet —
Disse kjære gamle Egne,
Mindes allevegne!

Der er Klang fra Belt og Søen
Som en Orgelrøst;
Der er Stemmer her paa Øen,
Som kan naae vort Bryst;
Der er Noget, som os trækker,
Underlige Tankerækker,
Og vi sige, hvor vi ere:
Godt i Fyen at være!

Tak for hver en Ungdomsglæde,
Som vi nøde her!
I vort Sted vil Andre træde,
Dog vil altid nær
Vore Tanker boe hos Eder,
Hvor Naturen rigt udspreder

30*

Sin Velsignelse henover
Skov og Mark og Vover!

Ved en Kontoirists Grav.

Du fattig var, — derfor til Fattigkassen
Din Huusbond gav dit Liig hen efter Døden,
Paa Kirkegaard Dig Venskab skaffed Pladsen,
Da Principalen døv ei hørte Nøden!

Af Ansigt var en Rose Du: Du drak!
Men Du Nødvendigheden mon bevise:
Man ikke leve kan af Snuustobak,
— Og sjeldent havde Raad Du til at spise!

Skipperens Gjenfærd.

Jeg stod ved Fjorden og saae derpaa,
Hvor Maanen svømmed paa Himlen blaa;
Den hvide Sneeblomst, kastet fra Skyen,
Bedækkede Skoven og Marken og Byen.

Igjennem det myldrende Sneefog saae
Et Skib jeg henad imod mig skraae;

Og taus var Luften, og Vandene stille,
Det var, som Alverden uddøe vilde.

Det Skib saa underligt stille gik,
Som lønligt Elskendes tause Blik;
Men foran det saae jeg i Nattens Taager
Forfærdede flygte de hvide Maager.

Gjennem Sneens skinnende Sølvernet
Som en Svane gik Skibet saa drømmelet;
Der stod en Mand, som i dybe Tanker
I Fjorden kasted det skarpe Anker.

Han traadte paa Bølgen, som var det Land,
Han vandred trøstig paa gyngende Vand,
Og, medens jeg taus monne speidende lytte,
Han svævede hen mod en Fiskerhytte:

„Jeg maatte gaae fra Dig, min stakkels Viv,
I Stormen jeg misted mit unge Liv,
Men jeg har ikke Fred paa Dybet ude —
Maa see mine Børn gjennem Hyttens Rude!

„I Maaneskinnet ved Midnatstund,
Da stiger mit Skib fra den dybe Bund
Og bringer mig over de brede Vover
Herhen, hvor min Viv hos Børnene sover.

„Jeg lytter til deres Aandedrag,
Indtil fremstraaler den rødmende Dag,
Da stiger igjen jeg paa lette Planke
Med drømmende Sind og sorgfuld Tanke.

„Men ham, der gav de Forladte Brød,
Men ham, der hjalp dem i bittre Nød,
Ham lyser jeg rørt Velsignelsen over,
Ham beder jeg for under kolde Vover!

„Hver den, der lindred de Smaabørns Savn,
I hviden Sand jeg ridser hans Navn:
Naar Dommedagen adskiller Vandet,
Vil Gud vist læse min Skrift i Sandet!" —

Og Skikkelsen steeg i Skibet igjen,
Og sporløst det strøg ad Vandfladen hen,
Men paa Dybet, hvor Stormen brøner og gjalder,
Det sank i de gjennemsigtige Haller.

Cantate.
(Musikalsk Spøg.)

„Hoc ridere meum, tam nil, nullâ tibi vendo
Persi

„Il y a un dieu pour les ivrognes."
Proverbes de Salomon

Enkelt Damestemme.

Død er nu Jesper!
Til sidste Vesper
Han spiste to Glas Grog,
Og dermed fik han nok.

Halvt Flag paa Stangen!
Han er nu gaaet, som Saamangen,
Med blussende, begeistret Kind,
Til Evigheden ind.
Afsyng nu Sangen!

Chorus.

Kaster Perikum
Paa den Tabtes Grav!
Gyd over den en Draabe Rum
Og af Geneveren et Hav!
Og sætter paa hans Gravsteen blot det Minde,
Som Skifteretten i hans Vest kan finde:
En uqvitteert Biintapperregning!
Det er den skjønne, sandbrue Tegning,
Den eneste, der fulbelig kan hæbre
Den herlige, men trætte Vandringsmand,
Som reiste nys til Lysets Land
Og sibber glad tilbænks hos brukne Fædre.
Der sibber stolt han! o! langt rød're
I Kammen, end han før var! Brødre!
O, sørger ei!
Han gik jo glad sin Bei —
Dibelbumbey!

Qvintet med Chor.

O! planter Solbær paa den Plet,
Der gjemmer Vennens Støv, som mæt
Har lagt sig her til Hvile!

Og kast Vestindiens Guavabær
Henover ham, som meer ei er, —
Dem elsked han dog fremfor Taarepile.

Recitativ.

En mægtig Aand! som Løven vandrer ud
I Ørkenen, i stille Morgenstund
Forladende det kjære, sultne Afkom,
For Klo at fæste i det fede Bytte:
Den brøler høit, forfærder mindre Dyr,
De værge sig, vil ikke ned i Svælget
Paa det uhyre Dyr! forgjæves kæmpe
De Stakler — efterhaanden vandre de
Ned i mysteriøse Underverden!
Saaledes vandred Jesper ud hver Morgen,
Og hvor han saae en Kneipe aaben staae,
Der iled ind han som en fyrig Elsker,
Betragtende med Kjenderblik og Vellyst
Varieteterne paa Flaskehylden;
Med Fenrisulvens Glubskhed slugte han
De Sopkners Legio, ei ændsende,
Hvor meget end de kribled eller krabled.
Og Bægterne, som sad i Skjænkestuen,
Med Kaffekoppen vederqvægende
Det trivelige lille Legeme,
Beundrede Naturens sjeldne Gaver
Og faldt, med udspiilt Øie, plat i Staver
Og hviskede fortroligt til hinanden:
„Ja! Jesper, det er, gale mig! dog Manden!“

En Tenorstemme.

Salluster og Livier,
Dem haded han som Pest;
Han tumlede sig bedst
I natlige Convivier;
Hans Skræk var lange Taler,
Hans Glæde Bacchanaler.

Septet.

Ei altid monne Jesper gaae
Med Fryd i skumle Jorderige:
Vi har hørt sanddrue Mænd at sige,
At tidt hans Pung stod saa paa minus,
At ei engang han kunde faae
Sig paa Credit en Straa
Leveret ud fra Augustinus!

Chor.

Fra Stjerners Glandspunkt Jesper hører
Vort Afskedsqvad og leer polisk:
Carlsvognen nu han kjører,
Med sikker Haand han Tømmen fører
Og har en ganske ny elysisk Pidsk!

En Vision.

To store Dyr i Luften tumle sig
I kjærligt Favntag, stundom og i Kamp:
Blaaskimlen, det bevægelige Hav,
Med mange Rynker paa sin brede Hud,

Med mange Ræbsler i det dybe Skjød; —
Jevnsides ligger kulsort Hoppe strakt,
Den døvne Jord med lysgrønt Skaberak.
Naar Skimlen stundom truer med sin Tand,
Da ryster Hoppen utaalmodigt sig,
Og Ilden spruder af dens Næseboer. —
Jeg elsker begge Dyr.

                   Det Middag var;
Jeg vandred paa det sorte Legems Ryg;
Hen over tætte Skov nedsendte Sol
En mægtig Lummervarme, saa at Alt
Mig syntes sjunken ned i Dødens Slum.
Taus Fuglen var, Insektet skjulte sig
I Græsset, selv jeg gispeb efter Veir,
Og jeg var eensom i den stille Skov.

Da kasted jeg mig ned og lagde Øret til
Det sorte Dyr; ei noget Aandedræt
Fornam jeg at det sendte, — det var dødt;
Dets Aandepust bevæged intet Blad,
Men udenfor jeg hørte Skimlen vrinske.

Da tænkte jeg: nu er det Tid; i sligt
Moment kan jeg i Eenrum tale med
Det Bæsen, der skal mig Oplysning give.
Den hemmelighedsfulde Sammenkomst
Forstyrres ei af nogen Dødelig,
Ei af Naturen selv, — den sover.

                                        Og,
Som jeg det havde læst i Oldtidsbog,
Min Kaarde blotted jeg, nedstøbte den
I Jord og kaldte trende Gange paa
Min Genius!

            Da buldred det i Dybet,
Det var, som Lænker rasled, Tordnen løb
I Jordens Dyb; jeg greb et Grantræ fat
For ei at falde.   Trende Alen fra
Min Fod en Revne blev, og op af Jorden
Steeg et besynderligt, et ukjendt Væsen
Med snedigt Slangeblik, sortladen Hud,
Et dunkelt Vingepar paa smidig Krop.
— O vee! er Du min Genius?!

                        — „Den Ene,
Din onde Genius!"

                  — Dig har jeg ikke
Paakaldt; forsvind igjen.

                  — „Du kalder snart
Mig atter!" og han svandt i Revnen; Jorden
Igjen sig lukked; Lænker rasled, Hyl
Jeg hørte nede; Dødssved følte jeg
Paa Panden risle.   Dog jeg fatted mig,
Greb Kaarden, strakte den mod Himlen op
Og kaldte heftigt trende Gange paa
Min Genius!

Og see, — med Purpurflammer
I en azurblaa Sky nedsteeg en Mand
Af overjordisk Skjønhed; ogsaa han
Bar Vinger paa sin Skulder; med veemodigt
Bebreidende, dog venligt Smiil han saae
Mig stivt i Øiet; Lynglimt funkled fra
Hans hvide Klædebon. Han tog til Orde:
„Hvad vil Du mig? Kun sjeldent har din Aand
Søgt Trøst hos mig? Bestandig ved din Side
Du har din onde Genius; ham elsker
Du meer end mig; naar jeg i Mileviis
Er fjern fra Dig, staaer han tre korte Alen
Kun fra din Hu, din Tanke. Siig, hvad søger
Du hos den Gjæst, Du kun saa sparsomt kalder
Til Huset?"

Rask jeg svarte: Vide vil jeg,
Hvad der hiinsides Jordelivet ligger.
Bedrager Anelsen mig, naar den hvisker,
At jeg skal gjensee alle mine Kjære,
At jeg skal selv forynget svinge mig
Af Graven, atter leve, evigt leve
Med Kraft, i Duft, skjøn, som Du selv, i Farven
Som Hyacinthen; skue Gud, indaande
Hans Ufortærlighed, Drot over Sølverstjerner,
Med lysblank Klarhed i en luttret Sjæl,
En Ætherskikkelse, en opfyldt Drøm,
En Gud, en Evighed, som Du? — Hvad heller
Er der en evig Grav, et evigt Mulm? Henvisner

For alle Tider dette Hjertes Blomst,
Naar Døden klamrer sig om Blomstens Blade?

Beemodigt svarte da min Genius:
„Hvad Du vil vide, veed selv ikke jeg!
Endnu har ingen Engels Øine seet
Ind i den Verden, der er forberedt
For Jordens Børn; forunderlige Væsner
Vi see hist i de fjerne Kloder gaae,
Men om det Jordens fordums Børn vel er,
Det veed vi ei: Haab Du det Bedste, men
Frygt heller ei det Værste".

      Kaarden greb
Jeg rasende, jeg hugged efter Englen,
Men Klingen gik som gjennem lyse Flammer,
Og uberørt, usaaret Englen stod,
Indtil jeg raabte: O, forsvind igjen,
Naar Engle veed ei Meer, end stakkels jeg.

Børnevise.

„Naar kommer Vaaren vel?"
Naar den sortblaae Svale kommer
Og bebuder nære Sommer,
Naar den qvidbrende ta'er Myggen,

Der vil tumle sig i Skyggen —
  Da kommer Vaaren!

"Naar kommer Svalen da?"
Naar den lille Frø i Kjæret
Strækker Halsen op iveiret
Og med Tungen slaaer paa Trommen:
"Nu er tykke Frømand kommen!" —
  Da kommer Svalen!

"Naar kommer Frøen da?"
Naar den lange Stork er kommen
(For at putte Frø i Bommen)
Og staaer med be røde Hoser,
Fiskende i brune Moser —
  Da kommer Frøen!

"Naar kommer Storken da?"
Naar først Sneppen hid er fløiet
Og staaer, over Isen bøiet,
Borende sig der et Bæger,
Hvoraf den med Vand sig qvæger —
  Da kommer Storken!

"Naar kommer Sneppen da?"
Naar først komme blot be Dage,
At i Odense paa Tage
Stæren bygger høit sin Rede,
Hvor godt Folk ham Plads berede —
  Da kommer Sneppen!

„Naar kommer Stæren da?"
Det kan Du jo nok begribe,
Først der komme maa en Vibe!
Først naar Viben, som en Blinker,
Til Armeen: „fremad!" vinker —
    Da kommer Stæren!

„Naar kommer Viben da?"
Naar først efter Vintertide
Vintergjæk af Sneen hvide
Reiser sig med fine Blade
Og gjør alle Hjerter glade —
    Da kommer Viben!

„Naar kommer Gjækken da?"
Naar Gudfader det behager,
Vinker han den frem af Ager;
Først naar Hans Befaling falder,
Først naar Han paa Blomsten kalder —
    Da kommer Gjækken!

———————

✝

Frederikke Christine Hempel,
født Kisbye.

(Død i September 1839).

For why should we mourn for the blest?
Byron.

Græd ei, naar Bladet ved Løvfaldstid
Til Jorden synker;
Den Kind, der i Somren er glat og hvid,
Faaer om Vinteren Rynker.
Græd ei, naar en Pilgrim sin lange Gang
Har smukt fuldendt,
Og Dødsenglen under Psalmeklang
Har Faklen vendt:
Den, som sig fra vore Blikke fjerner,
Skal gjensees i andre Klodr og Stjerner.

Græd ei — dog jo, græd, Datter og Søn,
Naar Taarnklokken ringer,
Og Moder man under Sang og Bøn
Til Kirkegaard bringer!
Græd ei — dog jo, græd og, Huusbond, med,
Naar din Hustru kjære
Forlader sin Arne, det hjemlige Sted,
Som hun røgted med Ære!
Det er netop her ved Cypressen og Baaren,
At Gud i sin Naade skjænked os Taaren!

O! Fleer end Huusbond og Datter og Søn
Veemodigt stande
Og folde Haanden til stille Bøn,
Med sænket Pande!
Hun var en Moder for Fleer end sin Slægt:
Med kjærlig Mine
Hun tog i sin signende Varetægt
Langt Fleer end Sine!
Hun tog de Store, de Smaae, dem Alle,
Der blot hende vilde Kjærmoder kalde.

Siig: kjendte Du ei hendes lyse Aand,
Hendes klare Pande? — — —
En Stund bød Herren, i Gibeon
Solen stille stande!
Nu vandrer den atter sin Straalegang
Forbi glimtende Stjerne,
Istemmer Sphærernes rullende Klang
I det dybe Fjerne;
Med sit vante Lys den gaaer i det Høie,
Saaledes som før den saaes af vort Øie.

Farvel! forsvind i det dybe Blaae,
Nu Skyerne vige!
Vist hisset skal Du Erstatning faae
I Aandernes Rige!
Erstatning, fordi Du tilsidst saa tidt
Her sukke skulde,
Erstatning for Alt, hvad din Sjæl har lidt
Her oven Mulde!

Dig sætter din Frelser i Fredens Lande
En Seierskrands om den elskte Pande.

Julius Tingberg Petersen *).

Du boer i et andet Land, end jeg,
Du vandrer nu hist i en evig Mai,
Men spiller ikke meer for din Søster og Bro'er,
Klaveret er tyst for din Fa'er og din Mo'er.

Vi Alle vented Stort af den stigende Aand,
Men Sommerfuglen kasted sit Klæbebon!
Med glimrende, farvede Vinger den foer
I Vinterens Tid fra det isnende Nord.

Jeg seer ei din Kiste, men kjendte Dig godt,
Du boer nu i Alherrens hvælvede Slot!
Inat har jeg seet paa det mørke Blaae
En Stjerne, som aldrig jeg før der saae.

---

*) Var født i Odense og dimitteret derfra til Kjøbenhavn,
hvor han, 21 Aar gammel, døde af en Forkjølelsesfeber, som
han havde paadraget sig ved en Vinterparade i Studenter-
uniform. Han skal have efterladt sig en Afhandling om
Musikken. Om hans elskværdige Personlighed og om hans
Talenter er der blandt hans efterlevende Venner kun een
Mening.

Der er Du, der boer Du, der tumles Du om
I Skaberens slørede Helligdom!
I Stjernen Du boer, i et andet Land, end jeg,
Og vandrer forklaret i evig Mai. — — —

Begrav ham i Stilhed! I kjendte ham ei,
Men gaaer gjennem Odense engang jer Vei,
Da træde I blot til Forældrene hen,
Eller spørg blot hans ældre, hans sørgende Ven!

Begrav ham med Ømhed! hans Sjæl var øm,
Den var som en Natviols stille Drøm!
Begrav ham med Taarer, thi dem var han værd,
Og haab paa Gjensyn i Stjerneskjær!

Den 28. Januar 1840.

„Døbt i Dalen er mit simple Hjem,
Aldrig vil paa Bjerget op jeg klavre;
Lad for Andre Slottets Port paaklem,
Jeg vil see paa Bondens Rug og Havre.
Dog ifald til Kongegaard engang
Jeg gaaer vild, fra Marken og fra Haven,
Ei som Smigrer skriver jeg min Sang:
Thi den gjælder Konger da — i Graven

„Intet Strøg paa Violinen?
Ingen Støben i Trompet?
Ingen Dands og ziirlig Trinen,
Ingen L'hombre, ingen Beet?

31*

Intet Hurraraab for Drotten,
Fredegod med Sølverhaar?
Ingen Smiger? — — han har faaet 'en
Dog jo ellers hvert et Aar."

— Commandeurer, Adjutanter
Tyst i Processionen gik,
Alle forbums Gratulanter
Med beklemt og graabfyldt Blik.
Mægtig Mand maa han ha'e været,
Ellers blev han vistnok ei
Med saa mange Former æret
Paa den sidste, stille Bei.

Mægtig Mand maa han ha'e været —
Men har ei han været Meer? —
Stille! hist i Daggryskjæret
Kofteklædte Mænd Du seer!
Bonden bær ham! Bondens Næve
Bær ham med sin plumpe Kraft,
Taarer i hans Øine bæve —
Fred'rik maa ha'e Hjerte havt!

Hjerte maa han ha'e besiddet,
Hjerte paa det rette Sted;
Bonden har Respekt for Biddet,
Men for Hjertet Kjærlighed;
Bondegraad paa Kongebaare
Kjender man i kolde Nord;
Mulighed af slig en Taare
Andetsteds man neppe troer.

Du, som hvid og mager sover
Hos den fjerde Christian,
Lyt! Velsignelsen gaaer over
Graven fra dit Folk og Land:
Sov Du trygt og sov Du stille,
Vi har elsket Dig paa Jord!
Drøm Du Drømme, bløde, milde,
Drøm om Kjærlighed i Nord!

Thi Du stolede paa Folket:
„Grandt jeg veed, det elsker mig!"
Og paa mange Maader tolked
Det sin Kjærlighed til Dig:
Lynet slog i Kattegattet,
Spalted Norge bort fra Dan —
Men de Danske rigtigt fatted:
„Skylden bærer ikke han!

„Dømt har Han i lysblaae Skyer,
Han, den vældige Monark,
Der kan knuse Folk og Byer,
Sammenblande Hav og Mark!
Det er Gud, som har det villet,
Det er ei Kong Frederik,
Det er Gud, som har adskillet —
Ingen Taarer i vort Blik!" — —

Sov da sødt i Roskilds Kirke,
Drøm en stille Fredens Drøm!
Hvad Du leed, hvad Du mon virke,
Synker ei i Tidens Strøm.

Mangen Herskers Navn vil svinde,
Naar han gaaer til evig Fred,
Men bestaae vil Fredriks Minde,
Thi dets Værn er Kjærlighed!

Sang ved Guttenbergfesten.

(Afsjungen af Typographerne i Odense d. 24. Juni 1840).

Vift frit paa Nutids Bølge,
Sorthvide Presseflag!
Dit Gavn Censur ei bølge,
Blank straale lad din Dag!
Tænd Oplysningens Lue
Paa hele Kloden rund,
Og lad Alverden skue
Dit Sort paa Sølvergrund!

Lad Presser tykt sig reise
Paa Sydhavsøers Flok!
Lad Flaget rask sig heise
Paa Atlasbjergets Blok!
Flyv fra Columbia=Træer,
Sangfugl, syng Pressens Priis!
Lad stakkels Pescheræer
Og faae sig en Avis!

Fra Tydskland er Du kommen,
Du Friheds Helligdom!
Hvert Land Dig stak i Lommen,
Ihvor saa hen Du kom.
Hver ædel Mund Dig kysse'
Ved Daglys og i Skjul;
Ikkun Tyrannen hysfed
Ad Friheds unge Fugl.

Hold Skjoldet frit for Pletter,
Bevar dets Sølvergrund,
Dets Lys i Vinternætter
Vil fees da allenstund.
Forsigtigt anvend Sværten,
Frimodigt, ei i Smug:
Til Brug vi har begjært 'en,
Men Misbrug er ei Brug.

Saa kommer, unge Brødre,
Skjænk i til bredfuldt Maal —
Thi hvad kan være sød're,
End drikke Moders Skaal?
Vi ere Pressens Yngel,
En Skaal for hendes Fred,
Og Fanden ta'e den Slyngel,
Der ei vil klinke med!

Ved Habyssinierinden Machbubas Grav*).
(Efter det Tydske.)

Saa tidligt, Morgenrødens varme Barn,
Vil Du Europas Søn til Taarer bringe?
Saa brat Insectet fløi i Samlers Garn,
Med deiligt Guldstøv paa den unge Vinge?

Jeg veed, hvem der har Dig til Maalet bragt:
Fyrst Pückler, Semilasso, som paa Marked
Dig til Slavinde kjøbte, han har lagt
I Grav din Fred, har Rosens Qvist afbarket.

Han lod ei Blomsten staae, hvor han den saae,
Hvor Orientens Pragt sig aabenbarer;
Med Pral han slæbte den fra Braa til Braa
Med sine Zebraer og Dromedarer!

Du, som var vant til krybret Lotus-Duft,
Ei vant til Boa og til Brystbandager,
Indaande skulde nu en sandkold Luft
I Pückler-Muskaus nybagte Plantager!

Machbuba var for Nord ei skabt, ei stemt!
Hvad Hjertet længselsfuldt har lidt — hvo veed 'et?
Det Hjerte har i Alkohol man gjemt,
Det, som Fyrst Pückler aldrig har besiddet!

---

*) En ung Slavinde, som Fyrst Pückler-Muskau hjembragte
fra Afrika, og som skal have været udmærket skjøn.

Og Aanden gaaer til Bahr=el=Azraks Læ,
Fjernt over Preussens skarpafmaalte Linier,
Til krøllet Negerdreng ved Dabbeltræ,
Fra Lausitz til den brune Habysinier!

Ja, Pückler! der er hendes unge Aand,
I Hjemmet mellem Palmer og Plataner:
En Struds Du føre kan i Ledebaand,
Men ingen Aand, som Evigheden aner!

1ste Januar 1841.

Den ældre Søster gik bort igaar,
Den yngre smilende for os staaer —
Hvad bringer os vel det nye Aar?

Det bringe Fred over Kongens Slot,
Fred over Stort, og Fred over Smaat,
Fred over Alt, hvad der findes Godt.

Det ryste sit Overflødighedshorn,
Lade blomstre den favre Rosentorn,
Paa Marken trives det guldgule Korn.

Det bringe Trøst til forladte Smaae,
Og Brød ind i den usselig Braa,
Hvor Sultens Taarer i Øinene staae.

Det vække Aanden i høie Nord,
Det lede Folket paa rette Spor
Derhen, hvor Sandheden blomstrer og groer.

Det bringe os Alle Hjertefred
Og Folk og Konge Samdrægtighed -
En bedre Gave jeg ikke veed!

Skuespilleren til Publikum.
(Fremsagt af Hr. Printzlau.)

O! stort er dog en Kunstners Hjem! ihvor
Han træder hen, et venligt Ly han finder!
Han har ei enkelt Fødeby paa Jord,
Og ingen eensom Plet ham fængslet binder:
Fra Stad til Stad han flytter sine Fjed,
Og overalt han træffer Kjærlighed;
En broget Kjortel bærer han, og denne
Vil Alle gjerne see og lære kjende.

Ja gjerne vil dog Hver en føie Stund
See Sommerfuglen med den blanke Vinge
Og høre, hvordan i en malet Lund
De underlige Kunstens Toner klinge!
God Moder Kunsten er mod hver sin Søn,
Een Ting hun gi'er, een Gave stor og skjøn:

Hun gi'er ham Kjortlen med de stærke Farver, —
Med den — Begeistring for sin Kunst han
arver!

Hun siger til ham: „gaa, hvorhen Du vil!
Naar blot Begeistring for din Kunst Du
nærer,
Da lønner Folkets Bifald nok dit Spil,
Hvorhen din lette Livsbaad end Dig bærer!
Bevar din Kjærlighed blot reen til mig,
Da vil jeg gjennem Folket lønne Dig.
Flyv, hvor Du vil, i Syds og Nordens Egne,
Og hjemløs Fugl faaer Hjem vist allevegne.

„Søg ikke jordisk Skat, som Du skal gjemme, —
Hvad skulle mine Sønner vel med Guld?
En bedre Skat der er — vind Folkets Stemme!
Den milde Klang opveier røden Muld.
Husk, Smilets, Klangens, Øieblikkets Søn,
At Smiil og Suk og Bifald er din Løn!
Hvad vil Du med den tunge Pengebæren?
Din Kunst og dit Aarhundred elsker — Æren!“

Saa talte ogsaa hun til mig, den mindre
Begavede, den yngre Søn; jeg saae
Trindtom de Ældres Pander Glorien tindre,
Det lokked mig paa Dybet ud, det blaae.
Og aldrig glemte jeg min gode Moder,
Ei hendes Ord, ei hendes Stemmes Klang,
Og derfor nød jeg — stolteste blandt Goder! —
Jo eders Bifald her en enkelt Gang.

———————

J. Chr. A.

(Død i August 1841.)

„Hør Vennernes Sang,
Farvel de Dig sige!
Gaa freidig din Gang
Til Aandernes Rige!
Du salig har endt,
Nu kommer Lønnen,
Thi her Du trolig har tjent!"

Hvorfra disse Toner? — fra Kirken de komme!
For mig de klinge saa matte, saa tomme,
De jorde med Graad, med søvnig Klang
Den Mand, der elskede frydelig Sang!
Ham! Livets, Nydelsens, Glædens Ven
De følge med Flæben til Urnen hen!
Gaaer kun! jeg følger ei med! som han,
Jeg elsker med Fyrighed Livets Land.
Jeg begræder ei ham! langt heller
Jeg gaaer ned i den Afdødes Kjelder,
Jeg fremmaner Fortidens lystige Stjerner
Og drikker hans Gravøl i blank Falerner.

„Du elsked jo Sang,
Dig glæded jo Toner!
Ved Psalmernes Klang
Gaa til din Forsoner!

Den Gang er saa smuk,
Thi Du ledsages
Med mangt et inderligt Suk!"

„Et inderligt Suk!" — ja, sortklædte Skare,
De Ord i Psalmen var ægte Vare!
Af Alt, hvad han skrev, den elendige Skjald,
Var dette det skjønneste Tonefald!
Af Alt, hvad han skrev, — baade Løgn og
Forbliver kun dette vist og sandt.
Men jeg vil ei sørge, jeg lystige Svend,
Med Smiil jeg mindes kun henfarne Ven.
Sæt Viinløvkrandsen blot om min Pande,
Saa skal ei Sorgen mig overmande.
Kom med i Kjelbren! drei om alle Haner
Og skjænk os Sauterne og Syracusaner!

„Med liflige Chor,
Med Fredens Accorder
Høit over vor Jord
Hist hilset Du vorder!
Men her skal bestaae
Dit elskte Minde,
Mens hist Du er i det Blaae!"

„Mens hist Du er i det Blaae!" de synge!
Jeg vil! jeg vil følge den sorte Klynge.
Jeg selv har jo skrevet, hvad inde de sang,
Jeg følger, om end saa Pulsaaren sprang.

Af Alt, hvad jeg skrev, baade Løst og Fast,
Kun dette fra Hjertet og Pulsaaren brast.
Min gamle, min gode, min udkaarne Ven,
Vi mødes hos salige, ærlige Mænd!
Jeg følger dit Liig — kan Du vise
Dig for mig bag Graven, da kom!
Hvis ikke — med Tillid vi prise
Den Dommer, der fælder den tause Dom!

Til
F. Tietgen.

Ja! det er sørgeligt, naar Moder gaaer
Fra Huus, hvor der er mange Smaabørn inde!
Hvert Værelse saa klamt og eensomt staaer,
Og Tagets Fløi gaaer vildt for alle Vinde.
Det er et sort, et grufuldt Øieblik
For ham, der staaer med Børnene tilbage!
Ei ændser Vennens Haandtryk han og Nik,
Ei, at Canalens Skibe sorgfuldt flage.

Paa Kisten stirrer han — paa Kisten, som
Indslutter tæt hans Ungdoms Drøm og Tanker,
Hans Manddoms dyrebare Helligdom
— Paa denne Kiste er det, at han banker.

Bank ei! den Nøgle har kun Gud ihænde,
Kun han har Lygten til den dunkle Nat, —
Men sænk den Kjærlighed, Du bar til hende,
Nedover dem, hun har Dig efterladt!

Den gode Monark.
(Drikkevise for Studenter.)

Den gode Kong Fredrik den Anden
— Det veed vi Alle jo nok —
Var, skjøndt han bar Kronen om Panden,
Dog borgerlig jævn, som en Anden
Af Folkets simplere Flok:
Ei satte han Næsen i Skyen,
Af Lærred var kun Paraplyen;
Det stærke Øl han drak af en Pott',
Og Viin han nød med de Hofmænd i Slot –
Hil være Kong Fredrik den Anden!

Paa Jagt var han aarle paafærde:
Han planted om Dannemarks Skov
Saa grønt og saa kraftigt et Gjerde —
Han avled Kong Christian den Fjerde, —
O, synger Kong Frederiks Lov!
Han flink var paa Jagten i Engen,
I Skoven, i Marken, i Sengen!

Han var heel flink ved det gyldne Kruus,
Og dygtig dog Fader og Mand i Huus —
Hil være Kong Fredrik den Anden!

Kom! lader os ligne den gode,
Den retskafne danske Monark:
Varm Kind paa blussende Ho'ede,
En Ruus, før vi kan det formode,
Til Brøvl og Sorrig et Spark!
En Skaal vel drikke de Lærde
For Regentsen og Christian den Fjerde,
Men troe dog de mindes den brave Drot,
Farfaderen til hiint Rosenborgslot —
Hil være Kong Fredrik den Anden!

Og gid engang Allesammen
Vi, som hiin henfarne Drot,
Kan sige med Fryd og Gammen
Til Konen eller til Ammen:
„Du passe paa Vuggen godt!
Den Dreng, der ligger i Vuggen,
Han vorder i Marmor huggen!
Til Fryd for hans Slægt og Fødestavn
Historien mærke vil hans Navn!“ —
Hil være Kong Fredrik den Anden!

Det nye Aar.

Det Gamle har lagt sig nu til Ro,
Og Visen den er ude;
Det Nye kommer til Hvermands Bo
Og titter igjennem Rude.

Hvad bringer Du i din Lomme vel?
Vil Du ligne din døde Broder?
Vil Du bryde Lænken paa bunden Træl,
Vil Du bringe forjættede Goder?

„Jeg bringer — saa svarer det nye Aar —
Ikkun, hvad Du selv jo skaber!
Det beroer paa Dig selv, hvad Du af mig faaer,
Om Du vinder derved eller taber.

„Er Menneskets Hjerte reent og godt,
Da gjør ei Aaret til Sagen;
Da lever han glad som i Kongeslot,
Er Koften end slidt paa Bagen.

„Er Menneskets Hjerte reent og puurt,
Da bringer han selv sig Lykke;
Om jeg end stundom seer til ham suurt,
Det vil ham vist ei nedtrykke.

„Jeg er kun som et Ark hvidt Papir —
Du selv skal Ordene skrive!
Æren for Texten din egen bli'er,
Men din maa Skammen og blive!

„Jeg er som en mægtig Marmorsteen,
Som Du til en Støtte skal danne!
Hugger Du blot med Villie reen,
En Venus vil for Dig stande!

„Hugger Du med et syndigt Sind,
Hugger Du med urene Tanker,
Da bliver og Støtten skjæv og vind,
Hvor kunstigen end Du banker!

„Jeg er som den vordende Sommerfugl,
Der ei er brudt ud af sin Larve!
Du skal støde til det staaende Hjul,
Give Tegningen broget Farve!

„Jeg er som en Nathimmel dyb og blaa,
Hvor endnu ei Stjernerne tindre;
De vil alle tindre derovenpaa,
Naar Du har Fred i dit Indre!

„Er blot med Dig selv Du veltilfreds,
Over mig Du ei heller klager!
Jeg er kun et Punkt i den evige Kreds —
Gjør af mig, hvadhelst Du behager!"

———————

†

Jens Hegelund.

Mange store Herrer følge,
Adelsmanden til hans Grav:
Bølge vælter sig paa Bølge,
Skaren danner fast et Hav.

Portviin og Madera flyder,
Naar den Rige jordes skal;
Taarnets Klokke længe lyder,
Mængden mylbrer uden Tal.

O! men hvis Du vilde spørge:
Om den hele Flok, Du saae,
Om de Alle, Alle sørge,
Som i Sort bag Kisten gaae, —

Kunde vist man ofte svare:
Sorg bær af den hele Klat,
Af den lange, skumle Skare,
Neppe To med Flor om Hat. —

Bag din Kiste, gamle Ven,
Gik der ingen hyklersk Hær, —
Kun tolv tretten tause Mænd,
Men dem Alle var Du kjær!

32*

Det er meget Meer, end mangen
Riigs pompøse Endeligt,
Og hiin Linie Meer, end Klangen
Af det længste Sørgedigt.

Fred med denne tabte Ven,
Thi hans Hjerte sad paa Pletten!
Han var riig — thi riig er den,
Som begrædes af Tolv Tretten.

————

Til
Anders Sandøe Ørsted.
(See den jydske Stændertidende angaaende Lorenzens Sag.)

————

Forsvar kun Kongens Sag, værn kun om Kronen,
Og Du skal aldrig høre mindste Muk!
Men, Folkets Søn! glem derfor ei Nationen,
Der frembar Dig med Fødselsvee og Suk!
Søn af den Talrige! lad ei din Moder,
Der tæller Dig blandt sine bedste Poder,
Udsukke: Gud bevare os
For Dig som Folkets Commissarius.

————

Sang.

afsjungen i Familiekredsen i Anledning af Cancellieraad Hem-
pels 68de Fødselsdag den 3die Januar 1843.

———

Held den, som langt har vandret,
Og dog kan sige frit:
„Saameget er forandret,
Men Mit forblevet Mit!
Lad Verden ude larme,
Min Puls dog rolig gaaer:
Jeg har min Ungdoms Varme,
Og end har Hjertet Vaar!

„Jeg har seet Sorgens Dybder,
Men ogsaa Glædens Land,
Har tumlet i Charybder,
Men og seet sølvblaat Vand!
Til Venstre eller Høire
Har aldrig her jeg seet,
Har aldrig ladt mig tøire
Og sjelden seet mig Beet!

„Livsl'hombren har jeg spillet
Foruden Svigcouleur,
Har ærligt meent og villet,
Reent feiet for min Dør.
Ja! Retsind var Compasset,
Som førte mig til Maal!"
— Op! tømmer Alle Glasset,
Vi drikke Mandens Skaal!

———

Prolog.

(Fremsagt af Jfr. Sønderskou.)

————

Tænk Dem en Orlogsbrig paa Havet
Midt ude paa hiint dybe, rige Blaae,
Der eier Verdner i sit Skjød begravet,
Men lader lignende igjen fremstaae! —
Tænk Dem, at liden Trækfugl, som har fløiet
Henover Vandene, bli'er træt og mat
Og sætter sig paa Skibets Mast, med Øiet
Fortroligt fæstet paa Matrosens Hat! —

Troer De, at Skibets Mandskab kunde nænne
At skyde ned den hjælpeløse Fugl?
O nei! Matrosen kom med Korn ihænde,
Han gjæstfri gav vist Flygtningen et Skjul,
Indtil den, styrket, atter kunde strække
Sin Vinge, flyve freidigt over Vand,
Saalangt som Fantasie kan række,
Hen til den ubekjendte, fjerne Strand! — —

Og hvad er jeg? — jeg er som liden Fugl,
Der tillidsfuldt for nogle Øieblikke
Har paa en Seilers Toug søgt Læ og Skjul
Og holdt mig fast ved hvad der svigted ikke:
Klart seer jeg, at jeg ikke gik i Drømme,
Dengang jeg trøstig tænkte: „gak kun did!
Der vil man vist ei altfor haardt bedømme
Begynderindens Stræben eller Flid!"

Snart kommer Trækfuglstiden. — Hvis engang
Imellem De har seet paa Fuglevingen
Et fagert Farveskjær, — har hørt en Klang,
Der tyded paa en større Kunstfrembringen, —
Har seet en enkelt Fjer, som heel og holden
Saae glandsfuld ud og blænded Deres Blikke,
Da veed De: „hendes Skyld det var vist ikke,
Thi, ak! det Hele var jo lagt i — Rollen!"

Prolog.
(Fremsagt af Hr. Printzlau).

Mange Stjerner sees paa Himlen staae,
Men den største selv fordunkler ei den mindre;
Der er Plads nok paa det store Blaae,
Hvor de alle kan faae Lov at tindre.
Mennesket klassificeerte dem,
Satte dem i første, anden, tredie Rang,
Satte dem i Ordnen bagved eller frem,
Efter Lysets Glands, der fra dem sprang.

Retsom hine evige Pailletter
Paa den store Konges lysblaae Kaabe
Glimre gradeviis i klare Nætter
Som en større eller mindre Perledraabe — —

See! saaledes og med os! naar hiin,
Uopnaaelig paa Kunstens Firmament,
Staaer som Talma, Garrick eller Kean,
Ak! er denne kun — „en reisende Student!" —

Kun en reisende Student i Kunstnerlivet,
Kun et Glimt, der vidner om
Hvad en gunstig Guddom haver givet
De Indviede i Kunstens Helligdom; —
Kun et Stykke af en splintret Stjerne,
Kun et fagert Ansigts — Silhouet; —
Kun en halvqvæt Vise, som saa gjerne
Ønsked see sig heelt paa Nodebræt; —

Denne Lod er min jo! men som Han i Himlen
Ingen Forskjel gjør blandt Stjernevrimlen,
Men, om de er høit hvad heller lavt paa Straa,
Elsker alle Stjerner, store, smaa,
Tager i sin Fadervaretægt
Hele den pletteerte store Slægt! —
O! saaledes dømmer — haaber jeg —
Publikum, den mildeste blandt Mødre!
Publikum vil venligt sige: „frygt Du ei!
Jeg har Joseph kjær trods ældre Brødre!"

Kirstine Marie Thune.
(3die Februar 1818 — 10de Mai 1843).

Dengang Flammen greb i Gavl og Tag,
Og de Kjære med fortvivlte Miner
Flygted' fra de synkende Ruiner —
Vistnok, Thune, det var Sorgens Dag!

Aaret svandt. — Med trofast Bjælkelag,
Thune! stod din ny, din bedre Bolig,
Samlede din stille Kreds fortrolig —
Men der kom en ny, en værre Dag!

Hører Du dem inde Psalmen sjunge?
Bort fra Hjemmet kjøre de den unge
Pige, som vi Alle havde troet
Skulde mangt et Aar end hos os boet.

Rastløs gaaer det store Seilskib, som
Bærer Sjælene til fjerne Strande;
Vink fra oven til Marie kom,
Og hun sænked' fromt den skyldfrie Pande.

Hæng i Masten tause Jomfrukrands
Og lad Skibet støde kun fra Jorden!
Hist hun skue skal en Nordlysglands,
Mere skjøn end den her i vort Norden.

Hvergang her et Lys gaaer tabt paa Jord,
Tændes der et nyt i Herrens Himmel:
Sine slukte Stjerners elskte Vrimmel
Finder hist igjen Enhver, som troer.

Poetens Klage.

Dengang da Maanen i de græske Lunde
Belyste mildt den blye Dianas Skridt,
I Frastand milelangt man øine kunde
Et mægtigt Tempel, bygt af Marmor hvidt;
Og dette Tempel bygt var for Gudinden,
Den kydskeste, som Grækenland har kjendt;
Og see! det sank for Flammerne, for Vinden,
Da Herostrat sin Fakkel havde tændt!

Da sørged Folkene! brændt var Gudshuset
Det skjønneste, som Verden da besad,
Og dorisk Søilepragt for evigt knuset,
Og Hallen taus, hvor Folket fordum bad!
O sørg ei, Folk! hvad end paa Jord Du mister,
Hvad parisk Marmor end der smuldrer hen —
Erstatteligt er hvert et Tab, Du frister,
Nyformet kommer Storheden igjen!

Og see! den samme Dag,*) som Templets Tinder
Begroves, og den friske Virklighed
Forvandledes til veemodsfulde Minder —
Den samme Dag henover Jorden gled

---

*) Historisk.

En Anelse om noget Stort, der skulde
Frembryde midt i Dieblikkets Nød;
Og see! da kastede Gudinder hulde
Hiin Alexander i Olympias Skjød!

Og denne kongelige Dreng, han vandred
— Som senere den smaa Napoleon,
Der i Marengo-Kappen barsk foranbred
Alt, hvad der streb imod hans Sind og Haand —;
Og Klangen af de macedonske Skjolde
Ved Issus, Gaugamela, Granicus,
Den monne ved sin Sølverlyd forvolde,
At glemt blev Tabet hist ved Ephesus;

Og Morgengry bestraalte Alexander —
Forbauset skued Asien hans Gang:
Trods scythisk Ulv og Maar, trods baktrisk Panther,
Han dengang greb i Verdens Løftestang;
En Regnbue hvælves over Philipsønnen,
Men mørk Foragt bedækker Herostrat;
See! her er Straffen, hist Du finder Lønnen,
Saa fældes Dom i Clios strenge Stat. — —

Men i Historien gjentaget vorder
De svundne Seclers mystiske Musik —
Det er, som gjennem gribende Accorder
At Alexander atter livfuld gik:
Der var i Nord et Tempel reist for hende,
Hvem vi betragte som den Kydskeste,
Dianas og Minervas rene Frænde,
Den, hvem vor Konge tidlig elskede:

For Broderenighed i Trillinglandet
Var Templet reist; glemt var alt Oxens Hug
Paa Stockholms Torv; glemt var det meget Andet,
Som havde voldet Danmark Sorg og Suk;
Det Toug var stærkt, det Net uskyldigt flettet,
Der skulde bringe fange Ven til Ven —
I Templet slog et Lyn fra Cabinettet,
Og Politiken kasted Faklen hen!

O! det var Synd! De unge Brødre vilde
Her midt i Norden bygget Ephesus:
Hver meente Templet vel og Ingen ilde,
Og dog sank Bygningen i Støv og Gruus;
Men vist engang i Tidens Fylde kommer
For Trillingerne Manddomsværtens Stund:
Da blier i Upsal og Christiania Sommer,
Da staaer i Blomster Sorøs Bøgelund!

I Tidens Fylde kommer Philipsønnen
Og kaster Straaler fra den mørke Sky;
Og det skal mærkes grandt paa Poplen, Rønnen,
I Kongsgaard, som i Skov, paa Mark, i By;
Maaskee han født er i den samme Time,
Da Lampen sluktes i vort Ephesus;
Om tyve Aar maaskee han lægger Grime
Paa hvad for os er en Bucephalus!

Som en politisk Christus vil han vise
Sit Aasyn under Flammedaab af Lyn,
Og vore Børn vil flokkes, for at prise
Det længst forjættede, det elskte Syn;

Som driftig Mægler, sendt fra høie Guder,
Belsignende han strækker ud sin Haand,
Og hine gordiske, fiorgamle Knuder,
Dem hugger over han med Ord og Aand!

Thi, unge Brødre: taber ikke Modet,
Troer ei, at Verden evigt blier en Grav!
Husk: Tiden er som Havet: stundom sovet
Og mørkt, og stundom blaat er dette Hav:
Uklart for os er Bølgens dybe Rige,
Søslangen lurer slimet, dorsk og stum —
For vore Børn vil Aphrodite stige
Med Muslingskallen udaf hviden Skum!

Da, Brødre! da skal Ephes-Templet bygges,
Til Hvælving vorder Skjønheds-Muslingskal!
Trods Politiken skal det Brødre lykkes
For aandigt Fælleskab at reise Hal.
Mén midt i Templet hugges Monumentet
For Moses, der har ført til Canaan, —
O! gib da blot paa Marmoret stod prentet:
„Kong Christian og Konning Carl Johan!‟

---

†

Kjøbmand Geismar i Nyborg.

Man reiser til fremmede Byer
Og forlader den daglige Dont,
Man aner ikke de Skyer
Paa den fremmede Horizont.

Man vil gjensee de savnede Venner,
Man vil smile til deres Smiil —
Da grave Graverens Hænder,
Da plantes den grædende Piil.

Igaar jeg vilde Dig træffe,
Vilde have en fælles Dag, —
Da kom mig din Liigvogn imøde,
Paa Skibsbroen vaied et Flag.

Af! aldrig „under tre Øine“
Vi skulle samtales meer!
Først under fire bedre
Igjen vor Samtale skeer;

Først i et skjønnere Landskab,
End de smukke, Du faldbød her,
I en blankere Morgenrøde,
I et mildere Fredens Skjær!

Der, gamle, trofaste Geismar!
Seent eller tidligt vi sees,
Hist oppe paa Buudtmagerloftet
Der atter skal spøges og lees.

Ved Urnen frugter ei Tænken,
Kun Tillid til Himlens Blaae. —
Guds Barmhjertighed over Enken
Og over de stakkels Smaa!

✝

Beate Albertine Sporon,
født Koefod.

———

Saa blev den Urne meislet endelig,
Der skulde Støvet af den Elskte gjemme,
Og i et mystisk Fjerne tabte sig
Den velbekjendte moderlige Stemme!
Men gik end denne bløde Mollaccord
Til andre, lyse Tonelande bort,
Et venligt Echo blev dog her tilbage,
En Lyd af stille Fred og ei af Klage.

Blidt løstes Sløifen for den Blides Aand,
Og ingen Piinsler qvalte Aandedraget;
Og Solen steeg i Purpurklædebon,
Fast førend Aanden aned, at det daged!
Og Lyset voxede til lifligst Dag —
En Luftning blid, et sagte Vingeslag,
Og fra den Slægt, som moderlig hun favned,
Hun gik til Andre, som hun havde savnet.

O! rids i Marmoret en venlig Haand,
Der klapper Barnets Kind; en Haand, som spreder
Blandt Yngre Blomst og Frugter ud; en Aand
Som signende kun efter Armod leder ——
See! det var gamle Oldemoders Haand,
See! det var hendes Tænken, hendes Aand!
Begrædt hun vorder i sin Hjemstands Sale,
Begrædt og savnet dybt i Armods Dale.

Belsignet være Du! Du havde seet
Vor Barndomsverden af det Ældre stige!
Til os Du venligt smilet har og leet
Som Blomster fra et andet Planterige!
— Hvad er et Suk? det er en skyldt Tribut,
Det er vort Hjertes helligste Minut —
Tag dette Offer, Du vor døde Moder,
Og glem ei os i dine lyse Kloder!

Vi Yngre lærte andet Alphabet,
Vi lærte vor Tids Lærebog at stave —
Men lige venligt har Du til os seet
Og hegnet Nyt ind i den gamle Have!
Belsignet være Du — et Barn har Graad;
Den Boxnes Kind bli'er saare sjelden vaad;
Den Boxne kan kun dybt og stille sukke,
Naar over Urnen Høien de tillukke.

Prolog.

(Fremsagt af Directeur Müller før Opførelsen af „Ørkenens Søn.“)

Hvad er en Skuespiller paa Jord?
Og hvad er hans Slægt i Syd og i Nord?
Han haver ei blivende Hvilested,
Fra By og til By gaaer hans vildsomme Fjed,

Tidt praler hans rødtbemalede Kind,
Mens Mørket beherfker hans stille Sind,
Og Theaterlampernes funklende Skin,
Det trænger ei altid til Sjælen ind!
Udvortes prunker en Ridderborg,
Men Ingen kjender dens Eiers Sorg;
Paa Himlen glimrer hver Stjerne klar,
Men mon dens Beboer ei Sorrig har? —
Hvad er vel en Skuespiller paa Jord,
Hvad er han med rene, klare Ord?
Hvad han er? vi sande det tidt iløn, —
En Skuespiller er Ørkenens Søn!

For ham ligger i Uvished strakt
Den hele Verden; hans Øie, hans Takt
Maa vise ham, hvor han i Ørkenen skal
Opslaae for Øieblikket sin Hal.
Der springer ei Kilder for hans Fod,
Han skal søge dem op med stadigt Mod,
Og ofte falder det ei saa let
At finde Oasens græsgrønne Plet;
Og tidt er sparsomt paa vildene Vei
Det Sted, hvor der blomstrer en duftende Mai,
Og Teltet maa flyttes hurtigt og tidt,
Før Ørkenens Søn kan aande frit!
Men har han saa fundet en Kilde klar,
Da vorder Pladsen ham dyrebar:
Han elsker Stedet, og mangen Nat
Han mindes det, naar han har det forladt,

Og gives der atter ham Leilighed,
O, tro mig! han søger det samme Sted!

See! vi ere Ørkenens fattige Børn,
Zigeunerne fra den vilde Tjørn!
Vi søge det kjære Sted fra ifjor,
Hiint venlige Bifald og milde Ord.
Hvis Minde stadigt i Hjertet boer!
Men hvis en opmuntrende Yndest i a a r
Ved Flid og Stræben vi a t t e r faaer,
Da skjænkes os Kunstens høieste Løn:
Riig er da Ørkenens vandrende Søn!

---

†

Sophie Margrethe Barfod,
født Hempel.

„Mylten har forelsket sig i Dig.‘
Romeo og Julie.

O, hvor skjønt er Livet! hvo vil gjerne
Flytte fra den friske, grønne Jord,
Selv gaaer Veien til en deilig Stjerne,
— Som maaskee kun er et — Meteor?
Døden eier ingen Skjønhedsglands,
Tomhed boer kun i dens stille Haller;
Duft og Blomst har Livets rige Krands,
Naar den ned om Ungdomslokken falder.

Døbens Engel elsker dette Liv
Og misunder det, hvad Gud har givet:
Den misunder dette Skaberbliv,
Som fremkogleb mægtigt Jordelivet.
Sært begeistret stirrer Englen paa
Just den Skjønneste, den seer paa Kloden;
Den vil elske varm sig! ak, men maa
Trøstesløs bestandig flytte Foden.

Du, som i din Ungdoms lyse Dage,
Moder til saamange kjære Smaa,
Maatte fra det elskte Hjem bortdrage,
Til en ukjendt Plet paa Himlens Blaae! —
Denne Skilsmisse har været tung,
Tung som Taaren paa din Huusbonds Kinder!
Elskende og elsket, god og ung —
Nu er dette Alt kun stille — Minder!

Ikkun Minder om en udslukt Vaar,
Kun et Pust fra Edens tabte Have,
Kun et Drømmebilled fra igaar,
Een Grav til blandt Haabets tusind Grave!
O! men gjemmer disse Minder, I,
Som har kjendt og elskede Sophie;
I det Svundne slumrer Trylleri,
Der er Klang ved det, som nu maa tie! —

Stakkels Børn! naar Eftertanken kommer,
Naar den lille Pande bliver stor,
Gaaer da flittigt, Vinter som og Sommer,
Hen hvor Urnens Græbepile groer!

33*

Og bli'er Tiderne for Sindet haarde,
Beder da ved Moders Gravsted blot:
„Gid vi maa paa Jord som hende vorde,
Da vil Gud nok lønne os det godt!"

Skildt-Tale,
ved Murer-Laugets Skildtflytning i Odense
den 26de Juni 1844.

Et Skildt er dog et herligt Tegn,
Og det bør holdes høit i Ære,
Det viser Vandreren fra fremmed Egn,
Hvor der er godt at være.

Den trætte Vandringsmand, som bar
I Solskin Randselen paa Ryggen,
Han veed, naar han bli'er Skildtet vaer,
Hvor han kan hvile sig i Skyggen.

Han veed, at Huset, hvor han Skildtet seer,
Besøges af hans gamle Venner,
At der af Hjertensgrund hver Broder leer,
Mens Kruset gaaer blandt flinke Hænder.

Den største Murer er den tause Drot,
Som tidligt mured Firmamentet:
Han bygged hele Verdens Slot,
Der staaer den Dag idag, som det var prentet.

Han bygged kunstigt den solide Jord,
Saa ei Kometerne den rokker;
Han brugte gode Steen i Syd og Nord,
Men vraged alslags Affaldsbrokker.

Hans store Skildt er malet blaat
Med mange Glimmerpunkter inde —
Løft eders Øie op mod Himlen blot,
Der vil I Skildtet finde!

Hans Børn er Alle her paa Jord,
Men Murerne dog først af Alle,
Og hvo, der ikke dette troer,
Han paa sin Sjælesørger kalde!

Og da vil Præsten Eder sige, at
Det babylonske Taarn blev reiset,
Hvorved at Ufredsfanen brat
Blev ved en Sprogforvirring heiset.

Det Samme er fornylig skeet
I Slesvigs Hertugdømme,
Men hvem blandt Sprogene der bliver beet,
Derom endnu vi kun kan drømme.

Forresten er vort gamle Laug
Høit hæbret i saamange Lande,
At Tidens bidske, hvasse Saug
Kan aldrig Lauget overmande.

Ved Templet i Jerusalem, hvo mon
Arbeided flinkere og bedre,
End de, der hented Steen fra Libanon,
Mens Tømmerne tog Cedre?

Reis til Ægypten, der hvor Storke staae
Paa qvartmiils Pyramider!
Bygmesteren kan vel forgaae,
Men Værket staaer til alle Tider.

Reis hen til Rom, da kan Du see
Den stolte Sancte Peters Kirke,
Og see, hvad der ved Hænderne kan skee,
Naar Kløgt og Kunst tilsammen virke!

Og tænk paa Hamborgs store Brand,
Ruinen af de sjunkne Taarne,
Det Slag, det føltes vidt om Land, —
Nu døbes Hamborg: „den Nybaarne!“

Da Flammen udi Christiansborg
Nedstyrtede de høie Tage,
Da var der over Danmark Sorg,
Og det var en af Smertens Dage;

Men see! forynget stander nu
Den danske Kongebolig,
Og Kronprinds Frederik glad i Hu,
Han boer der tryg og rolig;

Held over ham! — og skulde Prindsen end
Forjages af den vilde Flamme,
Vi bygge Slottet op igjen
For Danmarks gamle Kongestamme!

Og ingen Tydster skal faae Lov
At spille Mand i danske Huset,
Før Hesten gaaer foruden Hov,
Og Folket er i Gruset.

Vi bygge vore Huse godt,
Og ere selv i Huset Manden,
Men rager fremmed Mand i vores Pott',
Saa skal da ogsaa Fanden — —

Men ikke mange Ord nu meer,
Nu gaaer jeg til de Skaaler
Og drikker disse, fleer og fleer,
Og altid meer og mere Leer,
Indtil jeg Meer ei taaler!

---

†

Johannes Thune.

Ogsaa Du! ja, hvorfor ikke!
Alle stimle vi jo hen
Til det Maal, som venligen
Slør har skjult for vore Blikke.

Intet Storkors frier fra Kisten,
Ingen Pengepung fra Graven;
Verden er jo Døbninghaven,
Drot og Bonde staae paa Listen.

Gaa med Fred din stille Gang,
Gaa til dine gamle Venner,
Til de forudgangne Frænder,
Under dæmpet Psalmeklang.

Der var Liv og Kraft og Lune
Hos Dig her paa kolde Jord,
Der var Mere, gamle Bro'er!
—— Hjerte havde Bonden Thune.

Førend Kisten heelt sig slutter,
Sende vi Dig Takken hen
For de funklende Minutter,
Som Du skjænked hver din Ven!

——— Kold er Jorden nu, den lover
Ingen Blomst til næste Aar,
Og dog kommer der en Vaar!
„Den er ikke død, den sover!"

Dødens Kulde har sig over
Vennens Bryst og Pande lagt!
Dog bli'er han tillive bragt
I en herligere Dragt
Med Opstandelsen i Pagt ——
„Han er ikke død, han sover!"

Bordsang.

(Den 26de December 1844)

See alle de pragtfulde Fester,
Hvor ved et fornem pyntet Bord
Iblandt de suurmulende Gjæster
Ei yttres skjemtsomt Ord!
Hvor man med Rødme skammes ved
At see uskyldig Munterhed,
Og hvor det mod Anstanden strider
At sige: „Skaal, Madam!"

Til Sprogs med Ceremonier!
Her sidder man i buntet Rad.
Paa Døren med Hver den, som tier
Og ikke synger glad:
„Skaal, Nabo, Skaal! jeg ønsker Dem
Smukt Nytaar udi Deres Hjem!"
Men sidder en Jomfru ved Siden:
„En Mand forinden Aar!"

Men i alle Fester dog Kronen
Er Qvinden med sit dybe Sind!
Hun angiver smilende Tonen
Og fører Glæden ind!
Hvad Under, om vi derfor nu
Vil synge med taknemlig Hu:
„Den kjære, den huuslige Qvindes,
Den danske Mutters Skaal!"

Et Svar til min Svoger.

„At oversætte Byron!" — Søde Bro'er!
Der Du forlanger vist for Meget:
Jeg elsker Byrons Pegen hen mod Nord,
Men aldrig den Mand, der har sveget
Det engang givne, hellige Ord,
Hvad heller sveget tause Løftet om
Som Pair at værne Folkets Helligdom! —
— Lord Byron! Du, som døde,
Da Helios med pragtfuld Morgenrøde
Henkasted Lysskjær over
De svovlblaae, smukke græske Bover!
Lord Byron, Du, jeg kjender Dig,
For min Aand staaer Du som umaalelig.

Og Dig, Lord Byron, hvem i Ungdomstide
Begeistret jeg har slugt og æbt,
Dig skulde jeg nu døsigt slibe
Og oversætte paa et Tavlebræt!
Der er Formeget, Byron, end tilbage,
Før jeg din Støvlepudser bli'er:
Jeg lever end i Kraftens Dage,
Og bortskudt er ei Hjortenes Gewier!

Selvstændig vil jeg staae og virke,
Opnaaelig i Feiltrin, søde Bro'er!
Men uopnaaelig udi at dirke
Paa den Laas, Republikken har i Nord.

Ja, kjære Ven! det er vel sagtens store Ord,
Men jeg forsikkrer Dig og Hver, som troer:
Der forestaaer vor Verden en ny Kirke!

En Kirke lys, en Kirke stor,
Et helligt Tempel, som sig smukt skal hvælve
Fra, hvor Kamschatkahvalens Næseboer
Med Sprublen bringer Isen til at skjælve,
Hen til, hvor Jesuiten i den varme Zone
Beaander Pavens Tøffel med et Slik
Og gaaer i Seng saa med en Andens Kone,
Alt efter god og gammel Skik.

Den Kirke, den skal bygges! Aandens Kraft
Skal ved vor Ungdom heise Krandsen
Paa Bygningen: Kraft have havt
De Gamle, men de er gaaet bag af Dandsen.
Men ingen Byron bygger dette Huus,
Og ingen Lord kan tømre den ny Verden:
En simpel Mand skal af det simple Gruus
Omforme Jorden, byde ny Gebærden.

Et lidet Barn laae udi Bethlehem,
I Hestekrybben, svøbt i Pjalter;
Hans Billed staaer i hver en Christens Hjem,
Portraitet sees fast paa hvert Alter:
Det var en Gud, — det veed vi nok —
Men i sin Skikkelse han vandred
Fra Tømmermandens simple Flok,
Og Klodens Hjulgang han forandred!

Lord Byron! Det kan ikke Du!
Jeg elsker Dig, men vil ei være Slave!
Paa Nul staaer muligt mit Talent, min Hu,
Og Du kan mange flere Grader have!
Men een Ting forbeholder jeg mig dog:
„Jeg vil ei være Byrons danske Drog!"

Og dog! for Diet glide de henrundne Tider:
Jeg har Dig elsket, Byron, og forstaaet!
Du leed af Høisind og — hvad Legemet lider,
Du var en Guldmønt for en bedre Verden slaaet.
Du er en Mønt, heel gangbar udi Coursen,
Men aldrig, Milord, skal Ressourcen
Til Livsophold jeg søge ved
At plante libanonske Ved
Paa en uhjemlig, om end vakker Bred.

---

†

Christian Otto Frederik Demant.

Naar Drengen hendøer i den aarle Stund,
Da møder han i Gudshimmel
Saamangen, der forhen fik sit Blund,
En ukjendt Børnevrimmel:
De Alle sige: „velkommen her!
Her boe vi saa smukt i Stjerneskjær."

Men Moderen klager: „hvorfor dog
Saa tidligt trods Kindens Rødme?"
Ak! Evighedsbien ofte drog
Fra Uskyldiges Bryn og Pande
Ved smilende Aaers Vande
Sin Honning af Foraarets Sødme!

Lad Orgelets dybe, varslende Klang
Kun minde om, hvad bli'er forgjættet!
Det er ikke den store Svanesang,
Som Bibelen har forjættet.

I Himlen bruser et Orgel, som
Vil trøste ved Gjensynets Møde;
Der kommer en hellig, forventet Dom
Over Børn og Forældre døde.

Der skal vi Alle samles vist,
Moder og Fader og Sønner;
Der skal vi boe i en lysere Qvist,
Og Aanden vil funkle med klarere Gnist
Og, bøiet for Gud og Jesum Christ,
Udfolde sig mildt i Bønner.

———————

nmærkninger.

1ste Bind.

I. „Min Broders Levnet", Fortælling af Johannes Har=
ring, udkom i Tidsrummet mellem 20de Februar — 20de
Marts 1835. 2det Oplag 1847. Paa Tydsk ved Julius
Reuscher, Berlin 1847 *).

S. 30 L. 9 f. n.: } Her, som mangfoldige andre Steder,
S. 41 L. 10 f. o.: } sigter Forf. til bestemte, bekjendte
Personer og Begivenheder; ved den
unge Maler er meent Bendz.

S. 48. Som bekjendt florerede Tallotteriet paa den Tid,
Bogen er skrevet.

S. 109 sidste L.: Capellets Enkekasse, det vil sige det kgl.
Theaters Capels, hvis Enkekasse formodentlig stod paa svage
Fødder.

S. 142 L. 11 f. n. Det var hyppigt Tilfældet paa den
Tid, at en Barbeer uden akademisk Forberedelse blev Professor og
erholdt Ret til at praktisére som Chirurg.

II. „Pedellens Datter" er saavelsom den efterfølgende For=
tælling rimeligviis skrevet, endnu medens Bagger opholdt sig i
Sorø; idetmindste findes i Petits „Digte fra Rustiden" (1828)
Side 37 et „til C. B., da jeg havde læst hans Helge Hjorvards=
søn." Formodentlig senere omarbeidet findes det første af de
nævnte Smaastykker trykt i Søndagsbladet 1835 Nr. 14 og 15

---

*) Efter godhedsfuld Meddelelse af Hr. Professor H. C. An=
dersen var der alt tidligere i Hamburg udkommet en tydsk
Oversættelse, der imidlertid paa Titelbladet nævnede ham
(Andersen) som Forfatter til Bogen.

(under Pseudonymmærket Johannes Harring) og det andet i Nr. 18 og 19 (under Forf.'s egentlige Navn.) Endelig har ogsaa „Stamhuset i Northumberland" været publiceret i bemeldte Blad (efter hvilken Redaktion nogle Rettelser i nærværende Udgave) under Mærket Henrik J. (Nr. 22—25); alle tre optoges senere tilligemed „De Sammensvorne" i „Digtninger".

„Erindringer fra et Ungkarls=Liv i Kjøbenhavn" (uden noget Forfattermærke) trykt i Søndagsbladet 1835 Nr. 27 og 28, er sandsynligviis oprindeligt blevet til som Spalteføde i Mangel af andet Manuscript. Ikke optaget i nogen af Forfatterens Bøger.*)

„Strøtanker" tidligere utrykt.

S. 337 L. 4 f. n.: „Sanderumgaardshave", — nogle Digtninger af Mathias Winther, Kbhvn. 1824.

2det Bind.

I. „Dronning Christine af Sverrig og Monaldeschi" var af Forf. forsynet med følgende Anmærkning:

„I en meget tidlig Alder læste denne Tragoedies Forfatter Beretningen om Monaldeschis Henrettelse i Gutfelds historiske Skildringer. Detaillen indgjød ham Rædsel, og hans Nysgjerrighed pirredes ved den Om= stændighed, at Indholdet af de Breve, som egentlig styrtede Monaldeschi, var og blev en uafsløret Hemme=

---

*) Dette Arbeide af Bagger var aldeles forglemt, og ingen Oplysning fandtes derom. Efterat Udg. havde været saa heldig at finde det, er det imidlertid bestemt godkjendt som hidrørende fra Bagger, — baade af dennes Enke og flere Andre.

lighed. Senere gjennempløiede Forfatteren Archen=
holtzes volumineuse „historische Denkwürdigkeiten, die
Königinn Christine betreffend," og tog hvad han kunde
bruge deraf. — Sentinelli og Grev Gustavson,
en uægte Søn af Gustav Adolf, ere Begge historiske
Personer. — Van der Veldes Roman: „Königinn
Christine und ihr Hof," har den danske Forfatter ikke
læst, men derimod vel Alexandre Dumas's »Stock-
holm, Fontainebleau et Rome, trilogie dramatique.«
Den franske og den danske Forfatter have slaaet hver
sin Vei ind, men den danske Forfatter maa tilvisse vee=
modigen indrømme, at Alexandre Dumas er ikke
alene noget ganske Andet, men ogsaa noget meget Bedre end

Carl Bagger.

„Cromwells Søn" blev 1844 indsendt til den kgl. Theater=
direktion, men opnaaede aldrig at komme paa Scenen. At dets
Opførelse imidlertid var paatænkt kan bl. A. sees af nedenstaa=
ende Brev, hvilket Udgiveren tillader sig at aftrykke:

Kjøbenhavn 3. Marts 1845.

Det er mig særdeles behageligt, Høistærede, at
modtage et Brev fra en Mand, for hvis Talenter jeg
altid har havt Agtelse, og hvis Udvikling jeg har fulgt
med Interesse. Naar De imidlertid først idag erholder
mit Svar paa Deres Skrivelse af 23de Decbr. f. A.,
saa maa De ikke betragte denne Omstændighed, som om
den var i Modsigelse med ovenstaaende Yttring. Jeg
har nemlig bestandig ventet paa en bestemt Afgjørelse
angaaende Deres lille Arbeide, for at meddele Dem en
saadan, og dog er jeg endnu idag ikke istand til at give
Dem et ganske officielt Svar. Dog vil jeg ikke længere
opsætte at skrive Dem til, men vil meddele Dem den

foreløbige Underretning, at Stykket efter al Sandsyn-
lighed vil blive benyttet ved Theatret, saasnart det bliver
muligt at bringe det paa Scenen, nemlig, naar de
mange andre Nyheder, der ere bestemte til Opførelse i
denne Saison, give Plads for det. Saasnart det skeer,
skal jeg give Dem nærmere Efterretning derom.

Stykket er ret interessant, og hvad Oversættelsen
angaaer, da er det jo et sandt Kunststykke at reducere 5
Acter til 2. Denne Reduction har blandt Andet det
Gode, at man forskaanes for en Mængde Details, der
ikke ere synderlig Andet end Gjentagelse fra Scribes andre
Stykker i samme Genre. Vel er imidlertid derved Et
og Andet gaaet tabt, som er piquant og underholdende.
Snarere vilde jeg dog indvende mod Deres Bearbei=
delse, at De har sat Deres egen, stærkt udtalte politiske
Anskuelse i Stedet for den politiske Indifferentisme, som
Scribe næsten altid producerer i sine politiske Stykker,
og derved taget det Ironiens Moment ud, som er
characteristisk for denne Forfatter, hvorved Bearbeidelsen
har faaet et alvorligere, for ikke at sige tungere Præg
end Originalen. Imidlertid kan dette ikke være til
Hinder for, at Stykket bliver antaget og opført i den
Form, De har givet det, og det vil, efter al Sand=
synlighed, ogsaa blive Tilfældet, saasnart blot Tiden
tillader at tage det for.

Jeg beder Dem modtage Forsikkringen om min
Høiagtelse.

Deres ærbødigste
J. L. Heiberg.

S. T.

Hr. Carl Bagger.

Stykket blev senere opført i Odense af Langes Selskab
(Vinteren 1845, første Gang 5te Decbr.).

11. Side 259. Illustrationerne til Digtet „Ønskerne" (der lidt forandret, første Gang blev trykt i „Flyvende Post" 1827 og er skrevet 1826) skyldes vor berømte Tegner, Lorenz Frøhlich, og findes oprindelig i M. Goldschmidts bekjendte Tidsskrift „Nord og Syd".

S. 261. De fire første Strofer med enkelte Forandringer i „Min Broders Levnet" S. 134; vistnok fra 1825.

S. 265. Cfr. H. C Andersen, „Mit Livs Eventyr", S. 73.

S. 266. Ove Thomsens: Nyt Aftenblad ⁴/₁₁ 1826 (mrkt. C. B.)

S. 268. En enkelt Rettelse efter Ove Thomsens: Nyt Aftenblad ¹⁸/₁₁ 1826; i sidste Linie Side 269 har Udg. indsat s o r t e istedetfor t a u s e, hvilken Rettelse Digteren selv havde foretaget i første Strofes sidste Linie, men formodentlig overseet paa førnævnte Sted.

S. 270. Nogle Rettelser efter „Flyvende Post" ²⁵/₄ 1828, og en enkelt (S. 271, 3die Strofes sidste Vers: Til Dronning istedetfor Til Moder) efter Ove Thomsens: Nyt Aftenblad ⁹/₁₂ 1826.

S. 274. To Strofer (hvoraf den ene er en Contraktion af tvende andre) i „Min Broders Levnet." S. 120.

S. 277. Trykt i Petits: Digte fra Rustiden, 1828, under Titlen: Troesbekjendelse (af en Bens Papirer). Bemeldte Forf. har som Slutningsvers tilføiet:

„Skjøndt Pigen ei udjevned Pandefuren
Af Kjærlighed til anden Hjerteven,
Dog hviler ei endnu bag Kirkemuren
I Støv hensmuldret favre Ungersvend."

S. 281. Der vil ofte i Baggers Digtning (see saaledes Digtet S. 290 etc.) forekomme saadanne Vendinger som „paa Spidsen sad den unge Ørn," eller „flygted Du for Ørnen" m. m.; det maa da bemærkes, at Billedet af den nævnte Fugl prydede Borgporten til Basnæs.

S. 282. For nærværende Udgave er „Flyvende Post" ¹⁰/₇ 1827 lagt til Grund, med nogle Rettelser efter „Smaadigte" 1834.

S. 287. „Flyvende Post" ¹⁰/₁₂ 1827.

S. 288. Digterens første Frierbrev, — skrevet ved Juletid 1827.

S. 292. Er i en udvidet og temmelig forandret Skikkelse trykt i Lahdes: Charitas 1836.

S. 298. En enkelt Rettelse fra „Flyvende Post" 25/5 1828. Gervinus fortæller den til Grund for Digtet lagte Anekdote i sit Værk om Shakespeare (I., Side 51); efter ham var det Shakespeares Ven, den berømte Skuespiller Richard Burbadge, hvis Spil som Richard III henrev en londonsk, borgerlig født Pige til den omhandlede Indbydelse.

S. 302. Nogle Rettelser efter „Flyvende Post" 30/5 28.

S. 304. „Flyvende Post" 11/8 28.

S. 306. Lahdes Osfian 1836 Nr. 2.

S. 310. Formodentlig har B., da Petit udgav sine føromtalte Digte, ligeledes havt isinde at publicere en Samling, hvortil da nærværende „Prolog" skulde have dannet Introduktionen.

S. 312. F. J. Hansens „Læsning for den fine Verden" 1830. (mrkt. Ramiro.)

S. 314. Under Titelen: „Indernes Viisdom" trykt i „Flyvende Post" 7/7 28; dog findes der ikkun Digtets 8de, 10de, 14de, 15de og 16de Strofe, tilligemed en — i den senere Udgave udeladt — Indledningsstrofe.

S. 328. Det er ret interessant at bemærke, at Forfatterens Propheti (sidste Strofe) virkelig gik i Opfyldelse: „Søren" blev nemlig Præst i Jylland, og Bagger selv jo Redakteur i Odense.

S. 337. Rettelse efter „Nyt Repertorium for Morskabslæsning" 21/9 1833.

S. 365. Under Titelen: Herregaarden omsluttedes i „Smaadigte" 1834 saavel nærværende (med Undertitlen: Foraaret) som ogsaa det S. 294 optagne Digt.

S. 367. Den i sidste Strofe omtalte Liigsteen findes endnu i Basnæs Have, tæt ved et Lysthuus (formodentlig det senere hen i Digtet omtalte), hvor talrige indskaarne Navnetræk minde om Digteren og om Herregaardens daværende Eiere.

S. 388. Rettelse efter „Kjøbenhavnsposten" (Nr. 118) 1834. Det efterfølgende Digt skriver sig fra en lidt senere Tid.

S. 400. Første Strofe hentyder til Chr. Winthers danske Bearbeidelse af Speckters Fabler for Børn samt til Hertz's og

H. C. Andersens Udenlandsreise. — „Rigets Stænder" — de af Frederik den 6te sammenkaldte raadgivende Provindsialstænder.

S. 406. Samtidigt med Bagger underkastede 8 Andre (der= iblandt Wendelboe) sig den første examen artium, der afholdtes ved Sorø Akademi. — De „tre Digtere" (S. 407) i Sorø vare Ingemann, Wilster og Hauch.

S. 408. Udkom særskilt 1835 — en Maanedstid efter „Min Broders Levnet" — under Mærket Johannes Harring og med Motto:

> „Store Bøger kjøber Ingen,
> Smaat og godt er hele Tingen."

S. 428. Dette, saavelsom det efterfølgende Digt, har For= fatterens Enke meent maatte være skrevet senest 1830. Foruden at B. imidlertid neppe paa den Tid kunde klage over at „skrabe bunden, til Korrekturerne parat," vilde det ogsaa være underligt, at han — under bemeldte Forudsætning — skulde have ladet Digtene henligge til 1836 (i „Digtninger").

S. 437. H. P. Holst: Nytaarsgave fra danske Digtere, 1837.

S. 445. Bogtrykker Hempel — Baggers daværende Prin= cipal — var Medlem af Stænderforsamligen.

S. 453. En enkelt Rettelse efter H. P. Holst: Nytaarsgave f. d. D. 1837.

S. 464. Anmærkningen efter nysnævnte Nytaarsgave for 1838.

S. 466. Hempels „Bidrag til Tidshistorien" 1837, Nr. 30.

S. 468. I „Fyens Stiftstidende" 1837 Nr. 11.

S. 488. Originalen til dette Digt (af W. Hocker) findes i „Hamburger neue Zeitung" 25/11 1840. Efter „Fyens Stifts= tidende" s. A. anføres Følgende: „Machbuba nedstammede fra Syd=Abyssiniens bjergfulde Høilande, hvor hendes Fader var ansat ved et lille Hof. Da hun omtrent var 11 Aar gammel, blev hendes Fædreland hjemsøgt med Krig, hendes Fader og Brødre dræbte, og hun selv, tilligemed en ældre Søster, ført i Slaveri. Den Sidste solgte Seierherrerne paa Slavemarkedet i Gondar, den Første, som førtes længere bort, kjøbte Fyrst Pückler omtrent 1835 i en lille By i Øvreægypten. Hun ud= mærkede sig ved Blidhed og et ufordærvet barnligt Sindelag. ved Troskab og Hengivenhed til alle dem, som stode hende nær. Omtrent 16 Aar gammel døde hun.

S. 489.   „Fyens Stiftstidende" 1841, Nr. 1.

S. 490.   Sammesteds 1841, Nr. 95.

S. 492.   I „Øieblikkets Børn" er Digtet feilagtigt henført til 1845.

S. 494.   „Fyens Stiftstidende" 1841, Nr. 163.

S. 500.   Sammesteds 1842, Nr. 199.

S. 506.   Skrevet, da Constitutionen af den skandinaviske Forening blev forbudt af Regjeringen 1843.

S. 512.   Hempels „Bidrag til Tidshistorien" 1843 Nr. 44.

S. 521.   Sammesteds 1844, Nr. 52.

S. 524.   „Fyens Stiftstidende" 1846, Nr. 136.

☞ — Af „Øieblikkets Børn" er i nærværende Udgave udeladt følgende Digte: „Stambogsvers" (S. 110), „Afskedsepilog", „Prolog" og „Epilog" (S. 154—59), „A. S. Ørsted" (S. 177) samt det i „min Broders Levnet" S. 32 optagne: „Formaning" (S. 173).

Anmærkninger og Bilag til Biografien.

———

I.   I Vaccinationsattesten hedder det, at „Hr. Justisraad Bagge's (sic!) Søn, Carl Christian, født i Kjøbenh. og boende i Landemerk*) er Aar 1810 d. 4de Juny, 2 Aar gl. (sic!) indpodet" o. s. v.   Attesten, der er undertegnet af „Birch, Chirurg", er imidlertid dateret den 27de Marts 1816, og kan derfor maaske neppe ansees for paalidelig, særdeles, da Aldersangivelsen er absolut falsk. — Det kan iøvrigt her bemærkes, at Baggers Fødselsdag er blevet meget forskjelligt bestemt; Digteren selv angiver den etsteds (cfr. det nedenfor meddelte Brudstykke af en Autografi) til 10de Mai, og i Confirmationsbeviset (han blev confirmeret af Pastor Sommer i Sorø, Aar 1823, 1ste Søndag efter Paaske) henføres den endog til 30te Juni.

II.   Lærernes Bedømmelse af Bagger kan tildels sees af nedenstaaende Vidnesbyrd:

———

*) Faderen boede i Compagnistræde.

Lærernes Bedømmelse over hans Evner, Flid og Sædelighed i det forløbne Skole=Aar.

1.

C. C. Bagger Eleve, et fleersidigt men flygtigt Talent, der stundom forleder ham til Lattermildhed og anden Udbrud af Letsind, men paa given Advarsel let at bøie til det Gode. Hans Opførsel og Sæder i Opdragelsesanstalten ulastelige.

Tauber*).

Denne Discipel kunde ifølge sine Anlæg udrette meget, naar hans Flid og Opmærksomhed var bestandig. Hans Fremgang i Historie og Geografi er imidlertid god. Han tager let mod Indtryk. Jeg har det Haab, at han vil stræbe at give sin, som jeg mener, ufordærvede Charakter større Fasthed.

H. F. J. Estrup.

Bagger synes at have meget gode Anlæg, men er endnu, om end med de bedste Forsætter, dog altfor ustadig saavel i sin Flid, som i alvorlig Jagttagelse af den nødvendige Skoleorden.

Ingemann.

Denne Discipel mangler vist ikke Anlæg; men derimod Flid og Opmærksomhed. Med denne Eleves Opførsel har jeg Aarsag at være misfornøiet**).

Kielsen.

C. C. Bagger har gode Anlæg og viser for det meste tilbørlig Flid og gjør god Fremgang. Med hans Opførsel er jeg vel tilfreds.

N. Fogtmann.

Denne Discipels Flid er dog noget forøget hos mig. Naar

---

*) Var paa den Tid Rektor ved Skolen.
**) Denne Dom var kun fremkaldt ved B's sædvanlige Uro= lighed i Skoletimerne.

han vil anstrænge sig mere og ikke stole formeget paa sine vistnok lykkelige Anlæg, vil han kunne gjøre hurtige og store Fremskridt. Ihenseende til Skoleorden bemærkes: at han nu hos mig langtfra ikke saa tidt som før trænger til Paamindelser.

C. Fr. Molbech.

B— har gode Anlæg men gaaer langsomt frem.

Hjort.

Et flygtigt men lyst Hoved, som ved mere anstrængt Flid og mindre Barnagtighed kunde bringe det meget vidt.

Wilster.

Sorøe den 28de Juli 1823.

2.

Denne Eleve, af Characteer og Opførsel godmodig, men noget for lattermild, viser god Flid, men synes at kunne vise bedre, har Sproggenie og belletristisk Disposition, der, ledet ved grundigt Studium, kan bringe Frugt.

Sorøe den 31te Juli 1824.

Tauber.

3.

Denne Eleve har viist kjendelig Forbedring i Hjemmeflid og Opmærksomhed i Skoletimerne, og hvor Spor af Letsindighed have yttret sig, have disse sædvanlig funden Undskyldning i hans af Naturen flygtige, men godmodige Charakteer. I sine Fritimer viser han megen Sands for ædle Selvbeskjæftigelser.

Sorøe den 31te Juli 1825.

Tauber.

III. Det første Digt, der kjendes af ham, er et lille Impromptu: „Farvel til Nr. 2*) (især Schack) efter Æblegildet den 29de November 1822."

---

*) De forskjellige Værelser paa Sorø Akademie vare og ere endnu numererede.

Nu vi for Aftnen takke
Ydmygeſt og for Frugten;
Vi os nu muntre pakke,
Og kun Jer giver Lugten.
Hvad kan I vente mere?
Farvel Herr Marcus Tage!
Har Du ei Æbler flere,
Da gaae vi hjem tilbage.

Vi ile nu til Sengs ſaa fro,
Maven ſom en Tromme!
Hurra! Leve! Nummer to, —
Nu er Feſten omme!
Herr Morpheus kræver Hvile,
Vi ham bør adlyde,
Og raſk til Sengen ile,
Naar han vil det byde.

God Nat! vor Ven Herr Tage!
Vi os nu muntre ſkille,
Froe ſamles alle Dage,
Vi jo Alle ville.
Vivat vort Academie!
Og Tage vor Trakteur,
Vivat dette Compagnie!
Tres humble Serviteur!

Bagger.

IV. Efterat H. C. Anderſen havde forladt Slagelſe ved-
ligeholdtes Samkvemmet mellem ham og Bagger ved Corre-
ſpondence: ſom et af den Sidſtnævntes Breve meddeles følgende:

Sorø, Onsdag Aften d. 31. October 1827.

I Sandhed, kjære Anderſen, De har ret Aarſag til
at være vred paa mig; gjerne tilſtaaer jeg det, min ſæd-
vanlige Afſky for at begynde paa et Brev har ved
denne Leilighed opſvunget ſig til et uundſkyldeligt De-
ſpoti over mit bedre Selv og over mine velpræparerede

Penne. Og virkelig begriber jeg ikke, hvorfor Frem=
tagningsactus af et halvt Ark Papiir kan være mig saa
overstadig mobbydelig, da jeg dog med mig selv veed,
at jeg, naar først Pennekniven har gjort sit, med For=
nøielse lader Haanden stryge en klækkelig Portion Linier
fra sig. Nok engang: Tilgivelse, bedste Andersen! hos
mig maae De i det Hele ikke ville maale min virkelige
Kjærlighed til Dem efter Brevenes Antal. Min Ma=
gelighed besværger Dem i denne Henseende, at De vil
tilegne Dem et høiere Civilisationspunkt og at De maae
hæve Dem over de gemene Synsmaader.

Af Hjertet takker jeg Dem (Skam at tale om: m
først) for det mig forlængst tilsendte; dersom De skulde
ville spørge Bagger om hans Mening, da troer jeg vist,
at han omtrent gav „Ingenting og Noget*)", hvor lidet
end det i extensiv Størrelse befindes at være, et stort
Fortrin for „Indepotten"*). Jeg siger: jeg troer det, thi
Manden har ikke villet komme ud med sine Hjertens-
meninger desangaaende. Høist fortræffeligt finder jeg i
Flyveposten Pottemagerens korte, saa at sige bag Cou-
lisserne forefaldende, fyndige Replik . . . . I Kjø=
benhavnsposten saae Bagger forleden Deres døende Barn;
at det var meget mat, kunde jo ikke være andet; alene
Tilværelse i hiint Blad maa være en rædsom Kamp
mellem Liv og Død; desforuden var det jo sygt. Ved
samme Leilighed sagde ellers Bagger mig, at det var
ham en forunderlig Opdagelse, at see Dobbeltgængeriet
overflyttet fra Menneskene til Digte; han haabede imid-

---

*) Digte af H. C. Andersen, senere trykte i F. J. Hansen: „Læs=
ning for den fine Verden" 1829 Side 53, og den „Flyvende
Post" 1827 Nr. 82.

lertid fuldt og fast, at det blot var en forbigaaende Paroxysmus hos enkelte af de meest nervesvage litterære Smaaprodukter*). — Han har nu i det Hele megen utidig Fordom, den kjære Ven, især mod det Rørende, det Sentimentalske o. s. v.

Iøvrigt, kjæreste Andersen, glæder jeg mig inderlig til i Kjøbenhavn til Foraaret, om Nornen vil det, hyppigt og med Hjertelighed at tale med Dem. Denne lille Stad, som De, Velbaarenhed, behager at pryde med Tilnavn af „Stereotypudgave af Lagomaggiore-Egnen", forekommer mig — De veed, man ei kan kjøre gjennem Byen, men bestandig maa vende tilbage ad den Vei, hvorad man kom ind — som en hartad mod-bydelig Blindtarm, hvori jeg selv, et uskyldigt rødmosset Æble, eller noget lignende, er nedsvælget, for der paa en passende Maade at fordøies til et nyttigt Excrement. O Jammer, o Rædsel, i sit eet og tyvende Flammeaar, med alle sine høitflyvende Længsler og Planer, som figura udviser**), levende at nedputtes i en vel tiltolbet Tranflaske; her er Gymnastiken og Voltigen aldeles til ingen Nytte:

> Jeg saae en deilig Qvinde staae,
> Hun hviskte rødmende: „Du maae!"
> Jeg tøved blot et Øieblik,
> Og Skjønhedsfylden brat bortgik.

---

*) H. C. Andersens Digt „det døende Barn", hvorom her tales, havde først været trykt i „Kjøbenhavnsposten", der-efter atter i „Flyvende Post" (cfr. „Mit Livs Eventyr" S. 84.)

**) I Marginen af Brevet fandtes en Tegning, forestillende en tilproppet Flaske, indeni hvilken en lang, tynd Person i sort Spidskjole ved mirakuløse Krumninger af Arme og Been gjør Forsøg paa at slippe ud.

Da græd jeg, græd jeg Barnet liig,
Thi, favre Ungdom, det var Dig! —

En stor Fornøielse, kjære Ven, et stærkt Solskin
ind i Translakken, kunde De forskaffe mig ved jevnligen
at sende mig et og Andet af de Smaating, De vel af
og til udgyder Dem i. Jeg veed nok, at jeg nu har
tabt al Ret til at kræve sligt, men fremtidig Brevflid
fra min Side maa kunne rense mig i Deres Øine.

15de November 1827.

Efter fjorten Dages Forløb tager jeg atter fat paa
mit Brev: hvad vil De tænke? jeg kunde have megen
Lyst til at sønderrive det Hele og atter i fjorten Dage
at opsætte at skrive til Dem, men dengang idetmindste
skal Ladheden overvindes.

Ved at gjennemlæse det jeg d. 31. Oct. skrev til
Dem, seer jeg, at jeg i Slutningsverset forfaldt i en
elegisk Tone. Tro mig, kjære Andersen, det maa have
været fordi det var den sidste i Maaneden, og ved slige
Tider veed De, hvorledes de pecuniære Omstændigheder
som oftest befindes at være. I Søndags gjorde jeg en
Reise til Skjelskøregnen*) og saae der af en Hændelse
hos en mig saare dyrebar Familie et Nummer af Flyve-
posten, hvor der stod et Stykke af Dem til Maanen **);
kjære Ven, det staaer langt tilbage for de foregaaende.

Man troer næsten overalt, at ♮ — er Heiberg,
jeg har erklæret, at det var Dem; man har undredes
over, at De har vendt Dem til det (Gemytlige) med saa

---

*) Basnæs ligger en knap Miil fra Skjelskør.
**) Dette, („Flyvende Post" 1827 Nr. 86) som de øvrige i
„Flyvende Post" optagne Digte af Andersen, bar i den
Tid stedse Mærket ♮ — —.

megen Held. Jeg gratulerer Dem af Hjertet, kjæreste
Andersen; det er altid godt, naar de første Toner gaaer
til Folkets Hjerte; dyrk De indtil videre det satiriske
ell(er) muntre Fag; mig træffer Omverdenen, enten stude-
rende Ariost i Grundsproget, eller grublende over Hegel,
hvem jeg først ved Flyveposten har lært at kjende, og
Byron — det er broget Selskab*). De skal see, naar
De har sprunget over Artiumsgjærdet ind i Philoso-
phiens Karousselplads, — De gier kanskee f o r d e t f ø r s t e
Digteriet Døden og Dævelen.

Lad mig see, kjære Andersen, at De ei er vred
paa mig; jeg skal i Fremtiden være flinkere. Hils H . . .
. . . . . og Dem selv ret hjertelig fra deres trofaste Ven

Carl Bagger.

Skriv, skriv, skriv mig snart til! Sorø er en
Ravnekrog.

V. Digtet til Geheimeraad Poul Christian Stemann —
der i Slutningen af 1826 kaldtes fra Amtmand i Sorø til
Justitsminister — lyder saaledes:

> Vær vred ei, om Du seer mig nærme
> Mig gjennem Sangen til Dig hen!
> De Store maae de Smaae beskjærme,
> Og Du var steds de Unges Ven.
> Fast staaer Paulunet, skjønt afrundet,
> En mægtig Grundsteen lagde Du;
> Nu er hiint favre Værk begrundet,
> Og nu fuldendt, og Du gaaer nu!

---

*) Af Bagger's Excerpter sees det, at han har beskjæftiget sig
med Hegels, Schellings, Gerlachs, Hillebrands, Steffens,
Treschovs o. Fl. filosofiske Skrifter. — Af Italiensk læste
han ogsaa paa den Tid Macchiavelli og Tasso. — Af
Danske var navnlig Blicher hans Yndlingsdigter.

De Børn, som Du, skjøndt Stor og Fremmed,
Venligen kaldte til din Gaard,
Hvor skulle fjerne de fra Hjemmet
Ly finde, som i svundne Aar?
Smaabyen skal sin Faer bortsende:
Den Ældre, som saae op til Dig,
Hvergang hans Lys for svagt mon brænde,
Hvor skal han nu vel vende sig?

Og dog — hil Kongen, som til Thronen
Henkalder Ædling, stor og reen;
Som smedder fastere til Kronen
Troskabens dyre Ædelsteen;
Som lønner Ham, der saa mon virke,
Skjøndt tvungen i et snævert Hjem,
At Gruus blev høit som Nabokirke,
Og Liget aanded Livet frem.

Saa gaa da Du til Kongebyen,
Mens vi din Bygning vogte troe:
I Luft gaaer Ørnen, over Skyen,
Den kan ei hos hiin Smaafugl boe.
Kraftigt Du sammenbandt det Hele,
Din Idræt vidned Mesterhaand:
O maatte Gud da os tildele,
Os Ynglinger, din høie Aand!

Tro ikke, det er Digterstemme,
Som Varme vil tillyve sig:
Ynglingens Røst kan Løgn ei nemme,
Naar hans Farvel tiltaler Dig.
Du kjender grandt jo hine Unge,
Som Du modtog i liden Stad;
Det er for alle dem min Tunge
En dæmpet Afskedssang Dig qvad! —

Carl Bagger.

VI.

(Den 15de Mai 1828.?)

Kjære Neergaard*).

Du saavelsom mine andre Venner i Sorø have da
vistnok Aarsag til at være vrede paa mig, Du især,
som længe kunde have ventet Brev og Penge, eller ibet=
mindste en Undskyldning for, at de sidste ere ubeblevne.
Jeg har virkelig „forskrækkelig tidt" havt isinde at til=
skrive Dig, men er, som facta vise, forskrækkelig tidt
bleven forstyrret i mine Planer. Dog haaber jeg, min
kjære Ven, at Du har hævet Dig til det rigtige philo=
sophiske Standpunkt i den litterære Verden, saa at Du
ikke beregner mit Venskab efter Brevenes Antal.

Alene deraf, at Du hverken Penge eller Brev har
faaet, maa Du slutte Dig til, at jeg er aldeles den,
jeg var i Sorø; min Natur har aldeles ei forandret
sig. Det er idag den 15de Mai, og jeg har allerede
fortæret de Penge, hvoraf jeg skulde leve hele Maaneden
ud. Det glæder mig at kunne forsikkre Dig om, at
Petit er den samme brave Mand, som før: tout comme
chez nous. Af mine Autores har jeg kun Cicero de
officiis tilbage, imidlertid giver jeg Kavaleerparol paa,
at det ikke er nogen fortrinlig Agtelse for Bogen, men
kun dens daarlige Udseende, som har bevæget mig til at
beholde den. Du kan ellers troe, kjære Ven, at dette
just er en Verden for mig: idelig Tummel, idelig Spad=
seren, af og til Invitationer til Selskaber, som give
min Galde og min Latter Luft: hver Søndag Formiddag
Serapionsklub med Andersen og Petit; stundom Kaf=
feren hos Mini; oftere paa Theatret; tiest Besøg i en

*) Død som Fuldmægtig i Kjøbenhavns Politiret.

vis herlig Viinkjælder — det Hele hører mig, hvis blot ei den blege Jura i Baggrunden truede med en gigantisk Justinian i Haanden. (J den Anledning maa jeg citere Dig to Stropher af et satirisk Digt, kaldt **Drømmene***), hvori jeg forklarer, hvad forskjellige Drømme betyde.

10.

Drømte Du, af Sult Du sad
Færdig at krepere,
Og Du saae kun, hvad Du gad
Gjerne renovere:
Det betyder meer end slemt,
Meget, meget mere,
Det betyder: Du bestemt
Jura skal studere.

11.

Drømmer Du om Veir og Vind,
Lyd af Natmandsskralle,
Ord foruden Sjæl og Sind,
Nonsens, Tralleralle:
(Ak, saa nødig Dig til Vee
Munden jeg oplukker)
Buden bli'er Du til en Thee
Mellem snørte Dukker.

Du seer da tillige, at jeg ikke glemmer at skrive mit Modersmaal. Jeg gaaer hver Dag en Time til Manuducteuren, for at skulle opræbe Datoerne paa en 50 Forordninger; Du kan imidlertid nok begribe, at jeg ikke er saa uanstændig at yttre mig saa mange Gange, som han i sin Cynisme vist ønskede det.

---

*) Digtet, der maa have været temmelig langt, existerer ikke mere.

A. W........e er meget lykkelig; han har aflagt at gaae med Flipper, da de generede ham under visse Yttringer af den praktiske Kjærlighed. Profit die Mahlzeit. Den lille Engelstoft*) giver tre Gange om Ugen Beværtning med Statistik; det er den Eneste, hvem jeg hører i dette Halvaar. S........ skal krädze meget over Jura og klage over Hovedpine i den Anledning; men hvor i al Verden kan man dog have Hovedpine, naar man intet Hoved har?

Jeg har nu nærmere gjort Heibergs Bekjendtskab og virkelig ikke fundet ham saa storsnudet, som han i Almindelighed beskrives. Du vil maaskee flere Gange see nogle smaae Stykker i Flyveposten af mig; dog tør jeg ikke nu fremkomme med ret meget, af Frygt for, at min Flid i Henseende til jus skulde miskjendes, og jeg ansees for en lunken Dyrker af den ophøiede Gudinde.

Jeg kan tænke, at I Alle med Længsel og Forventning seer hen til den forestaaende Examen; det Samme gjorde vi, og vare meget glade, da den var overstaaet. Hvis mine Forretninger (jeg mener den forbømmelige Exercits paa Fælleden) ville tillade mig det, og jeg vidste, Gud vilde indgyde mine Creditorer nogle menneskelige Følelser, da havde jeg stor Lyst til at komme til Sorø til Sommer, mais laissez faire à Don Antoine (men vor Herre maa raade). Du vil hjertelig glæde mig ved i et Brev at give mig Sorøs nuværende Topografie; tro mig, i fjerde Klasse sidde nogle af mine bedste Venner (en dito besørger dette Brev til Dig). Hils dem Alle fra mig og siig dem, at hvis Nogen blandt dem kommer herind til Sommer, da ere mine

____

*) Professor ved Universitetet.

35*

Værelser (jeg boer ikke hos min Bedstemoder) til Tjeneste. R . . . har jeg seet, han er tagen til Helsingør og vilde slet ikke svare paa alle mine velmeente Spørgsmaal til hans Kones og Svigerinders Befindende. Vær Du nu snart noget aabenhjertigere i den Henseende. — — — — — — i dette Øieblik kom Andersen; han har et stort Stykke Papir ud af Lommen — — — — — — — Jeg maa slutte, levvel, med det Første maa Du skrive mig til, med det Første skal jeg til Dig betale min ydre Gjæld, hils alle dine Kammerater, de brave Mænd især, som sad i Arresten, M . . . . . . o. s. v. dem Allesammen. Taler Du med Lütken, saa siig ham, at jeg næsten havde havt isinde at gratulere ham skriftlig paa hans sidste Fødselsdag. Levvel, tænk paa din

troe Ven
Carl Bagger.

VII. J Søndagsbladet Nr. 23 (7de Juni 1835) findes optaget følgende „Scene af Recensentriget."

„Skuepladsen er en stor Sal, i hvis Baggrund hænger et underligt Maleri, der forestiller Marsyas, der flaaer Apollo, skjøndt Sagnet ellers lyder omvendt. Paa Væggene hænge flere Marterredskaber, Knappenaalsbreve, Hundepidske, store Havesare med flere andre en høiere Culturs Frembringelser. Under Marsyas og Apollo staaer en lille Galge, hvor visse af Selskabet ikke yndede Forfattere bestandigt hænge in effigie. En Reol er fyldt med Flasker med Gift og Galde, Edder og Skedevand i; en Pudelhund sover paa en Stol.

Sekretairen. Hr. J. H. har skrevet en Bog.

1 Recensent. Er J. H. Professor?

Sekr. Nei.

2 Rec. Beklæder han nogen høi Charge i Armeen?

Sekr. Nei, han er Student, har ikke og faaer ikke nogen Embedsexamen.

3 Rec. Staaer han i noget Forhold til os? har han nogensinde af os faaet noget Udmærkelsestegn?

Sekr. Han bærer ingen af vore æsthetiske Ordener og staaer ikke i den poetiske Hof og Statskalender.

1 Rec. Det er afskyeligt, at han vover at skrive en Bog, uden at sende os hver et Exemplar. Pedel! afhent Forfatteren, Hr. J. H. — Recensenten Nummer 6 skal bedømme Piecen.

6 Recensent (tager Bogen i Haanden.) En ung Mand bør lægge sig efter et Brødstudium og overlade ældre Mænd af Erfaring og af vort Bekjendtskab at skrive Bøger (med en gigan= tisk Havesax klipper han et Ark af Bogen i smaa Stykker.) Beskedenhed er en Ynglings skjønneste Dyd. Den, der trods sin unge Alder vil bruge Satirens Pile og gjør det daarligt, bør selv stikkes (han gjennemstikker Bogens andet Ark med flere hun= drede Knappenaale). Endvidere er det stygt at læse Noget, der er overfladisk skrevet: Caro, pus Bogen! (han holder Bogen hen til Pudelen, Caro æder tredie Ark). Her taler Forfatteren om Farverne, men han har ikke, hvor han omtaler Oken*, omtalt Goethe, hvis Farvelæres andet Bind han burde have oversat og indflettet i Fortællingen, hvilket kunde have taget sig godt ud, (han hælder et Blækhorn udover fjerde Ark.) I det Øvrige af Bogen teer Forfatteren sig noget lapset**) samt anfører et Citat af en latinsk Autor, en Classiker, som Ingen bør læse eller bruge undtagen jeg og til Nød mine Medcolleger (han dypper hele Bogen ned i en Krukke med Galde).

1 Rec. Naar De offentliggjør denne humane Critik, brug saa dog den Forsigtighedsregel, i Begyndelsen at rose Forfatteren lidt. Forøvrigt stemmer jeg for, at Delinqventen indtil udvist Forbedring bør hænges in effigie.

6 Rec. Vist bør han hænges. Jeg vil ellers begynde Re= censionen med, at Bogen indeholder „Glimt og det ikke svage Glimt af Digteraand," saa har jeg Lov til at udpibe ham for hele det Øvrige.

Alle Recensenter. Quod satis acute dixisti! rem acu tetigisti!

Forfatteren føres ind af Pedellen.

6 Rec. til Forf. I den graae Oldtid staaede Kritikens

---

*) „Min Broders Levnet" S. 139.
**) „ „ „ S. 170.

Gud, den ophøiede Marsyas, Sangeren Apollo, men vor Tid er mere mild. Vi nøies med at hænge Dig in effigie og at kyle Dig Bogen i Hovedet (han kaster ham Bogen i Øinene; Forfatteren gaaer bort med en stor Bule i Panden; Recensenterne lee og Caro gjøer; Pedellen ophænger Hr. J. H's. Silhouet i den lille Galge.)"

VIII. Den omtalte Notits findes i Søndagsbladet Nr. 14 (5te April 1835) saalydende:

— „J den senere Tid er der optraadt en ny Forfatter, Hr. Johannes Harring, der, saa siger Rygtet, skal være Præst etsteds i Jylland. Omtalte Hr. Forfatter har nyligt udgivet et lille Digt: „Havets Konge", og er i den Anledning i Kjøbenhavns Skilderie*) beskyldt for at have digtet uchristeligt. Publikum er meget spændt paa at faae at vide, om ikke det kongelige danske Cancellie, (hvad det, hvis Sagen virkeligt hænger saaledes sammen, bør), vil afskedige Præsten og jage ham fra Kaldet. Forhaabentligen vil Bandstraalen alt i næste Uge fulminere ud fra Baticanet i Stormgaden, og en Bulle vil blive omsendt blandt alle de Rettroende, for at melde dem, at den jydske Præst, Hr. J. Harring, er gaaet over til den muhamedanske Religion."

N.

IX. Bogen havde følgende Motto af Justesens**) Fuglevise:

> „Dernæst saa kukker Gjøgen
> Og sætter sig paa Bøgen,
> Synger som han har lært,
> Sang bedre, hvis han mægted,
> Dog lad ham uanfægtet:
> Stor Agt har han ei begjært."

Som om det var blevet Mode at persiflere alle Baggers Arbeider fandt ogsaa det i nærværende Samling optagne Digt „Napoleons Himmelfart" en (rigtignok meget ubeldig) Satiriker i Pseudonymen Nemo***** (H. P. Holst „Nytaarsgave fra danske Digtere" 1836).

---

*) 1835, Nr. 26.
**) Hjeronimus Justesen Ranch, f. 1539, d. 1607.

X. Da det omhandlede Brudstykke maaske kan have nogen Interesse, meddeles det her. Som ovenfor bemærket er Datumet d. 10. Mai urigtigt.

„Naar man slaaer op i den danske Almanak, saa vil man finde deri, uden at behøve videre Hovedbrud, at den 10. Mai er benævnet Gordianus. Den 10. Mai blev jeg født, og da jeg senere troede at være kommen til Skjælsaar og Alder, besluttede jeg at betragte Gordianus som min Skytspatron. Jeg gjorde det virkelig i lang Tid, idet jeg, entholdende mig fra at besøge de lutherske Kirker, ufortrøbent undersøgte Kofods Verdenshistorie o. s. v. for at udfinde, hvem denne Gordianus egentlig monne have været, ham, denne Lysapostel, der i dette Trængselsliv skulde, som min gode Genius, nedlægge en Rosenkrands om mit ungdommeligt drømmende Hoved; en Krands af Blomster, som, frøtunge, i Tidernes mægtige Fylde, muligen kunde bygge et naturhistorisk Mausolæum over den Forsvundne.

Men under disse dybsindige, med utrættelig Flid førte Undersøgelser, blev jeg paa eengang af Skjæbnen skjælmsk overrasket ved i det gamle Romerriges Historie — ikkun kort efter Caracallas og Heliogabals blodstribede Regimente — at see, at der under de daværende dersteds herskende forskjelligtsindede (er det ikke smukt og velklingende Dansk, Hr. Blok Tøxen*)?) Partier udvalgtes af Armeen i Afrika to Keisere, nemlig Gordianus den Ældre og Gordianus den Yngre. Sagnet siger, at de ikke i meget lang Tid nøde den Lykke, at beherske det velartede romerske Folk, men at den Ældre blev levende stegt og den Yngre levende kogt.

*) En af Datidens smaa Poeter.

Dengang jeg læste dette, havde jeg ingen Anelse om, at jeg skulde have søgt Navnet Gordianus i den catholske Calender. Jeg tog nu eengang feil, men hvem af disse to Notabiliteter skulde jeg nu udvælge mig til Skytspatron? den Stegte eller den Kogte?

Da jeg imidlertid, nogle Dage førend dette vigtige Spørgsmaal skulde afgjøres for min ungdommelige Sam= vittigheds Domstol, havde seet igjennem et Vindue en af mine Skolekammerater med Begjærlighed og fedtet Mund at fortære Vingen af en stegt Foraarskylling, antog jeg øieblikkelig Varselet og valgte Gordianus den Stegte til min Patron. Men det har jeg fortrudt mange Gange i mit Liv, thi Gordianus den Kogte blev choqueret og har siden den Tid deels ved lumpne private Indskydelser forlokket mig selv, deels ved at op= hidse den gamle Stegte imod mig, saaledes forbittret mit Liv, saa at det, hvis dette skulde afspeiles, vilde omtrent see ligesaa uklart, uforstaaeligt og urimeligt ud, som de bedste philosophiske Afhandlinger af Pastor Kierkegaard og hans Clienter.

Jeg foreslaaer i den Anledning de ærede fremtidige Udgivere af „Verdenshistorier til Skolebrug" alene paa Grund af hvad jeg har maattet døie af de tvende Gor= dianer, at disse „Skufte" af Imperatorer ikke længer maae betitles den Ældre og den Yngre, men den Stegte og den Kogte.

Ak! Peter Nicolavsen! min kjære, afdøde Skole= kammerat! Du, hvem jeg igjennem Pottemager Ras= mussens Vindue saae ædende saa hyggeligt den stegte Kyllingevinge, havde Du blot dengang spiist en kogt Rødspette, da havde muligt mine svulmende Tanker været faldne paa den yngre Gordianus, og da havde

muligt mit Liv faaet en ganfe anden Retning! Men
det gjorde Du nu ikke, og nu — ja! nu kunne Jesuiterne
juble, hvis de læfe dette Blad, og udraabe: „Men=
nesker! der see I hvad det er at have et Valg og en
fri Villie! Betroer Eder heller aldeles til os.“

XI. Bogen var tilegnet „Min mildtdømmende Svoger F.
I. F. med Høiagtelfes, Venkabs og Taknemligheds Følelfer.“
„Det har“, striver han i et Brev til denne (Frederik Fiedler) før
Udgivelfen, „været mig en kjær Tanke, at tilegne Dig den. — —
— — Har Du Noget herimod? Det skulde gjøre mig ondt, om
Du havde Aarfag til at desavouere mine Følelfer, om Du
(end) ofte har havt Grund til at misbillige mine Gjerninger.
Skulde imidlertid min velmeente Henfigt være forfeilet, — jeg
har saa ofte forløbet mig paa Livsbillardet — da striv mig hur=
tigt til, og da vil (jeg) med de bedfte og finefte Complimenter
dedicere Bogen til Fyens Skarpretter, Hr. S—. (For at Du
kan faae Agtelfe for Manden, maa jeg fige Dig, at jeg ikke har
drukket Dus med ham).“ — — Følgende „Forord“ var forud=
stikket Samlingen, der foruden „Cromvells Søn“ indeholdt Størfte-
delen af Digtene fra S. 433 i nærværende Udgave.

Forord.

Jeg saae engang paa et Landsbytheater opført en
Hundekomedie, hvor alle Akteurs og Aktricer vare fiir=
føddede Perfoner; fortrinligen dresferede og iførte pæne
skrammererede Klæder, gik denne lille vakkre Forfamling
saa orthographifk og fornuftigt henover Brædderne, at
man skulde friftes til at troe, at Dyretæmmeren havde
indblæft dem den af Naturen nægtede høiere Fornuft
og Sjæleadel. Men ak! pludfelig kaftede en malitieus
Tilskuer en Leverpølfe midt ind paa Scenen, og nu var
Dresfur, Orthographie, Roller og Orthodoxie forglemt,
Hundene forvandledes atter til Hunde, det naturlige
Inftinkt traadte klart og synligen frem, og der foretoges

en almindelig Bataille om Pølsen. — Det er stundom
gaaet disse Liniers Forfatter, ligesom det gik hine Hunde.
Hvor tidt har jeg ikke foresat mig, ikkun at skrive alvor=
lige og nette Digte, ikkun at hylde den velanstændige,
den elegant klædte Musa! og dog! saasnart der viser sig
en verdslig Fristelse, saa forsvinder min møisommeligen
erhvervede Dressur, saa henveires de ærbare Følelser;
det skrøbelige Naturmenneske skinner igjennem, jeg hylder
Musa vulgivaga, og jeg nedskriver da Vers, der maaskee
stride velmeget mod den bon ton, som den fine Verden
medrette kan forlange af „en pæn Mand."

„Men!" siger Folk da til mig, „De maa kæmpe
mod Deres onde Natur! Betænk, Mennesket kan hvad
han vil, Mennesket har Billiens Frihed!" — Kan
gjerne være! svarer jeg da, at andre Mennesker have
den, men hvad mig angaaer, føler jeg kun altfor vel,
at har jeg i omtalte Henseende nogen Frihed, da er
denne af samme Beskaffenhed, som Fristaten Krakaus,
der bliver betydelig paaindvirket af de omgivende uden=
landske Magter.

I foreliggende, just ikke talrige Ark vil Læseren
saaledes maaskee komme til at gjøre Bekjendtskab med et
enkelt mindre Poëm, der snarere synes at hidrøre fra
Æbleskivekjælderen og fra Hestemarkedet, end fra en
digterisk Hofjunkers ziirlige Studerestue, og det er derfor,
at Forfatteren paa denne Pieces Titelblad foretrækker at
nævne sig som „Forfatter til Min Broders Levnet,"
fremfor at sætte sit egentlige Navn, skjøndt dette
maaskee for Flere er velbekjendt. I „Min Broders
Levnet" har jeg nemlig, som Pseudonym, tilladt mig
Adskilligt, som jeg neppe vilde have tilladt mig, naar

jeg havde opgivet mit virkelige Navn; men dengang,
ligesom nu, havde jeg hine gamle franske Linier for Øie:

> »Ne te conduis point par autrui;
> Si ce siècle pédant se choque
> D'une ordure, ou d'une équivoque,
> N'importe, poursui!
> C'est tant pis pour lui,
> S'il veut mettre aujourd'hui
> La vertu dans l'ennui.
> Qu'on exige moins de décence
> Dans les propos que l'on tiendra;
> Mais dans les moeurs plus d'innocence!«

Og hvorfor skulde jeg ikke endnu lydigen og bered=
villig følge det Vink, der gives i ovenstaaende franske
Linier? Jeg har jo dog elsket det gudvelsignede Frankrig
fra det Minut at Skjønhedssandsen vaktes hos mig; jeg
har med en Historikers Begeistring, skjøndt uden hans
dybe Kundskaber, fulgt Nationens stolte Gang i Revo=
lutionen, Keisertiden og Julidagene; jeg har af Hjertet
elsket og i Tanken beundret dette Folk, fra hvis Midt=
punkt der spredes udover Europas beklumrede Folkeslag
saavelsom udover Chinas ubekjendte Jordstrøg den Civi=
lisationens Duft og Glands, som endogsaa St. Peters=
borgs og Moskaus astrakanpeltsede Bojarers Pallad=
ser maae prale af at. — laane; jeg har elsket og elsker
dette livlige og dog tankedybe Folk, hvilket rigtignok Hr.
Bulwer ikke har tilegnet nogen af sine Romaner og
kaldet „et Folk, bestaaende af lutter Philoso=
pher," saaledes som han har i en Tilegnelse benævnet
de for Menigmand uforstaaelige Philosophers, Kants,
Schellings, Fichtes og Hegels germaniske Efter=
kommere; jeg har elsket dette Land og denne Nation
ligesaa høit, som andre langt høiere staaende Personer

tidligere have befrygtet den fra Frankrig udover Jordens Beboere henkastede Belysning; jeg har elsket denne Nation, fordi det er min Overbeviisning, at det Lyn, som fra det ægte aandige Vatican skal udslynges over Vankundighedens Verden, vil og maa komme fra det Land, der ikke — og det har ogsaa den nyeste Historie viist — fortaber sig i egoistisk Velbehagelighed over sig selv, men hvis mægtige Puls slaaer varmt for alle Lande, for Menneskehedens Vel.

Men dette skjønne Lands Digtere have aldrig gjort sig Umage for, naar de skrev, at lade deres Vers udgaae i Søndagsdragt, men de have stundom udsendt dem i Fløielskjole samt med alvorlig Allongeparyk, og stundom i Sloprok, Alt eftersom Øieblikket indgav Lunet. Jeg, Uværdig, har fulgt mine elskede udenlandske Mesteres Exempel og har derfor, — aabenbarende hvad der i enkelte Minutter rørte sig hos mig, det være sig af Alvor eller Spøg — kaldet denne lille Bog: „Øieblikkets Børn."

Jeg har kun at tilføie, at jeg ifjor indsendte Comedien „Cromwells Søn" til den kgl. Theaterdirektion, men at Stykket endnu ikke er blevet antaget.

Den 22de August 1845.

XII.

Ansøgning.

(Indsendt til Hs. Majestæt den 26. August 1844.)

„Til Kongen!

Det er første Gang jeg nærmer mig Christian VIII's Throne. Deres Majestæt kjender mig ikke, undtagen det skulde hidrøre fra, at Digteren Hans Christian

Andersen har offentligt dediceret mig et Hefte af sine
„Børneeventyr". Jeg har saaledes kun saare liden
Adkomst til, i min forslidte, sorte Studenteruniform, at
nærme mig et berømt, blændende Purpur.

Og dog vover jeg det! Endnu i disse sidste Dage
har jeg i anden Deel af Jacob Aals Erindringer
læst, hvorlunde Prinds Christian Frederiks Per-
sonlighed i Aarene 1813 og 14 blot ved sjældne Natur-
gaver vidste at vinde alle Normænds Tillid, alle Nor-
mænds Kjærlighed: jeg selv nærer de samme Følelser
for min danske Konge.

Digtekunstens smagfulde Kjender, Kong Christian
VIII, understøtter — saaledes har man forsikkret mig —
aarlig Chr. Winther, Holst, Paludan-Müller
og Andersen. Disse Penge ere godt, frugtbart og
sikkert anvendte. Men, Deres Majestæt! hvormeget der
end skriges over Tallotteriet, saa vov De engang og
tag en Ambe paa Navnene „Carl" og „Bagger!" sæt
mig, Sire! ved Deres kongelige Naade i en saadan
Stilling, at min Tid tillader mig, med min medfødte
Enthusiasme at kaste mig over den Kunst, som jeg i
mine Ungdomsaar elskede, men fra hvilken Omstændig-
hederne nu have tvunget mig til at bortvende mit Ansigt,
min Hu og min Stræben. Det var dog tænkeligt, at
jeg endnu kunde frembringe hjemlandske Toner, der ikke
skulde bringe Kongens og mit fælles Fødeland
nogen Skam. Endnu — jeg føler det — sidder i
min Pande den lyse Begeistringens Gnist, som de høie
Guder skjænke; endnu er mit Hjerte fængeligt for denne
svangre Gnist; endnu vil jeg kunne med Kraft og Følelse
besynge det Svundne, det Værende, det Vordende. Der
ligger endnu for min Sjæl et vidtudstrakt, glimrende

Hav, hvor jeg, med Besindigheden og Eftertanken til Lodser, muligt kunde finde en enkelt, hidtil uopdaget Ø; endnu formaaer mit indre Øie at stirre hen efter de Skjønhedens Kyster, hvor min Konge alt tidligt herskede som odelsbaaren Drot, og endnu mægter min Haand paa Papiret at anskueliggjøre for Folket, hvad Sjælens Blik har opfattet i hine Kunstens, Formens og Skjønhedens Regioner!

Men denne sunde Sjæls- og Legemstilstand maa snart ophøre, hvis jeg skal vedblive at tjene mit Brød ved at skrive i et Fag, hvortil Naturen neppe har bestemt mig. Den byrdefulde Gjennemlæsning af det vidtløftige og nu med saa fiin og tæt Tryk udstyrede Materiale, som Nutidens Aviser levere mig til Uddrag, har desværre allerede svækket mine Øine betydeligt, og med Tiden vil det naturligviis blive endmere vanskeligt, tilsidst umuligt for mig at røgte den Dont, hvoraf jeg nu ernærer min Familie og mig selv.

I denne min Stilling og, jeg kan ikke nægte det, tilskyndet og opmuntret af Flere, vover jeg at fremtræde for den danske Throne og bede om, at Deres Majestæt, i Videnskabelighedens, Kunstens og den folkelige Poesies Navn, vil forunde Digteren — saaledes kalde Mange mig — Carl Bagger den Plads i Statssamfundet, som jeg attraaer: Postmesterembedet i Middelfart.

Der gives naturligviis mange Rivaler til dette Embede, og findes der blandt disse en Værdigere, vil vistnok Deres Majestæt vide at udfinde ham. Jeg veed tilfulde, at Christian VIII's kloge Blik beskuer og vurderer enhver Enkelt.

Jeg nødes til at berøre min egen Person, og min Biographie er, som følger: jeg er en Søn af afdøde

Justitiarius i Politieretten i Kjøbenhavn, Ridder af Dannebrogen, Bagger, har taget de to første Examiner med bedste Charakteer ved Sorø Akademie og har i syv Aar deels assisteret ved, deels forestaaet Redaktionen af Hempels Avis; tillige har jeg udgivet nogle Digtninger, der ere blevne ligesaameget roste som dadlede. Min indre Personlighed kjendes ikke af Deres Majestæt, og igrunden heller ikke af mig selv.

Jeg har ingen Generaladjutant til at tale min Sag hos Kongen, men jeg fremstiller mit Andragende selv. Der er en Gud, der holder sin beskyttende Haand over Kongen og Undersaatten, og til denne Gud beder jeg, at Ære, Lykke og Fred maa spredes over Danmarks Drot og Rige, og at Christian VIII ikke maa vredes over denne min Ansøgning.

Allerunderdanigst

— — —."

Efterskrift.

Ved Udgivelsen af Carl Baggers samlede Værker har det været mit Formaal saavidt muligt at benytte Alt, hvad Forf. selv havde optaget i sine Samlinger, og det saameget mere, som Bagger altid udviste en streng Selvkritik i Valget af hvad han publicerede. Med Hensyn til de Arbeider, der kun fandtes spredte i Blade eller vare utrykte, har jeg bestræbt mig for ikke at udelade Nogetsomhelst, der bar Præg af hans Digtergenius.

Sluttelig maa jeg bringe min ærbødige Tak til Alle, der med velvillig Imødekommenhed have meddeelt mig Bidrag eller Oplysninger til nærværende Udgave.

B. M.

1 Kr. pr. Bind indbundet
i Bibliotheksbind. 1 Kr. 35
Øre pr. Bind indbundet i
komponeret Pragtbind.

GYLDENDALSKE BOGHANDEL - NORDISK FOR